非 洲 国 际 关 系 论 丛
African International Relations

国家社会科学基金重大项目"中国对非洲关系的国际战略研究"（15ZDA066）阶段成果

刘青建　主编

美国与欧盟的北非安全政策研究

—— 一种角色理论的视角

THE US AND EU'S NORTH AFRICAN
SECURITY POLICY

王聪悦　著

社会科学文献出版社
SOCIAL SCIENCES ACADEMIC PRESS (CHINA)

"非洲国际关系论丛" 序言（一）

刘贵今[*]

    2018 年注定是当代中国 – 非洲关系史上的又一个"大年"。7 月，习近平主席亲赴南非出席金砖国家领导人第 10 次会晤并访问非洲数国；9 月，中非合作论坛第三届峰会暨第七届部长级会议在北京召开。值此中非合作东风浩荡，双方全面战略关系不断深入发展之际，由中国人民大学国际关系学院刘青建教授及其团队创作的"非洲国际关系论丛"付梓，可谓应运而生，恰逢其时。

    我本人从 20 世纪 80 年代初起，一直从事对非外交实际工作，有幸见证和参与了中非关系和对非研究的发展进程，其中有一件事给我留下了深刻印象。2007 年 4 月，我结束了驻南非大使 6 年任期，回国后即被任命为中国政府非洲事务特别代表及苏丹达尔富尔问题特别代表，两周后便赴苏丹访问。当时达尔富尔问题是国际上一大热点，中国在此问题上面临西方舆论的巨大压力。为了深入了解苏丹和非洲其他热点问题的历史背景，我到北京王府井等几个大书店，想买几本有关的中、英文书籍"急补"，但找遍书架，除了一些旅游地图和小册子外，几乎没有我想要的有关非洲的图书和杂志。而此后不久，我到英国出差，在伦敦的大街上随便溜达进一间不大的书店，但见两面墙的书架上全是有关非洲的各种图书，很容易买到有关苏丹和达尔富尔问题的历史和最新情况的著作。这一鲜明对照和巨大差距令我深为尴尬和不安。

    如今，10 年过去了，形势正在发生可喜的变化。随着中非合作的不断扩大和双方关系的深入发展，中国的涉非研究和对非了解也迈上新的台阶。在中非合作论坛框架下，中非联合研究和交流计划、中非智库论坛、中非高校 20 + 20 合作计划、中非智库 10 + 10 合作计划、教育部区域和国

---

    * 刘贵今，中国前驻南非、津巴布韦大使，中国政府首任非洲事务特别代表，中国亚非学会会长。

别研究基地、中南非高级别人文交流机制等机制性安排相继建立和日臻成熟。全国多所高校纷纷成立非洲研究院或研究中心，各类学术研讨会频繁举行。有关非洲的新媒体如网站、博客、微信客户端、微信朋友圈上的涉非文章，更是层出不穷，屡见不鲜。图书馆和书店里有关非洲的书籍也开始多了起来。显然，中国的对非研究和关注已不再是冷门偏道，而是某种程度上蓬勃向上、热度不减。刘青建教授团队的新书问世，即是非洲研究百花园中新绽放的一朵美葩。

正是在中非合作论坛建立、国内学界对非洲和中非关系研究的兴趣上升之时，刘青建教授既看到中非关系的前景，又深切感到中国非洲国际关系研究的不足，便在对发展中国家国际关系研究的基础上更多地投入到非洲国际关系的研究里。近20年来，她以深厚的非洲情怀和执着的事业追求，带领她的团队，坚持不懈地探索着非洲国际关系的一些前沿问题，近十年来逐步取得了一些成果，"非洲国际关系论丛"，即是其中之一。

"论丛"以促进中非共同发展为目标，多维度探讨非洲与世界的关系以及中国在推动中非合作、非洲与世界各国合作发展中的重要地位和作用。这套多卷本丛书，有以下几个主要特点。

第一，学术质量较高。丛书列入的学术著作是刘青建教授承担国家和教育部科研项目的成果，以及她所指导的中国人民大学博士、硕士研究生的论文。这些著作都经过严格的匿名评审。作者们提出了许多独到的、有创建和新意的学术思想和观点，填补了中国非洲国际关系研究的一些空白。

第二，具有一定规模效应。"论丛"包括十多部学术著作，显示出中国非洲国际关系研究已从研究者们单打独斗到集体发力的趋势。这将有助于推动中国的非洲国际关系研究向更高层次发展。

第三，展现出一个年轻、朝气蓬勃的团队。除了刘教授之外，这个团队的成员都是80后、90后的青年学者。他们具有良好的国际关系学术素养，勤奋好学，视野开阔，研究方法多元而新颖。更加难能可贵的是他们热爱非洲，执着于非洲研究。他们让我看到了中国的非洲研究不仅后继有人，而且前程远大。

今年是中国改革开放40周年，中非关系正是随着中国改革开放的扩大和深入不断迈上一个又一个新台阶的。如今，昂首迈入新时代的中国从来没有像现在这样接近世界舞台的中心。在我们实现中华民族伟大复兴的中国梦，构建人类命运共同体的征程上，始终得到并将继续获得非洲兄弟的支持、合作与帮助。中非从来就是命运共同体，中非关系堪称新型国际关系的典范。今年的中非合作论坛北京峰会，"一带一路"对接《非洲2063议程》将成为一大主题，这必将极大促进中非之间的全面相互联通，推动日益密切的中非关系更上一层楼。新形势下如何使中非关系更加健康、互惠、可持续发展，我们最缺乏的尚且不是资金和项目，而是对非洲的研究、知识和相互了解，是更多爱非洲、懂非洲和有志于中非事业的人才。多年来，我们在这方面虽然作了不少努力，取得明显成绩，但与中非合作发展的速度、广度和深度相比，还存在着明显的差距和不足。中非关系与务实合作形势喜人，形势催人，形势逼人，呼唤学者、专家和企业界人士更具体深入、严谨务实、矢志不渝、与时俱进地探索、研究、了解非洲，包括它的各个地区、国别、政治、经济、历史、文化、文学、艺术、法律、外交等，并对加强这些领域里的合作提出前瞻性和可操作性的研判和建议。但愿我们面前的这套"非洲国际关系论丛"能够起到抛砖引玉的作用。

2018 年 3 月 31 日

"非洲国际关系论丛"序言（二）

李安山 *

当我受到刘青建教授邀请为她主编的"非洲国际关系论丛"写序时，一种感佩之情油然而生。青建教授与我相识多年，她曾担任中国人民大学国际关系学院国际政治系主任，长期从事国际政治特别是发展中国家的相关研究与教学工作。她早在 2001 年便与畅征教授共同出版了《发展中国家政治经济概论》，此书后来成为"21 世纪国际政治系列教材"，在学界颇受重视。近些年来，青建教授重点关注非洲国家的政治与发展及中非关系，发表了诸多有影响力的著述，也培养了相当一批青年才俊。在第一批即将出版的这些著作中除了她的《中国对非洲关系的国际环境研究》之外，其余都是她指导的学生在博士论文的基础上修改而成的专著。

自 2000 年中非合作论坛成立以来，中非关系发展很快，也引发了国际学界的关注。国内学术界有关中非关系的研究著述发表了不少。然而，我们缺少将自身放在现行国际政治经济框架中进行分析的研究。虽然国内对中非关系快速发展极尽欢呼与赞颂，但青建教授保持了学者的理性。我们从她的论著中可以看出一位资深学者的冷静思考。她首先对国际政治经济的理论进行了梳理，并分析了既定的以非洲为特定背景的国际政治经济环境，包括美欧等传统西方大国的传统及其力图维持其优势的努力，以及新兴大国的崛起及其与非洲合作的趋势。然而，我最感兴趣的是第四部分。她指出：尽管 2006 年中非合作论坛后，北京方面加大了公共外交力度，两地友谊"火速升温"，经贸往来优势突出且向能源、安全等领域不断拓展。然而，"短期内，大国在非洲的实力配比仍将维系持续多年的'西强我弱'格局。"诚哉此言！如果没有对局势和各方力量的客观判断和冷静分析，中国的对外战略特别是对非战略难以达到理想目标。

在此基础上，青建教授分析了中国面临的三重压力：国际政治环境的

---

* 李安山，北京大学国际关系学院教授，中国非洲史研究学会会长。

结构性压力、世界经济环境的竞争性压力和软实力环境的规范性压力。首先是国际政治环境的结构性压力。由于非洲国家的觉醒使得它们有可能挑选中国作为合作伙伴，从而将中国推到与美欧对立的前沿。日本及俄罗斯和印度等国家加强对非合作，增加了中非关系进一步拓展和深化面对的压力和挑战。更重要的是，传统的既得利益者欧美等国为了扭转颓势并维持对国际政治经济秩序主动权的掌控，纷纷在不同程度上调整对非战略部署，"体系带来的结构性压力在军事安全方面表现得尤为突出"，"对中国在军事安全领域的对非战略部署形成若干实质性威胁"。

其次是世界经济环境的竞争性压力。针对中国在非洲经济领域取得的突破，西方大国为了维护既得利益，保持其传统优势，"不断通过对非援助外交和能源外交两大渠道，希望在非洲的经济环境与政策上对中国形成合围包抄之势，迫使中国就范"。对外援助是大国实现外交政策和全球战略的重要手段，概莫能外。中国在对非援助的过程中奉行自己的原则，特别是不干涉他国内政的做法普遍受到非洲国家好评。然而，美、欧预先构建起的"外援"环境客观上削弱了非洲国家接受外来援助的选择能力，同时对中国对非援助产生了较大的阻力。在能源外交方面，作者对西方大国借助能源议题给中国出难题的可能性提出了两点。其一，对那些被美国定义为"制造麻烦"的能源供给国（如苏丹），中国的做法与美国的行为背道而驰。这样，中国与这些国家的合作挑战了美国的制裁政策，从而导致了双方关系紧张。其二，作为能源出口地的非洲逐渐成为中国与欧洲能源博弈的一个重要砝码。"西方大国担心中国以能源合作为支点与非洲打开合作局面，在利益获取、国家形象塑造方面超越自身不过是时间的问题，故而不断阻挠中国与非洲国家之间的资源合作项目，拉拢非洲国家政府抬高能源价格，限制对中国的矿产开采和能源出口等等。"这样，在对外援助和能源外交方面，西方大国的种种举措有意或无意地给中国设下了诸多障碍。

再次是软实力环境的规范性压力。在文化教育等方面，美欧大国一直占着决定性优势，这与长期的殖民历史和移民有着密切关系。"西方国家通过在非洲国家的软实力建设对中国构成的规范性压力则是历史与现实、强化自身与诋毁他者的双向发力。"这种所谓的"软实力"包括人口构成、宗主国语言、教育体系、宗教习俗、发展援助的规范、政治价值观和政治体制等方面。这些因素中有两点特别之处。一是作者专门提到非洲国家的欧洲白人人口构成对非洲国家的影响，这一点往往被人忽略。"部分国家的白人仍掌握大量政治、经济、土地资源之余，还在其母国和所在国继续扮演'凝聚剂'和'纽带'，将西方价值理念、宗教信仰乃至生活方式更为深切地植入非洲社会各个角落。"实际上，非洲在发达国家的移民裔群人数不少，在美国占总人口的11%～12%，在英国大约占6%，在法国和德国也占一定比例。他们也是助进非洲和发达国家之间关系的重要力量。二是作者认识到部分非洲利益集团对中国价值观不认可，中国提出的"构建人类命运共同体"、"一带一路"倡议、"弘扬正确义利观"等观念"一时无法获得非洲国家的广泛理解和认同"。"少数非洲政坛精英、学者或利益集团、非政府组织等甚至带着审视'新殖民者'的眼光质疑中国，并成为西方利用'价值观外交'和舆论攻势遏制中国在非洲'软实力'的'内应'。换言之，中国和非洲在加深了解和文化互鉴方面都成为西方建构世界图景的边缘和从属，非洲国家对中国的政策和理念认识往往是模糊或标签化的。"中国只有客观认识这些挑战，才能更好地面对这些挑战。

这些观点对我们面临中非关系快速发展的形势下清醒认识中非合作的压力和困难有着非常重要的意义，对我们制定中国非洲战略将起到积极作用。

王聪悦从角色理论的维度分析了美国与欧盟的北非安全政策为何失灵这一问题。作者较充分地利用了美国总统及其核心圈2011年前后涉及北非安全局势的发言稿、会议记录和政策文件，将美国在北非局势中所起的作用归纳为四重角色——"利用巧实力的幕后领导者"、"地区安全稳定锚"、"民主的谦逊支持者"和"工具性多边主义者"，并认为这四项元素复合而成"急需国际公信力与合法性的实用主义者"。四重角色颇有自封的意味，其结果是乱象丛生。对欧盟在推进民主化、打击恐怖势力和面对难民问题的对策上，作者认为欧盟"以提供和传播规范性价值并由此建立伙伴关系、维持周边安全为目标，尽量通过'合理介入、说服、合作'等非军事、非强制手段推进共有价值观和行为标准的移植与内嵌，进而构建规范化的周边环境与世界秩序"。然而，局势发展不遂人意。规范性目标遭弱化，实施手段趋强硬，内部分裂扩大规范性负面影响。角色的设计和角色的扮演完全不一致。作者认为，就角色内涵而言，"急需国际公信力与合法性的实用主义者"与"务实的规范性行为体"本质上均暗含了"追逐现实利好"与"实现理想主义诉求"这两个矛盾着的对立面；从角色扮演过程来看，美国、欧盟举措失当，陷入多重角色冲突交困的尴尬局面。然而，作者使用"阿拉伯之春"时是否想过：一场导致无数人丧生的事件还能称其为"之春"吗？值得深思。

赵雅婷的著作是有关21世纪以来欧盟对非援助的政治导向研究。这一研究较全面地梳理了欧盟援助中人权、民主和良治导向的对非政策及其实施效果，试图对其结果进行检验和分析。作者认为，欧洲在近代人权和民主理念方面具有理论和实践的优势，欧盟将相关理论作为核心价值规范推动欧盟各国取得了有效成果，并试图通过援助将人权、民主和良治等欧盟价值规范在全球推广，使其成为援助非洲国家时的政治条件。作者认为欧盟对非政治导向的援助政策对非洲的作用是双重的。非洲方面认识到应该下大力改善人权、民主和良治现状，欧盟的价值规范促进了这些观念在非洲的传播。然而，这种有政治导向的援助政策是对非洲国家内政的干预。欧盟这种带有政治导向的援助的结果不理想。欧盟这一政策的成效表现在对内和对外两个层面。对欧盟民众在道义上有所交代，对非洲则能够强化欧盟的观念影响力，推进欧盟规范在世界范围的传播。我们应该从历史视角来看待这一问题。以人权的妇女权为例。近代欧洲经过长期斗争，在1940年代末才实行男女平等的普选权（德国1918年，英国1928年，法国1945年，意大利1946年，比利时1948年）。非洲国家的妇女独立后在人权方面取得的进步不容忽略。除享有投票权外，她们中有联合国大会主席、政府部长、诺贝尔奖获得者，还有的成为总统。此外，欧盟带政治条件的援助也有自身经济利益的考虑。

张凯的著作专门探讨了南非在后种族隔离时代寻求大国地位的外交战略，并着重分析了其战略追求及其限度。作者全面涵盖了南非外交战略的各个层面，进行了较深入的梳理，特别将南非置于冷战后国际与非洲的国际关系框架里，就其在国际体系中的地位中进行了阐述，特别剖析了南非与非洲国家、南非与西方国家、南非与新兴国家以及南非与国际组织的关系。作者认为，新南非寻求大国地位的外交战略分两个层次展开。在地区层次，新南非以多边合作和提供公共产品的方式追求非洲大陆的领导地位。这也是本书最成功的部分。南非通过强调非洲团结压倒一切，超越了民主与人权；强调加强地区制度建设，直接参与地区制度的策划、设计和建设；强调要充分利用南非的政治经济优势地位，用提供公共产品和经济援助的方式促进非洲大陆的发展；认识到南非与南部非洲地区的命运密切相连，非国大政府更加强调维护南部非洲地区的安全建设。这些举措无疑是南非寻求非洲地区的大国领导地位的有力举措，同时也使南非从一个白人国度开始融入非洲大陆，并起到领头羊的作用。作者在提到非洲安全威胁从全球、地区和国家内部三个层面转为国内冲突的提法可进一步延伸。现实表明，冷战以后，大国利益之争（如美法之间）在非洲仍然不断引发新的角力和冲突，非传统安全如恐怖袭击和埃博拉病毒等已成为多个国家的心腹之患。

《中国和印度对非洲政策比较研究》较全面地分析了中印对非洲政策的各个方面。王朝霞梳理了中国和尼赫鲁以来的印度对非政策，并分析了各阶段的特点。为了更好地展现双方与非洲关系的异同，作者在双方对非关系的快速发展、中印双方对非政策的目标、双方对非政策的成效以及双方面临的挑战进行了全面的比较。作者的结论有三点。第一，非洲在中国和印度对外战略中的地位明显不同。非洲在中国对外战略中始终占据基础地位，并逐渐发展成为中国对外关系基本立足点的重要支点。非洲在印度的战略谋划和外交格局中的地位是模糊、暧昧的。第二，中印两国均会延续对非友好政策，并继续发展全方位的合作。第三，从中国和印度与非洲的关系来看，中印将在非洲长期竞争，也存在合作的可能。三点结论合乎情理和事实。然而，从政策成效来看，作者认为中国基本实现而印度只是有限实现了对非政策目标。确实如此吗？这种结论的根据是什么呢？我们知道，非洲是由54个国家组成的，各国情况不一样，与中国和印度的关系也各有所别。在殖民主义时期，印度和一些前英国殖民地同属英帝国，一些印度人移民至英属殖民地顺理成章。例如，在毛里求斯，印度移民裔群在政治、经济和文化方面的影响力华人无法比拟。南非印度侨民2015年达155万，华侨华人人数远少于印侨。在进行双方关系比较时，侨民应是一个不可或缺的因素。

概而言之，这套丛书对我们理解国际政治经济体系中非洲的位置和中非合作的价值有极大的帮助。最后想谈一点自己的感想。我们在研究国际政治时，应该以批判的态度来看待现有的理论及其框架、概念和观点。以"软实力"这一概念为例，5部著作都使用了这一概念。然而，这一概念实际上与中国的政治文化传统并不相符。"软实力"概念的提出与美国对国际秩序的理解和硬实力下降直接相关，主要是在国际关系框架中使用，具有强烈的意识形态色彩。1991年苏联解体使国际政治版图发生巨变，福山等学者提出了"历史终结"的理论，为资本主义唱赞歌。在1990年出版的《美国注定领导世界？——美国权力性质的变迁》一书中，作者约瑟夫·奈反驳了保罗·肯尼迪提出的"美国衰落论"，认为美国的实力不仅体现在强大的政治、经济和军事力量上，更体现在文化吸引力、政治价值观吸引力和塑造国际规则和决定政治议题等"软实力"层面。虽然美国的硬实力有所下降，但其"软实力"仍无与伦比，美国依然是拥有最强能力来塑造未来的、最大、最富有的国家。约瑟夫·奈在《美国霸权的困惑》（2001年）一书中再次提到"软实力"。对这一理论的系统阐释集中体现在约瑟夫·奈专门以《软实力》（2004年）命名的书中。2012年12月，约瑟夫·奈在其为《软实力》中译本所写的前言中，对"软实力"概念进行修正。他提出，软实力主要包括文化吸引力、政治价值观吸引力及塑造国际规则和决定政治议题的能力。实际上，越南战争后美国实力的衰落导致了两种不同的判断。以保罗·肯尼迪为主的学者认为美国实力在下降，约瑟夫·奈则极力反驳"美国衰落论"。他当过卡特政府助理国务卿、克林顿政府国家情报委员会主席和助理国防部长，可谓集官方身份与学者身份为一身，美国利益在其学术研究中的位置可想而知。美国在现今国际体系中奉行实力政策，习惯于挥舞大棒以充当国际警察。二战结束以来的美国领导人一直以武力说话，在世界舞台上横行霸道。随着美国实力的相对下降，"软实力"这一概念应运而生，成为堂而皇之的补充力量。更重要的是，"实力"（power）这一概念在国际政治话语中往往与"武力"（militancy）、"统治"（dominance）、"强迫"（force）、"逼迫"（coerce）、"控制"（control）、"暴力"（violence）等词语相连。这实际上是一种崇尚"力"与"利"的霸道，与中国政治传统及王道哲学相违。在中国倡导"命运共同体"的话语中，在奉行独立自主的和平外交政策实践中，这种建立在"力"与"利"基础之上的国际秩序缺乏根基。

当然，中国学者要开创自己的国际政治理论还有很长的路要走，但我们会一步一个脚印，坚定踏实地走下去。刘青建教授以及她带出来的学生为我们树立了很好的榜样。

是为序。

2018年10月30日于京西博雅西苑

"非洲国际关系论丛"序言（三）

刘青建

  国际关系研究肇始于欧美，在 20 世纪下半期，形成了各具特色的四大理论流派。然而，无论是传统的现实主义，还是新现实主义即结构现实主义；无论是自由主义，还是自由制度主义；无论是经典的马克思主义，还是西方马克思主义；抑或是后来的建构主义都是以西方为中心的国际关系理论，或是以西方国家为研究主体的国际关系理论。尽管经典的马克思主义有对殖民主义或殖民地问题的研究，西方马克思主义也有对外围国家（即发展中国家）的研究，但是他们是在讨论西方殖民问题或是探讨以西方为中心的世界体系时才涉及亚非拉发展中国家，并没有脱离以西方为中心的窠臼。

  中国国际关系的研究，始于 20 世纪 80 年代下半期。伴随着中国改革开放的发展，中国逐步走向世界。中国从介绍西方国际关系理论和研究方法开始，逐步开启构建具有自身特色的国际关系理论的进程。在此进程中，有志学者雄心勃勃地表示要构建国际关系的中国学派，并为此目标而孜孜不倦地奋斗着。笔者在中国国际关系研究起步时，进入该研究领域，并把重点放在了对亚非拉发展中国家问题的研究上，希望用既有的国际关系理论来解释亚非拉发展中国家的问题。但是随着对西方国际关系理论的广泛了解和对发展中国家问题研究的逐步深入，才发现西方国际关系理论并不能直接拿来解释和解决发展中国家面临的诸多问题。因此，笔者便在借鉴既有国际关系理论的基础上，通过修正这些理论来谋求对发展中国家许多问题的诠释与解答。而构建中国特色的国际关系理论和构建国际关系的中国学派虽离不开对既有国际关系理论的借鉴，但更重要的是要摆脱以西方为中心的国际关系研究的视角。就此而言，我们刚刚起步。

  2000 年中非合作论坛建立之后，笔者将研究现实问题的重心转向了非洲地区。由于中国人民大学国际关系学院缺乏有关研究人员，自己便通过招收和培养硕士和博士研究生，聚集了一批有志为非洲国际关系研究奉献的 80 后和 90 后硕士和博士生，形成了一支年轻而充满活力的非洲国际关系研究团队。他们具有良好的国际关系学术素养，勤奋好学，视野开阔，研究方法多元而新颖。更加难能可贵的是他们热爱非洲，执着于非洲国际关系研究。经过十多年的潜心钻研，成就了十多部具有较高学术水准的研究成果，代表了当前中国非洲国际关系研究的水平。为使这些成果能够更好地服务于中非关系的发展，为使这些有为青年能被中国学界所了解，本人多年来一直在推动这些成果的结集出版。

呈现在读者面前的这套"非洲国际关系论丛"以促进中非共同发展为目标，深入阐释当代中国的外交与发展理念和模式，服务于中国"一带一路"和中非命运共同体的建设，构建中国与世界的对外话语体系，多维度地探讨非洲与世界的关系以及中国在推动中非合作、非洲与世界各国合作发展中的重要地位和作用。本丛书既有西方大国（美国、欧盟国家）、新兴大国（中国、印度、巴西、俄罗斯）对非战略和政策的研究与比较研究，也有对非洲国家（南非）和国家集团（西非国家经济共同体）自身谋求发展的探讨，还有对非洲传统安全（北非乱局）与非传统安全（恐怖主义）的解析，更有中国对非发展合作（从援助到合作、借助联合国教科文组织的教育合作）的理论和实践的研究。这些都是非洲研究和国际关系研究领域中亟待探讨和解决的前沿性问题。作者们提出了许多独到的、有创见和新意的学术思想和观点，为中国的非洲国际关系研究做出了积极而富有成效的贡献。这些成果本可以同时出版，但由于出版资金限制，只能分期分批地陆续奉献给读者。相信"非洲国际关系论丛"的出版，将会对中国的非洲国际关系研究产生规模效应，进而推动中国的非洲国际关系研究向更高的层次发展。

由于"非洲国际关系论丛"是中国国内第一套有关非洲国际关系的论著丛书，作者也大都是青年学者，因此难免存在一些不足和有待改进之处，恳祈读者批评指正。

本"论丛"在寻求出版的过程中曾得到学界、外交界、出版界许多关注非洲问题的朋友们的关心与支持，在此，深表谢意。特别感谢中国前驻南非和津巴布韦大使、中国政府首任非洲事务特别代表、中国亚非学会会长刘贵今先生亲自为本"论丛"撰写序言。令笔者难忘的是已过古稀之年的刘先生视力下降，已经不能用电脑撰写文稿，便摸索着在白纸上用特大字体手写了全部内容。感动之余，笔者恳请刘大使赐稿留存，以作纪念。

衷心感谢中国非洲史研究会会长、北京大学国际关系学院教授李安山先生对本"论丛"所做的中肯的评价。安山教授与笔者结识多年，亦兄亦友，凡请求之事无不热心帮助。令本人深深感动的是安山教授在百忙之中，通读了"论丛"的几乎全部书稿，并对其中5部著作作了精辟的点评。最后还要感谢社会科学文献出版社的赵怀英博士，没有她不厌其烦地上下沟通，没有她认真细致的文字工作，"非洲国际关系论丛"也难以顺利出版。

2018年是中国改革开放40周年，也是中非合作的又一个"大年"。正如40年前的改革开放为中非关系发展开辟新局面一样，新时代的改革开放必将为中非关系的发展和中非命运共同体建设带来新的机遇，也必将为中国的非洲国际关系的研究和发展谱写新的篇章。

2018年11月28日于世纪城对山书斋

缩略语

AQIM	Al Qaeda in the Islamic Maghreb	"基地组织" 马格里布分支
CFSP	Common Foreign and Security Policy	欧盟共同外交与安全政策
EASO	European Asylum Support Office	欧盟庇护支援办公室
EBCG（Frontex）	European Border and Coast Guard Agency	欧洲边防局
EMP	Euro – Mediterranean Partnership	欧盟 – 地中海伙伴关系
ENP	European Neighbourhood Policy	欧洲睦邻政策
ESDP	European Security and Defense Policy	欧盟安全与防务政策
Eurojust	European Union's judicial cooperation body	欧洲检察官组织
Europol	European Police Office	欧洲刑警组织
IS	Islamic State	伊斯兰国
SSR	Security Sector Reform	安全部门改革
UfM	Union for the Mediterranean	地中海联盟
USAFRICOM	US African Command	美国非洲司令部

C目录 ontents

绪　论

一　问题的提出与研究意义

阿拉伯之春爆发数年后回顾那场变革，任何人都不难意识到它对于北非国家以及深度介入其中的美国、欧盟所带来的强烈震颤。无论是令欧洲不堪重负的难民潮、利比亚甚而广大萨赫勒地区呈现出的安全真空、极端组织扩散还是频频发生的恐怖袭击都时刻传递出这样一则讯息："危机远未淡去，安全政策未见实效。"① 有鉴于此，有必要由简单介绍 2011 年以来的中东北非局势和美国、欧盟反馈入手，引出本研究试图探讨的核心问题及此选题所包含的现实与理论意义。

（一）选题背景

2010 年岁末 2011 年初，中东北非多数国家爆发了以街头抗议为开端的民主运动，表面看来确乎是民众压抑良久，再也无法默默吞下独裁政府当局常年专制统治所带来的物质生活缺乏保证、精神生活丧失自由的苦果，坚决要求推翻本国专制政体，通过抗争换取"一个崭新的中东"的自发革命行为。西方国家起初欣喜于多年价值观外交的努力没有白费，第四波民主化浪潮势头这般迅猛定会加速中东北非国家的转型，使他们维护在该地区的安全及能源利益时手中多一张决胜"王牌"。或许是因过早预期利好而给出的"春"之称谓预兆不祥，此次变局恰如"布拉格之春""德黑兰之春"一样，短暂狂飙突进后便再次被旧有统治模式"囚禁"，纵有少数有益尝试，如突尼斯的民主过渡、摩洛哥象征性修宪放权等，均不足以扭转运动整体趋势的定性，狂热之余徒留民众继续挣扎在贫穷和不安全之中。

革命使得北非国家首次走向世界舞台前缘，收获了美国、欧盟的特别

---

① Huber, Daniela, Susi Dennison, and James D. Le Sueur, "Algeria Three Years After The Arab Spring", *Istituto Affari Internazionali*, *Mediterranean Paper Series*, 2014, p. 1.

关注。作为始发国，突尼斯、利比亚、埃及率先进入空前动荡、持续分化的历史时期，并随后诱发西亚地区和整个非洲大陆的政治连锁反应，导致多国政权更迭、大国博弈加剧、扰动国际安全局势，进而延缓全球经济复苏。经济颓势自不必说，北非五国无一幸免。据联合国统计，政府更迭、持续冲突、难民问题、油价下跌、侨汇减少、旅游业下滑导致整个中东北非地区经济损失高达 6140 亿美元。[①] 除摩洛哥相对平稳外其他四国经济增长率不升反降，利比亚甚至出现负增长。[②] 无怪乎经济学人、半岛电视台、英国《卫报》等媒体纷纷撰文认为，北非乱局起于喧哗而终于落寞，经济衰落、社会分裂的结局和建立现代民主制度、营造稳定经济环境的构想大相径庭，五国难以如期迎来春天，等待它们的将是漫漫凛冬。

众所周知，早在二战结束后，北非所属的大中东地区便凭借地缘重要性，经济、能源价值，以及繁复难解的多重纷争吸引美国、欧盟频频插手其中。维护自身和盟友在该地区的安全利益，防止威胁向区域周边乃至本土扩散始终是美国、欧盟乐于承担的使命。只不过鉴于"大中东"的复杂性和特殊性，美国的政策着力于海湾国家，而欧盟特别是法国则视北非为传统后院，将之囊括在睦邻政策框架范围内并长期保持颇具交易性质的合作关系。无论经济援助、政府间磋商、公共外交乃至直接动武，为"摆平"该地区，美国、欧盟可谓无所不用其极。然而阿拉伯之春的爆发恰恰给二者既往诸多政策和行动部署带来了双重打击。

第一重在于同革命爆发之前的政策构想背道而驰。为了推动该地区逐渐"变色"并掩人耳目，欧盟屡屡为经济援助附加政治条件性筹码，并借助自身"规范"特性，堂而皇之地宣扬与该地区文化、宗教、国情均有抵触的西式价值观；美国则试图修补小布什输出民主和大搞全球反恐战争而在中东北非透支殆尽的公信力与合法性额度，暗自为可能出现的变革做足"群源"准备。然而，阿拉伯之春的突发和破坏力显然使地区变革从开始便偏离了西方干预的预设轨道，打破了美国、欧盟在该地区寻求"渐进式

---

① ESCWA, "'Arab Spring' Cost Middle East Economies $614bn", 11 November 2016, available at http://www. aljazeera. com/news/2016/11/escwa – arab – spring – cost – middle – east – economies – 600bn – 161111034453699. html ［2016 – 10 – 25］.

② Khan, Mohsin, "The Economic Consequences of The Arab Spring", *Atlantic Council*, 2014, p. 3.

改革"的梦想，对先前的种种"努力"构成巨大讽刺，某种程度上预示着二者前期政策的失灵。①

第二重则在于相关政策非但未能有效抑制波及四方的安全威胁，反而让美国、欧盟遭受"反噬"之苦。五年来，地区安全岌岌可危，由此愈演愈烈的三大安全威胁严重触碰美、欧利益底线。出于遏制乱局蔓延和应对危机的考虑，它们均试图通过决策层言论和表态亮明帮助该区域国家渡过难关的立场，进而出台一系列看似行之有效的政策并付诸实践。然而高昂的精力、财力代价无法换得北非国家局势好转，甚至给美、欧带来难以忽视的实际损失和心理恐慌，恐怖分子从言语挑衅到长驱直入威胁本土，难民不断涌入深深戳痛欧盟在经济、内部安全、一体化走向等方面的软肋，"安全难题"陷入暂时无解的尴尬处境。来自北非国家的反对、诟病更是雪上加霜。无论西方决策者如何表述协助地区国家重获安全，打击 IS 及其他恐怖组织的决心，多数当地民众坚信"阿拉伯世界此次不幸均因西方插手别国内政、操控煽动青年群体而起，西式民主在目前的伊斯兰世界并不适用"②，美国、欧盟横加干涉本身即为如今面临重重困境的根源。甚至有人抱怨，西方决策如此"天真"，如果它们没有干涉利比亚内战并支持反对派，没有对曾经的伊斯兰极端主义睁一只眼闭一只眼还妄图加以利用，那么情况会完全不同。③

这便引出了一个有趣的问题，如何解释美国、欧盟在北非的种种安全政策效果不佳？本书的核心假设亦由此浮出水面，即美国、欧盟在阿拉伯之春后的北非安全环境中自我塑造相应角色，但因无法平衡角色观念内在矛盾及实践过程中遭遇多重角色冲突，导致角色扮演趋于失败，安全政策随之走向失灵。

（二）现实意义与理论意义

现实意义有以下三个方面。

① Hollis, Rosemary, "No Friend of Democratization: Europe's Role in The genesis of The 'Arab Spring'", *International Affairs* 88.1, 2012, p. 81.

② Totten, Michael J., David Schenker, and Hussain Abdul – Hussain, "Arab spring or Islamist winter? Three views", *World Affairs*, 2012, p. 24.

③ The Arab winter, The Economist, Jan 9th 2016, available at http: //www. economist. com/ news/middle – east – and – africa/21685503 – five – years – after – wave – uprisings – arab – world – worse – ever [2016 – 10 – 01].

其一，便于找准北非五国在该重大历史事件中的定位。阿拉伯之春对地区乃至全球安全的负面效应有目共睹，那么北非五国究竟在其中如何自处？本研究从五国陷入乱局的起因、过程、革命或改革效果入手：一方面客观介绍了发生政权更迭的突尼斯、埃及、利比亚同试图避开剧烈革命而走上渐进式改革道路的阿尔及利亚、摩洛哥之间的境况差异；另一方面更加看重乱局刺激下，无论转型程度如何，五国始终面临的相似安全威胁及其与美国、欧盟互动中共有的政策偏好。纵使全面结成"马格里布同盟"尝试未果且"痼疾"西撒哈拉问题暂时无解，北非仍为构筑地中海安全复合体的突破口和要件。① 因此全面考察革命以来五国所提供的"共同但有区别"的安全环境是本研究得以顺利开展的起点。

其二，全面梳理美国、欧盟在北非地区的安全政策。北非地区的安全和稳定始终是二者的重大关切，双方不仅业已形成一套针对北非国家或其所属地区的安全政策体系，且考虑变局需要在原有框架基础上加以调整和完善；同时综合采用政治、经济、文化、网络手段应对复杂的北非安全问题。面对革命后日益严峻的三大非传统安全威胁，它们还推出了一系列有针对性且目的明确的政策和行动，这些也是梳理过程中不可忽视的内容。本书恪守马克思主义两大哲学原理全面考察和解读相关政策：第一，用发展的眼光捕捉美国、欧盟在北非安全事务中的角色及其应对策略变化；第二，关注政策中显露的"共性"与"个性"，既要看到二者角色观念及总体安全政策同分别处理三大安全威胁时的具体策略选择之间的区别和联系，也要审视各自特点及"西方国家"共有身份对其政策的影响。

其三，用数据和实例证明美国、欧盟对革命及随后的安全局势恶化负有不可推卸的责任。关于阿拉伯之春与西方国家的介入究竟有多大关联这一问题目前存在两种回答：一种相信国外支持纵然不是此次政治剧变的唯一诱因但的确发挥了推动作用；另一种持怀疑态度，认为西方国家的政策对地区变局或许有影响，但政策效果难以验证。可见，两种观点均不否认西方势力若无幕后指使行为至少也潜在地为变革创造了条件，它们的唯一分歧在于是否有确凿的证据作为支撑。本研究由此广泛收集了能够证明西

---

① Alessandri, Emiliano, *Forced Convergence? Transatlantic Strategy in the Global Mediterranean*, GMF Policy Brief, April 2015, p. 4.

方国家政策导致北非安全局势恶化的诸多事例，通过阿拉伯地区的新闻报道、自由人士的披露、学术著作中提到的事件以及诸如法国情报研究中心等智库所掌握的情报等说明西方国家的"别有居心"；同时挖掘美国、欧盟在处理各项北非安全事务中所表现出的前后矛盾、言行不一、难以迎合区域内国家期待等问题，印证其政策转化为行动的过程对地区局势改善的阻碍作用。

除丰富的现实意义外，本研究因借助角色理论，探索角色冲突概念对政策失灵的解释力而具有一定的理论意义。简单而言，角色概念从戏剧场景中借用而来，旨在将社会"舞台化"并将活跃其中的行为体在"自我"（ego）与"他者"（alter）间的互构（co-constitution）中形成的社会地位（social position）视为角色。① 角色理论是一门着眼于行为、过程研究的科学，② 考察个体在社会中占据特定位置及其依据该位置被赋予的社会期待、规范、权利、义务而完成角色扮演的过程。引入对外政策分析后，国际关系学者将"国家视为在国际舞台上扮演不同角色的行为体"，依托角色理论原有概念体系进行了丰富有益的应用尝试，凸显了其所具有的两大理论优势：一是将他者期待与自我认知同时作为分析行为体外交行为的考量要素，增加了外交政策的解释维度和对行为体行为展开预期的路径；③ 二是擅长沟通层次分析法中不同层次变量间关系，把行为体内部资源与分歧、领导者认知同其在国际体系中的互动历程整合起来，全面分析行为体对外政策和行为。④

有鉴于此，本书理论意义有四个方面。第一，有助于通过实证研究了解美国、欧盟介入北非安全事务过程中的自我角色观念内涵，从根源上探索可能导致政策失灵的动因。第二，挖掘北非五国对美国、欧盟介入其安全事务时角色扮演的认知和期待，彰显角色理论的"互动意味"。

① Aggestam, "Lisbeth Role Theory and European Foreign Policy", In O. Elgström and M. Smith, eds. *The European Union's Roles in International Politics: Concepts and Analysis.* London: Routledge, 2006, p. 19.

② Biddle, Bruce J., *Role Theory: Expectation, Identities, and Behaviors*, N. Y.: Academic Press, 1979, p. 4.

③ Jackson, Jay A., Role-editorial Introduction, *Role*, Cambridge: Cambridge University Press, 1972, pp. 1 - 10.

④ Thies, Cameron G., and Marijke Breuning, "Integrating Foreign Policy Analysis and International Relations through Role Theory", *Foreign Policy Analysis* 8.1, 2012, pp. 1 - 4.

第三，以国家为基本分析单位，同时考察主权国家—美国以及区域一体化组织—欧盟所遭遇的角色冲突，利用角色理论的跨层次特性，一方面将联盟内成员国分歧作为"角色内要素冲突"融入讨论，另一方面论证本书观点对国际组织和主权国家的同时适用性。第四，充分发挥角色冲突概念在理论层面对国际行为体互动中的多重矛盾、分歧、摩擦所具有的整合能力，为美国、欧盟的北非安全政策失灵提供一个基于角色的完整解释框架。

二　国内外研究现状

2011 年后国际社会对北非安全事态的关注迅速提升，然而从现有研究成果来看，国内外专门讨论美国、欧盟的北非安全政策及其效果评估的著述尚属少数，大量评析以新闻深度报道、智库专题、项目报告等方式呈现出来，客观介绍事实、宏观把握地区背景、针砭时弊或服务于特定项目目标者居多，选取特定论题、依托完整理论框架给予学理化解读者甚少。地区问题热点特性同学科内关注程度间的明显差距为本研究提供了弥补缺陷和力争创新的广阔空间。当然，这并不意味着"角色冲突诱发美国、欧盟安全政策失灵"的讨论缺乏"文献根基"，事实上前人在多个相关领域为本书提供了丰富、翔实的资料和观点支撑，下文将从如下方面加以回顾。首先，把握前人对美国、欧盟角色的一般性分析和定位是开启本书讨论的起点，他们关于二者在北非的形象、角色、政策特性等方面的论述纵然篇幅有限亦不容忽视。其次，还应进一步考察既有文献对角色理论的研究和解读，其中拓展和应用"角色冲突"概念的作品尤其值得单做说明，以期凸显本书在理论层面的坐标定位。

（一）有关美国、欧盟角色的研究

作为具有全球或地区领导力的重要行为体，美国与欧盟在国际事务中的角色扮演兼具共性与个性。共性指发端于其自我特性、普遍体现于外交行为各个领域的特点和风格，个性则强调角色随事务领域、地理区域、国际环境等外部条件有所调整的特点。① 本书将考察美国、欧盟角色的时段

---

① Harnisch, Sebastian, Cornelia Frank, and Hanns W. Maull, eds. *Role Theory in International Relations*, Taylor & Francis, 2011, p. 114.

限定为 2011 年以来，考察范畴局限于北非安全事务，显然以确定特定情境角色为目标，但梳理前人对美国、欧盟角色或有关中东北非地区事务中所扮演角色的看法毫无疑问具有积极的借鉴意义。

1. 有关欧盟角色及对外政策特性的研究

对于欧盟在国际社会中究竟扮演了何种角色，学界采取了不同分析方法、借助多重理论框架、配合各种案例进行考察和论证，最终得出的结论也不尽相同。但总结起来，既有文献大多试图从研究欧盟的角色性（ac-torness）①、国际地位（presence）②、行为体能力（capability）③、政策效力（effectiveness）、力量类属等议题入手，进而论述欧盟的"国际身份"。④其中有关欧盟力量类属的讨论不仅引发了国内外学者的极大兴趣，且由此逐渐形成了对欧盟角色的几种"主流认知"。

第一种，民事力量（civilian power）。早在 20 世纪 70 年代，佛朗索瓦·杜契尼（François Duchêne）率先用此概念指出了欧洲国家在未来全球化世界中"与众不同的定位"，并将"民事欧洲"精准描述为"长于经济力量、相对弱化军事能力。偏离其他国际行为体普遍乐于采取的强制、武力手段而重视国家间的多边合作、民主管控、文化感召力。注重推动平等、正义、包容等社会价值的传播和内嵌"。⑤ 1982 年赫德利（Hedley Bull）做出批判式回应称"防务和安全方面的短板使得欧共体在国际事务上无法成为独立行为体，有强大军事能力支撑是其作为民事力量立足于国际社会的必要条件"⑥。

① Groenleer, Martijn L. P., and Louise G. Van Schaik, "United we stand? The European Union's international actorness in the cases of the International Criminal Court and the Kyo-to Protocol", *JCMS*: *Journal of Common Market Studies* 45 (5), 2007, pp. 969 – 998.

② Allen, David, and Michael Smith., "Western Europe's Presence in the Contemporary International Arena", *Review of International Studies*, No. 16, 1990, pp. 19 – 37.

③ Hill, Christopher, "The Capability – Expectations Gap, or Conceptualizing Europe's International role", JCMS: *Journal of Common Market Studies* 31 (3), 1993, pp. 305 – 325.

④ Lucarelli, Sonia, The EU's Leadership in the Global Governance: Perceptions from the Others, Paper presentato al Convegno annuale della Società Italiana di Scienza Politica, Firenze, 13 – 14 Settembre 2013.

⑤ Duchêne, François, "The European Community and the Uncertainties of Interdependence", in M. Kohnstamm and W. Hager eds. *A Nation Writ Large? Foreign – Policy Problems before the European Community*, London: Macmillan, 1973, pp. 1 – 21.

⑥ Bull, Hedley, "Civilian Power Europe: A Contradiction in Terms?" *Journal of Common Market Studies*, Vol. 21, No. 2, 1982.

杜希德（*Kenneth Twitchett*）①、毛尔（*Hanns Maull*）② 等人将此概念细化为三个要点：（1）优先借助外交合作处理国际问题，（2）视经济实力为实现政策目标的核心，（3）利用合法的超国家机制携手共进。作为"民事定位有利于欧洲"论调的坚定支持者，史密斯（*Karen Smith*）在著述中多次强调"成员国放弃使用武力成就了欧盟的独特发展之路，同时也塑造了别样的国际关系图景。追求军事而非军事强权意味着国家建构过程达到高潮，一体化将在更广泛的维度内对国家实施再造"③，"界定欧盟为民事力量可以战略性地将其同传统强权区分开来，特别是以强制和军事力量著称的美国"④。不过由于史密斯一度表达过"民事力量与军事力量恰恰是位于光谱两极、相互对立的理想型"，布尔也认为"如此界定意味着民事力量杜绝使用武力"，⑤ 导致学者们就"欧盟是否还能因情势所迫或礼仪所需而使用武力"一事各执一词。开放性争论中，斯塔夫里（*Stelios Stavridis*）的观点代表了相当一部分学者的判断，即"为了捍卫核心价值（civilian values），必要时可以将武力当作'最后的手段'"。⑥ 换言之，民事力量动用武力的底线有二：一是不作为安全战略与外交政策的支柱；二是仅在别无他法且有国际法规约的情况下使用。

第二种，规范性力量。鉴于"民事力量说"暗含争议且深刻蕴藏"规范"元素，新千年前后，一批学者开始就"规范性"大做文章。罗斯克兰

---

① Twitchett, Kenneth J., "External Relations or Foreign Policy?" *Europe and the World：The External Relations of the Common Market*, London：Europa, 1976, p. 8.

② Smith, Karen E., "The end of civilian rower EU：A welcome demise or cause for corncern?" *The International Spectator* 35（2）, 2000, p. 12.

③ 类似观点散见于史密斯 1998～2000 年的多篇文章中。如（1）Smith, Karen, *The Making of EU Foreign Policy：The Case of Eastern Europe*, London：Macmillan, 1998；（2）Smith, Karen, "The Use of Political Conditionality in the EU's Relations with Third Countries：How Effective?" *European Foreign Affairs Review* 3, 1998, pp. 253 – 274；（3）Smith, Karen, The instruments of European Union Foreign Policy, in Jan Zielonka（ed.）*Paradoxes of European Foreign Policy*, The Hague：Kluwer Law International, 1998, pp. 67 – 85；（4）Smith, Karen, "The End of Civilian Power EU：A Welcome Demise or Cause for Concern?" *The International Spectator*, 23（2）, 2000, pp. 27 – 28。

④ Smith, Karen E., "Beyond the civilian power EU debate", *Politique européenne* 3, 2005, pp. 63 – 82.

⑤ Bull, Hedley, "Civilian Power Europe：A Contradiction in Terms?" *Journal of Common Market Studies* 21（2）, 1982, pp. 149 – 170.

⑥ Stavridis, Stelios. "Militarising the EU：The concept of civilian power Europe revisited", *The International Spectator* 36（4）, 2001, pp. 43 – 50.

斯（Richard Rosecrance）1998 年的文章中精准提出了"规范性"与"欧洲殖民历史"间的悖论，认为"欧盟的成就是规范的而不是经验的，尽管一个一度用帝国主义强力征服世界的大陆如今即将为世界设定新的标准听起来十分自相矛盾"[1]。伊恩·迈纳斯（Ian Manners）用数篇文章构建了"欧盟规范性力量"的完整解释体系。2002 年的"成名作"——《规范性力量的欧洲：术语上的自相矛盾？》把如何区分民事和规范性力量的方法生动表述为"看欧盟利用经济力量压制他国还是试图改变经济力量在国际关系中的观念"。同时详述了塑造欧盟特性的五项核心规范，并从基本准则、任务目标、长效机制、基本权利等 5 个方面解构了欧盟的规范性基础。[2] 随后又通过《欧盟的规范性伦理》《欧盟规范性再思考：超越十字路口》[3]《欧盟作为规范性力量：回应托马斯·迪兹》[4]《世界政治中的规范性力量概念》[5]《欧盟的规范性力量及安全挑战》[6] 等文总结了欧盟历史上建立起的，包括冲突防御机制在内的整套规范性原则及它们得以推广于世的途径，由此成为"规范性欧洲"理论"大厦"的主要"建造师"。司哲森（Helene Sjursen）谈及共同规则或曰法律对规范制定和推广的重要性。[7] 史密斯（Michael Smith）补充了规范性力量的三个核心要素"世俗性、批判性、自我反思性"。[8] 迪兹则再度诠释了欧盟"塑造规范"，帮助其他行为体对正确行为的认知的能力。学术共同体内对欧盟规范性的共识

---

[1]　Rosecrance, Richard, "The European Union: A New Type of International Actor", in Jan Zielonka (ed.) *Paradoxes of European Foreign Policy*, The Hague: Kluwer Law International, 1998, pp. 15 – 23.

[2]　Manners, Ian, "Normative Power Europe: A Contradiction in Terms?" *JCMS: Journal of Common Market Studies* 40 (2), 2002, pp. 235 – 258.

[3]　Manners, Ian, "Normative Power Europe Reconsidered: beyond The Crossroads", *Journal of European Public Policy* 13 (2), 2006, pp. 182 – 199.

[4]　Manners, Ian, "The European Union as A Normative Power: A Response to Thomas Diez", *Millennium* 35 (1), 2006, pp. 167 – 181.

[5]　Manners, Ian, "The Symbolic Manifestation of The EU's Normative Role in World Politics", O. Elgström, M. Smith, eds, *The European Union's Roles in International Politics*, 2006, pp. 66 – 84.

[6]　Manners, Ian, "European Union 'Normative Power' and The Security Challenge", *European Security* 15 (4), 2006, pp. 405 – 421.

[7]　Sjursen, Helene, "The EU as A 'Normative' Power: How Can This Be?" *Journal of European Public Policy* 13 (2), 2006, pp. 235 – 251.

[8]　Smith, Michael, "The European Union and International Order: European and Global Dimensions", *European Foreign Affairs Review* 12 (4), 2007, pp. 437 – 456.

"滋养"了一批循此路径深化国际政治理论①、全球治理②思考以及考察欧
盟规范性外交政策③、欧盟价值与原则④、欧盟地中海伙伴关系⑤、跨大西
洋伙伴关系⑥的研究成果。

　　2005 年前后研究外部世界对欧盟感知与评价逐渐成为学者们的另一
兴趣所在，相关成果以项目报告居多。2004 年欧盟安全研究学会由奥尔
特加（Martin Ortega）领衔考察了巴西、中国、日本、墨西哥、新西兰、
塞内加尔、南非等国对欧盟的看法。⑦ 2006 ~ 2011 年间坎特伯雷大学国家
欧盟研究中心的霍兰德（Martin Holland）、沙邦（Nathalia Chaban）启动
了有关欧盟角色外部评述的两期项目，考察国遍布亚太以及非洲地区，意
见来源广泛涉及公众舆论、新闻媒体及精英意见。⑧ 几乎同时，卢卡艾利
（Sonia Lucarelli）与菲尔拉蒙迪（Lorenzo Fioramonti）主持了另一项以 16
个国家为对象国的欧盟对外形象研究项目，与众不同之处在于他们不仅关
注来自全球四大洲、与欧盟利益密切相关的主权国家，还将联合国大会、
世界银行、非洲联盟等非政府行为体意向考虑在内。⑨ 除上文列举外，近
年来还有一些选取外部视角研究欧盟的著述，但大多存在相似缺陷，即在
方法论、意见来源的选择、目标群体的选取方面缺乏共识，提供详细信

---

① Linklater, Andrew, "A European Civilizing Process?", in Christopher Hill and Michael Smith eds. *International Relations and the European Union*, Oxford：Oxford, University Press, 2005, pp. 367 – 387.

② Lamy, Pascal, and Zaki Laïdi, "A European Approach to Global Governance", *Progressive politics* 1（1），2002, pp. 56 – 63.

③ Sjursen, Helene, "What Kind of Power? European Foreign Policy in Perspective（special issue）", *Journal of European Public Policy* 13（2），2006.

④ Lucarelli, Sonia, and Ian Manners, eds., *Values and Principles in European Union Foreign Policy*, London：Routledge, 2006.

⑤ Adler, Emanuel, *The Convergence of Civilizations：Constructing a Mediterranean Region.* Vol. 1, Toronto：University of Toronto Press, 2006.

⑥ Nicolaidis, Kalypso, "The Power of the Superpowerless", in Tod Lindberged. *Beyond Paradise and Power：Europeans, Americans and the Future of a Troubled Partnership*, London：Routledge, 2004, pp. 93 – 120.

⑦ Ortega, Martin, ed. Global views on the European Union. Institute for Security Studies, Chaillot Paper, No. 72, 2004.

⑧ Holland, M., and N. Chaban, "Perspectives on the Role of the EU：A Study of Asian Stakeholders", Opinion from Six Countries, *The International Institute for Democracy and Electoral Assistance Working Paper*, Stckholm：IDEA, 2010.

⑨ Lucarelli, Sonia, and Lorenzo Fioramonti, eds. *External perceptions of the European Union as a global actor*, Abingdon and NewYork：Routledge, 2009.

息、数据的同时学理阐释不足，加之起步较晚、经验积累有限，为后续欧盟角色研究切换视角或采取交叉视角预留了广阔的空间。

以上述思考为基底，部分学者对欧盟在包含北非在内的地中海地区扮演何种角色展开多方探讨。笼统来看，一些研究试图从欧盟－地中海关系所提供的丰富案例库中寻找欧盟作为规范性力量的佐证。帕尼比昂科（Stefania Panebianco）和罗西（Rosa Rossi）论及欧盟在地中海地区扮演的"规范输出者"角色，认为"巴塞罗那进程中的经验、自下而上的地区合作项目、欧盟地中海发展援助计划等财政支持"勾勒了欧盟扮演该角色的全部图景。① 阿德勒（Emanuel Adler）等人回顾了欧盟－地中海多重合作框架，指出"过去数十年间，欧洲国家利用规范性力量铸造了今日的联盟，现在它们正据此维护地中海地区的稳定以确保自身安全，在规范性引导和和平演变中，试图破除与邻国的'内外之别''自我－他者之别'，极大拓展'共有认同'的边界"②。比基（Federica Bicchi）也有类似观点，称欧盟对地中海南岸国家采取的"规范性措施"集中表现为推进地区主义、着重于那些涉及地中海两岸共同利益的事务领域。欧盟推进地区意识与共同体的做法使得地区主义由此成为一种体现规范性的政策。③ 概言之，规范性欧盟在该区域分离出三种角色：一是领导者，二是规范推进者④，三是地区一体化的模范带头者。⑤

不过近些年，学界对欧盟规范性力量在地中海南部邻国的体现及相应外交政策的研究成果越来越反映出所谓"话语－现实差异"。⑥ 一方面，

① Panebianco, Stefania, and Rosa Rossi, "EU attempts to export norms of good governance to the Mediterranean and Western Balkan countries", *Jean Monnet Working Papers in Comparative and International Politics*, Vol. 53, 2004.

② Adler, Emanuel, *The Convergence of Civilizations: Constructing a Mediterranean Region*, Vol. 1, University of Toronto Press, 2006.

③ Bicchi, Federica, "'Our size fits all': Normative Power Europe and the Mediterranean", *Journal of European Public Policy* 13 (2), 2006, pp. 286 – 303.

④ Pace, Michelle, "Norm Shifting from EMP to ENP: The EU as a Norm Entrepreneur in the South?" *Cambridge Review of International Affairs* 20 (4), 2007, pp. 659 – 675.

⑤ Murray, Philomena, "Model Europe? Reflections on the EU as a model of regional integration," in Pompeo Della Posta, Milica Uvalic and Amy Verdun eds., *Globalization, Development and Integration Basingstoke*, Palgrave, 2009, pp. 273 – 286.

⑥ Mullin, Corinna, and Ian Patel, "Governing Revolt: EU – North African Relations after the 'Arab Spring' Uprisings", *Journal of Intervention and Statebuilding* 9 (2), 2015, pp. 162 – 189.

处理该区域事务时欧盟历来的"规范性"角色特性遭到质疑。尼克拉迪斯
(Kalypso Nicolaïdis) 与豪斯 (Robert Howse) 早在 2002 年便富有预见性地
批评欧盟现实行动与自我定位和政策话语间的矛盾足以损害信誉,阻碍其
能力发挥。而欧盟的自我表述并不写实,不过是一种理想中的状态,或称
"乌托邦规范主义"罢了。[①] 穆迪曼 (Chloe Muddiman) 通过分析欧盟及
成员国在利比亚未记账的回应得出结论称"当规范与现实利益发生冲突
时,欧盟的规范性角色便会选择让步于现实权宜,导致欧盟贯彻所谓规范
性原则时缺乏连贯性"[②]。

　　另一方面,学者们着重剖析欧盟在地中海邻国事务中"游离于理想与
现实之间"的政策及实践,证实其力量特性的现实主义偏转。其中最有代
表性的莫过于佩斯 (Michelle Pace),2007 年她撰文指出"欧盟的地中海
南部邻国政策同时遵循两套战略,一边是规范性力量的身份认同,另一边
则是政治、经济等现实利益诉求"[③]。2009 年发表名为《欧盟在地中海推
进民主过程中的悖论与矛盾:规范性力量的局限性》的文章再次抨击欧盟
的推进民主化行动中政策缺乏连续性,难以对地中海南部国家产生潜在的
规范性影响,她直接称规范性话语是纯工具性的,欧盟在地中海南岸国家
的政策倡议最终目标无外乎捍卫自身诸如移民、安全稳定等方面的重大关
切而非促进地区转化 (transformation)。[④] 霍利斯 (Rosemary Hollis) 针对
阿拉伯之春附议了以上观点,他相信"欧盟应对乱局的政策实际上背离了
自由、民主、法治等规范,传播理念无从谈起。为了优先确保欧洲繁荣、
稳定,它们不惜牺牲阿拉伯国家的利益"。无独有偶,贝克 (Martin Beck)
亦认为阿拉伯之春本该是欧盟发挥规范性力量的舞台,但从欧盟－地中海
国家的后续互动来看,现实并非如此。[⑤] 一言以蔽之,欧盟在地中海事务

①　Nicolaïdis, Kalypso, and Robert Howse. "'This is my EUtopia…': Narrative as Power", *Journal of Common Market Studies* 40 (4), p. 789.

②　Muddiman, Chloe, "An investigation into the European Union's 'normative power'", *Libya: To What Extent Have Norms Clashed with Interests?* p. 11.

③　Pace, Michelle, "Norm Shifting from EMP to ENP: The EU as a Norm Entrepreneur in the South?" *Cambridge Review of International Affairs* 20 (4), 2007, pp. 659 – 675.

④　Pace, Michelle, "Paradoxes and Contradictions in EU Democracy Promotion in the Mediterranean: the Limits of EU Normative Power", *Democratization* 16 (1), 2009, pp. 39 – 58.

⑤　Beck, Martin, "The Comeback of the EU as a 'Civilian Power' through the Arab Spring?" *GIGA Focus International Edition English*, No. 2, 2013.

中的角色是"披着规范性外衣的现实主义者"。① 而其政策则应了杨斯（Richard Youngs）的判断，即欧洲长久以来宣扬同阿拉伯世界建立新联系和伙伴关系的地中海战略总体上趋于失败。②

中国的欧盟角色研究虽然起步较晚，但已成争鸣之势。这些论著大多从三个角度探讨欧盟的力量和角色。首先，有关欧盟是规范性力量的客观介绍和积极解读。早在 2003 年，陈志敏与古斯塔夫·盖拉茨（Gustaaf Geeraerts）合著的《欧洲联盟对外政策一体化》一书便"确定了民事欧洲的身份"并指出"逐步加强自主防务能力、扩充有限军事力量不足以颠覆其民事力量的基本身份"。③ 熊炜表达了类似观点，称基本价值观、对外政策决策机制、军事能力短板等因素共同塑造了欧盟对外政策中的规范性特质，即便通过共同安全与防务实践着力弥补军事力量不足使得规范性概念暗含矛盾，却不至彻底改变欧盟定性。④ 时殷弘用"四种权力世界"的概念分析欧盟力量的性质，狭义硬权力或曰军事强制力已基本同欧盟无缘，借助经济、技术、价值观优势向欠发达国家施压属广义硬实力范畴，偶有发挥；但数年来其在广义软权力世界里举足轻重且在狭义软权力方面因充当"后现代旗手"而发挥重要的价值、组织构建作用。⑤ 宋黎磊在《欧盟特性研究：作为一种规范性力量的欧盟》一文中认为欧盟与世界的互动遵循了一种与众不同的规范性标准，其实质性与象征性的规范的扩展为核心，内涵与外延均与外部环境之变化密切相关。⑥ 伍贻康也给予欧盟治理模式较高评价，称其辐射效应和示范效应符合人类发展的大方向，预示着国际和谐融合新纪元的到来，是一份可惠及世人的国际公共产品，值得深入探究和借鉴。⑦ 严骁骁在其博士学位论文中全面介绍了"规范性力量欧洲"的内涵、理论与反思、对欧盟外交政策研究的意义、实践与运用

① Seeberg, Peter, "The EU as a realist actor in normative clothes: EU democracy promotion in Lebanon and the European Neighbourhood Policy", *Democratization* 16 (1), 2009, pp. 81 – 99.

② Youngs, Richard, "How Europe's Mediterranean Policy Went so Badly Wrong", *Europe's World* 4, 2006, pp. 26 – 33.

③ 陈志敏、古斯塔夫·盖拉茨：《欧洲联盟对外政策一体化》，时事出版社，2003。

④ 熊炜：《欧洲民事强权概念、决定性因素及其发展》，《欧洲研究》2007 年第 2 期。

⑤ 肖柯、孙友晋：《欧盟是怎样一支力量：学术研讨会综述》，《欧洲研究》2008 年第 1 期。

⑥ 宋黎磊：《欧盟特性研究：作为一种规范性力量的欧盟》，《国际论坛》2008 年第 2 期。

⑦ 伍贻康：《欧盟软力量探析——欧盟治理模式的效应评价》，《世界经济与政治》2008 年第 7 期。

等，指出"规范性力量欧洲是欧洲学者对欧盟在全球化世界中角色以及未来发展方向的认知，且学理上能够成为解释欧盟对外政策的分析方法"①。此外，还需提及朱立群的《欧盟是个什么样的力量》，该文另辟蹊径介绍了中美两国对欧盟力量的认知：尽管美国政府内部对欧盟的看法意见不一，但至少就欧盟在安全领域的合作没有实质性进展，缺乏海外投射功效的军事能力仅适于维和，一旦应付传统威胁或诉诸战争手段时无疑仍需依赖美国。相较于美国的怀疑倾向，中国更多地认同规范性欧盟的积极意义和重要国际地位，同时也意识到对外决策"双轨性"和与美国的纠缠不清制约了欧盟独立发挥政治影响。②

其次，许多中国学者还重新思考了此概念的提出意义，并结合欧盟实践展开丰富的反思和批判。张茗通过在《"规范性力量欧洲"：理论、现实或"欧托邦"》当中的理论与现实比对，发现规范性力量俨然成为欧盟自证对外行为和理性与正当性的先验假设，作者沿用尼可莱迪斯（Kalypso Nicolaidis）、豪斯（Robert Howse）等人创造性合成的"欧托邦"一词，形象地概括了欧盟的"期望－能力差距"，认为过分理性化是欧盟自我定位的重要不足。③ 张明明与之观点相仿，称"欧盟的规范性内涵尚不确定，浓厚理想主义色彩脱离欧洲与世界现实，尽显其伦理诉求与实际能力间差距，极易陷入伪善和虚弱的陷阱"④。崔宏伟评价欧盟的规范性力量实质上是其借助价值规范追求自我利益和助力现实政治建设，以达成战略目标的途径，在"争当全球力量"过程中尽显局限性。⑤ 洪邮生则通过分析欧盟对华人权外交及其成员国的价值观外交，批驳了欧盟将欧洲价值观与普世规范画等号不仅缺乏理论逻辑且导致实践障碍。⑥

最后，基于对什么是规范性角色、规范性角色如何被建构以及如何影响世界等问题的回应，中国学者进一步挖掘此概念的实证性质，依此路径考察了欧盟在多个区域的规范性外交政策与行为。就本书所关心的北非五国纵然涉及不多，但考察欧盟在地中海邻国或中东北非地区角色及相应政

---

① 严骁骁：《反思"规范性力量欧洲"：理论与实践》，南京大学博士学位论文，2016。
② 朱立群：《欧盟是个什么样的力量》，《世界经济与政治》2008 年第 4 期。
③ 张茗：《"规范性力量欧洲"：理论、现实或"欧托邦"》，《欧洲研究》2008 年第 5 期。
④ 李明明：《变动中的欧盟国际角色：从传统国家力量到后民族身份》，《上海交通大学学报》（哲学社会科学版）2009 年第 4 期。
⑤ 崔宏伟：《规范性强权欧盟与中欧关系的和谐发展》，《社会科学》2007 年第 11 期。
⑥ 洪邮生：《"规范性力量欧洲"与欧盟对华外交》，《世界经济与政治》2010 年第 1 期。

策的部分著作值得着重回顾。方晓在《欧盟规范性外交对中东的影响》的博士学位论文中借助规范性外交三要素——规范性目标、手段和效果衡量评估欧盟在中东地区的影响，并得出欧盟必须增加内部外交决策效率与政策执行力度、提升塑造国际环境能力才能扩展规范性外交政策效用的结论。[①] 姚惠娜的博士学位论文《欧盟对阿拉伯政策研究》细致梳理了欧盟与阿拉伯世界互动的始末，特别指出了"能力－期望差距"的存在并从欧盟对外决策二元特点、成员国立场分歧、来自美国的压力和制约三个角度解释了个中原因。[②] 钮松则专门将视角锁定在欧盟参与中东地区民主治理过程中体现出的相互区别但又密切关联的规范性角色与民事角色，探讨推进中东民主化之于欧盟维持邦邻稳固、巩固自身安全的重大意义。郑启荣的《全球视野下的欧盟共同外交和安全政策》在最后一章论及欧盟共同安全和外交政策于地中海国家的推行情况，详述其中成就与挑战。[③]

当然，肇始于 2011 年的西亚北非变局给欧盟在该地区的政策造成了全方位冲击，讨论欧盟对地区变革的政策反馈、实际行动及如何同规范性构想背道而驰的文章对本书颇有启迪。例如，房乐宪综述了变革后欧盟政策的基本战略意图，反应举措和限度，判断称尽管内部分歧和受美国政策倾向影响等因素削弱了欧盟角色和政策有效性，但鉴于地缘战略意义重大，欧盟今后仍会依靠政治、外交、经济等手段多方干预变局走向。[④] 倪海宁从欧盟推进民主化的做法出发同样认为数年之内中东北非地区定当为欧盟对外政策重点，且挑战、机遇同为关键词。[⑤] 五年期间，丁纯、宋全成、田德文、唐恬波、李竞强等多位学者从不同视角跟进了欧盟对地区难民危机、民主化转型、反恐等问题的反馈与政策调整。

经验研究的结果表明，欧盟在北非地区的外交政策无法单纯以"规范性"或民事特性来界定，多数时候，欧盟表现为一种多面、复合型角色，政治现实主义、帝国主义、规范主义等倾向在欧盟处理地区事务时交替或交合闪现，[⑥] 加之阿拉伯之春后，欧盟在英法等国主导下武力干涉利比亚、

---

① 方晓：《欧盟规范性外交对中东的影响》，上海外国语大学博士学位论文，2009。
② 姚惠娜：《欧盟对阿拉伯政策研究》，中国社会科学院研究生院博士学位论文，2008。
③ 郑启荣：《全球视野下的欧盟共同外交和安全政策》，世界知识出版社，2008。
④ 房乐宪：《北非中东政局对欧盟的挑战及欧盟的政策应对》，《当代世界》2011 年第 4 期。
⑤ 倪海宁："欧盟的中东北非战略调整刍议"，《欧盟战略专题研究》2011 年第 5 期。
⑥ Tocci, Nathalie, "The European Union as a Normative Foreign Policy Actor", *Who Is A Normative Foreign Policy Actor?* 2008，p. 28.

出兵打击人蛇集团等决定，使其看起来更向同时调用软硬力量资源设置国
际议程的传统强权靠拢，大大增加了外界对其政策的理解和评估难度。①

　　2. 有关美国角色及对外政策特性的研究

　　相较于力量特性"标新立异"的欧盟而言，国外学者对美国的角色和
政策的概括性论述大多围绕其全球霸权和领导地位铺陈开来。佛格森②、
加迪斯③、米尔沃德④等人对美国战后通过经济和军事战略全面部署塑造
了自身的世界霸主形象达成共识。卡根（Robert Kagan）十分精准地指出
了美国在全球以及地区事务中充当领导的方式，认为"美国长于动用武
力，缺乏等待外交手段生效的必要耐心，在同他国互动中，更愿意采取强
迫与利诱并举的方式，为本国的利益目标服务。如果将国际社会比喻为太
阳系，那么以军事强权称霸的美国就是火星，而擅长利用国家法、国际合
作的欧盟则是金星"⑤。伊肯伯里（John Ikenberry）则突出美国领导中的
"联合协商性质"（coalition - based character），意即美国的领导权不等于
在国际体系中说一不二，而是主导建立由一组西方发达民主国家构成的协
商共治机制。⑥ 克罗斯（Ulrich Krotz）和司柏林（James Sperling）在《美
法竞合关系：角色理论能告诉我们什么》一文中谈到了美国在北大西洋公
约组织中扮演拥有者（owner）、管理者（manager）和主要参与者（play-
er），相信联盟中的角色是其全球角色的"缩影"或"变奏"。⑦

　　以质性判断和相应政策分析为铺垫，近年来学者们还就"国际社会大

① Dee, M., "Evaluating European Union Leadership in Multilateral Negotiations: A Framework for Analysis", *European Union Studies Association (EUSA) Biennial Conference*, Regency Hyatt Hotel, Boston, 2011.

② Ferguson, Niall, *Colossus: The Rise and Fall of the American Empire*, London: Penguin, 2004.

③ Gaddis, John Lewis, *Strategies of Containment: a Critical Appraisal of American National Security Policy during the Cold War*, Oxford University Press, 2005.

④ Milward, Alan S., *The Reconstruction of Western Europe 1945 - 1951*, London: Routledge, 2006.

⑤ Kagan, Robert, *Of Paradise and power: America and Europe in the New World Order*, New York: Alfred A, Knopf, 2003.

⑥ Ikenberry, G. J., "The Logic of Order: Westphalia, Liberalism and the Evolution of International Order in the Modern Era", in G. John Ikenberry ed. *Power, Order, and Change in World Politics*, NewYork: Cambridge University Press, 2014, p. 101.

⑦ Krotz, Ulrich, and James Sperling, "Discord and Collaboration in Franco - American Relations: What Can Role Theory Tell Us?" in Harnisch, Sebastian, Cornelia Frank, and Hanns W. Maull, eds., *Role Theory in International Relations, Contemporary Approaches and Analysis*, London: Routledge, 2011.

环境变动不居，特别是明确提出重返亚太后，美国角色是否随之发生根本性调整"这一话题形成观点交锋。毛尔（Hanns Maull）在《霸权重建：美国的角色及其在核心盟友中的领导地位》一文中客观分析了美国在全球事务中的角色和政策特点，并通过比较小布什、奥巴马时期的国家自我定位，对其角色的持久力给出两则重要判断：（1）无论国际环境如何变动，美国在主要盟友中维持领导地位的决心和意图坚定不移，在业已构筑的领导－跟从关系中，盟友们视美国为可资依赖的良性（benign）霸权；（2）美国的角色弹性很好，一方面延续 1917 年、1941 年两次确定的"坐稳国际霸权宝座"路线不动摇，另一方面根据历史时期、国际环境、事务特性、总统偏好等需要而预留了"微调空间"。① 科兹洛夫斯基（Piotr Kozlowski）承认毛尔对美国充当世界领袖的判断，但认为奥巴马任期内业已根据新情势需要通过全面修改外交政策目标、战略部署与政策实施工具而对角色有所调整，美国领导世界的方式变得更加包容、以国际机制为中心且不愿实施军事介入。② 依据总统政策风格判断美国角色变化之余，沃尔夫（Raimund Wolf）以"9·11"恐怖袭击事件为案例试图说明突发事件与角色暂时性变化间的因果关系。他认为恶性恐怖袭击爆发后，为了迅速善后和加固防卫，小布什带领小部分决策精英做出了偏离国家理想主义偏好及共识的危机决策，从温和保守主义到新保守主义的突然偏转导致国家角色观念中"卫道士"色彩尤为浓重，从后续效果看既偏离了国内多数人立场且难以迎合外部期待，故而难以长久。③

　　2011 年后，受到国内经济萧条、战争恐惧心理和"美国介入国际纷争于本国利益毫无帮助"等论断影响，以及美国角色在世界范围内反响不佳甚至遭受骂名和攻击等现实冲击，政客、学者乃至广大民众普遍对美国领导世界的必要性"画了问号"。作为回应，2013 年美国企业研究所启动

---

① Maull, Hanns, "Hegemony Reconstructed? America's Role Conception and its ' leadership ' within its core alliances", in Harnisch, Sebastian, Cornelia Frank, and Hanns W. Maull, eds., *Role Theory in International Relations. Contemporary Approaches and Analysis*, London: Routledge, 2011.

② Kozłowski, Piotr, "Safeguarding Primacy: Redefining the American Global Leadership during Barack Obama's Presidency", *Polish Journal of Political Science* 3（1）, 2015, pp. 6 – 35.

③ Wolf, Raimund, "Terrorized America? 9/11 and its Impact on US Foreign Policy", in Harnisch, Sebastian, Cornelia Frank, and Hanns W. Maull, eds., *Role Theory in International Relations. Contemporary Approaches and Analysis*, London: Routledge, 2011.

名曰"为什么美国仍应充当世界领袖"的项目，通过总结不同党派、意识形态、代际人群的看法来证明领导角色的利大于弊。2015 年基尔（Jon Kyl）、利伯曼（Joseph Lieberman）撰写的项目报告体现出一项重要共识，即美国的全球领导地位对国家安全、繁荣、自由等基本价值以及诸多核心利益的重要性和必要性与七十年前几乎没有差别。相应的，美国的外交政策一方面必须同相互依赖且持续变革的世界步调一致，另一方面应继续以充分且灵活地介入国际事务并发挥独到政治影响力为重。① 换言之，尽管当今国际形势似乎向不利于美国发挥领导力的方向发展，但大量研究和数据表明倒退至孤立主义或本土主义局面并非美国多数民众所愿。无独有偶，兰德公司在 2015 年出版的《世界乱局中的美国抉择》中试图回答"美国外交政策的雄心壮志包括什么？公众对美国介入外部事务的接受底线在哪？下一任总统如何在动荡世界中成功发挥美国的领导力？是否制定了与符合国家广泛利益的大战略并选择了适配手段？"等一系列问题。基于翔实的案例佐证与战略分析，该书认为美国作为世界一流强国应该继续在维持和拓展当今国际秩序中扮演领导角色，而制定新机制、帮助在乱局中四分五裂的国家完成重建、推动新国际规范，特别是将维护既有秩序与创造新秩序有机结合并提供必要资源才是美国领导世界的必由之路。②

　　与此同时，部分学者不满足于"领导者"的笼统判断，专门剖析了美国在中东北非变革现实中彰显出的角色与政策特性。阿特拉斯（Pierre M. Atlas）强调美国的中东北非政策一如既往地包含了"价值诉求"（理想主义外交政策）同"谋求利益"（现实主义外交政策）的张力。③ 梅特拉（Sumantra Maitra）同样论证了美国外交理念中理想主义与现实主义的交锋，且认为阿拉伯之春后应对地区事务的主导范式由理想主义向现实主义过渡，并最终以包含现实主义特性的角色和政策风格体现出来。④ 基辛格

---

① Lieberman, Joseph, and Jon Kyl, "Why American Leadership Still Matters", December 3, 2015. Available at https：//www. aei. org/wp － content/uploads/2015/12/Why － American － Leadership － Still － Matters_ online. pdf［2016 － 11 － 13］.

② James Dobbins et al. , *Choice for America in a turbulent world*, 2015. Available at http：//www. rand. org/content/dam/rand/pubs/research _ reports/RR1100/RR1114/RAND _ RR1114. pdf ［2017 － 01 － 10］.

③ Atlas, Pierre M. , "US foreign policy and the Arab Spring：Balancing values and interests", *Digest of Middle East Studies* 21（2）, 2012.

④ Maitra, Sumantra. "US Foreign Policy：Back to Realism." *The Journal*（17）, 2016, available at http：//www. iar － gwu. org/node/453 ［2017 － 01 － 01］.

（Henry A. Kissinger）式的现实主义理念称美国道义上有责任声援示威群众，是因为此举有助于矫正曾经长久与地区内非民主政权合作的"形象偏差"。但把国家利益同维持世界秩序的目标相关联与人道主义考虑并不冲突。换言之，除非同美国的国家安全概念密切挂钩，否则对中东北非地区普遍推行的人道主义干预原则将难以维系。① 胡贝尔（Daniela Huber）通过分析美国对突尼斯、埃及、巴林等国革命的反应表达了与上述学者不同的观点。在她看来，多国爆发群众街头抗议后，美国把一般外交政策模式（default mode）调至应急状态（ad hoc mode）的做法表明它既不是一个单纯谋求战略利益的现实主义行为体，亦非规范主义力量，而实用主义行为体的标签似乎更为贴切。因为多数时候，华盛顿不得不一边考虑剧烈动荡的地区现实，一边顾及本国舆论对介入海外事务的犹豫态度和自身与盟国的实际利益诉求，并在二者间谋求平衡和最佳配比。②

　　当然，还有部分著述侧重剖析美国在该地区的外交政策，挖掘其中特点及缺陷。丹达什利（Assem Dandashly）批评美国对阿拉伯之春的反馈如其欧洲盟友一般，欠缺前后一致的目标与相应政策工具。③ 基钦（Nicholas Kitchen）认为美国表现出的过分谨慎与自相矛盾当时看来只是迫不得已，却能够折射出其同中东北非地区国家间长期难以调和的战略冲突。④ 内莫（Michel Nehme）则指出，尽管在地区事务中的领导角色没有动摇，制定政策仍以本国国家利益为重，但华盛顿方面逐渐意识到原有的政策"趋于过时"，并试图将其角色由"扰乱稳定者"调整为"维护和平者"，能否奏效尚不可知，不过这样的角色调整相对风险较小。⑤

　　尽管国外学者分析美国在国际舞台上的一般角色时各有侧重、对其在

① Kissinger, Henry A. , "Defining a U. S. Role in the Arab Spring", *The International Herald Tribune*, April 2, 2012.

② Huber, Daniela, "A Pragmatic Actor—the US Response to the Arab Uprisings", *Journal of European Integration* 37 (1), 2015, pp. 57 – 75.

③ Dandashly, Assem, "The EU Response to Regime Change in the Wake of the Arab Revolt: Differential Implementation", *Journal of European Integration* 37 (1), 2015, pp. 37 – 56.

④ Kitchen, Nicholas, The Contradictions of Hegemony: The United States and the Arab Spring, available at http://www. lse. ac. uk/IDEAS/publications/reports/pdf/SR011/FINAL_ LSE_ IDEAS_ _ UnitedStatesAndTheArabSpring_ Kitchen. pdf [2017 – 01 – 10].

⑤ Nehme, Michel, Neo-realism and American foreign policy in the Arab World, available at https://www. lebarmy. gov. lb/en/content/neo – realism – and – american – foreign – policy – arab – world#sthash. qU5PJ5uz. dpuf [2016 – 11 – 12].

西亚北非变局中所扮演的角色亦观点不一，但通过梳理纷繁的研究成果，能够归纳出两项共识：其一，认可美国的世界领导地位，且试图全方位多角度地验证其合理性与必要性；其二，普遍承认"地区维稳"和"推进民主"这两则规范性偏好均未成为其角色设定与政策调整的重心。①

早在 2003 年，王缉思便指出"现阶段世界上其他权力中心试图凌驾于美国地位之上确乎超越了任一国家或国家集团的能力上限，显然不切实际。但外部世界能够做两件事，一是对其霸权施加影响，尽管施压能力参差不齐；二是对美国霸权地位、思想进行分析和批评"②。目前国内学术界基于对美国全球角色的一般认知，批判性考察了 2011 年来其在中东北非地区的政策和表现，形成如下代表性观点。

第一，中东北非突发变局与美国凭借软、硬实力而对区域内政府及公民社会的施压和暗中推动密切关联。李翠亭的《阿拉伯之春的历史后果——兼论美国对阿拉伯世界的输出》一文认为美国擅长通过政府支持和非政府组织唱主角的公共外交手段掌握世界各地区局势发展变化的主导权和把控权，此次亦不例外。美国自称从未参与中东北非各国革命的详细谋划和具体部署，但无法否认之前为助推区域内国家"和平演变"做了数年准备，由华府暗中支持且以"输出民主"为使命的非政府组织和基金会引燃了该地区史无前例的大规模革命。随后，极端宗教势力加速蔓延、安全局势进一步恶化等后果构成了对美国政策的无限"反讽"。③ 李国富由此探讨了鼓动中东北非国家革命、推动符合美国愿望的政治新格局建立对奥巴马弥补国内政绩不佳、摆脱国际声望与影响力颓势的重要意义。④ 刘宁扬、王晓榕则在《透视阿拉伯世界政局动荡中的美国因素》中指出，美国充当幕后推手的最终目标是将中东北非地区彻底"收编麾下"，牢牢把控俄、中、日等国的能源与资金通道。⑤

第二，"阿拉伯之春"爆发后，美国的角色调整和政策反馈存在方向性偏差，显得力不从心甚而捉襟见肘。沈丁立指出美国的政策带有鲜明的"新干涉主义"色彩，表现为从《联合国宪章》和既有决议中寻求干涉的

---

① Huber, Daniela, "A Pragmatic Actor—the US Response to the Arab Uprisings", *Journal of European Integration* 37 (1), 2015, pp. 57 – 58.

② 王缉思：《美国霸权的逻辑》，《美国研究》2003 年第 3 期。

③ 李翠亭：《阿拉伯之春的历史后果——兼论美国对阿拉伯世界的输出》，《武汉大学学报》（人文科学版）2014 年第 1 期。

④ 李国富：《美国"改造"中东的双重标准》，《人民论坛》2011 年第 17 期。

⑤ 刘宁扬、王晓榕：《透视阿拉伯世界政局动荡中的美国因素》，《唯实》2011 年第 12 期。

合法性基础、动议安理会授权干涉、联合他国强行干预推动政权更迭，然而上述做法效果不佳，反倒使自己深受国际干涉之害。① 李海东撰文深入探析了美国对"阿拉伯之春"运动的政策，一方面将政策特性归纳为务实性、突出全局性、突出民主性，另一方面就政策前景给予了四项预测：一是随着阿拉伯世界动荡之势经久不息，美国的政策将更为被动、难有作为；二是政策无助于消除地区反美主义情愫；三是难以阻止阿拉伯之春运动的域外扩散以及全球伊斯兰力量日益融合之势；四是暴露并证实了美国在阿拉伯世界地位与作用的实质性下降。② 安高乐以埃及为例论述了被称为"阿拉伯之冬"的反美浪潮同美国在中东北非地区不恰当的外交政策之间的相关性，揭示了地区反美主义产生动因和对美国外交产生的挑战，进而认为尽管美国对乱局和反美风潮采取了一定的应对措施，但矛盾的复杂性和长期性使该地区迅速恢复和平稳定的前景趋于渺茫。③ 牛新春认为美国试图同时达成维护地区霸权和推广西式民主的双重目标，两种利益存在矛盾，难以通过一套政策兑现。④ 以上种种研究表明，美国对这场剧变的政策从主旨来看没有变化，仍处处以维护自身和盟友利益为先；成效亦不尽如人意，未能从根本上挽救中东北非于危局之中且有引火烧身之险；唯一变化的是政策实施手段，军事上谨慎用兵、避免再度陷入地区战争，同时扶植反对派势力，让阿拉伯人打阿拉伯人；政治上明哲保身、让欧洲和阿拉伯盟友主导议程设置并冲锋在前，自己幕后操纵从旁协助，力争以低廉成本维系领导权；外交上巧用多边合作框架为自己的行动寻求正当性和必要性；文化上充分借助社交网络和新媒体平台，宣传有利于自身的理念及观点，大搞公共外交。上述做法表明美国在战略收缩阶段试图调整方式继续维护领导地位，同时也折射出奥巴马主义依靠"巧实力"和注重"平衡"的思想精髓。⑤

（二）有关角色理论的研究

西方学者率先开启了将社会学范畴的角色理论引入国际关系研究的先

---

① 沈丁立：《美国"新干涉主义"动向观察》，《人民论坛》2012 年第 4 期。
② 李海东：《美国对阿拉伯之春运动政策探析》，《当代世界》2013 年第 3 期。
③ 安高乐：《"阿拉伯之冬"的原因及对美国中东政策的挑战——基于埃及的思考》，《印度洋经济体研究》2014 年第 4 期。
④ 牛新春：《中东北非动荡凸显美国对中东政策的内在矛盾》，《现代国际关系》2011 年第 3 期。
⑤ 孙德刚：《美国应对中东剧变的"奥巴马主义"探析》，《阿拉伯世界研究》2012 年第 4 期。

河，经过数代努力，迄今该理论无论是基本概念、分析路径还是对现实的经验性考察都同传统国际关系流派与研究方法发生了适配和融合，呈现出有别于社会学的理论框架和思考模式。第一代学者率先尝试"理论移植"，霍尔斯蒂是当之无愧的"奠基者"。20 世纪 70 年代他发表名为《外交政策分析中的国家角色概念》的文章，认为角色理论的实质在于角色扮演和角色观念之间的互动，他通过考察决策者对本国的认知将研究重心置于国家外交政策的主观层面，进而总结出符合冷战历史背景的 17 种基本国家角色类型，由此揭示了角色认知和外交行为间的关联。①

1986 年，彼得尔（B. J. Biddle）根据当时理论的发展和使用情况对此理论进行了富有批判意味的深化。他回顾了角色理论的发展和应用，认为学者们以之为分析工具和进行理论拓展时出现"断层"，诱发概念混淆。对角色理论的定义莫衷一是，削弱了其对外交政策研究的贡献力度。在他看来，今后的研究一是要实现清晰、统一的概念界定，使角色理论更为可信，二是要重视角色期待对角色观念形成和角色扮演的重要作用。② 1987年，查理斯·赫曼（Charles Hermann）撰文指出大多数学者用角色理论探究国家政府与国际体系之间关系；③ 同年，沃克（Stephen G. Walker）编著《角色理论与外交政策分析》成为借助该理论分析国际现实的又一重大进展。④ 如果说霍尔斯蒂着重从决策者入手，分析层次相对单一，那么沃克则吸收了沃尔兹的新现实主义视角，探讨了角色理论在国际体系中的作用以及对外政策言辞和行为之间的关系突破。⑤ 他主张利用角色理论研究个人决策者、组织与次组织关系或者国际体系中的国家行为体，在官方决策者与多元化政策及行为结果的特点之间或者国家属性与国际行为模式之

---

① Holsti, Kalevi J., "National Role Conceptions in the Study of Foreign Policy", *International Studies Quarterly* 14 (3), 1970, pp. 233 – 309.

② Biddle, Bruce J., "Recent Developments in Role Theory", *Annual Review of Sociology* 12 (1), 1986, No. 12, pp. 67 – 92.

③ Hermann, Charles F., "Superpower Involvement with Others: Alternative Role Relationships", in Stephen G. Walker ed. *Role Theory and Foreign policy analysis*, Durham: Duke University Press, 1987, p. 220.

④ Thies, Cameron, "Role Theory and Foreign Policy", *International Studies Association Compendium Project*, *Foreign Policy Analysis Section*, http://myweb.uiowa.edu/bhlai/workshop/role.pdf [2015 – 06 – 01].

⑤ 田马爽：《角色观念与军控合作——基于国家角色观念理论对中国参与国际军控合作的再审视》，《河南社会科学》2012 年第 5 期。

间建立有组织的关联，① 在他看来，以此分析外交政策有助于理解国家的自我认知和国家在国际体系中的追求。② 尽管霍尔斯蒂、杰维斯、沃克、罗斯瑙等人对角色理论优势的推介贯穿 20 世纪七八十年代，但没能真正在实证层面有所突破，致使该理论日渐式微。③ 普雷斯特分析了其"由盛转衰"的原因，主观方面：（1）外交政策文献中大量出现的"角色"概念缺乏清晰、统一界定；（2）无法在认知和行为之间建立快速、直接的关联；（3）经验性研究尝试有限且成果不尽如人意。客观方面：（1）冷战期间国际格局形成两极平衡的"稳态"令此方法显得十分多余；④（2）受到外交政策分析领域其他理论或方法，如政治心理学、官僚政治、政治经济学等的排挤和替代。对于冷战结束前后角色理论遭到的"冷遇"甚或"雪藏"，古斯玛称之为"短暂的生命、温和的死亡"。⑤

新千年前后，多位学者开始倡导角色理论的复兴，随后十余年间涌现出一大批旨在介绍、论证和应用该理论的专著与文章，颇有争鸣之势。他们的成就主要体现在三个方面。第一，挖掘角色理论与主流国际关系理论对接、融合的可能性，促进理论的自我丰富与相互借鉴。木拉维斯基在梳理理想主义思想脉络的基础上谈到了把"角色"纳入国际关系自由主义理论的可能性。⑥ 卡塔利那克⑦、特朗多⑧、特维斯⑨等人纷纷提及了角色理

---

① Walker, Stephen G. , *Role Theory and Foreign Policy Analysis*, Duke University Press, 1987.

② 庞珣：《国际角色的定义和变化—— 一种动态分析框架的建立》，《国际政治研究》2006 年第 1 期。

③ Thies, Cameron, "Role Theory and Foreign Policy", *International Studies Association Compendium Project*, *Foreign Policy Analysis Section*, 2009, http://myweb.uiowa.edu/bhlai/workshop/role.pdf.

④ Le Prestre, Philippe G. , "4 The United States: An Elusive Role Quest after the Cold War", In P. G. Le Prestre ed. *Role Quests in the Post - Cold War Era*, Montreal and Kingston: McGill - Queen's University Press, 1997, pp. 65 - 87.

⑤ Kuzma, Lynn M. , "The Crusade to Resurrect the National Role Concept", *International Studies Review* 42 (1), 1998, pp. 167 - 169.

⑥ Moravcsik, Andrew, "Taking Preferences Seriously: A Liberal Theory of International Politics", *International Organization* 51 (4), 1997, pp. 513 - 553.

⑦ Catalinac, Amy L. , "Identity Theory and Foreign Policy: explaining Japan's responses to the 1991 Gulf War and the 2003 US War in Iraq", *Politics & Policy* 35 (1), 2007, pp. 58 - 100.

⑧ Trondal, Jarle, "Is there any social constructivist - institutionalist divide? Unpacking social mechanisms affecting representational roles among EU decision - makers", *Journal of European Public Policy* 8 (1), 2001, pp. 1 - 23.

⑨ Tewes, Henning, "Between deepening and widening: Role conflict in Germany's enlargement policy", *West European Politics* 21 (2), 1998, pp. 117 - 133.

论同建构主义在元理论层面的相关性及其内在共性。蒂斯曾指出，若新现实主义能够为"结构"的观念层面留有余地，那么角色理论就是占据此片天地的不二之选，因为将国际现实高度结构化也是其特性之一。[①] 埃尔曼[②]、费伦[③]附议上述观点，称之可以在沃尔兹的理论框架内构筑结构和单元间的理论桥梁，甚至催生新现实主义外交政策分析理论。

第二，尝试破除方法论上的僵化、单调。尽管 1979 年沃克在阐释角色理论的比较优势时便突出了其概念丰富、少有方法论桎梏等特性。[④] 但事实上，多数使用角色理论的学者如布鲁宁（Bruening）、普雷斯特、特朗多等都延续了霍尔斯蒂的"内容分析"（content analysis）老路。为了真正体现该理论对多重方法的兼容性，查菲茨、卡塔利那克等人开始尝试使用简单描述统计，而特维斯、哈内什（Sebastian Harnisch）、肖太尔[⑤]、高斯与詹姆斯[⑥]等人则借助质性分析法增强理论的解释力。2013 年 ISA 召开了题为"沟通外交决策中的角色观念和角色扮演"的研讨会，会议中哈内什教授介绍了类似"普特南双层博弈模型"的"双层角色理论模型"，关注国内角色与国际角色间的互构关系和对国家角色观念与最终扮演的深入影响。[⑦] 阚迪尔（Cristian Cantir）试图发掘角色理论如何从定性研究方法中"汲取养分"。[⑧]

① Thies, Cameron G., *Socialization in the International System*, Ph. D. Dissertation, Arizona State University, 1999.

② Elman, Colin, "Horses for Courses: Why nor Neorealist Theories of Foreign Policy?" *Security Studies* 6 (1), 1996, pp. 7 – 53.

③ Fearon, James D., "Domestic Politics, Foreign Policy, and Theories of International Relations", *Annual Review of Political Science* 1 (1), 1998, pp. 289 – 313.

④ Walker, Stephen G., "National Role Conceptions and Systemic Outcomes", L. Falkowski, Boulder, eds., *Psychological Models in International Politics*, C. O.: Westview Press, 1979, pp. 169 – 210.

⑤ Chotard, J., Articulating the New International Role of the United States during Previous Transitions, 1916 – 1919, 1943 – 1947. In *Role Quests in the Post – Cold War Era*, edited by P. G. Le Prestre, Montreal and Kingston: McGill – Queen's University Press. 1997, pp. 40 – 64.

⑥ Ghose, Gauvav and Patrick James, Third – Party Intervention in Ethno – Religious Conflict: Role Theory, Pakistan, and War in Kashmir, 1965. *Terrorism and Political Violence* (17), 2005, pp. 427 – 445.

⑦ Harnisch, Sebastian, "Full – spectrum Role – taking: A Two – level Role Theoretical Model", *Annual Conference of the International Studies Association*, Toronto, 26 – 30 March, 2014, p. 2.

⑧ Cantir, Cristian, "What Can Role Theorists Learn from Qualitative Methodologies", *paper presented at the Annual Meeting of the International Studies Association*, Toronto, 26 – 29 March, 2014.

　　第三，借助角色理论考察和解释不同历史时期、多种类型行为体的外交政策，为开阔其实证研究范畴并反向拓展理论概念体系做出了有益贡献。哈内什是近年来在国际关系研究领域应用并完善角色理论的重要贡献者，他牵头编写《国际关系中的角色理论》一书，先是全面解释了核心概念及操作过程、米德"互动论"对角色理论的贡献、哈贝马斯"沟通行动理论"与角色扮演的关联、国际政治中的身份认同与角色变化的关系，随后收录了多篇经验分析成果，例如对北约在国际社会中扮演多场角色的解读、从德国与波兰在欧洲安全与防务政策中的国家角色观念一致性入手解释二者在欧洲安全事务中进一步合作的可能性、分析美国角色观念和在盟友中的体现等。[①] 此外，蒂斯根据拉美国家现实提出了新的国家角色观念分类及相应的角色期待，在着重考察委内瑞拉角色观念形成和角色扮演的基础上验证了角色理论的适用性，同时提炼出部分旨在完善对外政策分析的建议。[②] 奥珀曼从国家角色观念追求"正常化"、影响外交决策的国内政治环境趋于紧张等因素出发，试图说明近期国内政治因素比其他国际行为体的外部期待在塑造德国角色方面影响力更强，为德国在欧债危机及利比亚内战中的决策和行动提供了新的解读视角。[③] 赫尔曼斯（Heike Hermanns）将韩国的国家角色观念解构为负责任的全球事务参与者、经济强权及文化相关者，进而分析了 21 世纪以来"全球化韩国"的外交战略图景。[④] 哈内什、贝塞科（Sebastian Bersick）、哥特沃尔德（Jörn–Carsten Gottwald）2015 年编写《中国的国际角色：对世界秩序的支持还是挑战？》，从中国角色观念所面临的国内与外部期待、介入世界政治方式的偏好入手，揭示了一个世纪以来中国国际角色的显著变化并介绍了相应的角色扮演机制。与此同时，解析了中国的历史和身份认同对其与美国、日本、非洲国家、欧盟国家及社会主义国家间双边关系的影响，以及其在国

---

① Harnisch, Sebastian, Cornelia Frank, and Hanns W. Maull, eds., *Role Theory in International Relations*, Taylor & Francis, 2011.

② Thies, Cameron G., "Role Theory and Foreign Policy Analysis in Latin America", *Foreign Policy Analysis* 13 (3), 2014, pp. 1 – 20.

③ Oppermann, Kai, "National Role conceptions, domestic constraints and the new 'normalcy' in German foreign policy: the Eurozone crisis, Libya and beyond", *German Politics* 21 (4), 2012, pp. 502 – 519.

④ Hermanns, Heike, "National Role Conceptions in the Global Korea Foreign Policy Strategy", *The Korean Journal of International Studies* 11 (1), 2013, pp. 55 – 82.

际机制，如 G20、东亚经济秩序中的独特地位。① 另有一些成果侧重考察特殊历史时期或国家群体，如普雷斯特对冷战结束前后，活跃于世界舞台的主要国家如何看待和寻求角色转变进行了论述。② 塞克利（Sofiane Sekhri）尤其看重角色理论在分析第三世界国家外交实践时的特殊价值，毕竟这些国家始终在国际、区域、次区域层面往复扮演着一系列角色，外部势力干预则使干预者之间、干预者与受体间，甚至受体之间因角色冲突不自觉地陷入混乱境地。③ 总之，当前应用角色理论分析国家角色及其外交政策或行为的著述不在少数，研究时段不拘泥于当下，对象国几乎遍布全球各个角落。

除个体行为外，早在 20 世纪六七十年代，格鲁斯、卡恩、艾伦、弗利尔特等社会学学者便依托大量经验研究，关注组织内部的角色问题的特殊性，由此推动了"组织角色理论"这一支脉的发展。他们注意到构成组织的内部要素在自身角色塑造过程中受到社会规范与组织规约的双重影响，同组织整体角色间存在错位的可能性，故而发现并解决角色冲突成为这一派学者的主要任务之一。考虑国际现实的发展和学科研究需要，此派观点亦被国际关系学界酌情借用，有效拓展了该理论的应用范畴和解释能力。④ 基于角色理论的概念框架及此派思想引导，学者们进一步考察了国际组织等非国家行为体的角色与相应对外策略。迪乔治奥 – 卢茨（Di-Georgio – Lutz）的博士学位论文分析了 1964 ~ 1981 年间巴勒斯坦解放组织的外交政策。⑤ 埃尔斯特罗姆（Ole Elgström）、史密斯（Michael Smith）等角色理论家共同编写了《国际阵之中的欧盟角色：概念与分析》一书，全书以角色理论为方法论工具，结合其核心概念与实例解析欧盟走向规范

---

① Harnisch, Sebastian, Sebastian Bersick, and Jörn – Carsten Gottwald, eds., *China's International Roles: Challenging Or Supporting International Order?* Routledge, 2015.

② Le Prestre, Philippe G., "1 Author! Author! Defining Foreign Policy Roles after the Cold War", *in* Philippe G. Le Prestre eds., *the Post – Cold War Era: Foreign Policies in Transition*, McGill – Queen's Press, p. 3.

③ Sekhri, Sofiane, "The Role Approach as a Theoretical Framework for the Analysis of Foreign Policy in Third World Countries", *African Journal of Political Science and International Relations* 3 (10), 2009, pp. 423 – 432.

④ 徐正源：《中国负责任大国角色的建构——角色理论视角下的实证分析》，中国人民大学出版社，2015，第 29 页。

⑤ DiGeorgio – Lutz, JoAnn A., *A Role Modification Model: The Foreign Policy of The Palestine Liberation Organization, 1964 – 1981*, Diss: University of North Texas, 1993.

输出者和在多边协商中扮演要角的种种尝试，进而为欧盟在国际政治舞台角色扮演过程中遇到的理论性或经验性问题提供解释。[①] 切罗蒂 (Nicola Chelotti) 依据欧盟成员国官员填写的 138 份调查问卷总结出他们对欧盟角色观念的共性认知。[②] 维纳森等人撰写《是否存在欧洲战争模式？角色观念、组织框架与武力使用》，说明成员国的角色观念和军事机构组织框架是其对动用武力看法不同的根源，亦是构筑欧盟层面共同认知的起点。[③]

最后，前人有关"角色冲突"的研究和应用是本书构思与谋篇的基础，纵然数量不多且内容相对单一，却值得梳理和归纳。哈内什在《国际关系中的角色理论》一书首末两章系统、清晰地介绍了此概念的定义和类型划分，更重要的是讨论了角色冲突可能引发的后续影响，即角色改变，角色冲突强度决定了角色改变的程度。冲突虽普遍存在于国际关系中，但并非不可避免或有百害而无一利，它一方面的确可能导致对外政策失灵，另一方面也具有倒逼利益攸关方进行福利再分配的潜在功能。[④] 特维斯用角色冲突揭示了德国内部对其在欧盟扩大进程中如何自处陷入两难境地。[⑤] 魏纳 (Leslie E. Wehner) 和蒂斯通过分析智利、墨西哥申请加入亚太经合组织及成为成员国后的具体表现，考察了从国内各方对国家角色观念争执不休、角色改变进程到外交政策彻底调整这一角色冲突作用于国家外交决策的完整过程。[⑥] 马里奇 (Akan Malici)、沃克出版了从角色冲突角度分析美国 – 伊朗关系的专著，认为伊朗带来挑战背后是古今有关美国 – 伊朗关系的种种话语中所蕴含的角色冲突，而这些恰恰长期被政界和学界所忽视。[⑦] 柯尼希 (Nicole Koenig) 的《冲突管理与角色冲突：利比亚危机中

① Elgström, Ole, Michael Smith, *The European Union's Roles in International Politics: Concepts and Analysis*, Routledge, 2006.

② Chelotti, Nicola, "A 'Diplomatic Republic of Europe'? Explaining Role Conceptions in EU Foreign Policy", *Cooperation and Conflict* 50 (2), 2015, pp. 190 – 210.

③ Vennesson, Pascal, et al., "Is there a European Way of War? Role Conceptions, Organizational Frames, and the Utility of Force", *Armed Forces & Society* 35 (4), 2009, pp. 628 – 645.

④ Harnisch, Sebastian, Cornelia Frank, and Hanns W. Maull, eds., *Role Theory in International Relations*, Taylor & Francis, 2011, pp. 256 – 258,

⑤ Tewes, Henning, "Between Deepening and Widening: Role Conflict in Germany's Enlargement Policy", *West European Politics* 21 (2), 1998, pp. 117 – 133.

⑥ Wehner, Leslie E., and Cameron G. Thies, "Role Theory, Narratives, and Interpretation: the Domestic Contestation of Roles", *International Studies Review* 16 (3), 2014, pp. 411 – 436

⑦ Malici, Akan, and Stephen G. Walker, *Role Theory and Role Conflict in US – Iran Relations: Enemies of Our Own Making*, Routledge, 2016.

的欧盟》将讨论焦点集中于"自我观念"与"外部期待"错位而导致的
角色冲突，一方面回顾了联盟在安全领域角色特性的沿革，另一方面评估
了其在利比亚战争中的定位、表现及争当国际安全行为体的一系列言行，最
终论证了如下观点，即"尽管外部期待与欧盟自我表述中，扮演综合性强权
一角高频出现，利比亚战争中的政策和实践却表明欧盟仍旧延续了传统的
'民事力量'角色"。外部期待与欧盟角色扮演之间日益严重的错位无疑将
损害欧盟未来继续充当国际安全行为体的声誉。①

同样关注观察自我角色观念与他者角色期待间的差距，塞勒斯拉斯
（Joren Selleslaghs）扭转多数学者借助欧盟官员言论或观点、欧盟政策与
机制安排等分析其角色的套路，转而就北非国家对欧盟角色的外部感知展
开田野调查。其研究表明，纵然欧盟同南部邻国的角色冲突昭然若揭，前
者一直自我定位为"善的力量"（benign power）及"民主价值观的倡导
者"，但埃及、阿尔及利亚、约旦三国官员和媒体的反馈则大相径庭，他
们认为欧盟顶多是区域安全和稳定的提供者，然而他们更想要经济、政治
平等合作中一个靠得住的伙伴。②

此外，埃尔斯特罗姆堪称从角色冲突角度考察欧盟角色与对外政策的
集大成者，他牵头开展了名曰"国际政治中的欧盟新角色"的项目，依靠
对非欧盟国家人员的直接访谈或半结构化访谈，归纳出其他行为体在不同
多边协商框架中对欧盟角色的认知和期待，调研分三期进行：第一阶段分
别在联合国森林论坛（日内瓦，2004）、濒危野生动植物种贸易大会（曼
谷，2004）、世贸组织常任理事国会议（日内瓦，2005）上进行采访，收
集外部行为体对欧盟的看法；③第二阶段将采访对象锁定为欧盟的伙伴国；
第三阶段在联合国气候变化框架公约第14届缔约国大会上考察他者对欧
盟形象和领导权的理解和认可度。④在此基础上撰写了多篇揭示欧盟自我

---

① Koenig, Nicole, "Between Conflict Management and Role Conflict: the EU in the Libyan Cri-
sis", *European Security* 23 (3), 2014, pp. 250 – 269.

② Selleslaghs, Joren, "Conflicting Role Conceptions: In Search of the European Union's Added
Value for its Southern Neighbors", *Bruges Regional Integration & Global Governance Paper* 04/
2014, pp. 3 – 5.

③ Chaban, N., O. Elgström, and M. Holland, "The EU as Others See It", *European Foreign
Affairs Review* 11 (2), 2006, pp. 245 – 262.

④ Elgström, Ole, "Partnership in Peril? Images and Strategies in EU – ACP Economic Partnership
Agreement Negotiations", In S. Lucarelli and L. Fioramonti eds., *External Perceptions of The
European Union as A Global Actor*, Abingdon and New York: Routledge, 2010, pp. 137 – 149.

角色观念与他者角色期待间冲突及其负面影响的学术文章，指出在他者眼中，欧盟是"未能发挥领导力的潜在领导者"，是经济大国、多边行为体、一体化的典型代表，但其引以为傲的"规范推进者"一角很少获得认同。① 2012 年埃尔斯特罗姆同本特松继续为"角色冲突"分析贡献了两则案例，一个是包括俄罗斯在内的东欧国家，另一个则是处于发展中国家行列的非加太国家（ACP），由此推演出欧盟自我认知同东欧和发展中国家感知间的张力，以及这些冲突如何影响行为体之间的互动。②

国内国际关系学者对角色理论的关注和应用不仅起步较晚且数量较少，有限的文著大多基于理论推介或拓展专门考察中国在国际舞台或特定合作机制中的角色。张清敏将角色理论置于对外政策分析三大流派的"政治心理学或决策环境派"类属中，③ 并强调领导人对国家角色的判断是影响一国外交决策的重要变量，而角色是由国家特性决定的。进而将理论结合实际，称中国的国家角色为"发展者"。④ 庞珣则试图建立一种角色定位的动态转化模型，由此解释国家为什么会长期处于国际角色定位和转换的循环模式之中，且角色转换形式有波动冲突与平和渐进之别。她认为凭借该模型可以论证两点：一是中国在国际舞台上发挥何种性质的作用既离不开自身意愿和能力，也取决于国际还击和其他行为体与中国的互动；二是中国的未来角色并不固定，而是于互动中进行选择和调整的动态过程。⑤ 徐正源的博士学位论文及同名著作《中国负责任大国角色的构建——角色理论视角下的实证分析》是近年来中国学者利用和丰富角色理论的典型代表，她全面探讨了角色理论在外交政策研究应用并考察 1997～2006 年间中国"负责任大国"角色的建构与实践，对理解中国在国际舞台上的自我定位、了解借助角色理论开展实证主义研究的操作方式很有帮助。⑥ 此外，

① Elgström, Ole, *Leader or Foot - Dragger? Perceptions of the European Union in International Multilateral Negotiations*, Stockholm, Swedish Institute for European Policy Studies, Report 1/2006.

② Bengtsson, Rikard, and Ole Elgström. "Conflicting Role Conceptions? The European Union in Global Politics." *Foreign Policy Analysis* 8 (1), 2012, pp. 93–108.

③ 张清敏：《外交政策分析的三个流派》，《世界经济与政治》2001 年第 9 期。

④ 张清敏：《中国的国家特性、国家角色和外交政策思考》，《太平洋学报》2004 年第 2 期。

⑤ 庞珣：《国际角色的定义和变化—— 一种动态分析框架的建立》，《国际政治研究》2006 年第 1 期。

⑥ 徐正源：《中国负责任大国角色的建构——角色理论视角下的实证分析》，中国人民大学出版社，2015。

仍有文献试图讨论中国－东盟关系或解释中国参与国际军控合作，前者直指国家角色理论精准性缺乏，主要表现为角色与行为之间尚未建立直接因果机制；后者则否决了学者们普遍强调的"国家角色观念具有稳定性"这一命题，发现军控议题是否涉及国家核心安全利益成为影响国家角色观念能否对中国参与程度施加显著影响的关键。① 另有凌胜利《国家利益、体系角色与美国对外结盟政策》一文认为外交政策是实现国家利益的途径且随后者变迁而时时调整，国家恰恰通过外交政策的运作确定了"体系角色"，由此将美国自建国以来在国际体系中的角色依照时间顺序总结为孤立者、牵涉者、参与者、半主导者与主导者，进而论证了体系角色的变化是影响美国对外结盟政策的重要因素，② 此文虽未指明借助角色理论，但代表了中文文献对其他国际关系行为体角色变迁与对外政策关系的思考。

目前国内尚未出现以角色冲突视角分析国际关系行为体对外政策的专著。熊炜通过《论德国外交与安全政策中的角色冲突》一文对德国在面对冷战后几次战争时的外交决策进行分析，指出德国政策的摇摆是其外交与安全政策中角色冲突的体现。③ 徐正源在前述书中第七章谈及中国角色建构中的角色冲突与解决办法，她认为当前外交实践中，中国面临三种角色冲突：一是自我角色与他者角色间冲突，二是负责任大国这一角色同中国所扮演的其他角色之间的冲突，三是中国历史角色与当前角色的冲突。④ 尽管此部分论述就全文而言分量不多，但为本书将角色冲突详细分类并论述其与美国、欧盟安全政策失灵间关联的尝试提供了灵感和"样板"。

纵观国内外文献著述可知，角色理论仍未脱离完善阶段，诸多概念的界定和使用有待推敲和在学术共同体中达成共识。⑤ 但不可否认的是，经历了20世纪七八十年代的理论成型期后，全球化趋势不可阻挡、安全问题和观念的变革、非国家行为体的卷入为角色理论重焕生机注入力量，有

---

① 田马爽：《角色观念与军控合作——基于国家角色观念理论对中国参与国际军控合作的再审视》，《河南社会科学》2012年第5期。

② 凌胜利：《国家利益、体系角色与美国对外结盟政策》，《国际关系学院学报》2012年第2期。

③ 熊炜：《论德国外交与安全政策中的角色冲突》，《德国研究》2004年第4期。

④ 徐正源：《中国负责任大国角色的建构——角色理论视角下的实证分析》，中国人民大学出版社，2015，第164~171页。

⑤ 李政窥：《"一体化"视角与国际关系角色理论的演进》，《国际政治科学》2014年第1期。

效弥合了理论发展与实际应用间的沟壑。

（三）研究不足

通过回顾既往研究成果可以发现四点不足。

第一，当前有关美国、欧盟角色与力量特性的分析和判断以宏观视角居多，试图笼统把握二者在对外政策中的一般行事风格与特点，强调从多重实践中抽象出共性，从而为未来分析和预测美国、欧盟外交行为提供依据。这种思考路径固然无可厚非，但在特定时期或较为"敏感""攸关"的事务领域，受到危机事件影响，行为体特性可能发生波动、调整并呈现出"复合性"。现有文献显然忽略了美国、欧盟在秉承原有力量特性基础上，针对事关自身核心利益的北非五国安全局势，对总体角色进行的微调和细化。此缺陷大大削弱了"角色"之于"对外政策"的"风向标"与"指示牌"功能。为了弥补这一不足，本书力争把握美国、欧盟角色的"个性"侧面，从而为后续安全政策解读、成效不佳的成因探析奠定基础。

第二，从既有文献的研究对象国或区域来看，北非始终是"热点中的盲点"。尽管阿拉伯之春凸显了北非五国对地区乃至全球安全的"蝴蝶效应"，但基于思维惯性和研究习惯，学者们要么将美国、欧盟同北非互动置于"大中东计划"背景下，要么融入对地中海地区的总体治理中，再不然就以篇章形式出现在美国、欧盟对非洲政策的论述之中。一言以蔽之，北非在美国、欧盟外交实践中的现实热度与学者的关注程度实难匹配，这也是本书试图借助角色理论分析美国、欧盟在该区域安全政策失灵原因的初衷之一。

第三，中外学者大多对角色理论在对外政策研究中的应用和推广持乐观态度，并试图通过认识论和方法论的革新对其进行丰富和延展。然而到目前为止，国内借助角色理论分析外交决策仍处于起步阶段，经验性研究成果偏重于解释本国角色及相关问题，罕见以此理论考证他国角色特性的著述。此外，对角色冲突这一概念的解释价值尚未给予足够的重视，以角色冲突为"关键词"的著述还没有出现在我们的视野中。从这两个层面而言，本书一是为国内学界开展对外政策分析提供了新的视角，二是为角色理论的经验性研究贡献了新的案例。

第四，虽然囿于成果短缺，本书无法罗列出分析美国、欧盟在中东北非地区政策失灵的专著和文章，但亦能在讨论美国、欧盟角色的部分文章和一些新闻深度报道中看到回应此问题的只言片语。归纳起来，它们认为政策失灵的原因出在美国、欧盟和北非两端：一些人从文明冲突等视角论证了美国、欧盟政策在北非的"水土不服"；另一些人则强调潜藏于该区域的"障碍"，包括独裁政权的统治印记①、"地租型国家"（rentier states）的特性②、经济欠发达③、伊斯兰教与西方民主、自由等价值观思想天然无法兼容等；还有人挖掘美国、欧盟内部对北非安全事务进行决策的制度及实践缺陷。以上解释显然没有着重关注美国、欧盟制定政策到具体落实的整个过程，破坏了原因分析的逻辑完整性。有鉴于此，本书利用角色冲突专门考证美国、欧盟安全政策制定与实施过程中包含的缺陷和冲突，以学理化的分析和实证主义方法弥补既有解释的漏洞。

三　研究对象与研究方法说明

本书试图从角色冲突角度解释美国、欧盟的北非安全政策为何走向失灵，展开论述前应澄清几个概念：一是文中的北非所谓何意，二是安全的界定与新安全观的解读，三是北非安全政策的具体内容，四是借助相关学者的研究成果及外交决策的科学理性内涵界定"政策失灵"。厘清书中反复出现的多个"高频词语"后，将重点介绍有助于本书论证假设和得出观点的研究方法，以求把握分析路径全貌。

（一）研究对象的界定

1. 关于北非的界定

在当代国际政治研究范畴和新闻报道中，北非并不是一个严格意义上的地理概念，其范围究竟如何划定，至今众说纷纭。广义上的北非等同于"非洲大陆北部地区"（northern Africa），泛指西起大西洋沿岸的摩洛哥，

---

① Ibrahim, Saad Eddin, *Egypt Islam and Democracy*: *Critical Essays*, American Univ. in Cairo Press, 2002.

② 地租型国家（或称食利国）概念最早由伊朗学者而侯赛因马赫达维提出，指长期、大量收取外部租金（如石油租金、外部援助、旅游、侨汇等）的国家，特点有三：1. 政府是主要收租者；2. 小部分劳动力参与租金生产；3. 国内生产部门萎缩，国民经济过度依赖外部租金。地租型国家不利于西方推行政策一说参见 Commission of the European Communities, Report on the Implementation of Measures Intended to Promote the Observance of Human Rights and Democratic Principles 1996 - 1999, Brussels: European Commission, 2000。

③ Pool, David, "The Links Between Economic and Political Liberalization", *Economic and Political Liberalization in the Middle East*, 1993.

东至苏伊士运河与红海一线，南抵苏丹热带草原边缘的广大疆域。

　　然而关于北非的国际关系讨论往往又按照不同标准对此概念进行"加工"，常见界定有以下三种。第一，依据阿拉伯文化与伊斯兰教纽带以及政治生态演化，北非同颇具"西方中心主义"色彩的地缘政治概念——"中东"密不可分，① 常以"中东北非地区"（MENA）这一颇具"功能文化区"意味的称谓出现在国家、国际组织的文件、报道及人文社科类研究中。

　　第二，由于历史上存在于北非的"马格里布"（Maghreb）（阿尔及利亚、摩洛哥和突尼斯的统称）、大马格里布（上述三国加上利比亚、毛里塔尼亚）等次区域概念及1989年卡扎菲倡导成立的"马格里布联盟"，② 诸多讨论将"马格里布"与北非替换使用，旨在彰显"马格里布"的社会认同究竟如何通过"共同体的伊斯兰习语完成建构，并从根本上开启国家权力的扩张或收缩，以及本地社会地位和共同体凝聚力的重构"。③

　　第三，将北非锁定于五国，即马格里布三国与利比亚、埃及。涉及北非地区研究的著述，如《北非阿拉伯国家的政治精英》④《非洲的政治地理学》⑤《非洲历史大百科全书》⑥《北非：古今通史（修订版）》⑦《北非的宪政变迁：行为体与影响因素》⑧《北非革命、反抗与改革：阿拉伯之春与超越》⑨ 等均采用此种界定，以显示五国在地理位置、资源分布、殖民经历以及当前政治生态、经贸往来、大国博弈图景等范畴的共性，同时

---

①　朱和海：《中东的由来、性质、使用和内涵等问题考》，《西亚非洲》2014年第3期。
②　前身为1964年成立的涉及突尼斯、摩洛哥、阿尔及利亚、利比亚四国的"马格里布常设顾问委员会"，以求制定共同的经贸、国家财政政策，实现协同发展。1989年，鉴于之前共同体实践效果不佳，为抵制欧洲共同市场冲击，四国联合毛里塔尼亚再组"马格里布联盟"，希望在各领域采取共同政策并逐步实现物资、人员、服务等自由流动。
③　凯瑟琳·E.霍夫曼：《马格里布的柏柏尔人与他者：超越部落和国家》，民主与建设出版社，2015，第32～36页。
④　Zartman, I. William, *Political Elites in Arab North Africa：Morocco，Algeria，Tunisia，Libya，and Egypt*, London：Longman, 1982.
⑤　Boateng, Ernest Amano, *A Political Geography of Africa*, CUP Archive, 1978, p. 83.
⑥　Gearon, Eamonn, *Encyclopedia of African History*, Routledge, 2004.
⑦　Naylor, Phillip C., *North Africa，Revised Edition：A History from Antiquity to the Present*, University of Texas Press, 2015.
⑧　Frosini, Justin, and Francesco Biagi, *Political and Constitutional Transitions in North Africa：Actors and Factors*, Routledge, 2014, p. 33.
⑨　Laremont, Ricardo, *Revolution，Revolt and Reform in North Africa：The Arab Spring and Beyond*, Routledge, 2013, p. 2.

强调五国地处非洲大陆，以激发"非洲人"作为共有身份和认同的号召、凝聚作用。

当然，对第三种界定的争议主要集中在"埃及"的归属问题上。埃及是唯一一个地处非洲的"中东"国家，艾森豪威尔关于中东的特别咨文以及2008年美国非洲司令部将非洲除埃及（仍与其他中东国家一道属于美国中央司令部责任区）以外的53个国家定为辖区，继续淡化了埃及的"非洲特性"。然而下述三个理由能够证明埃及的"北非国家"身份。首先，从地理位置来看，埃及驻守非洲东北，是非洲与亚、欧、南北美洲等互通的"门户"。纳赛尔在其著作《埃及的解放中》就称撒哈拉以南非洲为"黑暗大陆的内部"，并指出：

> 非洲的民族将要继续瞩望着我们（埃及所在的北非），我们镇守非洲的北门，且为他们与外界连通的关键。我们有责任以我们的全部力量来支持把启蒙精神和文化散布到丛莽最辽远的深处的事业。①

其次，自17世纪起，埃及就同的黎波里、阿尔及利亚、摩洛哥、突尼斯等国一道沦为奥斯曼帝国的北非殖民地，随后又在新一轮列强瓜分领土时落入欧洲殖民者手中。不堪回首的殖民岁月与对自由的向往使得埃及在冷战期间毅然决然扛起了引领其他非洲国家争取民族独立、反对殖民压迫的大旗。1952~1977年，埃及成为非洲独立运动的"大本营"，先是1955年在开罗建立了"非洲协会（African Association）"，向非洲各国提供起义所需的军事训练和财力支援；随后又力促非洲一体化，积极推动非洲统一组织诞生和发展。与此同时，1973年埃以消耗战中，广大非洲国家力挺埃及，足见关系之密切。②

最后，即便将视线拉回当下，也能看到埃及同其他四国一样作为地中海与阿拉伯文明交汇地与东西方文明碰撞点的共性特征。五国不仅普遍面临政治制度与经济结构现代化程度不足、恐怖主义泛滥、难民流离失所等问题且外部势力干涉对国家发展走向影响明显。与此同时，埃及1994年

---

① 北京编译社：《美国对非洲的外交政策》，世界知识出版社，1960，第67页。

② Assem Fath al-Rahman al-Haj, "Past, Present and Future Horizons", *Egyptian - African Relations*, 12 (43), 2015, p.19.

还向马格里布联盟正式提交入盟申请，虽因摩阿分歧尚未审议通过，但身处"马什里克"（Mashreq）[①]的埃及深知加入马盟自贸区无论政治、经济还是社会发展方面均意义深远，单从消除北非国家高关税壁垒一事而言，便能带来高额收益，国家特征相似性与寻求合作的现实利好强化了埃及与其他北非国家的天然联系。

综上可知，"北非五国"一说并非无本之木、无源之水。从阿拉伯之春事态蔓延及美国、欧盟在五国安全政策与遭遇困境的共性看，对包括埃及在内的五国总体考察并区别讨论更能体现"角色"在政策制定过程中的决定性作用。在澄清有关北非的三种界定后，为方便起见，本书将北非范围限于摩洛哥、阿尔及利亚、突尼斯、利比亚、埃及五国。

2. 安全的内涵、外延之厘定

修昔底德在两千多年前就通过"所有政治生活中，追求权力和安全是人类的首要动机"这一判断揭示了安全在国际关系进程中的"灵魂"地位。[②] 后冷战时代，国际社会步入全球化与区域一体化并行、大规模战争可能性减弱而局部地区冲突增生的新阶段。由此引发了国际关系学界与时俱进解读安全概念并重构安全研究理论解释体系的兴趣和尝试，在建构主义、女性主义和后现代主义等后实证主义安全观的挑战下，浮现出"传统派"（traditionalists）与"拓宽派"（wideners）对峙的局面。"传统派"以现实主义为代表，倾向于将安全话语局限于"国家"和"军事"范畴，且普遍相信安全如若不是"零和"，至少也是稀缺资源，是国家权力博弈的目标之一。摩根索指出所谓安全就是"国家领土、制度完整和不容侵犯状态，是一国外交活动不容触碰并誓死捍卫的底线"。李普曼（Walter Lippman）和沃尔弗斯称是否"安全"由国家保护自身核心利益或重大关切免受威胁的能力强弱决定；斯蒂芬·沃尔特（Stephen M. Walt）则通过将"安全研究"的主题界定为"军事力量威胁、使用和控制"表达了传统派的"最强音"。他郑重批判试图打破安全议题严格军事界限的行为，

---

① 马什里克（Mashreq），阿拉伯语为"东方"之一，指代从介于地中海和伊朗间的大片区域，与意味"东方"的马格里布（Maghreb）含义相对。马什里克指代国家并不明确，通常包含埃及、黎巴嫩、叙利亚、巴勒斯坦、约旦等阿拉伯国家。

② 陈玉聃：《〈伯罗奔尼撒战争史〉与现实主义理论》，《国际政治科学》2007年第1期。

担心囊括环保、疾控、堕胎、经济颓势等在内的"安全研究"不仅可能破坏既有"认知一致性"（intellectual coherence）且使寻求解决方案难上加难。①

"拓宽派"则试图全面突破传统安全研究在本体论、认识论和方法论上设下的"条条框框"。对理解安全概念和拓展安全理论的贡献体现在三个方面。首先，抨击本体论的"国家主义"，称其忽略了超国家、次国家和跨国家分析层次，无法全面揭示当前世界各国所面临的主要威胁，甚至还因过度强调安全"国有化"导致一种"怪相"，即诸多国家非但未向其民众提供稳定、繁荣的生存环境，反而成为不安全因素的主要来源。

其次，批判认识论的客观主义。拓宽派对传统派简单粗暴地将事实与价值、主观与客观一分为二的做法十分反感。他们强调安全结构兼具"客观的"（objective security）、"主观的"（subjective security）和"话语的"（incursive security）三重特性，于是乎"安全"首先是一种客观状态，同时也与行为体的主观感受密不可分。② 安全研究亦暗含社会建构的专业知识与具备不同世界观及政治话语的传授者之间互动的过程。换言之，任何与安全相关的概念，无论理论还是政策，都无法彻底摆脱行为体感知而独立存在。

最后，突破传统派实证主义至上的方法论。拓展派不认可库恩关于"范式创新的根本动力即为科学实证主义"的论断，称考察人类社会并不能单纯依靠经验和事实，更需要坚持"规范主义"（normative）的勇气和决心。据此，拓宽派领军人物布赞和琳娜·汉森（Lene Hansen）倡导国际安全研究的"经典政治理解"与"规范主义方法论"二元结构，强调借助"后实证主义"方法论就安全形成归纳和推论的独到意义。③

总体而言，拓宽派的目标就是要对"传统安全观"进行延伸（extending）和拓展（broadening），形成所谓的"综合安全观"。延伸意味着安全的指涉对象一方面以"国家"为原点向更高层次（如区域、全球甚至人类社会）和更低层次（如次国家、社区、个人）双向扩大，且不同层

---

① 郑先武：《全球化背景下的"安全"：一种概念重构》，《国际论坛》2006 年第 1 期。
② 巴里·布赞、琳娜·汉森：《国际安全研究的演化》，余潇枫译，浙江大学出版社，2011，第 37 页。
③ 朱锋：《巴里·布赞的国际安全理论对安全研究"中国化"的启示》，《国际政治研究》2012 年第 1 期。

次间相互关联、统合在总体安全之下，呈现出一荣俱荣、一损俱损之势。另一方面打破安全威胁来自国家外部的固有判断。实际上，全球化带来的复杂安全局面使得任何指涉对象都具备转化为威胁的可能性，例如尼古拉·鲍尔的研究表明，对一些发展中国家而言，政府当局必须确保政治精英绝对控制权力，因此国家机器亦可成为民众的不安全来源。①

　　安全内涵的丰富为本书多重讨论提供了支点。首先，此次北非乱局因民众对社会不公、生活贫困、政治精英腐败集权等现象的长期积怨而起，凸显了"国家成为安全威胁来源"的极端情势。其次，由于安全指涉对象已不再局限于主权国家，欧盟的国际组织身份在如此安全语境下也可作为外部势力干预主体之一。再次，鉴于安全所涉及的多重层次之间彼此关联，北非地区安全状况不稳势必触及深度卷入其中的美国、欧盟之关切，"优态共存"的安全哲学新理念②使二者无法置身于北非乱局之外，也让评估双方政策成败和成因分析成为推动该地区重获安全的重要途径之一。最后，三大威胁不同于那些经典的安全议题，若依传统安全观来看多属一国"内政"，外部势力无权干涉。拓展安全使得安全的政治影响力从国家转向更需保护的个人层面，强调共同利益的同时也淡化了国家行政疆界对维护安全行为的阻隔。不仅将三大威胁一举囊括进安全议题范畴，更为考察美国、欧盟动用军事和民事手段应对地区安全威胁时的角色与角色冲突铺平道路。③

3. 北非安全政策的内容所指

　　对外政策"是国家用来管理它同边界之外世界，特别是同他国关系的原则和实践；是维护国家利益和目标的手段以及对待他国的行动进程"，④往往体现在各种重大公开场合下的领导人发言、声明和表态以及正式出台的文件、与他国协商签订的各项文书之中。本书研究对象恰恰是美国、欧盟的对外政策在安全领域和北非地区交合点，其内容必定既言及静态的安全利益、原则和目标，也暗含了动态的议程讨论、手段选取与实践过程。

① Ball, Nicole, *Security and Economy in the Third World*, Princeton University Press, 1988, p. 326.
② 余潇枫：《安全哲学新理念"优态共存"》，《浙江大学学报》（人文社会科学版）2005 年第 2 期。
③ Roubini, Nouriel, "The Middle East Meltdown and its Global Economic Risk", *The Kathmandu Post*, October 5, 2015.
④ 张历历等：《现代国际关系学》，重庆出版社，1989，第 95 页。

鉴于"北非安全政策"并未作为专有名词出现在美国、欧盟决策者言论和各类正式文书的字里行间,而是散见于有关中东北非安全、地中海南岸邻国安全或区域内特定国家如埃及、突尼斯、利比亚的安全事务互动与安排之中,因此在进行政策梳理和总结工作时,全面起见,本书有以下三种处理方式。第一,综合考察涵盖北非安全议题的多层次政策安排。例如,《美国国家安全战略报告》《欧洲安全战略报告》等论及美国、欧盟"安全利益内容,所面临的重大安全威胁,可资利用的资源、能力、手段,以及安全战略具体实施步骤"的纲领性文件。又如"欧盟 - 地中海伙伴关系"(EMP)、"欧洲睦邻政策"(ENP)、"地中海联盟计划"(UFM)等地区性制度框架中的安全政策部分。再如"美摩战略对话"等触及安全领域的双边合作动议。力争宏观把握美国、欧盟在北非安全事务中的利益所在、目标设定和操作方式。第二,着重检视美国、欧盟对三大安全威胁之处理方案。通过具象、清晰地推动民主、反恐及难民政策挖掘二者应对北非危局时的政策 - 实践差距。第三,倾向于对政策工具及由此选取的实施手段不作区分,同样视为广义上的政策内容来源。另外,即便因阿拉伯之春以来非传统安全威胁陡增,但其应对和解决除凭借政治、经济、文化途径外依然离不开传统安全的军事政策及手段支撑。因此美国、欧盟用以提升自身与地区内国家抵御安全威胁总体能力,为协助平息国内冲突、打击恐怖势力而进行的军事安排也是安全政策梳理过程中不可遗漏的。

　　总之本书始终坚持从革命动荡期内北非国家迫在眉睫的安全威胁出发,挖掘美国、欧盟就短期危机和长期改善安全局势做出了何种反馈,无论是笼统的表态、宏观性政策框架或惯常实施手段等都被考量在内,由此诠释和验证它们在北非安全事务中的总体角色观念,并为借助角色冲突解释政策失灵行动进行了积极有益的铺垫。

4. 有关政策失灵的界定

　　鉴于目前学界对政策失灵讨论较少且缺乏统一和权威的界定,故而为了说明什么是政策失灵,可以尝试从学者论述较多并与之存在对立统一关系的"政策成功"概念入手,进行反向推演。事实上,政策的成功或失灵是一对"含糊的概念",[1] 原因有三:一是人们对"成败"的看法往往失之

---

[1]　McConnell, Allan, *Understanding Policy Success: Rethinking Public Policy*, Basingstoke: Palgrave Macmillan, 2010.

主观，标准不一；二是在政策成效评估中它们位于光谱两端，从成功到失败并无明确的分野或断代；三是历史上似乎很难找到公认的"绝对成功"政策以资借鉴，因此目前只能依据既往经验，选取相对客观的衡量要素，给出暗含了测量标准的界定。惯常评定政策成效的方法是看它能否达到既定目标，有否收获乐见、期待的结果，① 或是否秉承了行为体所持有的价值观和行动方针。② 鲍德温在此基础上补充称"政策目标"一般较为多元但主次分明，只要政策能够兑现，主要目标便可视为成功。另外还需考虑达成政策目标的成本高低，若代价高昂甚而入不敷出则不值一提。推断可知，失灵意为实施某政策时陷入"政策工具低效、偏离预期核心目标或本益比过高"的旋涡，③ "要么对制定者产生了消极的政治影响、伤害了那些本应从政策中获益的人，要么依照计划践行政策却侵犯了制定者或支持群体的合法性"。④

众所周知，对外政策的科学理性包含"目的 – 价值"与"程序"理性两个侧面。因此政策失灵既可以是"内容失当"，即政策无法反映人性精神和人文价值要求，或没能遵守国际法和公认的国际关系准则，也可以是"程序失范"，即未选取最佳实施方法，无法让决策者达到预期目标。⑤鲍威尔、麦克奈尔等人对政策失灵的界定显然侧重关注"程序理性"，因循"只要程序正当结果就必然正当"的思路提供评判标准。

阿拉伯之春以来，受到行为体内部张力与北非外部危机共同作用，美国、欧盟显然在安全政策的"目的 – 价值理性"方面做出了些许积极有益的调整，强调民主、自由、人道主义保护等普世价值的同时，尽可能遵从国际法和国际惯例，希冀在四分五裂且对外部势力插手异常敏感的北非寻求更多合法性。但若抛开内容考察程序正当性则漏洞百出，促使其难以达成"维护北非稳定、能源安全与盟友利益"的首要目标，不仅投入成本过高且将自身与北非国家同时陷入更为不安全的境地，相关政策全面失灵显

① Baldwin, David A., "Success and Failure in Foreign Policy", *Annual Review of Political Science* 3 (1), 2000, p. 171.

② McConnell, Allan, "Policy Success, Policy Failure and Grey Areas in – between", *Journal of Public Policy* 30 (3), 2010, p. 346.

③ McConnell, Allan, "Learning From Success and Failure?" In Eduardo Araral, Scott Fritzen, Michael Howlett, M. Ramesh, Xun Wu (Eds.), *Routledge Handbook of Public Policy*, Oxon: Routledge, 2012, pp. 484 – 494.

④ McConnell, Allan, "Policy Success, Policy Failure and Grey Areas In – Between", *Journal of Public Policy*, 30 (30), 2010, p. 345.

⑤ 陆晓红：《外交决策的科学理性探析》，世界知识出版社，2012，第 162 页。

而易见。本书认为"角色冲突"概念体系恰恰为系统梳理其程序"非理性",更好地解释美国、欧盟安全政策内容 – 价值同程序之间的"深沟"提供了可资借鉴的框架。

(二) 研究方法的阐释

本书拟综合运用文本分析、案例分析、比较分析等研究方法。

第一,文本分析法。是一种根据文本的实际情况对其进行解析、发现内在含义的过程,操作步骤并不固定,一般包括文本查阅、鉴别评价、归类整理三个环节。[①] 鉴于角色理论作为对外政策分析(Foreign Policy Analysis,FPA)的三大分支之一旨在通过考察决策者言语和行为来研究政府对外决策的过程和政策输出。[②] 故而本书汲取前人经验,亦将文本分析法作为探寻美国、欧盟在北非安全事务中扮演何种角色的"利刃"。具体操作步骤有以下两步。

首先,收集 2009~2015 年处于美国、欧盟外交决策核心圈的重要人物就北非安全事务的表态和回应。其次,把筛选所得的多份文本依照主题进行分类,从中挖掘共性表述和相似观点,由此归纳、抽象出美国、欧盟在北非安全事务这一特定情境下的总体角色观念设置,以及就领导权、民主、稳定、多边主义等关键性议题形成的基本立场。对于步骤亦需做两项说明。其一,以 2009 年为起点的原因在于是年奥巴马就任总统且《里斯本条约》最终生效,其间诸多发言对准确把握美国、欧盟在阿拉伯之春中处理北非安全事务的理念、方式调整意义非凡。其二,本书关注的美国政要包括以下几个方面。(1) 总统。宪法规定其为美国外交政策最主要制定者,对危机决策和安全型决策几乎处于垄断地位。[③] (2) 国务卿。总统的首要外事顾问,与负责防扩散与国际安全事务的助理国务卿一道肩负协助总统处理外交及安全事务之职能。[④] (3) 国防部长。为总统提供国防政策

---

① Larsen,Henrik,*Foreign Policy and Discourse Analysis*:*France*,*Britain and Europe*,Routledge,2005.

② 卢凌宇、林敏娟:《对外政策分析与国际关系学范式革命》,《世界经济与政治》2015 年第 3 期。

③ 卢凌宇:《民主的悖论:公共舆论与美国外交决策》,《武汉科技大学学报》(社会科学版) 2014 年第 6 期。

④ 参见美国国务院网站,Duties of the Secretary of State,January 20,2017,https://www.state.gov/secretary/115194.htm。

咨询，负责规划一般国防政策并主导贯彻获批政策。① 欧盟层面，里斯本条约生效后（1）欧盟外交与安全政策高级代表是 CFSP 的协调人，在超国家层面巩固欧盟外交政策权能从而一定程度上克服欧盟内部固有的超国家和政府间力量冲突；同时具有动议权，使外交和安全议题设置超越一国利益樊篱，为联盟共同利益发声。（2）欧盟委员会主席、欧洲理事会主席、欧洲议会主席等欧盟机构中参与安全决策的官员。出于论证需要，本书还可能引用与某项安全事务或政策十分相关的官员之言论，例如欧盟负责东扩及邻国事务的专员、欧盟区域委员会主席等。霍尔斯蒂相对晚近的观点认为："仅凭特定领导人的理念和言论推断外交政策风格失之偏狭，角色研究应将视角置于更为广阔的背景中。"② 故而一些宏观展现美国、欧盟外交风格和地区安全意图的政策亦将作为有效文本，助力角色观念的判断。

　　第二，案例分析法。是研究者出于特定目的、经过刻意筛选就单一或少数案例，联系其发生条件与环境而进行的深入分析与解释。③ 本论题旨在证明美国、欧盟的北非安全政策失灵与其所陷多重角色冲突密切相关，因此选取案例必须符合两个前提条件：一则是美国、欧盟安全政策的共同着力点，也就是说双方高度重视此地安全态势且分别进行了诸多政策尝试和努力；二则充分体现"政策失败"，意即美国、欧盟深度介入后未能如期达成恢复局势稳定、消除安全威胁的目标，甚而损害了自身和政策对象国的利益。尽管阿拉伯之春爆发后北非五国面临相似安全挑战但程度有别，美国、欧盟由此给予的政策关注也大相径庭。突尼斯革命较为顺利且向来不是美国的政策要点，可以排除。阿尔及利亚、摩洛哥逃过"政权更迭"之劫并自行走上和平改革之路，局势相对平稳且外力介入有限，堪称阿拉伯之春中的"个例"，亦不具代表性和说服力。

　　综合考虑阿拉伯之春以来北非五国国情并因循相似个案的选取方式，本书拟以美国、欧盟在埃及危机、利比亚战争中的角色扮演与冲突为案例，论证相关假设。一方面，两国境况符合上述限定：几乎同时暴力推翻在位多年的强人政权，安全局势随之一落千丈，而在遭遇危机的全过程

---

① 参见美国国防部网站，Top Civilian and Military Leaders，https：//www.defense.gov/About - DoD/Leaders。

② Holsti, Kalevi J.，"The Study of Diplomacy"，Gavin Boyd，James N. Rosenau，eds，*World Politics*，1976，pp. 293 - 311.

③ 李少军：《国际关系学研究方法》，中国社会科学出版社，2016，第 101 页。

中，美国、欧盟均发挥了不可或缺的引导和推动作用。另一方面，二者的干预模式存在出入，例如从政策对象的偏好看，欧盟视利比亚为传统势力范围，与之在推动民主化、难民、反恐领域过从甚密，而埃及向来是美国的"自留地"，革命爆发后更坚定了"为巩固安全合作不惜同任何执政方往来"的信念。故而利比亚危机中美国让出"前线领导权"，退居幕后协助英、法行动。埃及两次革命中，欧盟的介入程度则远低于美国。从安全威胁的侧重点来看，欧盟倾向于优先处理利比亚难民危机，美国则在西奈和利比亚境内打击恐怖主义方面颇费周章。不过具体目标、手段、施政力度等差异背后仍有一则共性，即多重角色冲突贯穿美国、欧盟制定、实施政策始终。由此可知，两则案例兼具整体全面性与个体特殊性。安全境况的高度相似使其符合本书论证前提，而介入方式不同恰好反衬出角色冲突在美国、欧盟实施政策时的恒定作用，进而确保了个案验证的周延性与可靠性，使全文有关角色冲突导致政策失灵的论断更具说服力。

第三，比较分析法。通过比较两个或多个国际事件，发现异同，进而考察个中成因。尽管本书不以对照解释美国、欧盟行为差异为目标，不过当同时考察二者在北非安全事务中的角色和扮演过程时，文中不可避免地暗含"比较"意味，同时也会刻意借助比较分析法完成两项任务。一是挖掘美国、欧盟角色观念之异同，为文末追述角色冲突对跨大西洋伙伴关系的离间作用进行铺垫。二是比较美国、欧盟应对三大安全威胁时遭遇角色冲突类型与方式异同，凸显角色冲突之于二者安全政策的"全面破坏力"。"穿插式比较"的最终目的不在于解释美国、欧盟的北非安全政策有何异同、原因何在，而是在考虑欧盟－地中海区域安全的整体特性与美国、欧盟跨大西洋合作关系实际情况的同时，增强论证过程的可读性及有效性。

四　本书研究的基本思路

（一）框架结构

本研究共包括六章。

绪论部分，作者首先概述了"孕育"本论题的现实背景——阿拉伯之春以来的北非安全困境，并从中提炼出引领全篇的问题，即如何解释视安全为地区各项事务之首的美国、欧盟在多方政策努力下收效甚微甚至作茧自缚。随之借助角色理论分析框架给出了旨在回答上述问题的核心假设，认为综观政策制定、实施环节，角色冲突对美国、欧盟的北非安全政策失灵负有不可推卸的责任。之后全面回顾了有关定义美国、欧盟角色、探寻美国、欧盟地区政策失灵成因以及角色理论应用的多类文献著述，综合考察前人既有成果的同时找到本书论证和寻求突破的起点。为了便于读者把握本书思路，该部分还介绍了研究方法、整体谋篇布局、创新之处与写作难点。

第一章开门见山介绍了北非乱局的基本情况、美欧政策部署与调整以及相伴而生的政策失灵现象，力争向读者清晰呈现出文内集中探讨的现实问题。具体来看，首先通过阐释地区安全颓势的成因与内涵形成对北非安全问题特点的一般性认知。鉴于选取"阿拉伯之春"为本书的研究时段，故而了解五国在地区革命浪潮中的状况与安全局势变化是把握美国、欧盟角色观念、相应政策和扮演的前提。于是乎本书简单梳理了五国政局波动，且特别介绍了三大安全威胁扰动地区局势之态。其次，考察北非局势"今非昔比"后，美国及欧盟的政策设置和相应调整。并由此延展开来，依据政策失灵的相关定义，引用数据和实例证明二者种种有针对性的政策实践未能改善地区状况与自身处境，为顺利开启有关政策失灵成因的剖析做好铺垫。

第二章是关于全文理论背景的解释。首先展示角色理论的核心概念与比较优势，其次着眼于贯穿整篇的关键词——"角色冲突"，给出简单界定的同时基于先前学者对角色冲突的研究和分类而加以细化，目的在于提供一个包含角色冲突直接产生原因、详细分类到常规结果的完整解释框架。最后将理论和现实情境有机结合，探讨北非安全舞台上，存在互动关系的主要行为体——美国、欧盟与北非五国如何进行角色分配，并对照角色冲突分析框架，逐一剖析各类角色冲突的现实含义与指向。

第三至五章是论证核心假设的主体部分，凸显了"角色理论"分析视角与"角色冲突"对美国、欧盟北非安全政策失灵的独到解释力。第三章运用文本分析法梳理、提炼美国和欧盟决策者的有关言论及影响阿拉伯之春后的处理安全事务态度、方式的重要政策文件，借助纷繁的文本分别勾勒美国、欧盟的总体角色，抽象出二者各自在北非安全环境中试图塑造的角色观念。随后比较它们的角色观念异同，便于理解共享"西方国家"标签的美国、欧盟自我定位一致之处，以及各自遭遇角色冲突后，角色观念中的异质性趋于显著导致跨大西洋伙伴关系走向疏离的风险。

　　第四章在确定美国、欧盟角色观念和说明二者间协调特别是冲突之处的基础上挖掘实践过程中的"自我"角色冲突对安全政策的负面影响，包括"角色观念与扮演之差""角色扮演能力不足""角色内要素冲突"三种。事实上它们在美国、欧盟处理北非安全事务的多个侧面均有体现，不过本研究为了简化论述和清晰起见，将以上冲突分别置于二者推进民主化、打击恐怖主义、缓解难民危机的情境中，给予一一对应式的说明。第一部分介绍了美国的民主推进政策在实践中沦为"非民主"的典型、欧盟输出民主规范时的雄心壮志与现实妥协，由此推导出"角色观念与扮演之差"导致重塑民主–稳定关系的政策难以成功。第二部分分别论述美国、欧盟介入北非反恐时的能力缺陷，进而揭示能力缺失同"愈反愈恐"间的相关性。第三部分专门讨论角色内要素冲突，通过难民危机中成员国各自为政的种种表现凸显要素分歧对整体角色和相应政策的破坏力。

　　第五章进入"自我"与"他者"角色冲突论述环节。试图站在政策受体角度上，归纳北非五国对美欧角色观念的理解及对其政策和行动的期待所在，体现其与美欧自我认知间的误差对美欧安全政策成效的损害。通常而言，角色的"建构特性"意味着它是在互动过程中创造和维持的。[①]因此美国、欧盟自我塑造角色观念时理应将互动对象——北非五国的外部感知纳入考量，综合自身特性与外部环境需求的角色才能更好地完成扮演。然而现实中，美国、欧盟与北非国家的国际"地位"相差悬殊，造成一方面美国、欧盟选择性无视北非"声音"，另一方面北非五国政治失序中更难清晰、有力传达自身感知。即便如此，就事关民族、国家存续的安全问题，北非五国无论政府抑或民众对美国、欧盟角色均"自有主张"。因此本章需要完成三个任务。一是借助知名民意调查品牌的北非调研成果、学者的访谈记录等，综合引用涉及当地民众对美国、欧盟角色感知的数据、论断，呈现出美国、欧盟在北非的不得人心。二是依据北非国家政府对美国、欧盟举措的主动表态或回应性言论，总结其在民主化、反恐、难民问题上的需求和期待，展现二者角色扮演与北非期待间的分道扬镳。鉴于关注互动行为体间自我认知与他者感知差异是角色理论的独到之处，故而本章第三个任务是在分析事实基础上总结此类冲突对美国、欧盟安全

---

①　徐正源：《中国负责任大国角色的构建——角色理论视角下的实证分析》，中国人民大学出版社，2015，第27页。

政策的"双刃剑"作用，论述其负面影响、启迪意义及其理论价值。

第六章从个案层面考察美国、欧盟在埃及、利比亚革命后的所作所为，验证了利用角色冲突解释安全政策失灵的可行性。埃及危机与利比亚内战均为阿拉伯之春以来二者介入地区变革却无力挽救安全颓势的典型事例，纵然事态有别，前者在第一轮革命爆发后如期进行民选、修宪，一度被视为走向民主化的积极案例，而后者经历短暂街头抗议后迅速陷入政府军与反对派的内战，即便卡扎菲倒台，先前团结一致的反对派继而四分五裂、兵戎相见，安全局势毫无改善。同时美国、欧盟介入态度和手段也不尽相同。但深藏于差异背后的是一条极为相似的脉络，即它们延续了在北非安全事务中的一般角色，于北非总体安全政策基础上制定了自认为有助于缓解利比亚、埃及安全局势的政策，然而制定－实施过程中始终未能规避角色冲突的不良影响。

最后是结论。一方面重申了角色冲突的产生背景，即孕育美国、欧盟角色的北非安全局势特点、二者安全政策绵密部署及其角色观念的"复合型"特征。另一方面结合"北非语境"再度梳理角色冲突与政策失灵的相关性，进而就角色冲突持续破坏美国、欧盟政策有效性所造成的长远后果进行展望。依照书中提供的分析框架，若角色冲突长期无法获得美国、欧盟重视，便很难从根本上"治愈"政策失灵。此趋势定将诱发角色改变，纵然目前来看，美国、欧盟尚处于维持原有外交政策目标、仅对实施手段和战略进行"微调"的"角色调试"阶段，但该过程中的角色扮演失常不仅给竞争力强劲的中、俄增强在北非的影响力、削弱美国、欧盟既有领导力创造机遇，同时还会因二者难以迎合彼此角色期待及认知而在北非安全事务中形成竞争大于合作的新态势，支撑欧盟－地中海地区安全复合体的跨大西洋伙伴关系摇摇欲坠，长远看来不利于该地区快速恢复安全和稳定。此外，本着提出问题、论证问题、尝试破解问题的写作思路，结论部分依据角色理论逻辑框架就美国、欧盟缓解在北非安全事务中的角色冲突进行了前瞻性思考。

（二）主要观点

本书的主要观点有以下三个方面。

第一，尽管侧重点不同，美国向来重视中东而将北非作为中东政策的附属品，欧盟却因殖民时期情感和交往纽带格外关注北非安全和稳定。但它们在北非的安全政策却是有章可循、实施手段多元，不仅兼具"区域特性"与"双边特性"，且普遍触及宏观安全政策部署和对具体危机事态的反馈，不应作为地区政策研究的"盲点"而长期隐匿在中东热点的"帷幔之下"。特别是当阿拉伯之春的火种由此燎原且多个国家"江山易主"后，美国、欧盟对北非的安全政策尤为值得关注和梳理。

第二，随着国际局势复杂程度增加，全球化趋势与内部危机同时作用于美国、欧盟。为了维持世界及地区领导力，继续掌握战略主动权，二者均在原有角色设定基础上，依据现实变化，特别是北非地区安全危局的需要重释了自身角色，以达到获得道义合法性及确保现实利益的双重目标。尽管总体来看它们在北非安全事务中的角色"继承性"大于"颠覆性"，但其自我角色判定和相应政策、手段调整仍值得深入研究。

第三，鉴于"角色"本质上只是影响国际行为体对外行为的诸多因素之一，是能够体现和预测行为体对外行为的"干预变量"。[1] 依照逻辑学对因果关系的分类，角色冲突是政策失灵的"部分原因"，存在角色冲突未必一定产生政策失灵之结果，同时政策失灵可由多种因素导致，未必根源于角色冲突，然而角色冲突的存在毫无疑问直接促成角色失灵。[2] 因此本书倾向于认为角色冲突为解释美国、欧盟政策缘何难以顺利运转和达成既定目标提供了一个值得拓展与深入思考的分析路径。而因循角色冲突分析路径解释政策失灵的目的在于形成一种考察外交决策"程序理性"的新视角。

（三）创新之处

本书的创新之处主要体现在以下几个方面。

其一，进一步细化了"角色冲突"的分类，为政策失灵提供了新的分析视角。本研究试图深度挖掘角色冲突与政策失灵之间的相关性，依托前人既有成果，一方面延续了角色冲突的"自我"与"他者"分野，并根据导致角色冲突的三大诱因——定位模糊、难以匹配、能力不足再做细

---

[1] Grossman, Michael, "Role Theory and Foreign Policy Change: the Transformation of Russian Foreign Policy in the 1990s", *International Politics* 42 (3), 2005, pp. 334 - 351.

[2] 逻辑学上对因果关系的分类认为，所谓甲是乙的部分原因，意味着有甲未必有乙，且不必有甲亦可有乙，但甲的有无影响乙的有无。参见赵心树《部分原因与因果关系的分类》，《济南大学学报》（社会科学版）2002 年第 3 期。

化，力求翔实、全面地列举角色互动过程中可能遇到的各种冲突；另一方面尝试在把握美国、欧盟角色观念的基础上，借助新分类，考察二者在北非安全事务中所遭遇的种种角色冲突，最终从这个角度解释安全政策失灵原因。此举目的有三：第一，在角色研究集中于确定角色观念和发挥其解释、预测功能的大趋势下，探索角色冲突的理论内涵和现实意义；第二，利用美国、欧盟的切实遭遇证明各类角色冲突对政策实施效果的负面影响，进而凸显"角色冲突"概念之于"行为体对外政策失灵现象"的普遍解释力；第三，试图激活角色冲突分类所具备的"排查表"功能，为国际行为体"自我检视"对外行为是否得当提供依据。

其二，丰富了角色理论的解释空间和应用范畴。表现在以下三个方面。

（1）效仿毛尔（Hanns W. Maull）在《霸权重构：美国的角色观念及在核心盟友中的领导权》一文中用来确定美国国家角色观念的方法，即在确定美国在国际社会的基本角色定位与行事风格的基础上收集决策者有关美国如何自处、如何应对特定局面的言论并加以分类，从中归纳出美国的角色观念及其构成要素。相较于霍尔斯蒂、查菲茨等人将角色观念硬性划分为"反帝国主义国家""孤立者""忠实盟友""发展中国家援助者"等类型而言，效仿毛尔的做法一则有助于突破"冷战"期间学者对角色类型的固化认知，灵活把握行为体的角色观念，有效增进角色理论的解释空间；二则贴合美国、欧盟实际情况并紧扣二者在北非乱局中的调整，凸显角色观念的专属性与情境感。

（2）借助角色理论展开分析的现有研究成果中，对国家的考察远多于国际组织。此现象不仅折射出国际关系学科"国家中心主义"的研究特点，同时也表明运用角色理论解释国际组织行为存在一定难度，不仅需要关注组织层面的角色定位及其在国际体系和区域事务中所发挥的作用，还应考量角色内自成一体的成员国所具有的内部团结或各自为政倾向，唯有将二者有机整合，才可对角色观念内涵、角色扮演情况给予全面、合理的解释和评估。本书结合阿拉伯之春以来的北非安全情势，对欧盟的角色观念同安全政策、角色扮演与政策落实进行对照性分析，在此过程中特别阐释了成员国分歧这一常见于各类国际组织的角色冲突类型。这种分析模式无疑再度证实了用角色理论解释国际组织行为的可行性，同时也丰富了组织方面的研究成果。

（3）鉴于欧盟－地中海地区业已浮现的超级安全复合体架构与美国、欧盟间存在的跨大西洋伙伴关系，以及二者的北非安全政策成效不佳、阿拉伯之春以来有所调整和遭遇相似角色冲突等共性，本书试图把美国、欧盟同时作为北非地区重要外部干预主体的身份牵引至角色理论的使用中，给它们冠以"主角身份"并与"配角"北非五国展开互动。此举一来源于既有认知，凸显"西方国家"这一整体对北非国家安全事务施加的作用力。二来有助于观察美国、欧盟异同。在阿拉伯之春所提供的相似安全情境中，集中把握不同角色观念引导的美国、欧盟如何陷入相似角色冲突并面临安全政策失灵的尴尬局面。三来利用角色冲突概念和思维框架分别论证美国、欧盟政策失灵等于在研究过程中自我检验了该框架的有效性，确保理论逻辑的自洽。

其三，突破评述美国、欧盟政策效用时惯常出现的西方中心主义倾向，在政策实施主体和受体的互动中综合考察二者政策失灵的原因。通过回顾既往文献可知，它们往往把政策实施主体从与受体的互动关系中单独提取出来，一则仅将美国、欧盟官方文件、会议纪要、行动方案以及政学两界由此开展的讨论、分析和评述作为解释政策和效果评估的起点及依据；二则选择性忽视北非国家的接受情况，仅从美欧内外环境、政策本身是否逻辑自洽、政策实施过程是否顺利、政策效果在现实和数据中是否显而易见等标准出发评估成效。这种"西方中心主义"的思考路径纵然看似仍可推出"美国、欧盟的北非安全政策失灵"这一结论，但若由此继续解释政策失灵的原因，就会陷入"忽视北非五国认知和期待"的误区。依据卢卡雷利的观点，引入外部感知分析美国、欧盟的北非安全政策失灵原因既是发挥角色理论特色的需要，也可通过"他者视角"达到如下目标：（1）挑战美国、欧盟的自我表现和诸多学者对其角色的经验主义评述；（2）潜移默化影响行为体现有角色塑造；（3）拓展了理解和评价政策成效的视角；（4）提出缓解政策失灵的前提条件；（5）改变当下对外研究中不自觉的西方中心主义意识。①

诚然本书力求推陈出新，但通篇论证中仍存在一定的局限性。

首先，写作过程中倾向于仅关注美国、欧盟及作为二者政策受体和密

---

① Lucarelli S. , "Seen from the Outside： The State of the Art on the External Image of the EU", *Journal of European Integration*, Vol. 36, No. 1, 2014, pp. 1 – 16.

切互动对象的北非五国。这种设计显然考虑到简化论证、明晰观点、提高可操作性与文章可读性的需要，却未能严格还原欧盟－地中海区域实则复杂的多重行为体互动原貌。事实上，阿拉伯之春前后北非安全领域俨然呈现出"多层治理模式"雏形。其一，除美国、欧盟外，中、俄等新兴大国力争提升在北非地区的影响力，与美国、欧盟的龃龉、摩擦不可避免。其二，非国家行为体方面，北约以"责任共担"（Burden - sharing）为口号在安全、政治、军事领域与该区域国家建立了广泛的双边及多边合作平台，如"地中海对话"（Mediterranean Dialogue）等。另外，阿拉伯联盟、马格里布国家联盟纵使相对松散，且并非专注于安全领域，但部分政治、经济合作倡议也会对美国、欧盟介入地区安全局势产生潜在影响。其三，联合国及其下属机构在该区域的活动亦为深入而持久的，不仅具有授权国际社会实施干预的能力，还能广泛调配各界资源帮助动荡地区重建和平。例如，阿拉伯之春后为防止难民潮导致的次生性安全隐患扩散，联合国难民署及其高级代表牵头协助欧盟，防止局面进一步恶化。[①] 其四，革命之后部分北非国家政府缺位、国家权力真空现象严重，一些地方武装组织在同政府军的合作与对抗过程中掌握了对费赞、的黎波里等大城市及一些偏远地区的控制权，亦成为参与多层治理的主体之一。[②] 如此复杂的安全治理环境中，与美国、欧盟在角色观念和认知方面产生冲突的"他者"远不止北非五国。以上简化处理方法有可能削弱本书论证的说服力，甚至所列出的角色冲突对美国、欧盟政策失灵的解释力。不过所幸的是，本书旨在论证角色冲突与政策失灵间的部分因果而非完整因果关系，换言之即便影响论证充分性但无损于全文观点、结论的可信性。

其次，角色理论不可避免的局限性给本研究留下"灰色地带"。坎贝尔曾高屋建瓴地指出，社会科学内多个学科对角色与角色理论的定义和使用难以统一，导致其在介入对外政策分析时也存在含义不清、莫衷一是的问题。[③] 确切地说，借助角色理论进行对外政策分析可能存在一个问题，

① Thompson, Neil, "Algeria's Role in Europe's Migrant Crisis", *Atlantic Voices Journal*, Volume 5, Issue 10.

② "Security Assessment in North Africa", http：//www. smallarmssurvey. org/sana/armed - actors. html［2016 - 05 - 13］.

③ Campbell, Steven J. , "Role Theory, Foreign Policy Advisers and US Foreign Policy Making", In ISA：Columbia International Affairs Online, Available at：http：//www. ciaonet. org/isa/cas01/［2016 - 12 - 12］.

即该理论引入国际关系研究后并没有形成较为完整、周密的理论体系，诸多学者相信一系列支离破碎、缺乏有机关联的命题无法赋予其"理论范式"的地位，最多不过是一种研究方法而已。[①] 故而以此为理论框架的国际关系研究大多只能做到借用其中一个或多个相关概念及松散命题解释外交决策现象。回到本研究，受到理论天然缺陷的影响，无法全面借助完整的理论逻辑假设，只能通过挖掘前人少量有关"角色冲突"的解释和应用，在此基础上稍作拓展，进而作为全文的解释框架，单薄失当之处在所难免。

最后，经过多年积淀，角色理论业已成为对外政策分析领域一个相对成熟的方法分支，讨论美国、欧盟等关键国际行为体角色定位的著述亦不在少数，不过以角色冲突为切入点的作品屈指可数。由此本书可资借鉴的经验十分有限，大大提升了写作难度。与此同时，文章涉及美国与欧盟两大行为体，尽管为避免论证落入"大而空"的陷阱，设计之初，本书尽可添加了限制条件，将分析时段放在阿拉伯之春这一重大历史性事件之后，安全政策考察范畴亦局限于北非五国，论证要点置于角色冲突而非更为广阔的美国、欧盟角色比较层面，但仍面临梳理文献量大，对美国、欧盟任一角色的把握失之浅表的风险，成为撰写文章过程中主要的难点和障碍。

总而言之，囿于角色理论发展进程和天然特性，加之写作要点、篇幅所限，行文中上述局限性导致的"瑕疵"在所难免。对此，笔者在竭力挖掘创新点的同时尽可能规避不足，无论如何，本书的研究视角应该是探索政策失灵现象的一种具有开拓性的、积极有益的尝试。

---

① Sarbin, Theodore R., and Vernon L. Allen, "Role Theory in Gardner Lindsey and Elliot Aronson", eds., *The Handbook of Social Psychology*, 2d edition. MT: Addison – Wesley Publishing Co., 1968, pp. 488 – 489.

西方国家历来的北非政策均无法摆脱两大核心关切：一是贯彻民主，二是维持和平及符合西方国家利益诉求的合作关系。

——罗伯特·阿里伯尼

第一章　美国、欧盟的北非安全政策失灵

2011 年名曰"阿拉伯之春"的政治飓风以突尼斯为源头在北非五国迅速蔓延。它一度被西方国家誉为"第三波民主化"未竟之功，形形色色抗议活动在"寻求公正、追寻自由、捍卫尊严、争取尊重"的道德伦理原则推动下似乎为政治民主化、自由化以及社会、经济公平正义的实现创造了机遇，不单回应了西方国家为"和平演变"所做的努力，也符合其"顺昌逆亡"的地缘政治逻辑。然而短暂欢呼过后，越来越多的评论认为突发性大规模群众运动及随后部分政权的土崩瓦解导致政权危机、社会分裂风险与内战矛头继续潜滋暗长，恐怖主义、难民问题的增生和溢出短期内难以有效抑制，北非地区长期面临的"复合型安全挑战"情势趋于恶化，由最初的民主化运动彻底沦为一场旷日持久、波及面甚广的安全威胁。[1] 五年来，尽管美国和欧盟作为利益攸关方均在原有基础上提升了对该区域安全事务的关注程度且加大了相关政策投入力度，但总体来看各项努力不仅收效甚微，甚至还使二者陷入政策失灵的尴尬境地。有鉴于此，本章简单回顾阿拉伯之春中北非五国的遭遇及其安全政策基本特点与变化，说明二者安全政策失灵的表征。为后文从角色和角色冲突角度给美欧安全政策的挫败提供一种新的解释搭建平台。

一　北非安全情势与阿拉伯之春困局

作为美国国防部《四年防务评估》中提到的"动荡弧"上的重要节点，[2] 北非地区安全问题由来已久且具备独特的成因和内涵所指。在革命浪潮的冲击下，原有不稳定因素加速激变，三大安全威胁在此获得

---

[1] Wright, Robin, "Rock the Casbah: Rage and Rebellion Across the Islamic World", *Washington Report on Middle East Affairs*, Sept. – Oct., 2011, Vol. 30 Issue 7, p. 71.

[2] 高祖贵：《美国在"动荡弧"的战略利益分析》，《美国研究》2005 年第 3 期。

滋生空间的同时不断向周边扩散，北非五国日渐沦为名副其实的"安全缺口"。

（一）北非地区安全问题的成因及内涵

北非地区安全问题十分突出的原因涉及主、客观两个层面。主观上，五国经济基础薄弱、产业结构不合理、过度依赖西方，导致地区安全环境的营造和维护缺乏必要的物质基础，甚至成为诱发安全危局的导火线。加之长期受困于政策透明度低、政府合法性差、公民社会发育不完全等缺陷，政府当局治理能力和水平亟待提升。政治与经济状况长期得不到根本性改善的情况下，民众的失望、不满情绪持续发酵，极易在国内外政治势力挑动下陷入冲突及由此而生的次生性安全威胁。[1]

客观上，无论常态化的发展进程还是突发事件下的危机管理，外部势力的干预和影响无处不在，对地区安全情势造成不同程度的干扰。惯常插手北非事务的外部势力有两类。一是来自区域周边，主张以"泛伊斯兰主义"统一阿拉伯世界的海湾国家。众所周知，北非五国因近代以来备受西方思潮浸染，阿拉伯民族主义发育较早且成熟度高，大多走上了从民族独立到军人革命再到建立共和制国家的独特发展路线。故而"民族本位观"在当地很有市场，主张凭借世俗化的"泛阿拉伯主义"思想整合并领导阿拉伯世界。显然这与以沙特为首的泛伊斯兰主义君主制国家宗教立国之构想南辕北辙，于是乎后者常常借助西方势力对北非国家事务指手画脚。阿拉伯之春前后，在推翻世俗势力代表人物本·阿里、卡扎菲、穆巴拉克的过程中，沙特和卡塔尔主导的阿拉伯联盟与海合会介入很深，希望借机彻底铲除阿拉伯民族主义共和制政权，确定君主制国家和反伊斯兰思想在阿拉伯国家中的绝对领导地位。二是以美、欧为代表的西方国家。它们依仗强大实力和历史关联频频插手北非各项事务，一方面借机培植亲信、铲除异己，通过扶植"代理人"打造为自身利益服务的"亲西方政权"；另一方面以武力威逼、设置民主陷阱、双重标准等方式继续强行推广西式民主理念，将北非国家推向更为不安全的境地。

20世纪90年代初期，美国兰德公司曾发布一份名为《北非安全：内

---

① 莫翔：《当代非洲安全机制》，浙江人民出版社，2013，第291页。

部与外部挑战》① 的报告，总结了该时期北非地区的基本安全局势。

（1）内部安全问题日益突出。来自伊斯兰反对派运动和民主化运动的双重压力把原本隐藏于国家内部的矛盾推至前沿，加之人口与经济困境长期无解，致使国内危机四伏。与此同时，精英层与大众之间的鸿沟难以弥合且趋向深化，大众舆论与持温和政见的亲西方政权相比在北非安全局势中常常发挥压倒性作用，这一点通过海湾战争中突尼斯和摩洛哥的反馈得以鲜明体现。

（2）"好战的伊斯兰"（militant Islam）挑战政局、威胁安全。丹尼尔·派普斯（Daniel Pipes）认为，伊斯兰主义者普遍追求伊斯兰教法统治的全面实现，但因应对方式差异而存在"好战"与"非暴力"之分。② 前者热衷于武装斗争，暴力倾向明显，并借助移民、武器扩散等增加自身威胁能力，其隐蔽性、危险性和跨国性都是不可估量的。北非国家内部矛盾与外部势力频频插手，恰恰为极端伊斯兰势力发展壮大提供了必要条件。

（3）北非国家地缘政治重要性发生调整，旧时"地缘遏制战略"效力渐失使其难以凭借扼守海陆要道或借助超级大国间矛盾坐收渔利，因此选择开发其他能够增加自身地缘重要性的筹码，如区域一体化（成立阿拉伯马格里布联盟）、领土扩张、获取大规模杀伤性武器、密切同美欧国家间关系等。上述措施恰似"双刃剑"，在有限提升北非国家"存在感"和地缘政治重要性的同时，也给地区安全添加了新的威胁可能。

（4）轻小型武器、大规模杀伤性武器乃至核武器的扩散在该地区较少受到控制。冷战期间，为了达到抑制美苏超级大国军事存在的目标，阿尔及利亚和突尼斯曾极力倡导削减军备。然而随着苏联解体及海湾战争的刺激，北非国家意欲摆脱国际裁军机制束缚，借助核武器、生化武器、弹道导弹、潜艇技术全方位提升自卫能力。此举无疑严重背离了国际裁军和军备控制良性发展的大趋势，玩火自焚的同时也给周边地区乃至世界和平稳定埋下了重大隐患。

（5）"南北冲突"的恐惧与"南南摩擦"的现实同时冲击北非国家。蔓延于欧洲国家的仇外心理、反移民呼声以及西方决策层就"南部威胁"的讨论使得南北冲突随时面临恶化，欧盟努力提升防御能力似乎是个微妙的信号，预示着西方世界对地中海南部近邻的警惕性和排斥感整体上有所增加。同时

---

① Lesser, Ian O., *Security in North Africa: Internal and External Challenges*, Rand Corp Santa Monica CA, 1993.

② Pipes, Daniel, *Militant Islam Reaches America*, New York: W. W. Norton &Company, 2002, pp. 246 – 248.

1980 年利比亚对突尼斯边境的入侵，① 以及阿尔及利亚、摩洛哥之间对西撒哈拉地区归属权的争端等都表明南南摩擦，特别是邻国间冲突仍未平息。②

如果说兰德公司对北非安全局势的分析和预测带有鲜明的时代烙印，那么二十年后的今天，不得不承认报告中的大部分判断不仅准确有效且被赋予了新的现实内涵。原本潜伏其中的内部矛盾衍生为剧烈政治变革甚至内战血海；伊斯兰极端主义恐怖活动看准北非各国因内乱而出现权力真空之机，活动极尽猖獗；西方国家在北非乱局中扮演了幕后主使与受害者双重角色，南北矛盾因地区民主改革变质以及二战后最严重的难民潮爆发而变得更为微妙。下文将简略介绍阿拉伯之春的触因、发展和现状，与此同时着重剖析 21 世纪以来北非地区安全局势的演变。

（二）阿拉伯之春席卷北非五国

阿拉伯之春的表述最早见于 2003 年《纽约时报》中帕克（George Parker）的《梦寐以求的民主》一文，来自埃及的萨德·易卜拉欣（Saad Eddin Ibrahim）成为使用此说法的第一位阿拉伯作家，他乐观地认为"如果当前提上日程的埃及改革能够顺利改造穆巴拉克的政治遗产的话，阿拉伯之春将引领迟到多年的自由民主之风迅速吹遍这方土地"。在公正（Adala）、自由（Hurriya）、尊严（Karama）、尊重（Ihtiram）等积极的道德伦理原则指导下，碎片化的抗议活动拟达到如下目标。（1）摒弃旧有统治体制实施家长式领导时，威权至上，缺乏德行和仁慈的传统模式，以法治取缔人治，将公民社会的发育从政治国家的高压中挣脱出来。（2）追求个体有尊严的生活，消除来自国家机器的屈辱性盘剥与压迫。打压统治阶层特权自由，同时倡导民众无论是否与执政当局政见相投，都有权利平等享受社会资源与机会。（3）参与全球发展进程，以期将自身发展、安全等问题投放至国际社会背景下，获得平等、合理的解决方案。③

着眼地区实情，五年之间，当时作为运动先声的北非国家的确争取到

---

① Parker, Richard, *North Africa：Regional Tensions and Strategic Concerns*, Praeger, 1987, p. 171.

② Lesser, Ian O., *Security in North Africa：Internal and External Challenges*, Rand Corp Santa Monica C. A., 1993, pp. 8 – 10.

③ Rosiny, Stephan, Ein Jahr, Arabischer Frühling, "Auslöser, Dynamiken und Perspektiven", *GIGA Focus Nahost*, 12, 2011, p. 4.

部分自由，却丧失了更多安全，可谓民主未成，阵痛不断。[1] 民众并未如期享受民主红利，步入政治开明、国泰民安的发展正轨，反而目睹了各方矛盾一再升级。国家统治合法性的丧失和大众政治运动的狂热、经济倒退、恐怖袭击、难民流离失所使该地区安全局势更为堪忧。阿尔及利亚总理乌叶海亚（Ahmed Ouyahia）由是称"此非春天，而是瘟疫，每天都能看到这样的证明，瘟疫所到之处，伊拉克陷入殖民、利比亚几乎毁灭、苏丹面临分裂、埃及惨遭削弱"。[2]

改革狂潮中，五国既呈现出某些惊人的一致性，又因国情差异而在运动中期和后续发酵时表现不同。[3]

首先，触因相似。突尼斯的导火线是水果小贩博阿吉吉（Mohamed Bouazizi）不满于地方监管人员以权谋私、作威作福而自焚示威。埃及的民众暴动始于为惨死在警察拳棍下的青年政治活动家哈立德·萨义德（Khaled Said）请命。利比亚则因律师法蒂·德比尔（Fathi Terbil）被捕而将目标对准当权者卡扎菲。与上述三国相比，阿尔及利亚、摩洛哥的群众抗议没有明确的标志性事件但动因却指向生活必需品价格上扬、住房就业短缺、政府腐败、治理缺位甚至营私舞弊等普遍存在于阿拉伯国家社会问题。[4] 除压迫－反抗的表面逻辑关联外，五国动乱并非偶然发端，而是国内外因素共同作用的结果。内因方面，从 2008 年起肆虐全球的金融风暴使该区域发展和民生问题更为捉襟见肘，加之人口结构年轻化与信息、通信技术大众化为此次运动提供了必备条件，使郁积于五国内部的多重矛盾"井喷式"爆发。外因方面，美欧只顾自身利益，不顾地区实情，执意输出民主价值观，暗地扶持反对派势力，企图以西方意识形态及政治制度一统天下的做法难辞其咎。[5] 在压迫－反抗机制与内外因素的联动作用下，北非五国旧有政权遭遇不同程度的削弱甚而彻底推翻。

其次，阶段性特征趋同。此番革命浪潮早在 2008 年埃及的马哈拉

[1] Christian – P. Hanelt, "North Africa – Crisis and Consensus", *Spotlight Europe*, 2014/01, pp. 1 - 2.

[2] Algeria PM sees "Arab plague", No Spring, AFP, Sunday 6 May 2012. http://english. ahram. org. eg/NewsRio/40955. aspx ［2016 - 04 - 12］.

[3] Mekouar, Merouan, "No Political Agents, No Diffusion: Evidence from North Africa", *International Studies Review*, 16, 2014, p. 206.

[4] Zoubir, Yahia H., "Algeria After the Arab Spring", *Foreign Affairs*, February 9, 2016.

[5] 李翠亭：《阿拉伯之春的历史后果——兼论美国对阿拉伯世界的输出》，《武汉大学学报》（人文科学版）2014 年第 1 期。

阿尔—寇布拉（Mahalla al-Kobra）大规模罢工便初见端倪，但最初只是分散于北非国家主要市镇的零星抗议，尚未形成规模效应。① 2010 年末至 2015 年，变革蔚然成风，逐步呈现为特征相似的三个阶段。

第一阶段（2010~2011）五国普遍群情激昂，街头示威游行、网络媒体煽动等一系列抗议活动势头强劲。如突尼斯的 12·28 呼吁改善人权、就业、腐败情况的大游行，埃及的解放广场抗议（Protest in Tahrir Square）与骆驼之战（Camel Battle），利比亚的"班加西之乱"，摩洛哥的"2·20 群众运动"以及爆发于阿尔及利亚阿尔及尔、奥兰等地的"1·3 抗议"等。② 与此同时，新媒体的政治传播和社会动员能力在此过程中得到了淋漓尽致的发挥，大量运动参与者通过社交网站或手机短信等实现"串联"，传播政府镇压群众的真假信息或视频，将"线上""线下"示威有机结合。如突尼斯网民组成了 15 人的新闻采编组，随时借助手机将有关各地动乱的图片、视频传到网上，强化民众参与斗争和推翻政权的信念。③ 埃及一位谷歌行销主管威尔·葛宁针对哈立德·萨义德死亡事件创建了带有极强政治宣传色彩的脸谱（Facebook）专页——"我们都是萨义德"，鼓动开罗、亚历山大、苏伊士多地爆发反政府抗议。④ 当然，为了维护统治，当事国政府大多采取了安抚或镇压的手段，试图快速平息乱局。

第二阶段（2011~2013）各国基本进入变革转型期，建立民选政权或过度组织、制定新宪法、组织公投、开展议会、总统选举等成为政府回应民众要求的通用手法，正因如此，才有西方国家欣然认为"民主"的胜利和优越性将在该地区显现。

第三阶段（2013~2015）堪称运动转向期，摩洛哥、阿尔及利亚原有政权在动乱中有惊无险，并通过温和改革迅速与民众达成共识，进入平稳发展阶段。⑤ 抗议首发国突尼斯在本·阿里下台后于 2014 年出台新宪法，

① "Arab Spring Facts You Should Know", *Middle East Voices*, November 14, 2011, http://middleeastvoices. voanews. com/2011/11/arab-spring-facts-you-should-know/［2016-12-14］.

② Volpi, Frédéric, "Algeria versus the Arab spring", *Journal of Democracy* 24（3）, 2013, p. 107.

③ Khondker, Habibul Haque, "Role of the New Media in the Arab Spring", *Globalizations* 8（5）, 2011, p. 675.

④ Wolfsfeld, Gadi, Elad Segev, and Tamir Sheafer, "Social media and the Arab Spring: Politics comes first", *The International Journal of Press/Politics* 18（2）, 2013, p. 117.

⑤ Jack Brown, "Algeria's Midwinter Uproar," *Middle East Report Online*, 20 January 2011, www. merip. org/mero/mero 012011［2016-04-12］.

民主化评级排位迅速上升，更被西方赞誉为阿拉伯世界"首个达到完全自由的国家"。然而突尼斯踏入民主过渡期不过是改革重灾区中的特例，更多国家则在经历国内冲突甚至内战考验后仍未从政局震荡中恢复过来，利比亚和埃及便是典型代表。

最后，民众特别是年青一代成为此次运动的积极推手。他们大多接受过良好的教育，谙熟互联网和信息技术。在西方文明与本土文化、现代理念与传统思维、宗教戒律与世俗生活的冲击下，崇尚自我意识、追求绝对开放与公正，对国家既有不满且渴望与世界其他地区的年轻人一样平等享有民主权利。美国中东问题专家马克·林奇称之为"代际转换"。信息时代成长起来的年轻人大都无法想象 20 世纪七八十年代，独裁政权控制公共生活每一个角落的情形，且不再因循前辈"躲在政治背后"的老路，而是利用网络宣泄不满并谋划下一次抗议。[①]

从实际成效看，这场运动所到之国无一真正兑现了民主，它们要么深陷内战，要么在脆弱的民主萌芽中挣扎，但阿拉伯之春无疑撼动了"阿拉伯文明、伊斯兰宗法与民主精神无法共存的固有观念"，[②] 并随着年轻人维权、参政意识的提升而在一定程度上改变了该地区的政治生态。

2005～2015 年的贝塔斯曼基金会转型指数（Bertelsmann Stiftung's Transformation Index，BTI）评估显示，北非五国公民政治参与程度普遍转好，突尼斯的政治参与综合指数（1～10 分）实现由 2 至 7.5 的跨越；利比亚由 1.3 上升至 2014 年的 6.5，虽于 2016 年回落至 3.8，但仍有较大幅度的提升；埃及从 3.3 升至 5.5；摩洛哥、阿尔及利亚两国虽升幅不显著，却贵在平稳，始终保持 4 左右的水平。[③] 反映政治参与度的选举权、结社集会权、言论自由权三项指标与综合指数变动趋势一致，且能够在 2011 年摩洛哥君主穆罕默德六世承诺实施公开政改方案辩论、2014 年突尼斯议会经两年胶着讨论以 90% 投票率通过宪法等事件中得到印证。

---

① Lynch, Marc, *The Arab Uprising: The Unfinished Revolutions of the New Middle East*, New York: Public Affairs, 2013, p. 13.

② 魏峰：《阿拉伯之春后，进步还是照旧——共和制、君主制、伊斯兰主义的漩涡》，观察者网，2013 - 1 - 4。http://www.guancha.cn/WeiFeng/2013_01_04_117967.shtml [2016 - 04 - 13]。

③ 参见 2016 年度 BTI 报告。Jan Claudius Völkel, Die Dominanz der Barbarei Regional bericht Naher Osten und Nordafrika, Bertelsmann Stiftung（BTI），2016. http://www.bti - project.org/en/reports/downloads/bti - 2016/。

　　与之形成悖论的是，政治自由、多样化、参与度等提升伴随着各类冲突爆发的可能性增加。除摩洛哥外，其他四国 2015 年的冲突评分均高于 6 分，意味着暴力事件频仍。其中社会动员组织和抗议运动成为政治活动主流，社会与政治精英因阶层、种族、宗教属性差异而严重分裂。由此可知，革命运动扩散前后，北非五国因相似原因而在内外力同时作用下走上变革之路，尽管改革力度、实施方式和效果不尽相同，该区域的安全局势普遍处于较为糟糕的状态。

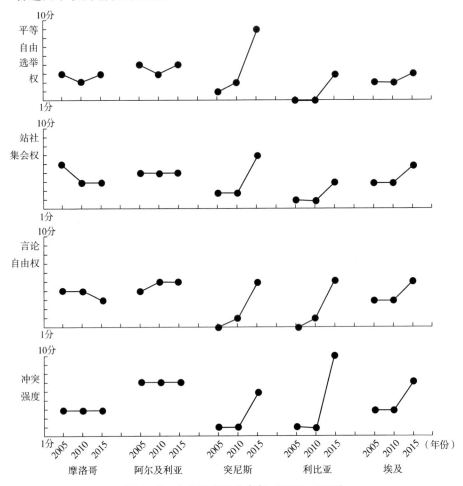

图 1-1　北非国家政治参与（2005~2015）

　　材料来源：该表数据来自贝塔斯曼基金会转型指数（BTI）报告，该组织分别于 2006 年、2010 年、2012 年、2014 年、2016 年就北非国家转型进行评估，涉及民主状态、市场经济状况、管理成效和困难层级四个指标，此处采取民主状态及困难层级两项，证明政治参与度与冲突强度之间的相关性。其中 2015 年数据在基金会原始统计中并不存在，遂同时参考 2014 年和 2016 年数据进行估计。

（三）三大安全威胁肆虐北非

变革一方面使"不安全"的范围从北非迅速向周边扩散，整个欧盟－地中海地区乃至南部非洲都未能幸免，各地形形色色的犯罪和暴恐事件数量激增、层出不穷。① 另一方面国内冲突（内战）、恐怖主义、难民问题跃升为五国安全局势的三大主要威胁，② 就程度而言，基本实现平稳过渡的摩洛哥和阿尔及利亚遭受打击较小，除本土恐怖主义借机作乱外，国内冲突及难民问题不甚突出，但经历政权更迭的东部三国——利比亚、埃及和突尼斯则不得不同时应对三大威胁相互交织所带来的挑战，安全局势更为严峻。

1. 国内冲突与内战

民主化运动导致的国内冲突或内战是北非安全的首要"克星"，介入其中的行为体涉及国家力量、反叛者、民兵组织、暴徒与抗议者以及外部势力五类。与叛乱、抗议、暴动等一般性国内冲突相比，内战不仅意味着参战一方应为合法政府领导的"国家正规军"、伤亡达到一定人数且反抗者超过全国人口特定比例，并以掌握国家中心或某地控制权或者改变国家政策为目标，也预示着"改朝换代"乃至国家政治生态的颠覆性变化。回顾北非地区五年来的经历可知，除利比亚从最初的民众抗议走向政府军与反对派之间的全面内战外，突尼斯、埃及等革命情势胶着的国家大多在多种势力主导的国内冲突中挣扎。结合上述定义以及对北非五国 2011 年以来冲突情况能够得到如下结论。

（1）暴徒与抗议者成为阿拉伯之春以来引发地区冲突的主要行为体。以变革中首当其冲的突尼斯、埃及为例，前者虽遭遇的冲突事件总数及死亡率不高，但暴乱和抗议行动占到总冲突的 80%；而五年来后者遭遇此类冲突数量增长了 16%。③（2）以代表国家的合法政府（State forces）为一方的冲突达到北非国家冲突总数的三分之一（2013 年）。随着暴动挑战、

---

① Ammour, Laurence Aida, "New Security Challenges in North Africa after The Arab Spring", *GCSP Policy Paper* 2012/4, p. 2.

② Gartenstein‐Ross, Daveed, et al., "The Crisis in North Africa: Implications for Europe and Options for EU Policymakers", *Report from Netherlands Institute of International Relations*, April, 2015, p. 8.

③ Gartenstein‐Ross, Daveed, et al., "The Crisis in North Africa: Implications for Europe and Options for EU Policymakers", *Report from Netherlands Institute of International Relations*, April, 2015, p. 1.

瓦解甚至彻底推翻专制政权，国家在政治暴力或对抗民众不满过程中角色感逐步增强，一方面希望通过强行镇压群众抗议恢复稳定的社会秩序，另一方面又因举措失当、能力有限而难以阻止安全威胁从源头向周边扩散。（3）阿拉伯之春对五国安全局势的破坏力是普遍而持久的。数据显示，截至 2013 年，利比亚、埃及、突尼斯三国仍在国家政治转型的阵痛中苦苦挣扎。阿尔及利亚和利比亚冲突水平不降反升，埃及此项指数上升速度惊人，爆发冲突数量达到 2013 年北非地区总数的 65%。[①]

综上所述，因政治体制改革相对滞后，利益诉求表达受阻而爆发的群体性事件与由来已久的政治、宗教势力多方博弈和政权内部派系纷争相互纠葛，导致国内结构性与非结构性暴力同步增生甚至走向大规模内战，成为这一时期北非五国安全局势恶化的罪魁祸首。

2. 伊斯兰恐怖主义威胁

全球恐怖主义研究数据库（Global Terrorism Database，GTD）将恐怖主义界定为"非国家行为体使用或威胁使用非法武力，通过制造恐惧、强制或恐吓等途径谋求政治、经济、宗教或社会目标的实现"。[②] 从其活动历史来看，巨大的安全环境动荡往往为恐怖势力扩张提供便利。鉴于北非地区安全局势长期较为脆弱，恐怖威胁既是困扰多年的"痼疾"，亦在阿拉伯之春诱发的动荡下找到可乘之机，由此产生了惊人的规模效应和外溢效应。

首先，区域内原有极端组织势头不减。美国前国家情报总监克拉珀（James Clapper）不得不承认"基地组织并未遭到削弱，反而在北非五国、索马里、也门、叙利亚等地活跃异常"。[③] 其马格里布分支（AQIM）原本仅以阿尔及利亚与萨赫勒地带的国家设施、军事武装为攻击目标，活动范围较为狭窄。但 2011 年后，北非多国动荡刺激了 AQIM 推翻阿尔及利亚政府在北非乃至西班牙、葡萄牙建立由伊斯兰教法统治的伊斯兰国家的"野心"。它先是趁乱在利比亚偷盗军火，在摩洛哥等多地制造爆炸袭击博

---

① Gartenstein - Ross，Daveed，et al.，"The Crisis in North Africa：Implications for Europe and Options for EU Policymakers"，*Report from Netherlands Institute of International Relations*，April，2015，p. 9.

② LaFree，Gary，and Laura Dugan，"Introducing The Global Terrorism Database"，*Terrorism and Political Violence* 19（2），2007，pp. 181 - 204.

③ Schachtel，Jordan，"One Year After Boston：America's Self Blinding Foreign Policy Against Islamist Extremism"，Breitbart News，April 16，2014，http：//www. breitbart. com/Big - Peace/2014/04/15/One - Year - After - Boston - America - s - Self - Blinding - Foreign - Policy - Against - Islamist - Extremism［2017 - 01 - 13］.

人眼球，并在萨赫勒地区大搞恐怖暗杀、走私；2013 年起，还把部分要件转移至内战后成为"恐怖组织天堂"的利比亚西南部并与当地"非基地"小型极端组织往来密切。[①] AQIM 由此在阿尔及利亚、突尼斯、利比亚等地形成较为完备的"运作链"，通过盗窃、贩卖武器和挟持人质，特别是西方人质勒索赎金，达到组织补给和制造恐怖声势的双重目标。布鲁金斯学会反恐专家里德尔（Bruce Riedel）由此认为，革命洗礼过后，基地组织已经升级至 3.0 版本，与"9·11"事件前尚处于"草创"的 1.0 版本和本·拉登遭到击毙前的 2.0 版本相比，此次更新换代使该组织在利比亚、埃及等国获得更多庇护、训练、策划和施展的空间。[②] 而 AQIM 亦从一个"敲边鼓"的小喽啰升级为足以通过策划血腥袭击而恫吓西方世界的"狠角色"。[③]

其次，催生"怪胎"伊斯兰国（IS）。它由基地组织伊拉克残部壮大而来，却比前者更具战斗力、杀伤力和蛊惑力，2014 年宣布"建国"后俨然已同"基地"就"圣战领导权"在中东北非地区分庭抗礼、公开竞争。为了将仇视西方文明甚而否认既有国际秩序的立场贯彻到底，并实现建国、跨出中东、统治世界的构想，IS 在北非地区推行两项策略。

第一，拥护运动，意即统合前来投效的北非本土大小恐怖组织并就地"招兵买马"。如利比亚的伊斯兰青年协商委员会（Shura Council of Islamic Youth）和阿布 - 米赫金教派营（Abu Mehjen Sectarian Battalion），埃及的"耶路撒冷支持者"（Ansar Bayt al - Maqdis）、"圣城虔信者"（Jamaat Ansar Bait al - Maqdis）和军事组织"西奈省"（Sinai Province），突尼斯的伊斯兰教法虔信者（Ansar al - Sharia in Tunisia）和欧克巴 - 伊本 - 纳菲阿营（Oqba ibn Nafaa Battalion）、阿尔及利亚的哈里发战士（The Soldiers of the Caliphate in Algeria）和伊斯兰马格里布胡达营（al - Huda Battalion in Maghreb of Islam）等纷纷表示效忠。[④] 同时极尽蛊惑、煽动之能事，招募

①　Stafford, Alexandria, *Rising Terror Groups In The Middle East And North Africa*, NY: Nova Science Publishers, 2015, p. 42.

②　Riedel, Bruce, "The Coming of Al Qaeda 3.0", August 7, 2013, http://www.brookings.edu/research/opinions/2013/08/06 - new - terror - generation - al - qaeda - version - 3 - riedel〔2016 - 05 - 05〕.

③　"Growing threat of al Qaeda in North Africa prompts EU action", http://www.dw.com/en/growing - threat - of - al - qaeda - in - north - africa - prompts - eu - action/a - 15573516〔2016 - 05 - 05〕

④　Engel, Andrew, "The Islamic State's Expansion in Libya", Policy Watch 2371, February 11, 2015, p. 3.

战斗人员。2011 年来，突尼斯成为"圣战士"（IS fighters）的主要输出国，2400 余名突尼斯人先后加入该组织，连续制造如"巴尔杜博物馆枪击案""苏塞海滩枪击案""突袭边境军营案"等数起"血案"，手法凶残，致死致伤众多。仅 2015 年，便有至少 300 名摩洛哥加入 IS 集训，预示着有朝一日他们将重返故土，代表 IS 发动袭击。

第二，势力范围扩张。2015 年 IS 在北非地区开辟了西奈半岛及利比亚中北部城市苏尔特周边两个新据点，企图彻底消除利、埃、突国界阻隔，将之并入哈里发疆域。[1] 该组织格外看重利比亚"环山傍海，沙漠相连，资源丰富，利于藏匿和备战或取道埃及、阿尔及利亚、突尼斯等国的天然优势，以及卡扎菲倒台后国内群龙无首，大量武器外流的混乱状态"，[2] 在此部署了伊、叙老巢外的第三大武装基地。以港口城市苏尔特为"首都"，下辖的黎波里、巴尔卡、费赞三省，同时将突尼斯南部的塔塔维纳镇打造为出入利比亚基地的"要塞"。[3] 随着美、欧不断加大打击伊叙大本营的力度，IS 部分高级头目陆续转移至此，新招募的武装人员也被分散安排在的黎波里西部以及苏尔特附近至少 12 处训练营内，便于在利比亚和突尼斯部署恐袭任务。[4] 据美军非洲司令部司令罗德里格斯证实，2015 年至今活跃于利比亚的 IS 成员人数翻了一番，使该地彻底沦为 IS 横向席卷北非其他国家、向南扩张至撒哈拉以南的非洲，向北搅乱南欧的"跳板"。[5]

总体而言，阿拉伯之春为新旧恐怖组织在北非潜滋暗长、充实阵容并对外输出恐怖提供了土壤。据统计，从 2010 年到 2014 年，马格里布及萨赫勒地带恐怖袭击数量由 178 起升至 289 起。仅 2014 年，利比亚遭受袭击 201 起、

---

① Amin, Emile, "Europe: The Cost of Lost Opportunities", *Asharq al - Awsat*, 21 February 2015, http://aawsat.com/home/article/294656/%D8%A5%D9%85%D9%8A%D9%84 - %D8%A3%D9%85%D9%8A%D9%86/%D8%A3%D9%88%D8%B1%D9%88%D8%A8%D8%A7 - %D8%AA%D9%83%D9%84%D9%81%D8%A9 - %D8%A7%D9%84%D9%81%D8%B1%D8%B5%D8%A9 - %D8%A7%D9%84%D8%B6%D8%A7%D8%A6%D8%B9%D8%A9 [2016 - 05 - 05].

② "ISIS in Libya: a Major Regional and International Threat", http://www.terrorism - info.org.il/Data/articles/Art_ 20943/E_ 209_ 15_ 1076923854.pdf [2016 - 05 - 16].

③ Friedland, Elliot. *The Islamic State*, Clarion Project, May 10, 2015, p. 27.

④ "Foreign Fighters: an Updated Assessment of the Flow of Foreign Fighters into Syria and Iraq", *The Soufan Group*, December 2015.

⑤ "ISIS in Libya: a Major Regional and International Threat", *The Meir Amit Intelligence and Terrorism Information Center Report*, No. 209 - 15, January 2016, p. 1.

突尼斯 27 起、阿尔及利亚 22 起，分别位居该年区域内国家遇袭总次数排名第1、3、4 位。① 一个以叙利亚、伊拉克、约旦等国为内环，埃及西奈、利比亚、突尼斯、阿尔及利亚、摩洛哥等北非国家为中环，美欧、亚洲国家和网络虚拟世界为外环的"恐怖势力全球辐射同心圆"日益浮出水面。②

3. 难民危机

难民危机是阿拉伯之春所带来的又一"副产品"。讨论北非难民潮诱发的安全威胁离不开对如下概念的精确把握。首先，移民（immigrants）。指"无论出于何种原因（自愿或被迫）、采取何种方式（合法或非法）而在非国籍所在国居住一年以上的人群"。③ 如果当移居理由为避免因种族、宗教、任何国家、社会组织成员身份或不同政见而产生的迫害，且母国丧失提供保护能力时，移民便转化为难民概念，④ 与此同时又据出逃成因差异分化为寻求更好的生存条件与发展机会的"经济难民"（economic refugee）与逃离战火渴求基本人权的"真正难民"（genuine refugee）。就各国法律或欧盟规约而言，难民身份需要经历合法申请手续和甄别程序才可最终获得，在此之前，背井离乡等待入境许可或遭返通知的避难者即为"寻求庇护者"（Asylum – seeker）。⑤ 其次，北非难民。它并非学理上的专有概念，却颇有现实意义。一方面体现了北非长久以来作为撒哈拉以南非洲诸多国家人口寻求避难的终点和由此进入欧洲的过境国身份，致使其在此次难民潮中继续充当"通道"；另一方面也反映出地区情势动荡使得北非国家从难民接纳国逐步转为制造国，充当欧盟国家南部"门户"的功能有所衰减。

北非五国不同程度地扮演了制造和转移难民的双重角色。一方面，随着利比亚危机爆发，630000 余人逃至邻近国家寻求避难，其中 297485 人求助于突尼斯、241717 人进入埃及、14126 人则选择了阿尔及利亚。另一方面，大部分北非难民经由地中海东、中、西线流向欧洲（如图 1-2）：西线自阿尔及利亚、摩洛哥出发从西班牙入境，但因阿尔及利亚、摩洛哥遭受革命波及程度较低且在当权派改革中迅速恢复秩序而继续保持较为完

---

① Alexander, Yonah, *Terrorism in North Africa and the Sahel in* 2014, February 2015, p. 4.

② Gambhir, Harleen, ISIS Global Intelligence Summary, Institute for the study of war, January 7 – February 18, 2015, pp. 1 – 4.

③ Patricia Kennedy, *Key Themes in Social Policy*, Routledge, 2013, p. 97.

④ Article 1 A (2), 1951 Convention relating to the Status of Refugees.

⑤ 参见国际移民组织网站，https：//www.iom.int/key – migration – terms。

备的边境管控机制，未给人蛇集团预留过多可乘之机，故而输出难民截至2015 年 7 月仅 6600 人，数量为三线最低。而取道埃及由希腊登陆随后深入中东欧国家的东线及从利比亚出发至意大利入境后直奔德国的中线则是难民择海路赴欧之主流。纵然东线因难民数量最为可观且来源国大多为叙利亚、阿富汗、伊拉克、索马里等战乱国而备受世界关注，但不得不承认，距离最长且危险性颇高的中线是诸多北非难民的唯一选择。卡扎菲垮台后，法治与警察监管机制缺位更给人口走私网络以拓展之便，2014 年此线仅向意大利一国便输送难民 170000 有余，2015 年利比亚国内局势恶化使中线使用率有所下降，但 1~9 月间仍有超过 120000 人从利比亚、突尼斯、埃及出发辗转抵达欧洲，厄立特里亚、尼日利亚是主要来源国。①

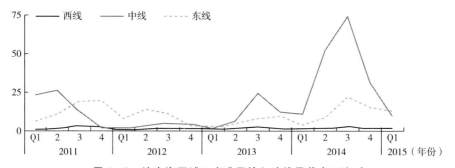

图 1 - 2　地中海区域三大难民输入路线承载人口比对
资料来源：国际移徙政策发展中心及欧洲边防局（Frontex）统计数据。

学界就难民与"不安全"之间是否直接相关存在三种判断：塞拉扬（Idean Salehyan）等人视难民为"国内危机外溢的传播机制"，逃离战区的人们很有可能将武器、恐怖主义乃至黩武气质一并带出，形成以接收国难民营为潜在军事据点的"难民战士"；索德尔（Markus Söder）则稍显温和，承认大部分难民无碍安全的同时也表达了对其不知不觉成为少数暴力分子潜入他国的最佳"掩体"之隐忧；更有乐观学者借助联合国难民署数据分析二十年来难民主要接纳国的国内安全情况，进而得出"难民并非安全的'天敌'，所谓威胁实则因接纳国融入政策不当而生"等结论。②

① Natalia Banulescu – Bogdan and Susan Fratzke, Europe's Migration Crisis in Context: Why Now and What Next? September 24, 2015, http://www.migrationpolicy.org/article/europe – mi-gration – crisis – context – why – now – and – what – next [2016 – 10 – 01].

② Bollfrass, Alex, "Andrew Shaver, and Yang – Yang Zhou, Don't Fear Refugees: Why They Pose Little Threat to National Security", *Foreign Affairs*, December 9, 2015.

无论学界如何揣测，考察现实可知，此次难民危机无疑构成了安全威胁。一是人蛇集团利用简陋的船只设备搞非法偷运营生，导致大量赴欧避难者难以保证人身安全，酿成人道主义灾难的同时也给欧盟打击偷运和搜救难民带来了现实与伦理层面的双重考验。二是沉重的难民负担加剧了欧洲民众日益增长的排外情绪以及应对恐怖袭击和有组织犯罪的难度系数。如何甄别身份，妥善安置，防止境内极右翼分子借机兴风作浪、恐怖分子混入难民群体和部分难民因生活所迫走向犯罪道路成为令欧洲国家备感棘手的问题，由此给欧盟本土安全形势朝着不利方向发展埋下了隐患。

二 美国、欧盟在北非安全事务中的政策安排

面对呈现出"多米诺效应"的北非安全局面，美国、欧盟均依托原有政策基础，夯实安全理念、微调政策基调、厘清实践步骤并在重塑地区稳定的道路上"高歌猛进"。它们先是从思想上重视来自北非的安全威胁，随后充分丰富了安全政策维度且扩充了相关政策工具的选取和使用，最终目标在于依据"拓展安全"思想，抓住民主化、反恐、遏制非法移民等关键，以点带面破解多个安全威胁彼此连带、同步恶化的困境。

（一）美国的北非安全政策与手段

鉴于国情与局势的多样性，早年间美国似乎只有"针对特定北非国家的安全政策"而缺乏对区域安全政策的整体性思考。这种现象步入新世纪才得以改观，美国在保持同摩洛哥、突尼斯密切往来并改善同阿尔及利亚、利比亚关系的基础上就地区安全部署做出两项改变。第一，提升北非五国安全在美国对外安全政策中的独特地位。与此同时就共同面临的安全威胁寻求新的合作增长点。正如美军欧洲司令部前任司令詹姆斯将军所言："美国乐于在地中海南岸塑造更强的存在感，毕竟那里面临严重安全风险，大片缺乏管控的区域很有可能成为毒品贩卖、恐怖分子训练和动荡滋生的温床。"第二，不以"局外人眼光"对北非国家进行"非敌即友"划分，转而以"局内人"视角将该区域安全与切身利益挂钩，一切有碍于此的因素都是美国的打击对象，基于此原则继续拉拢追随者并尽量安抚反美势力，防止其投奔美国利益的对立面。[1] 阿拉伯世界危局丛生之时，美

---

[1] Hemmer, Christopher, "US Policy towards North Africa: Three Overarching Themes", *Middle East Policy* 14（4），2007，p. 64.

国综合调配军事、经济、政治与外交手段，推出了一套具有地域和时代特色的安全政策。

1. 军事方面：加强军事部署、确保反击能力

随着地区局势的恶化，同时困扰美国及北非五国的安全威胁已不再是传统意义上的国家间战争，即便如此军事手段仍在美国的安全政策中占据着不可撼动的地位。2007 年 10 月专门负责非洲大陆军事、安全事务的非洲司令部（AFRICOM）成立后，北非安全事务的归口管辖随之调整，除埃及仍由中央司令部负责外，马格里布四国的安全事务则由欧洲司令部正式移交给 AFRICOM。为了加强对北非地区安全事务的介入和管理，AFRI-COM 进行了一系列动作。

人员部署方面，鉴于五国北部边界几乎将非洲北缘海岸线完整贯穿，故而调配海军尤为关键。隶属于 AFRICOM 的"非洲特种作战司令部"在北非临近海域部署了一支小规模特种兵部队——"海军特种战争第 10 单元"（Naval Special Warfare Unit - 10），旨在"帮助北非国家提升安全能力，扶持、建议、资助反恐伙伴对'基地组织'马格里布分支（AQIM）、伊斯兰国、博科圣地等进行全面打击"，其海豹特遣队（SEAL）则视阿尔及利亚、摩洛哥及武装分子活跃的周边区域为责任区。[①] 特战队执行任务方式有以下两种。一是长期接触，包括特种部队联合交流训练、伙伴发展项目与双边训练项目等，有助于提升与北非国家政府、军队、民众之间的长期伙伴合作愿望与能力，夯实行动合法性、宣传安全政策目标，塑造良好的国家形象。二是分布式行动，采取小规模、离散化编队，将特种部队进行"微缩"处理，每小组协同一致。可确保各层指令有效实施且为行动小组因地制宜调整实施方案、密切同地方伙伴间合作提供了便利。

强化军事基础设施建设是美国在北非各项安全部署得以顺利实施的前提和保障。措施包括以下几个方面。

其一，借助国内外支持，促成交通便利。美国一方面力主获得北非五国海港、航空港等设施的使用权。为此历经数年同北非国家决策层讨论获得军事介入权限许可的可能性，如摩洛哥、突尼斯港口设施使用权以及阿尔及利

---

① "Inside the Ring", *The Washington Times*, July 8, 2005, available at http：//www. washin-gtontimes. com/news/2005/jul/8/20050708 - 124916 - 7746r/［2016 - 07 - 21］.

亚军事基地的长期占有权等，希望迅速密切同北非国家的联系。① 此外还与埃及、摩洛哥、突尼斯等国签署协议，使开罗国际机场、马拉喀什－迈纳拉国际机场、突尼斯－迦太基国际机场成为美国空军的补给之所。另一方面积极与国内承包商合作，提升美军在北非地区的运输能力。例如，和贝瑞航空公司联手在阿尔及利亚、利比亚、摩洛哥、突尼斯等多个非洲国家开展名为"跨撒哈拉快捷起降服务"的项目，向上述国家提供飞机和工作人员，协助完成伤亡人员疏散电梯、客运、货运电梯操作以及人员与货物航空运输服务。②

其二，建立军事基地。无论规模大小、功能类型有何差别，只为消除战略学中所谓"距离的专横"（tyranny of distance），便于美国对北非地区进行监视和管理，进而精确打击目标对象。

据此，2003 年美国欧洲司令部上将詹姆斯·琼斯与阿尔及利亚代表就"在阿南部沙漠获得军事基地建设与使用权"密谈，随后提供监听与攻击直升机功能的塔曼拉塞特（Tamanrasset）基地步入筹建阶段。③ 考虑到可能诱发两国国内的抗议之声，美阿均对此讳莫如深。④ 即便对外坚持否认军事基地的存在，但据参与施工者和当地居民透露，早在 2006 年便有近 400 名美军士兵驻扎于此。⑤ 随后"跨撒哈拉反恐伙伴关系"塔曼拉塞特为总部的行动以及美阿就"在萨赫勒地区部署 EP－3 预警飞机监控恐怖组织行踪"公开达成一致则进一步印证了这一事实。⑥

突尼斯领导人虽严正拒绝美国在本土设立军事基地的企图，但据意大利媒体和具有英国背景的《阿拉伯报》（Al Arab）2015 年披露，美国的监控系统已现身突国境内，为在西北部沿海城市胡瓦里耶（Haouaria）启动

① Keenan, Jeremy, "Terror in the Sahara: the implications of US imperialism for North & West Africa", *Review of African Political Economy* 31 (101), 2004, p. 475.

② Nkala, Oscar, "US Army seeking private contractors for African commando transportation", 7 May 2013, availabe at: http://www.defenceweb.co.za/index.php? option% 3Dcom _ content% 26view% 3Darticle% 26id% 3D30403: us – army – seeking – private – contractors – for – african – commando – transportation% 26catid% 3D47: Logistics% 26Itemid% 3D110 [2016 – 07 – 13].

③ Barth, Mustafa, "Sand Castles in the Sahara: US Military Basing in Algeria", *Review of African Political Economy* 30 (98), 2003, p. 682.

④ Woodward, Bob, Plan of Attack, 2004, available at http://slate.msn.com/id/2099277/ [2016 – 07 – 21].

⑤ J. Keenan, Jeremy, "Military Bases, Construction Contracts & Hydrocarbons in North Africa", *Review of African Political Economy* 33 (109), 2006, p. 603.

⑥ 孙德刚：《美国在马格里布地区的军事存在》，《阿拉伯世界研究》2013 年第 6 期。

新军事基地以取代位于意大利尼谢米的海军无线电传输站做准备。①

根据埃及上校艾哈迈德·阿里的说法，埃及反对外国驻军的决心十分坚定；美国驻埃大使馆亦否认埃及境内存在美军事基地。② 然而事实上，在巴纳斯角，美军同时享有机场和港口的使用权并设置了军火库，③ 据2015年12月10日奥巴马向国会所做书面报告，为打击恐怖主义和保卫国家安全，美国在埃及的驻军超过250人。④ 除旨在监督埃以和平协议顺利实施的驻西奈半岛多国观察员部队中的美军外，还涉及四处军事设施与相应的兵力部署。⑤

摩洛哥一度也是美军事基地的理想选择之一，但因其提出的诸如美国出兵粉碎西撒哈拉独立运动力量"波利萨里奥阵线"、削弱阿尔及利亚与摩洛哥争夺西撒哈拉地区的能力等交换条件代价高昂，华盛顿方面遂打消了这一企图。纵然该国境内自"9·11"以来并无公开的美方基地实体，却在多个层面为第六舰队在附近海域例行巡逻和执行安全任务提供了便利。

以准确打击 IS 利比亚据点为由，美方提出现有能为无人机进行燃料补充和维护的军事基地路途遥远，大大压缩了无人机的有效工作时长，故而在利比亚附近获得军事基地使用权是加强对恐怖组织的情报获取与监控的当务之急，亟待与北非国家达成一致。有趣的是，美方倡议提出后不久便授予突尼斯"重要非北约盟国"之名，还解除了向埃及运送武器的限制，纵然白宫否认该行为同它们允许美国使用军事基地有关，但不能不让人浮想联翩。⑥

出于促进美军北非国家军政两届的全面配合，协助东道国提升自主维稳能力，且将东道国推至军事部署前沿替美国"掩藏锋芒"等现实需要，

---

① Ajroudi, Asma, "Will Tunisia host a U. S. base to fight ISIS in Libya?" *Al Arabiya News*, Thursday, 23 July, 2015.

② Awad, Marwa, "No Foreign Army Bases in Egypt: Army Spokesman", *Chicago Tribune*, October 12, 2012.

③ 史克栋、于凡：《美海外最大军火库曝光》，《环球时报》，http://www.people.com.cn/GB/paper68/8280/780329.html［2016 - 07 - 12］。

④ "Total Military Personnel and Dependent End Strength By Service, Regional Area, and Country", *Defense Manpower Data Center*, September 30, 2015.

⑤ Vine, David, "The U. S. Has an Empire of Bases in the Middle East — and It's Not Making Anyone Safer", January 20, 2016, *TomDispatch*, available at http://fpif.org/u - s - empire - bases - middle - east - not - making - anyone - safer/［2016 - 07 - 21］.

⑥ Entous, Adam, "Gordon Lubold, U. S. Wants Drones in North Africa to Combat Islamic State in Libya", *The Wallstreet Journal*, Aug. 11, 2015.

美方一则调整了驻军方式，出台所谓"睡莲计划"（Lilypads），在具备重大安全利益关切且对基地权较为敏感的北非国家低调建立一系列灵活机动、便于快速部署且能够随时升级的小型军事基地，甚至以柔性军事存在逐步弱化"获得基地代价过高、与东道国政府协商无果、与当地民众摩擦激烈"等弊端。二则与东道国高层秘密协商军事部署，对外否认驻军"传言"。AFRICOM甚至形成固定回应套路，宣称美国在非洲大陆唯有吉布提一处军事基地，然而从美军内部简报、所签合同、其他官方文件、部分公开信息甚至司令部的新闻发布中仍能看出美国在北非部署大量军事存在。

2. 经济方面：以对外援助为核心

为了提升推进民主化、缓解安全威胁等政策与实践的效力，同时利用对外援助增强其道义号召力和安全政策目标的附加值，美国不仅计划普遍上调对外援助资金的总体额度，还以项目方式就反恐、民主转型等紧要问题给予救援帮扶，希望在助力北非国家改善安全领域"自助"能力和进行机制改革的同时将之培养成"带有共同价值观的更强大的伙伴"。[①] 革命爆发后，考虑到从根本上改善地区局势，阻断安全威胁生成路径的需要，美国给予北非国家的对外援助呈现如下特点。

第一，依据各国境况和对美关系确定援助额度。埃及是美国的盟友，同时也是中东地区第二大受援国，以"强化合作，确保美埃联手应对共有的安全威胁，同时扩展伙伴关系，支持当地民主化进程"为宗旨，[②] 美国

---

① 这里仅引用以美国国务院及国际开发署为实施主体的对外援助（foreign assistance）数据，负责的援助账户包括：军事融资计划（Foreign Military Financing），国际军事教育与训练（International Military Education and Training），经济援助（Economic Support Funds），国际麻醉品管制和执法（International Narcotics Control and Law Enforcement），防扩散、反恐和排雷（Nonproliferation, Anti‐terrorism, Demining, and Related Programs），发展援助（Development Assistance），海外紧急行动（Overseas Contingency Operations），等等。并未涉及美国世纪挑战集团、其他全球/区域项目或国内其他部门机构所发出的援助。数据选取原因有二：一则此处数据来源——国会服务研究中心国别报告中天然使用了此种统计方式；二则上述主体最能体现美国的国家总体意愿且为推进对外民主渗透的主要机构。参见 Alexis Arieff, "Morocco: Current Issues", *Congressional Research Service Report*, No. RS21579, January 15, 2015, p. 13。

② "Remarks of President Obama, Commencement Address", *West Point*, New York, May 28, 2014. The President's 2015 National Security Strategy also alludes to this balance between principles and interests, noting that "We will maintain strategic cooperation with Egypt to enable it to respond to shared security threats, while broadening our partnership and encouraging progress toward restoration of democratic institutions."

承诺给予它年均 21 亿美元左右的援助。① 美摩友好关系一直被视为抵御乱
局向其他邻国或萨赫勒地区扩散的"利器"。为此 2011 年对摩援助总额比
革命爆发前（2009）多出 1000 万美元，2012 年继续增加 700 万美元。②
突尼斯虽然并非美国战略要点，革命以来美援呈总体下降趋势且大部分援
助指向安全部门。③ 但为了将突尼斯打造为民主化"样板"，美国仍向其
提供约 7 亿美元直接援助以及两轮共计 1 亿美元的贷款担保，2015 年继续
宣布价值 5 亿美元的第三轮担保倡议。④ 相较于上述三国，阿尔及利亚政
府向来不满于美国发动伊拉克、利比亚战争及与"宿敌"摩洛哥交好等
行为，因此接受美援的金额与项目相对较少。⑤ 然而近些年华府愈加意
识到该国在共同反恐及能源供给上的不可或缺，2011 年起将对阿援助数
额从 260 万美元提高到 980 万美元，其中 800 万美元用于改善民生的"粮
食换和平项目"（Food for Peace）。⑥ 即便是深陷内战的利比亚，美国也
倾向于以审慎、灵活的态度就消除安全威胁、民主化转型、边境安全及
未加看护的武器等问题给予一定援助，2011～2012 年间各援助项目金额
之和超过 2 亿美元。⑦

　　第二，对外援助的指向性更为明确，不仅针对特定安全议题，如反
恐、民主化、难民等，且与美国在该区域的战略意图密切挂钩，"利益所
向处必投重金"成为任何外交辞令无法改变的事实。阿拉伯之春冲击下，
美国视北非地区的和平与安全为各项利益与战略部署之首要，因此安全援
助从预算到拨款都进行了相应调整。数据显示，2011～2015 年，美国给予
北非五国的安全援助数额均接近或超过同期对该国总援助额的二分之一

---

①　Jadallah, Dina, *US Economic Aid in Egypt: Strategies for Democratisation and Reform in the Middle East*, IB Tauris, 2016, p. 301.

②　Alexis Arieff, " Morocco: Current Issues ", *Congressional Research Service Report*, No. RS21579, January 15, 2015, p. 13.

③　Greenfield, Danya, Amy Hawthorne, and Rosa Balfour, *US and EU: Lack of Strategic Vision, Frustrated Efforts toward the Arab Transitions*, Atlantic Council, September 2013, p. 15.

④　Alexander, Christopher, *Tunisia: From Stability to Revolution in the Maghreb*, Routledge, 2016, p. 141.

⑤　Arieff, Alexis, " Algeria: Current Issues ", *Congressional Research Service Report*, No. RS21532, January 18, 2013, p. 1.

⑥　Arieff, Alexis, " Algeria: Current Issues ", *Congressional Research Service Report*, No. RS21532, January 18, 2013, p. 16.

⑦　U. S. Department of State communication to CRS, June 2012; congressional notification documents.

（见表 1 - 1）。就备受革命摧残、安全形势极为严峻的利、埃两国而言，此项比例更是分别高达 79% 和 83% 。

表 1 - 1　2011 ~ 2015 年美国对北非国家安全援助数额及比重

国　　家	安全援助额（美元）	总援助额（美元）	占比
摩 洛 哥	82360000	179917587	46
阿尔及利亚	11770000	39784160	30
突 尼 斯	177220000	402734759	44
利 比 亚	75696000	96193995	79
埃　　及	6470000000	7756473031	83

资料来源：ForeignAssistance. gov。该网站是美国政府用来提升对外援助开销透明度的重要工具，它将美国外援助依照不同目标划分为九大类：（1）和平与安全；（2）民主、人权、良治；（3）健康；（4）教育与社会服务；（5）经济发展；（6）环保；（7）人道主义支持；（8）项目导向类；（9）多部门交叉。

事实上，美国对北非安全事务的援助项目因主体、目的有别而名目繁多，其中国务院安全援助小组（The Security Assistance Team）下辖的军事融资计划（Foreign Military Financing program，FMF）和国际军事教育与训练项目（International Military Education and Training，IMET）因在五国普及度高且充分反映了华府的立场故而十分具有代表性。[①] 据美国国务院计划与倡议办公室统计，阿拉伯革命后五年间，FMF 项目[②]每年平均向除阿尔及利亚外的其他四国提供价值相当于 13 亿美元的美产武器装备、防御服务和部分培训项目等（如表 1 - 2）。

---

① 安全援助小组下辖项目有三，除 FMF、IMET 外，还有维持和平行动（Peacekeeping Operations，PKO），但鉴于美国国务院计划与倡议办公室对该项目支援金额的统计中未具体呈现北非国家数据，仅按照地区给出 2014 ~ 2016 年度近东地区援助总额需求以及多国观察员部队与跨撒哈拉地区反恐伙伴关系计划所耗金额，无法说明美国对北非五国的特定援助，故而在此未做引用。

② 依据规定，FMF 所有援助金额均不能兑现，而以帮助盟国或友好国家获得美产武器装备、物资及所需的军事服务和部分培训等方式完成，受援国获得 FMF 资助渠道有二：一是军售（Foreign Military Sales，FMS），二是直接商售（Direct Commercial Sales，DCS）。

表 1 - 2　FMF 向北非国家援助金额 (2011 ~ 2015)

单位：千美元

	2011 财年	2012 财年	2013 财年	2014 财年	2015 财年
摩洛哥	8982	8000	7595	7000	5000
突尼斯	17124	29500	20554	20000	25000
利比亚	—	150	949	—	—
埃　及	1297400	1300000	1234259	1300000	—
共　计	1323506	1337650	1263357	1327000	1330000

资料来源：参见美国国务院网站军事融资计划账户年度金额统计。http://www.state.gov/t/pm/ppa/sat/c14560.htm。

变局中促使美国对此项目大力投资的原因，首先在于帮助北非五国提升反恐、执政、维稳、安全部门改革、突发冲突中保护平民的能力，并加速防务、军事、边境事务方面的机构和政策改革。其次，通过促进区域与全球稳定、加强当地政府军事支持与合作，推动美国在该地区的安全利益得以实现。

不同于 FMF 与军售挂钩，IMET 注重当前软实力塑造与潜在亲美势力的培养。特别是 2011 年后，更成为美国在北非拉拢人心、输出民主的倚重手段（见表 1 - 3）。IMET 通过选拔北非国家的人才，给予专业军事教育、技术培训以及军事管理、军民行动、民主支持等"扩展课程"（Expanded IMET）试图达到三项目标：第一，提升北非国家参与维和、反恐等各类安全行动的能力并储备专门人才；第二，借向 IMET 学员介绍美军军纪、战略计划、行动与后勤保障方式之机培育北非国家与美国的互信、共识、合作增长点；第三，帮助北非国家和美国的文武官员间建立积极友好关系，甚至将本国势力安插至当地重点部门或决策层内部。

表 1 - 3　IMET 向北非国家援助金额 (2011 ~ 2015)

单位：千美元

	FY2011	FY2012	FY2013	FY2014	FY2015
摩洛哥	1989	1898	1677	1710	1650
阿尔及利亚	953	1294	1259	1300	1100
突尼斯	1950	1837	2155	2300	2000
利比亚	—	296	142	1500	1750
埃及	1275	1389	474	1800	1700
共　计	6167	6714	5707	8610	8200

资料来源：参见美国国务院网站军事融资计划账户年度金额统计。http://www.state.gov/t/pm/ppa/sat/c14560.htm。

突尼斯是非洲最大的 IMET 受援国，自独立以来，超过 4600 名突籍军事人员接受过美国军校训练，包括前总统本·阿里。截至目前，它是世界少数几个学员遍及美国所有军事院校的国家之一。① 早在冷战期间美国便致力于以此项目向摩洛哥等国"投资"，② 1994 年摩洛哥已跻身获益国世界排名前二十。2012 年该项目选拔 40 名摩洛哥军官及 30 名中高层行政官员赴美国防大学、陆军和空军战争学院、国家战争学院考察学习，提升他们的作战与后勤管理能力，以期今后为反恐等军事合作效力。③ 美国"别有用心"的教育、培训援助在埃及尤为明显。多方证据表明，一些受训于该项目的官员在推翻穆巴拉克的运动中发挥主导，时任埃及军队总参谋长萨米·阿南中将便是其中一员。④ 出于打击 AQIM 及其他恐怖势力的需要，阿尔及利亚同样接受了此项援助，但据项目内美国官员的种种表现，他们始终对美国能够指导其军队和警察反恐之道报以怀疑并高度警惕其越界行为。⑤

综上所述，援助手段是美国对北非的安全政策中不可忽视的要件。通过提升援助总额，美国试图从整体上缓解革命诱发的资源紧张状况、稳定国内政治和经济局面，协助五国加强国家建设，推进民主改革，从而消弭多重安全威胁的温床。而着力增加安全援助则有助于提升北非五国自身防务能力及与美国协同合作的默契，遏制安全威胁蔓延的同时有效拓展自己的军事力量辐射面及在北非地区的战略空间。⑥ 与此同时，充分激活对外援助作为软权力资源重要组成部分的特性，一方面在变局中确保同埃及、摩洛哥等传统盟友的密切联系，巩固自身地位，另一方面借此增加在阿尔

---

① Fact Sheet on U. S. Military and Political Assistance for Tunisia, April 2012, available at http：//tunisia. usembassy. gov/fact – sheet – u. s. – military – and – political – assistance. html ［2016 – 07 – 23］.

② Military Assistance, U. S. Department of State Report, No. 60649, p. 211.

③ Michal Joy Cantrell, "Morocco：A Model for Military – Military Assistance", *Small Wars Journal*, June 10, 2014, available at file：///C：/Users/asus/Downloads/Small% 20Wars% 20Journal% 20 – % 20Morocco – % 20A% 20Model% 20for% 20Military – Military% 20Assistance% 20 – % 202014 – 06 – 10. pdf ［2016 – 07 – 23］.

④ America's best agents in Cairo：US – trained Egyptian officers, February 3, 2011, available at http：//www. csmonitor. com/Commentary/the – monitors – view/2011/0203/America – s – best – agents – in – Cairo – US – trained – Egyptian – officers ［2016 – 07 – 23］.

⑤ Lake, Eli, Why Algeria Didn't Warn the U. S. About Its Hostage Raid, *The Daily Beast* ［2013 – 01 – 19］.

⑥ 王文奇：《美国安全战略与对外援助政策研究（1989—2008）》，吉林大学博士学位论文，2010，第 28 ~ 29 页。

及利亚、突尼斯等关系较为疏远的国家中的信誉和声誉，赢得它们的好感，最终目的即把对外援助转化为吸引力和号召力，进而降低来自五国的安全威胁系数，以隐而不显的方式达成维护自身安全利益的政策目标。

3. 政治、外交手段：安全合作与宣传民主并举

美国将长期用来领导世界的政治、外交手段在北非安全事务中发挥得淋漓尽致，开展了多种有助于加强同区域内国家安全合作、增信释疑的政治活动。老布什、小布什和奥巴马任内分别授予埃及（1989）、摩洛哥（2004）及突尼斯（2015）"非北约主要盟国"称号，确定了同多数北非国家间的"盟友"身份。2011 年前后随着北非地区安全局势不断恶化，美国启动或修复了同摩、突、阿、埃间的数轮双边战略对话，传递双方对未来长期伙伴关系的承诺与信心，并凸显合作的互利价值。[1] 在此基础上试图依照如下三项策略借助政治手段达成地区安全目标。

第一，就共同关心的反恐、民主化等安全议题与北非国家军政两方沟通频繁，提升好感、获取信任，进而扩大合作空间。为此，美国给予摩洛哥获得国防物资、参与防务研发项目及用以购买军备的政府贷款的优先权。[2] 同时，摩洛哥与联邦调查局及中情局高层间互访不断，确保双方就区域内重大安全威胁实现情报共享。美突成立联合军事委员会（US – Tunisian Joint Military Commission），召开年度例会专门讨论深化安全合作、推进防务现代化以及其他急需解决方案的安全事务。美阿双边接触以"释疑"为基调，对此华府派大批军方高级指挥官出访阿国，通过人员交流弱化阿方的敏感点，传递"美方重视双边合作，不会将自身意志强加于人或在该区域走军事路线"的信息。[3] 同时还不断挖掘两国共识，如"不应为恐怖分子挟持人质支付赎金"等观点，借以渲染双方"合作大于摩擦，共识多于分歧"的关系。

第二，在业已确立的伙伴关系和稳步推进的交流磋商基础上，开展形式多样的双边联合行动。2005 年美阿启动了"联合军事对话"，为物资交换、培训与联合演习提供平台，另有反恐双边联络组于 2011 年组建，美

---

① Romdhani, Oussama, "What Can U. S. 'Strategic Dialogues' Bring to the Maghreb?" *Al Arabiya*, 5 March 2014.

② White, Gregory W., "Free Trade as A Strategic Instrument in The War on Terror?: The 2004 US – Moroccan Free Trade Agreement", *The Middle East Journal* 59 (4), 2005, pp. 598 – 599, pp. 606 – 607.

③ "US Assistant Secretary Discusses US – Algerian Ties, Counter – Terrorism", Liberté Website, October 22, 2010, via BBC Monitoring Middle East.

国驻阿大使称之为"双边安全合作的历史性时刻"。① 美埃之间年度联合训练、演习众多，例如代号为"明星"的联合军事演习（Bright Star）、红海海军演习（Eagle Salute）等，这些行动不仅有助于增强双方军队的单独与协调作战能力以及共同面对安全威胁的意识，且能有效保卫埃及空域海疆并形成潜在威慑力，提升两国安全系数。另外还有与摩洛哥之间一年一度的"非洲狮"联合军演及与突尼斯特种部队一道完成的联合军事训练等，这些双边联合行动一来将谈判桌上的合作承诺部分兑现，二来也为随时可能出现的多国共同反恐"预演"。

第三，随着非传统安全威胁进入"全球时代"，单凭双边合作显然难以满足安全威胁"跨国界、全球化"的新特点，故而美国发出一系列涵盖西奈、利比亚、阿尔及利亚南端毗邻萨赫勒地带区域等"安全威胁重灾区"的多边合作倡议。它们当中有些依托北约制度框架开展，如摩洛哥、突尼斯参与的"积极奋斗行动"和除利比亚外北非四国均为成员国的"地中海对话"等。另外一些则是美国在该区域倡导建立的专项项目，如跨撒哈拉地区反恐伙伴关系计划（U. S. Trans – Sahara Counterterrorism Partnership，TSCTP），这项由国务院牵头，欧盟、北非国家多方参与的地区项目旨在帮助北非与萨赫勒地带国家提升国防能力与反恐技能，从而减少该区域安全窘境对美国多方资源与精力的过度牵扯。摩洛哥、阿尔及利亚、突尼斯作为其中成员除与美欧等国共享事关恐怖分子活动的情报外还参与名为"燧石"（Flintock）的年度军演，提升联合实战能力。

2011 年前后北非国家反美情绪高涨，加之国内舆论及社会问题的"牵绊"，华府不得不加大公共外交投入，提出两项对策。一是跳出培植、收买政治精英或扶持代理人推动内部变革的"上层路线"思维定式，与当地公民社会组织建立起更深的纽带关系，借助他们所掌握的资源和本土优势，拓展美式价值观的输出渠道和影响范围，建立更广泛的亲美、亲民主群众基础。② 二是把输出民主的部分任务交于本国"第三部门"，即一些

① U. S. Embassy Algiers, "Bilateral Counterterrorism Contact Group Launched", March 2011.
② Santini, Ruth H., "The Transatlantic Relationship After the Arab Uprisings: Stronger in North Africa", Shakier in the Middle East? Brookings, June 9, 2011. Available at https://www. brookings. edu/research/the – transatlantic – relationship – after – the – arab – uprisings – stronger – in – north – africa – shakier – in – the – middle – east/ [2016 – 12 – 13].

业务范畴遍及全球或以中东北非地区为重点活动区域的非政府组织/民间团体。例如，突尼斯、埃及"变天"前后，具有华府背景的全国民主基金会（NED）、自由之家（FH）、国际共和学院（IRI）等在两国活动频繁。它们虽不能为美国谋求直接的安全利益，却擅长从公民动员与影响力传播方面做长远铺垫。一则成为华府"耳目"，在组织日常运作中接触军政要员，了解民情、国情，把握既有或潜在的安全威胁，为华府幕后操控地区时局提供信息支持。二则扮演"亲善大使"。通过看似无关政治的组织活动，接触、引导当地青年精英、意见领袖甚至部分官员，培育亲美倾向，以期有朝一日成为美国战略棋盘上的关键"棋子"。[1] 三则充当意识形态宣传与打击潜在对手的"急先锋"。

此外，以社交网络为核心的网络政治也是当前美国扮演"谦逊"的民主推进者时偏爱的手法之一。2009 年希拉里公开表示美国的外交政策奉"网络自由"为圭臬，警告世人谨防"新信息铁幕"的出现，并将打击互联网审查制度比作一场"反独裁战争"。[2] 为了充分挖掘"制网权"的威慑功能和利用网络政治手段在北非国家方便、快捷、不露痕迹推动变革，华府借访问北非国家之机大肆宣扬抵制网络审查制度、追求网络自由，启动旨在充分利用社交媒体的"21 世纪治国方略"（21st Century Statecraft）及"公民社会 2.0 倡议"（Initiative Civil Society 2.0），并借助脸书（Face-book）、推特（Twitter）、优图（You Tube）等网络平台对北非国家民众，特别是年轻人进行线上动员。此举旨在发挥互联网强大的政治传播与组织动员功能，帮助美国用自由民主等思想改造、同化北非国家，民主所造成的政治松散无形中为美国的介入提供便利，变相保障了其能源和经济安全，迎合了稳固地区霸权的梦想。

综上所述，阿拉伯之春以来，美国对北非的总体安全政策内涵异常丰富。不仅充分调度军事资源，低调开展军事部署，促进军方配合与协调，由此提出缓解区域安全危机、打击恐怖分子和犯罪势力的具体行动方案；同时注重采取政治外交手段，通过与北非五国军政高层的交流和磋商就共同面临的安全威胁和重大关切达成共识，并在挖掘利益、目

---

① Eric Denécé, *La face cachée des révolutions arabes*, Paris：Ellipses, 2012, p. 20.

② Clinton, Hillary Rodham（2010）：Remarks on Internet Freedom. U. S. Department of-State, January 21. http：//www. state. gov/secretary/rm/2010/01/135519. htm［2016 - 07 - 25］.

标、意愿相似性的前提下配合开展双边及多边层面的联合行动，加强彼此之间关系纽带之余共同应对地区安全危局。除了直接缓解安全威胁的方案外，美国并未放弃以民主促稳定的固有理念，因此借助北非本土公民社会组织、本国第三部门和社交网络平台的力量推进民主化自然而然成为美国对北非安全政策的特殊构成。尽管该政策"安全意味"不甚明显，但的确是美国维护和追求安全利益的重要途径。当然，为了进一步破除普遍存在于北非国家的"欠发展导致不安全魔咒"，美国把经济援助作为缓解地区整体局势，带动五国脱离恶性循环，助力军事、政治手段顺利实施的"利器"，并希冀由此增强北非国家的认同感，提升自身安全系数。

（二）欧盟的北非安全政策总体框架与具体措施

欧盟的北非安全政策大体遵循两个原则。其一，以非军事政策工具（civilian instruments），如对外援助等，作为执行冲突预防、危机处理及冲突后和平维护等任务的倚重途径，而 CFSP 的制裁及共同安全和防务政策框架下的一系列军事、民事行动作为补充手段。[1] 其二，北非安全政策的宗旨为"遵循工具理性而使那些最终有助于欧盟利益实现的政策合法化并为其实施提供支持"，因而凭借"善的力量"构筑"伙伴圈"，发挥其双边、多边等合作关系中的协调人职能是欧盟增强自身合法性，弥补暴力、强制力之缺失并持续影响和引导地中海南部伙伴国家的另一途径。[2]阿拉伯之春后，上述原则依然有效，且在原有政策框架基础上进行了适度修补，呈现出些许不同以往的新特性。

1. 欧盟关于北非安全的多种政策框架

粗略估计，涉及北非地区安全议题的欧盟政策框架至少有 6 个（如表 1－4），而巴塞罗那进程（EMP + UfM），特别是在此基础上出台的 ENP 是该时期内欧盟对北非安全政策调整的关键。

---

[1]　Rhiannon Bannister, "How and Why Is North Africa Depicted by The US and EU as The 'next Afghanistan'?" available at http：//nottspolitics. org/2013/02/22/how－and－why－is－north－africa－depicted－by－the－us－and－eu－as－the－next－afghanistan/ [2016－08－12] .

[2]　European Council, A Secure Europe in a Better World—The European Security Strategy, approved by the European Council held in Brussels on December 12, 2003 and drafted under the responsibilities of the EU High Representative Javier Solana , Brussels, 2003.

表 1 - 4   欧盟对北非国家安全政策的不同框架

框架名称	出台时间（年）	组织形式	北非地区参与国	涉及安全议题的目标或措施
EMP	1995	多边 + 双边	阿、埃、摩、突、利（观察员）	是欧盟在邻国以推动人权、民主、良治、法制的方式助力政治稳定与地区安全的主要手段。三者均涉及从政治、安全事务到贸易经济往来、援助、地区发展等多个政策领域，跨越社会、文化、人口维度，用到非军事、军事等多种政策工具，目的在于拉近地中海两岸国家和民众间关系，共同构建区域安全、和平与繁荣[1]
在 EMP 基础上成立的 UfM	2008	多边	阿、埃、摩、突、利（观察员）	
ENP	2004	双边	阿、埃、摩、突、利	
欧盟与地中海和中东的战略伙伴关系（SPMME）	2004	多边	除利比亚外的北非国家[2]	加强地中海 - 中东地区就冲突预防、危机管理进行政治对话、反恐、防止核扩散等方面的能力，依托欧盟 - 地中海联盟协议及 ENP 行动方案中已建或在建的司法、安全小组委员会，继续健全配套磋商、合作机制，构筑更为繁荣、安全、具有活力的地中海、中东地区[3]
5 + 5 倡议	2004	多边	阿、利、摩、突	以南欧五国与大马格里布五国间的切实合作为基础而成立的非政治防务倡议，旨在为地中海两岸国家的安全合作提供更好的机会和具体方案
授予摩洛哥"优先级"伙伴关系地位（advanced status，AS）	2008	双边	摩洛哥	欧盟视摩洛哥为抵御撒哈拉以南非洲诸多安全威胁的"安全缓冲带"。就欧摩共同关切，如移民、人口贩卖、反恐等开展富有建设性的政治、安全对话[4]

资料来源：作者自行整理。

---

[1] Tömmel, Ingeborg. "The New Neighborhood Policy of The EU: An Appropriate Response to The Arab Spring?" *Democracy and Security* 9.1 - 2，2013，pp. 21 - 23.

[2] 此政策所依托的巴塞罗那进程及睦邻政策框架中，利比亚均为成员国，故而尚不将其列入构筑战略伙伴关系国范畴。参见《欧盟与地中海和中东的战略伙伴关系》最终文件，第 16 页。

[3] EU Strategic Partnership with the Mediterranean and the Middle East Final Report, *European Council*, June 2004, pp. 5 - 12.

[4] Kausch, Kristina, "Morocco's ' Advanced Status': Model or Muddle", *FRIDE Policy Brief* 43，2010，pp. 2 - 3.

　　过去 25 年间欧盟的北非安全政策框架历经两次整改。1995 年 EMP 出台，抛开侧重使用经贸手段不谈，其本质是一个欧盟牵头的"安全工程"，意味着安全议题首次被纳入与北非国家的对话范畴，通过复杂的多边协商机制在和平、安全事务上寻求共识。[1] 不过鉴于欧盟在议程设定和提供资金方面主导意识过强，地中海南、北岸情况和需求差异较大，合作触及各方核心利益等原因，巴塞罗那进程未能如期构建平等伙伴关系，开展的政治对话也没能使北非国家摆脱长期民主赤字，迎来所谓第三波民主化与法制完善；冲突预防和解决方案不仅难以抵御中东战争的负面影响及恐怖主义蔓延，还削弱了作为合作根基的多边主义原则；旨在以发展促安全的南部自由贸易区不过流于口头，遑论成功缩小地中海两岸贫富差距之目标。[2] "9·11"之后，纵然与北非国家的安全合作必要性凸显，但考虑到 EMP 可操作性及前期实施效果均不佳，北非国家普遍缺乏响应热情，巴塞罗那进程由此进入"死胡同"并于 2003 年催生了欧洲睦邻政策。

　　ENP 将 2003 版欧洲安全战略具体化的同时还标榜"可使邻国享有除成员国身份之外的任何优待"，有效解决地中海南部国家长期面临的严重社会问题。[3] 它从形式上摒弃了多边合作而重归欧盟主导下的"双边关系"轨道，由欧盟率先提供政策框架，各伙伴国随后依据自身情况推出名曰"国家行动方案与战略报告"的实施细则，最后欧委会就改革情况进行年度审查。[4] 效果评估上，ENP 强调"积极条件性"，对改革有方的国家给予额外资金及其他形式的支持。总体而言，此政策框架更为清晰地表达了地中海政策中的利益诉求，特别是包括移民事务、反恐等在内的广义安全利益，将欧盟现行"共同体法律成果"（acquis communautaire）向邻国推介。[5]

[1] Pace, Michelle, "The European Union, Security and The Southern Dimension", *European Security* 19 (3), 2010, pp. 431 – 444.

[2] Attinà, Fulvio, "The Barcelona Process, The Role of The European Union and The Lesson of The Western Mediterranean", in Michael Bonner, Megan Reif, and Mark Tessler, eds., *Islam, Democracy and the State in Algeria: Lessons for the Western Mediterranean and Beyond*, London: Routledge, 2005, pp. 140 – 152.

[3] Commission of the European Communities, A Strong European Neighborhood Policy, Communication from the Commission, COM (2007) 774 final (Brussels, December 5, 2007).

[4] Lannon, Erwan, Azzam Mahjoub, Assessment of the Barcelona Process in the Light of the New Internationaland Regional Situation, "10 Papers for Barcelona 2010", p. 25.

[5] Grabbe, Heather, "European Union Conditionality and The Acquis Communautaire", *International Political Science Review* 23 (3), 2002.

尽管 ENP 反映了欧盟周边治理的综合方式，却对安全议题重视有加。有学者专门就 2008～2010 年 ENP 框架内通过审批的国别行动方案与相应年度审查报告进行内容分析。结论表明埃及、摩洛哥、突尼斯的文件中"安全"词频数远高于"民主"，可见欧盟及北非国家在切实践行 ENP 时对安全议题的关注程度非同一般。

表 1-5　ENP 文件中的"安全"与"民主"词频统计

ENP	行动方案		2008 年审查报告		2009 年审查报告		2010 年审查报告	
	安全	民主	安全	民主	安全	民主	安全	民主
埃　及	34	4	13	4	15	3	13	4
摩洛哥	25	3	13	3	13	3	9	7
突尼斯	28	6	13	6	13	3	13	5
共　计	87	13	39	13	41	9	35	16

资料来源：Aneré Barrinha， "Pressing the Reset Button in Euro-Mediterranean Security Relations?" *Journal of Contemporary Research*，Vol. 9，No. 1，p. 207.

从实施手段来看，ENP 遵循新现实主义思维路径，摒弃传统权力政治模式而依赖财政激励与发展援助，彻底将其安全议程与民事、经济政策工具挂钩，同时刻意淡化易诱发两岸国家争议的政治、军事、冲突等议题而仅将安全政策重心投放在少数部门改革及移民管理、打击有组织犯罪和人口贩卖、能源等与"欧盟安全战略"主旨密切相关的具体问题解决上。[1]

成效上 ENP 建树不多，不过是继承巴塞罗那进程"内核"的同时去除了集体安全、合作安全思想，以财政援助和默许独裁政权的方式使欧盟在单边主导北非安全事务和全面维护自身利益的道路上渐行渐远。[2] 纵然特意保留了地中海两岸国家就政治、民主化等问题的对话形式，ENP 仍被视为欧盟地中海政策的现实主义转向。[3]

---

[1]　Kaunert，Christian，"The Area of Freedom，Security and Justice：The Construction of A 'European Public Order'"，*European Security* 14（4），2005，p. 459.

[2]　Bauer，Patricia，"The Transition of Egypt in 2011：A New Springtime for the European Neighbourhood Policy?"，*Perspectives on European Politics and Society* 12（4），2011，p. 420.

[3]　Bauer，Patricia，"European－Mediterranean Security and the Arab Spring：Changes and Challenges"，*Democracy and Security* 9.1－2，2013，p. 6.

2007 年法国总统萨科齐提出在欧盟框架外建立仅由环地中海国家组成的 "地中海联盟"（Union for the Mediterranean），遭到利益攸关方（stakeholder）西班牙、意大利的冷落和利益分享者（shareholder）德国、波兰的反对。最终在 2008 年巴黎峰会上以 "巴塞罗那进程：地中海联盟"的折中方案出台，旨在将巴塞罗那进程的雄心勃勃落实到为广义安全目标提供技术支持（如海疆安全、新能源、蓄水等）等细微之处，由此提升北非国家的安全、民主与自由程度，并向 "欧－地伙伴关系" 其他领域"外溢"。①

2. 后阿拉伯之春时代欧盟的北非安全政策调整

阿拉伯之春为欧盟提供了重新激活现有 "欧－地政策" 的机会。出于应对新型安全挑战的需要，欧盟快速修改了作为总体合作框架的 ENP。从表面来看，鉴于北非国家动荡局面因民主化运动而起，欧盟遂秉承 "解铃还须系铃人" 之念尝试从以下三个方面入手改善地区安全局势：（1）强调 "深度民主"（deep democracy）；（2）促进经济发展并重建人员往来；（3）争取实现 "可持续稳定"。具体措施包括承诺在 "财政援助、加强流动性管控、欧盟单一市场准入" 方针指导下拨款 69 亿美元用于支持北非国家变革和重获安全，同地中海南岸国家建立 "推进民主与共享繁荣的伙伴关系"（Partnership for Democracy and Shared Prosperity with the Southern Mediterranean），开展 "移民、流动性与安全对话"，实施 "邻国公民社会工具"（Civil Society Neighborhood Facility），运行新项目 "支持伙伴关系、改革和包容性增长"（Support to Partnership Reform and Inclusive Growth，SPRING），等等。②

依据鲍德温解构安全政策的 "4W" 框架③深度挖掘革命前后 ENP 的调整不难发现，受到动荡局势冲击，欧盟从服务对象、目标、所应对的威胁领域以及采取何种手段四个方面赋予地区安全政策新内涵（如表 1－6）。

---

① Schlumberger, Oliver, "The Ties That Do Not Bind: the Union for The Mediterranean and The Future of Euro-Arab Relations", *Mediterranean Politics* 16 (01), 2011, pp. 135 – 153.

② Bauer, Patricia, "European – Mediterranean Security and the Arab Spring: Changes and Challenges", *Democracy and Security* 9. 1 – 2, 2013, p. 7.

③ 即为了谁的安全（security for WHOM）、为了何种价值（security for WHICH value）、为了应对什么威胁（security from WHAT threats）、借助什么手段（security by WHAT means）。

表 1 - 6   欧洲睦邻政策（ENP）2004 版与 2011 版比较

	服务对象	目标	威胁来源	实施手段
ENP2004	1. 安全作为欧盟公民普遍享有的公共产品 2. 欧盟 - 北非安全相互依赖关系	安全作为欧盟所推崇的多种规范性价值之一，即为目标本身	1. 两岸国家普遍面临的安全风险 2. 对外部威胁破坏欧盟安全的担心 3. 恐怖主义、移民、诈骗、跨境犯罪等	欧 - 地间多边及双边安全合作机制，特别是为维稳而建立的伙伴关系（stability partnership）
ENP2011	1. 欧盟自身安全① 2. 欧盟 - 北非安全相互依赖关系	以实现深度民主为价值导向的安全	1. 两岸国家普遍面临的安全风险 2. 北非区域内威胁外溢 3. 恐怖主义与非法移民②	1. 以欧盟单边决策为核心，以双边合作为主要形式的安全合作机制 2. 推动北非政治改革及安全部门改革（SSR）③

  欧盟虽未放弃规范性外交，但其北非安全政策愈加重视获取现实安全利益，强调"互惠和责任"原则。为配合政策目标与优先次序调整，欧盟的北非安全政策工具也经历相应转型，主要表现为：（1）"发展促安全"理念指导下的贸易政策工具更具主动性和扩张性，且援助政策灵活度与"安全化"趋势同步提升；（2）更频繁地使用欧盟共同安全和防务政策框架下的制裁手段；（3）将欧盟框架下的实际行动向加强"意愿联盟"行动能力的方向调整。④

  落实到对北非的具体政策安排，本书就 2007 ~ 2010 年、2011 ~ 2015 年两个时段的 ENP 框架内重要文件做了内容分析。⑤ 结果表明，"安全"

---

① European Commission. European Neighbourhood Policy: Working towards a Stronger Partnership. Brussels: JOIN (2013) 4 final.

② European Commission, Joint Staff Working Paper – A Medium Term Program for a renewed European Neighborhood Policy (2011 - 2014), COM2011, 303.

③ European Commission. A New Response to a Changing Neighborhood, 2011, http://ec.europa.eu/world/enp/pdf/com_ 11_ 303_ en.pd [2016 - 11 - 18].

④ 金玲：《欧盟对外政策转型：务实应对挑战》，世界知识出版社，2015，第 1 页。

⑤ 内容分析法的前提假设为"高频词反映重大关切和主旨意图"，往往借助词频统计手段就词汇出现频次计数进而反映出相关文本的中心思想（参见 Stemler, S., "An overview of content analysis, Practical Assessment", *Research & Evaluation*, Vol. 7, No. 17, 2001）。此处文本分析的资料来源中，2004 ~ 2007 年的 ENP 包括，欧盟委员会通讯《大欧洲》（2003）、《ENP 战略报告》（2004）、《加强 ENP》（2006）、《更有力的 ENP》（转下页注）

一词的使用频率普遍高于（不）稳定、民主、人权、流动性等关键词，且较革命爆发前持续攀升，可见安全和稳定仍是欧盟之于邻国的首要关切。与此同时，在北非地区势头高涨的民主化呼声推动下，ENP 对"民主"的关注度大幅上升，而"安全"则是深度民主的构成要件，安全的工具理性由此超越了原有的价值理性（见图 1 - 3）。

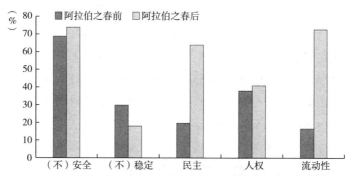

图 1 - 3　阿拉伯之春前后 ENP 文件中关键词统计

另外，就北非地区可能产生外溢效应的多种安全威胁而言，欧盟显然将政策重心置于非法移民和冲突之上（如图 1 - 4）。综合而言，阿拉伯之春以来，欧盟的北非安全政策动向有三。

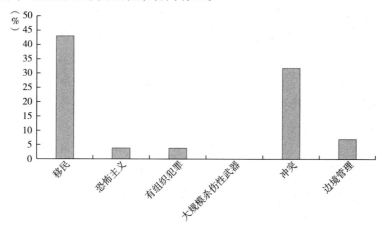

图 1 - 4　阿拉伯之春后欧盟最关心的安全威胁

（接上页注⑤）（2007）。2011 ~ 2015 年的 ENP 文件包括，欧盟委员会通讯《对变化的周边采取新的应对策略：欧洲睦邻政策回顾》（2011 年 5 月）、《民主与共享繁荣的伙伴关系政策文件》（2011 年 3 月）、《新欧洲睦邻政策的中期计划（2011—2014）》（2011）、欧委会与高级代表联合声明《欧洲睦邻政策：面向更强的合作关系》（2013 年 3 月）、欧盟共同咨文《面向新欧洲睦邻政策》（2015）。

其一，北非国家安全部门改革（security sector reform，SSR）是 ESDP 框架下民事行动的"重点工程"，初衷即希望民主理念和原则在北非国家安全部门延续并反向促进各国民主化进程，提升其危机管理和冲突后重建能力以及向公民社会提供安全及司法服务的能力，营造利于良治的安全社会环境。词频统计显示，后阿拉伯之春时代 SSR 首次成为欧盟与邻国进行安全合作的关键领域，2015 年 11 月欧委会与高级代表发表的联合通讯公开声称 SSR 是 ENP 安全领域的"新焦点"，进一步佐证了其重要性。① 以突尼斯为例，欧盟先是在"欧盟 – 突尼斯单一支持框架（2014 ~ 2017）文件"（EU – Tunisia Single Support Framework）中表明"帮助突方完成 SSR，满足民众对安全资源的需求以及确保民主手段对国内安全力量的有效控制"的决心；② 随后指示欧盟驻突尼斯代表团考察支持该国 SSR 条件是否成熟和以此为契机构筑国家安全局势长效稳定的可能性；当接到埃塞卜西正式协助邀请后，帮扶工作进入实质性阶段。欧盟不仅对突安全部门进行了同行评议，且启动了截至 2015 年底计划投资 2300 万的 ENP – SSR 资助项目，要求突方凭借政治改革、建立健全司法框架、对安全力量的民主管控最晚于 2017 年全面完成 SSR 任务，避免国内不安全局面外溢至欧盟国家。纵然协助过程中遭遇国内原有掌权势力抵制、改革受阻导致反弹、恐怖势力破坏官民对 SSR 的信心等困难，但欧盟仍坚信此举有助于"将北非安全威胁就地解决"，并力促埃及、摩洛哥等国启动相关进程。

其二，从源头打击非法移民和妥善安置入境的北非难民。词频统计结果显示，该问题自 2011 年来令欧盟备感困扰。欧委会率先表态"需要增强联盟在边境、移民和避难领域的制度建设和有效执法合作，为此需要建立流动性伙伴关系（Mobility Partnerships）为边境管理和促进人口流动安全化提供合作保障"。③ 接着于 2011 年 5 月连续出台两份专门讨论非法移民问题的通讯，明确了欧盟与北非国家在遏制难民危机、打击非法移民方面的合作指向三个领域：欧盟外部边境安全、欧盟成员国内部的公共安全

---

① Joint Communication To The European Parliament, The Council, The European Economic And Social Committee and The Committee of The Regins, *Review of the European Neighborhood Policy*, 18/11/2015.

② EU – Tunisia Single Support Framework. Cadre Unique d'Appui pour l'appui de l'UE à la Tunisie, 2014.

③ European Commission, A Partnership for Democracy and Shared Prosperity with the Southern Mediterranean, COM (2011) 200 final. 8 March, pp. 6 – 7.

以及申根区的安全。① 就利比亚、突尼斯等国成为地中海非法移民中线出口一事，欧盟的打击非法移民总体政策给出了解决方案，涉及短期应急措施与长远发展规划两种。前者包括设立避难、移民与一体化基金（Asylum，Migration and Integration Fund，AMIF）；活用欧盟条约第七十三条第三款有关紧急情况处理的部分，高效妥善完成难民安置（Resettlement）；联合欧盟庇护支援办公室（EASO）、欧洲边防局（Frontex）、欧洲刑警组织（Europol）、欧洲检察官组织（Eurojust）等机构平台圈定热点区域、实现打击犯罪相关信息及时共享、边界维稳合作、派驻欧盟移民事务官员等。后者则致力于在难民危机紧急处理后对非法移民问题提供长期解决方案，包括：（1）打击人蛇及犯罪网络和加强边境管制；（2）建立欧盟对外边防系统（European System of Border Guards）；（3）依据《都柏林协议》出台"欧盟共同庇护体系"（Common European Asylum System）；②（4）推动合法移民新政策出台，如检视既有"蓝卡指令"（blue card directive）并建立经济移民专属合作平台等。③

其三，面临陡然升高的恐怖主义威胁，欧盟决策层迅速意识到这是与北非国家加强反恐合作的"窗口期"，④ 故而一方面采取冻结措施，从源头上阻断恐怖组织招募人员，获得装备、钱款；另一方面试图就国内冲突、贫困、武器扩散、政权飘摇等深层根源提出解决方案。配合北非地区恐怖主义活动日趋复杂、多发的新形势，欧盟在《2005年欧盟反恐战略》的宗旨及原则指导下更新了措施。对内加强成员国警方、执法部门的监管合作，定期组织警方高层会务并促使欧洲拘捕令行动、犯罪与恐怖分子信息预警系统、DNA与指纹和车辆登记数据交换安排等发挥更大效能。⑤ 面向北非国家则有意识地丰富反恐合作机制，如与阿尔及利亚、埃及等国签订包含反恐合作条款的双边联系国协定，促进两方反恐联合行动

---

① European Commission, Communication of May 4, 2011 COM（2011）248 final.

② European Council, Conclusions（EUCO 23/1/11 REV 1 CO EUR 14 CONCL 4）. Brussels, June 23/24, 2011.

③ 朱景鹏：《从难民危机检视欧盟的政策工具及其治理思维》，http：//www. afr. org. tw/ product_ detail. php? lang = tw&id = 17 ［2016 - 08 - 20］。

④ Bossong, Raphael, The evolution of EU counter - terrorism：European security policy after 9/ 11. Abingdon：Routledge, 2013, p. 122.

⑤ Winn, Neil , The European Union and the Arab Spring：External Governance and Internal Security Imperatives in EU Foreign and Security Policies Towards' North Africa and the Middle East, p. 36.

与情报共享。① 制定"萨赫勒地带发展与安全战略"讨论同摩洛哥、突尼斯、利比亚等国共同打击马格里布 – 萨赫勒地区恐怖主义的可能性。② 同时计划拨款一千万欧元开展名为"打击极端主义和外国恐怖主义战斗人员"的新联合行动,帮助伙伴国共同抵制马格里布国家的极端主义势力,进而阻断其向外输送恐怖分子和接纳、培训新人。③

三　美国、欧盟的北非安全政策的失灵

前文已就政策失灵的内涵和判定标准给予了翔实的说明,这里不做赘述。概括而言,所谓"政策失灵"即指实施某项政策难以"得偿所愿",且若不做改进将给主要政治目标的实现设障。④ 一般情况下,政治目标及政策支持与反对者数量比是判断是否失灵的主要标准,实施效果越偏离目标或比例数值越小,失灵越显著。⑤ 据此,若欲证明美欧的北非安全政策失灵,须先明确政策目标所在,随后才可谈及实施效果同目标间差距。

即便通过对美国、欧盟的北非安全政策系统梳理可知二者在内容上迥然不同,各有侧重,但就目标而言则具有"一体两面"之共性。"利己"一面为重。旨在确保本国公民和财产免于受损并从中获得诸如能源供应充足、贸易额增加、确保地区权势与国际地位等"安全红利"。"利他"一面并非属意,但毕竟一个安定有序、经济平稳、认同民主的北非同样符合美欧的利益,故而协助五国缓解安全威胁、维持政治秩序稳定构成了政策目标的另一侧面。

从现实成效看,无论北非五国的安全状况演变还是美欧自身的安全利益护持均未如期达到目标,具体表现为以下两方面。

第一,美、欧政策无助于北非国家安全状况的根本改善。国内冲突一

---

① Winn, Neil, 'Transformations in The Arab World: What Next? Complementarity', EU Institute for Security Studies, 2011, http://www.iss.europa.eu/fr/publications/detail – page/article/q – transformations – in – te – arab – world – what – next – 8/.

② Council Conclusions on A European Union Strategy for Security and Development in The Sahel. 3076th Foreign Affairs Council meeting. Brussels, 21 March 2011. http://www.consilium.europa.eu/uedocs/cms_ Data/docs/pressdata/EN/foraff/120075. pdf [2016 – 11 – 15].

③ EU Provides 10 Million to Counter Radicalization in The Sahel – Maghreb and Stem The Flow of Foreign Fighters from North Africa, the Middle East and Western Balkans, 28 April 2015, IP/15/4866.

④ Walsh, James I., "Policy Failure and Policy Change: British Security Policy after the Cold War", *Comparative Political Studies* 39 (4), 2006, p. 490.

⑤ McConnell, Allan, "Policy Success, Policy Failure and Grey Areas in – between", *Journal of Public Policy* 30 (3), 2010, p. 356.

波未平一波又起，难民过境和安置问题尚未得到解决，以 IS 为代表的恐怖势力虽局部遭受重创，但东山再起的土壤还在。进入 2015 年后埃及革命与利比亚内战虽然有所平息，不过若无美欧插手，两国危局或许不会恶化至此。与此同时，比较 2010 年和 2015 年的"易卜拉欣非洲国家治理指数"可知：五国综合评估排名未见改善，突尼斯、摩洛哥、阿尔及利亚基本持平略有下降，埃及从第 10 名降至第 24 名，利比亚则从第 23 名进入倒数名单。反映综合治理情况的"参与及人权"、"安全与法制"、"可持续的经济机会"及"人类发展"四项指标中，除"安全与法制"分数略有提升外，其他三项不同程度走低。① 若具体到个人安全、国家安全状况等评分，摩洛哥、阿尔及利亚基本原地踏步，埃及与利比亚则明显退步。② 从阿拉伯民众对革命和地区安全局势的直观感受来看，2015 年 59%的受访者持负面看法，称革命诱发人员大量伤亡、国家制度和主权责任时时面临崩溃，除四处蔓延的混乱、无序与不安全感外，毫无"成果"可言。安全方面，民众比上一年更关注国家安全及人身保障议题，更多人感到生存的基本"安全感"下降。受访者中 46%不看好国内安全发展势头，52%认为本国政治状况堪忧。基于自身存续考虑，有 23%的受访者因经济问题或政治安全因素而具有强烈移民倾向。③

第二，业已确定的安全政策对美欧的"反噬效应"格外严重，时隔五年缓解迹象尚不明显。美国断然抛弃老友穆巴拉克之举使得沙特、土耳其等传统非西方盟国与其关系急剧冷却，无法再笃信美国的保证。沙特开始强化海合会，土耳其则试图与中俄接近，类似的效应甚至蔓延到菲律宾和

① 2015 Ibrahim Index of African Governance: Executive Summary, Mo Ibrahim Foundation, October 2015, p. 14.

② 2015 Ibrahim Index of African Governance: Executive Summary, Mo Ibrahim Foundation, October 2015, pp. 4 – 6; 2010 Ibrahim Index of African Governance: Summary, Mo Ibrahim Foundation, October 2010, p. 5.

③ Arab Opinion Index 2015, Arab Center for Research and Policy Studies, Available at http://english. dohainstitute. org/file/get/6ad332dc – b805 – 4941 – 8a30 – 4d28806377c4. pdf [2016 – 07 – 23].

"阿拉伯舆论指数" 2012~2013 年通过对沙特阿拉伯、科威特、伊拉克、约旦、巴勒斯坦、黎巴嫩、埃及、苏丹、突尼斯、阿尔及利亚、摩洛哥、毛里塔尼亚、也门、利比亚 14 个阿拉伯国家的 20350 位随机人口进行面对面采访来收集数据，2015 年则删去也门、利比亚两国，随访 12 国中的 18311 人口。本书所关注的五个北非国家中基本在受访国范围内，故能在一定程度上反映北非民众的看法。

泰国，美国先前构筑的地缘秩序根基因安全政策持续失灵遭到了重创。[①]
与此同时，阿拉伯世界动荡数年，石油价格应声而涨，这对严重依赖石
油、经济尚未真正复苏的西方意味着什么不言而喻。[②]

恐怖主义的"侵蚀"堪称致命且防不胜防。"基地"和伊斯兰国两大
组织不仅在利比亚、阿尔及利亚、突尼斯境内多次绑架、杀害来自美英法
等国的人质，攻击西方国家使馆驻地、人员，还充分利用人员"循环圈"，
蛊惑美欧籍人士前来投奔，进行洗脑式培训后"回流"至来源地，进而制
造更大的恐怖效应。据"搜帆组织"（soufan）2015 年调查报告显示，目
前投身于 IS 和其他极端势力的 27000 ~ 31000 名外籍参战人员中，约有西
欧籍 5000 名、北美籍 280 名。[③]

此外，不断觊觎美欧本土，企图复兴本·拉登"9·11"式的"辉
煌"。以 IS 为例，因报复心切，2014 年组建了专职策划对美欧袭击的机
构，如今运作日渐成熟，有效提升了"作案"频率和成功率。[④] 2015 ~
2016 年他们在欧洲屡屡展开"独狼式"恐袭，宣称对 2015 年法国《查理
周刊》总部枪击案、巴黎市中心、法兰西体育场袭击事件和 2016 年的布
鲁塞尔连环爆炸案负责。就美国调用无人机定点清除恐怖势力以及牵头组
成"反伊斯兰国国际联盟"等举措，IS 头目巴格达迪发出警告称"已经
派出圣战战士追击美军士兵，并在网上公布了一份一百人的名单和地址，
你们将在自己的领土上看到他们的身影，真主保佑，针对你们的战争才刚
刚开始"。[⑤] 2014 年 1 月再次恐吓道"在黎凡特搞代理人战争将会获得与
伊拉克一样的下场，向上帝保证你们将不久于战争"。2015 年 5 月的得克
萨斯漫画比赛场外枪击事件是 IS 首次袭击美国本土之举，该组织称"要
警告美国，接下来的行动只会更可怕，更令其痛苦"。IS 不断攻击美欧及
其盟友的另一动机就是尽可能刺激对手，迫使对方开启热战并以牺牲和苦

---

① Lesnes, Corine, " Obama Arrives in Saudi Arabia, His Ex – best Ally of The region",
29. 03. 2014, *Le Monde*, available at http: //www. lemonde. fr/moyen – orient/article/2014/03/
28/obama – arrive – en – arabie – saoudite – pour – lever – les – differends＿ 4391748＿
1667081. html? xtmc = obama＿ reparer＿ et＿ allie＿ arabie＿ saoudite&xtcr = 1 [2017 – 03 – 21] .

② 宋鲁郑：《西方将从阿拉伯之春失去什么？》，《联合早报》2011 年 1 月 31 日。

③ "Foreign Fighters: an Updated Assessment of the Flow of Foreign Fighters into Syria and Iraq",
The Soufan Group, December 2015.

④ 严帅：《美欧反恐面临新危险关口》，《瞭望》2016 年第 30 期。

⑤ OSC Report GMP20120721586002, "Islamic State of Iraq Amir Calls on Sunni Tribes to Re-
pent", July 21, 2012

难换来更多人对反美、反西方、反世俗政权的认同和追随，由此吸纳来自世界各地的外籍参战者。

阿拉伯之春爆发前，西方国家习惯于通过一个极端组织与"基地"的密切程度和效忠情况来"判定"是否威胁美欧利益。但正处于革命发酵期的北非国家似乎越来越不适用此标准，原因在于"基地主义"思想还孕育了一大批"名不见经传"的小型地方武装组织或极端分子团伙，例如多次率众攻击美国驻突尼斯大使馆及周边美国学校的突尼斯伊斯兰教法虔信者（Ansar al Sharia in Tunisia），以及 2012 年与其他恐怖分子一道主谋班加西美使馆袭击案的利比亚伊斯兰教法虔信者组织（Ansar al Sharia in Libya）等，他们在威胁美欧的能力和残暴程度上并不亚于臭名昭著的"基地"分支或 IS。[①]

难民危机始终是令欧盟及其成员国备感压力、意见不合且短期内难以妥善解决的问题。2011 年及 2013 年，进入欧洲的北非难民五万有余，2014 年该数字超过 20 万。即便 2016 年欧洲国家接待来自地中海南岸难民的总数显著回落，中线数据仍比上一年上浮近五分之一。[②] 再看联合国 2016 年 10 月公布的地中海死亡数据，2015 年每 269 名难民中便有一名死亡，2016 年地中海中线遭遇海难的难民数量明显上升，每 47 人中便有一名葬身鱼腹。[③] 直观的数字表明，北非难民给欧盟带来的接纳、安置、搜救压力无明显缓解。另外，德国方面发现，2015 年 12 月来自阿尔及利亚和摩洛哥的北非难民数量骤增，[④] 且据警方披露 2016 年阿尔及利亚、摩洛哥、突尼斯人的刑事犯罪率明显高于平均水平。"科隆性侵事件"后，德国多地爆发了数起反难民抗议和报复性攻击，2016 年 1 月 9 日本土反伊斯兰组织 PEGIDA 发动 1700 名示威者走上街头抗议政府难民政策，局面失控情况下警方不得不动用高压水枪和催泪弹。作为接纳难民数持续保持全欧第一的国家，德国浮出水面的社会矛盾与不安全境况十分具有代表性，

---

① Walter Douglas, Jeanne Neal, "Engaging the Muslim World", Center for Strategic and International Studies, November 2013, p. 9.

② 《2016 年经地中海进入欧洲的难民大幅减少》，2017 年 1 月 7 日，新华社，http://news.xinhuanet.com/world/2017 - 01/07/c_ 1120264349. htm［2017 - 02 - 03］。

③ Rankin, Jennifer, "Rising Death Toll in Mediterranean Makes 2016 Deadliest Year Yet", *The Guardian*, 9 February 2017.

④ Hipp, Dietmar, "Berlin Hunts for Back - Up Plan in Refugee Crisis", *Der Spiegel*, January 22, 2016.

侧面反映出欧盟相关政策效果不佳，难民潮对欧盟的安全威胁迟迟难以解除。

综上所述，尽管面对安全乱局，美欧纷纷做出了回应和政策调整，但从北非五国近况以及美欧遭受来自北非的恐怖势力和难民潮困扰程度判断，二者的政策目标无一实现。无论是相对客观的易卜拉欣指数还是当地民众的反馈，均表示地区安全局势没能脱离高风险期，恐怖主义及难民潮仍是高悬于美欧头顶的"达摩克利斯之剑"，随时有可能酿成更大危机。

如果没有"宾我"（Me），就没有"主我"（I）；如果没有他者（other），那么所谓的"宾我"也将不复存在。

——乔治·米德

第二章　角色理论与角色冲突

为了给阿拉伯之春以来美国、欧盟的北非安全政策趋于失灵这一现象提供一种解释路径，本书选择角色理论支撑全篇架构、引导文章立论，并从"角色冲突"的角度考察二者政策与实践差距。诚然通过文献回顾可知，应用角色理论进行对外政策分析的尝试不在少数，但鉴于其在分析层次和概念运用上相对灵活，且以角色冲突作为关键解释变量需在前人经验总结和理论阐释基础上对分析框架加以完善，故在确定美、欧的角色并全面探索构成困阻的角色冲突前，需要就角色理论的内涵与基本概念、角色冲突的分类与解释框架以及如何利用理论就本论题展开讨论给出简单说明，由此充分体现所选理论与亟待解决的"科学问题"之间的适配性。

一　角色理论的核心概念与比较优势

社会学或心理学通常将角色界定为"以具备特定原则、规范和期待为特征的社会地位或行为模式，有助于在相应社会环境中引导和规范行为体的举措及互动"。[①] 而在对外政策分析语境下，角色是国际行为体行动方式和态度的综合反应，由其所处的"情境"、带有鲜明自身特性的社会行为以及国际社会期待共同塑造而成，并随之衍生出应对特定国际形势的固有战略。从这个层面上讲，角色堪称行为体在复杂世界体系中"行进"的路线图和使国际环境获得"少许秩序感"的重要渠道。无独有偶，布里廷厄姆（Michael A. Brittingham）也论证了角色对行为的指导作用，并将指导依据归纳为"国家自认为恰当的决策、规则、行动与功能"和"国际体系共享的价值、法律原则，他者预期与世界舆论"。[②] 以上界定至少传

---

① O'sullivan, Tim, et al., *Key Concepts in Communication and Cultural Studies*, London: Routledge, 1994, p. 270.

② 袁伟华：《对外政策分析中的角色理论：概念解释机制与中国 – 东盟关系的案例》，《当代亚太》2013 年第 1 期。

达了两层含义。其一，角色是关系性的。行为体在国际社会中的表现实则暗含了自我认知、社会情境及与同情境中其他行为体进行互动等成分。其二，考察国际行为体在体系中的角色设置，目的在于摸清其基本理念与行事风格，有助于缓解无政府状态下国际行为体交往中因信息不对称而产生的恐慌甚至误判。由此可知，对外政策分析中的角色理论就是尝试通过理解国际关系行为体自我认知和他者相应期待，确定其在特定情境中扮演的角色，进而分析或预测其外交政策行为的理论。①

（一）角色理论核心概念

角色理论将活跃于国际社会特定场景中的行为体比作"演员"，它们要根据国际环境的变化、特定局势的限定以及互动对象的期待，确定适当的角色定位并据此完成扮演。该理论在发展过程中逐步形成了一套专属概念体系，以下将对与本研究相关的核心概念及其引入对外政策分析后的独特内涵进行说明。

1. 角色观念（role conceptions）

角色观念作为主我（I）与宾我（Me）综合作用的产物，是行为体相对于他者在社会中所处位置的自我认知（the ego part of a role）与他者对该行为体位置的感知（the alter part of a role）的集合。其中宾我（Me）是角色观念塑造过程中必须纳入考量的因素，如若处置不当或忽略都会催生角色冲突，阻碍角色扮演，甚而导致角色改变。②

由于早期国际关系研究秉承"国家中心主义"传统，对外政策研究的唯一对象就是民族国家。故而对"国家角色观念"（national role conceptions，NRCs）的判定和分析成为角色理论应用的主流。冷战结束后，非国家行为体在国际体系中的影响力日益增强，特别是欧洲一体化进程的发展使越来越多的学者开始对考察欧盟的"角色观念"，即欧盟决策者有关联盟在国际社会中的责任义务、长期功能和表现的认知产生浓厚兴趣。③

① 李欧窥：《"一体化"视角与国际关系角色理论的演进》，《国际政治科学》2014 年第 1 期。
② Kirste, K. and Maull, H. W., "Zivilmacht und Rolletheorie", *Zeitschrift für Internationale Beziehungen* 3 (2), 1996, p. 289.
③ Aggestam, Lisbeth, "Role Theory and European Foreign Policy", in O. Elgström and M. Smith, eds., *The European Union's Roles in International Politics: Concepts and Analysis*, London: Routledge, 2006, pp. 19 - 20.

诚然从民族国家到国际组织的主体变化意味着角色观念应用范畴的拓展，但就内涵、确定方式和意义而言，两者别无二致。故而为了更好地诠释此概念，下文将充分借鉴前人关于国家角色观念的研究成果，并迁移至对欧盟角色观念的分析之中。

国家角色观念最初仅为"决策者就何种角色、义务、规则和行为与之身份相符，以及国家在国际体系和次级体系中具有何种功能的认知和判断"。[①] 不过随着参与决策主体日益多元化，此概念的内涵有所延展，特指"国家受到内部根源（身份认同、意识形态和民族主义）、外部根源（国家在体系中的权力结构、组织结构、文化结构）以及国家间有针对性的互动根源三重影响，形成了对本国在国际体系中角色地位的一般判断，进而指导扮演"。[②] 鉴于不同的国家角色观念在特定外交情境中表现出偏好与动机差异，同时生成一系列用以约束自身行为的规范或标准。因而对一国而言，把握与之长期互动的国家持有何种角色观念有助于更好地理解其外交政策变化并降低交往中的不确定性。[③]

确定国家角色观念是应用角色理论分析对外政策的前提。[④] 长期以来，学界所用方法无外乎对第一手及二手材料的分别考察或综合分析两种。在能够反映政策主张、动机倾向、国家身份建构的一切文本中，第一手材料即指国家"首脑、合法的官方代表、政治精英或高层决策者"的公开发言、表态、访谈、自传、回忆录等。[⑤] 二手材料顾名思义已被"二度加工"并添加了"加工者"的思考和判断，包括书报杂志、学术类文献、报告等。

角色观念对国际行为体的利益确定与政策制定发挥的作用可归纳为"3个P"。第一，引导（prescribe）。激发行为体产生与角色观念匹配的愿

① Ebere Richard Adigbuo, National Role Conceptions: A New Trend in Foreign Policy Analysis. http://www.wiscnetwork.org/porto2011/papers/WISC_ 2011 - 647. pdf [2015 - 10 - 9].

② 李阳窥：《"一体化"视角与国际关系角色理论的演进》，《国际政治科学》2014 年第 1 期。

③ Aras, Bülent, and Aylin Gorener, "National Role Conceptions and Foreign Policy Orientation: the Ideational Bases of the Justice and Development Party's Foreign Policy Activism in the Middle East", *Journal of Balkan and Near Eastern Studies* 12 (1), 2010, p. 77.

④ Wish, Naomibailin, "Foreign Policy Makers and Their National Role Conceptions", *International Studies Quarterly* 24, 1980, pp. 532 - 554.

⑤ Krotz, Ulrich, *National Role Conceptions and Foreign Policies: France and Germany Compared*, Program for the Study of Germany and Europe Working Paper, 2.1, 2001, p. 7.

望、目标和行动。第二，排除（proscribe）。能够将部分与行为体大政方针、行事风格、现实利益需要不符的认知或行为从国家的外交政策中剔除，一方面确保行为与观念的总体一致，同时也使他者更好地把握该行为体不愿、不能、不会做出何种决策或行为，降低战略互疑或误解的可能性。第三，设定进程（processual style）。帮助行为体设定外交决策中对内和对外的应对步骤、进程和风格偏好。①

本书首先着眼于阿拉伯之春以来美国、欧盟在北非安全事务舞台上形成的角色观念。意即面临安全危局时，双方对自身应奉行何种行事原则和风格，在地区事务中处于什么位置，应该或最好做出何种表态的一般认知，以及就特定安全事项需要怎样的自我定位所做出的判断。确定角色观念时综合参考第一手与二手材料，一方面梳理美欧决策高层有关北非安全事态的表态、著述和相关文件，另一方面借助现有文献对二者角色观念形成的认知，两相关联之下得出本书对美欧角色观念的界定。其次，把握美欧角色观念中的他者部分，或者说北非五国对美欧角色观念的感知亦属本论题应有之义，故而书中引用了多项能够反应此要点的民调数据和访谈记录，从中提炼出北非对美欧角色观念的感知，进而从角色观念的自我和他者部分全面阐释美欧角色。

2. **角色期待**（role expectations）

角色期待是指一系列价值判断、信条和偏好，同国家的角色表演及与他国互动密切相关。② 此概念与角色观念一样有自我（ego）与他者（alter）之分，前者是指特定时空范畴内，国家对符合自身立场的政策特征和行动方式所产生的预期。③ 后者意即特定环境中的他者，对角色自我部分应该如何，应该做什么、不应该做什么的看法和要求。④

---

① Krotz，Ulrich，*National Role Conceptions and Foreign Policies：France and Germany Compared*，Program for the Study of Germany and Europe Working Paper，2. 1，2001，p. 9.

② "Role Expectations Consist of Norms，Beliefs and Preferences Concerning the Performance of Any Individual in a Social Position Relative to Individuals Occupying Other Positions"，Cameron G. Thies，*Role Theory and Foreign Policy*，International Studies Association Compendium Project，Foreign Policy Analysis section，http：//myweb. uiowa. edu/bhlai/workshop/role. pdf ［2015 – 06 – 01］.

③ Harnisch，Sebastian，*Role Theory in International Relations：Approaches and Analyses*，Routledge，2011，p. 8.

④ Aggestam，Lisbeth，"Role Theory and European Foreign Policy"，O. Elgström and M. Smith，eds.，*The European Union's Roles in International Politics：Concepts and Analysis*，London：Routledge，2006，p. 18.

　　不过事实上，自我角色观念往往在社会互动和与他者角色期待的碰撞中持续进行调整。换言之，他者角色期待起到了约束、引导行为体的行为过程及其对外界的看法和判断的重要作用，推动了角色的"社会规范化"。① 相较而言，角色期待的自我部分极易与角色观念的自我部分发生混同且在角色塑造过程中功能性不强，久而久之便在实际应用时遭到淡化，他者角色期待由此被视为角色期待的主要内涵。

　　从表述方式来看，此概念既可以是清晰直观的规范性表述，指出角色自我部分所应承担的责任和义务；也可以是带有暗示意味的评价，点明角色自我部分的现有优势与缺陷。② 从内容来看，角色期待一方面能够给出方向上的指导，描述角色所应达到的一般状态；另一方面亦可提供特定情境下来自他者的好恶倾向以及角色形成和扮演的具体方案。③

　　就本书而言，角色期待主要来自北非五国。纵然现实中五国很难称得上是具有相似认同和诉求的整体，④ 但若单论如何看待美欧在北非的角色以及对二者政策、行为抱有何种期待，它们因爆发革命前基本国情多有相似、动荡升级后安全处境相仿、与美欧的互动关系颇有共性而的确能够被作为整体加以看待。⑤ 内容方面，五国期待不仅阐释了对美欧态度、政策的总体希望，且就亟待二者协助的领域以及不愿二者过多插手的事务给予了说明，此外还提及了对美欧角色扮演的方式和程度的偏好。透过五国对美欧角色的期待，一则可以看到美欧与五国互动的全貌，二则为挖掘美欧角色扮演与五国需求之间的差距进行铺垫。

　　3. **角色扮演**（role performance）

　　角色扮演是行为体依据特定情境而付诸的实际行动。⑥ 在对外政策分

---

① 袁伟华：《对外政策分析中的角色理论：概念解释机制与中国－东盟关系的案例》，《当代亚太》2013 年第 1 期。

② Harnisch, Sebastian, "Conceptualizing in the Minefield: Role Theory and Foreign Policy Learning", *Foreign Policy Analysis* 8 (1), 2012, p. 47.

③ Koenig, Nicole, "Between Conflict Management and Role Conflict: the EU in the Libyan Crisis", *European Security* 23 (3), 2014, p. 253.

④ Calleya, Stephen C., "The Union for the Mediterranean: An Exercise in Region Building", *Mediterranean Quarterly* 20 (4), 2009, pp. 49 – 70.

⑤ Crawford, B., "Why the Euro – Med Partnership? European Union Strategies in the Mediterranean", in V. K. Aggarwal and E. A. Fogerty, *EU Trade Strategies. Between Regionalism and Globalism*, Basingstoke, Palgrave Macmillan, 2004, p. 93.

⑥ Bengtsson, Rikard, and Ole Elgström, "Conflicting Role Conceptions? The European Union in Global Politics", *Foreign Policy Analysis* 8 (1), 2012, p. 94.

析中，它描述了角色观念转化为政策并最终作用于实践的全过程。此环节最易观察和捕捉，常以战略、决策、政策的形成以及会谈磋商、制度建设、具体行动等直观方式呈现出来，于是乎对行为体角色的最直接观感和评判大都源于对表演的观察和分析。

任何一种外交决策场景中，行为体大体扮演两类角色。其一，主角（role performer），指某一国际关系事件或局势中发挥核心能动作用的行为体。从国际关系传统来看，主导角色往往由地区性或全球性大国承担。当然，对于关注特定行为体的研究来说，研究对象通常在谋篇布局中占据主导，例如蒂斯专门讨论了角色理论和外交政策分析对拉丁美洲政治现实的适用性，此间主角即为拉美国家。① 其二，配角，即与主角发生正面或负面互动关系的次要行为体，包括互补（complementary role）及互斥（counter role）角色两类。同样"演对手戏"，前者是"同伙"，顺主角之意而为；后者则可能是"主角外交行为的受体或反对势力"。主配角间的互补抑或互斥关系并非"常量"，而是视主角角色扮演与配角的角色期待间的匹配程度而定。②

依据上述界定，本书设置了阿拉伯之春后的北非安全环境为"舞台情境"，选择介入其中并同时发挥主导作用的美欧为主角，考察二者的角色观念如何转化为宏观政策、方案甚至具体行动，与此同时探索作为政策和行动受体的北非在扮演配角过程中对美欧角色和扮演的感知及意见反馈。恰恰是主配角的互动推动了角色扮演的完成。

4. 角色作用于外交政策的一般模式

上述三个概念的内在关联共同构成了角色作用于对外政策的基本模式，而借助角色理论分析和理解对外政策的途径恰恰就是还原这一模式，由此发现国际行为体所作所为及其背后的"心路历程"。

通常而言，行为体依据自身特质与特定环境需要形成自我预期并将他者预期吸纳至角色塑造过程中，由此产生若干角色分支，即角色丛（role sets），在此基础上聚合为总体角色观念。③ 角色观念反映行为体对自身

① Thies, Cameron G., "Role Theory and Foreign Policy Analysis in Latin America", *Foreign Policy Analysis*, 2014, pp. 1 – 20.

② Harnisch, Sebastian, "Conceptualizing in the Minefield: Role Theory and Foreign Policy Learning", *Foreign Policy Analysis* 8 (1), 2012, p. 49.

③ Merton, Robert K., "The Role – set: Problems in Sociological Theory", *The British Journal of Sociology* 8 (2), 1957, p. 106.

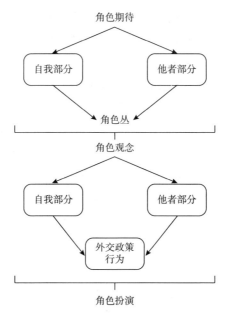

图 2 - 1　角色作用于对外决策的基本模式

"是什么""处于什么位置""何可为何不可为"等问题的综合性回答，通过预设和认知圈定行为体对外政策和行为的"边界"，进而形成对特定社会环境的政策回应并开展适当行动。国际关系现实中，行为体的对外政策往往以角色观念为标尺和指南，但是否据此行动则将继续受到自身因素与周遭环境变动的复杂影响，这也是为什么我们能够观察到的角色扮演可能与文本、话语所诠释的政策乃至其背后暗含的角色观念存在出入，甚至全然相左。

　　此外，角色期待和角色观念当中都涉及自我与他者部分。米德认为，在社会互动中行为体将面临多个重要性有别的他者。它们当中有一些在特定情境内格外关键，被用来充当行为体形成认同的参考性框架和完成角色扮演中试图迎合的对象，即"重要他者"（significant others）。另一些则称"泛化他者"（generalized others），以"有系统的、预期的行为、意义或观点综合成一种整体印象来要求行为体，使之以他者角度衡量自身行为"。①理论上，与主要角色进行互动的他者可以为任意国际行为体，国家、非国

① Mead, G. H., *Mind, Self, and Society：From the Standpoint of a Social Behaviorist*, Chicago：University of Chicago Press, 1934, pp. 153 – 154.

家行为体，抑或"组织类他者"，即国际或地区性组织皆不排除。①

就本论题而言，美欧同为主角，为了在阿拉伯之春后的北非安全事务中挖掘二者的角色观念与扮演情况，北非五国充当了美欧角色塑造的参照系。但美欧与北非的互动无法脱离当前的国际制度网络，由此主权原则、人道主义干涉原则、联合国宪章对强制行动的执行办法、判定难民身份的公约文件等构成了当今世界各国普遍遵从的国际社会规范、价值与态度，即"泛化他者"，时刻以之衡量自身，才能帮助美欧在北非安全事务中发展出完整的角色。不过这显然是一个更为复杂而宏大的话题，故而本书暂且将注意力集中于与美欧角色密切相关的"重要的他者"，从北非的观念和期待来衡量其角色并挖掘蕴含其中的角色冲突。

（二）角色理论的比较优势

正如前文所言，角色理论目前可以被视为对外政策分析理论（Foreign Policy Analysis，FPA）中的一种独特分析方法。而 FPA 作为国际关系理论的一个分支强调外交政策分析过程中的多维度分析，超越国家中心论视角，综合行为体的互动、决策机制、政策工具以及内外决策环境等多方因素，全面展现行为体对外政策全貌。② 在应用过程中角色理论既继承了FPA 上述优势，还表现出独有的描述价值、组织价值和解释价值。③

"描述价值"在于提供了描绘行为体自身或他者宗旨、形象、身份认同的丰富词汇，以及这些词汇如何在国际关系结构和进程中得到应用的说明。如角色观念、角色扮演、角色期待等都以"角色"定位为起点，关注了行为体的对外政策从理解外部环境与互动关系、形成对自身行动模式的基本认知以及付诸实践的全过程，充实了外交政策分析路径。遗憾的是当前研究还仅停留在探索特定国家角色观念或分析影响外交决策的他者期待环节，没有从角色理论提供的丰富概念库中汲取养分，也未能充分利用架构于这些概念之间，可被当作理论假设而用以求证的多重论述机制。角色理论独特的描述价值在实际应用中被人为弱化，既反映了研究现状，也预

---

① Harnisch, Sebastian, "Conceptualizing in the Minefield: Role Theory and Foreign Policy Learning", *Foreign Policy Analysis* 8 (1), 2012, p. 49.

② 金玲：《欧盟对外政策转型：务实应对挑战》，世界知识出版社，2015，第5页。

③ Walker, Stephen G., *Role Theory and Foreign Policy Analysis*, Durham, N.C.: Duke University Press, 1987, p. 2.

示着其尚待开发的广阔利用空间。[1]

"组织价值"体现在角色理论涵盖了外交政策分析中的多重分析层次，以程序化导向将各层次统合起来，进而真正考察施动者—结构间的互动。诚然，最初角色理论因打开国家"黑箱"，探讨以决策者为代表的国内参政势力竞合关系如何影响外交决策而在国际关系研究中获得一席之地，但那些称其只适用于研究决策者个体的判断则有失偏颇。[2]角色理论的确可以从个人层次出发，借助关键决策者的个人特质及观念解释国家外交政策行为的变化。不过这种单纯关注决策者个人的分析层次使用率并不高。更多学者选择国家分析层次，要么引用决策者那些能够传递国家角色观念的发言或表态，反向推测该国的角色定位，要么收集大量相关史料，从中归纳国家角色并解释外交决策选择。[3]就国际关系研究现状而言，国家仍是至关重要的行为体，因此在全球环境下讨论以国家为单位的各类互动并不过时。[4]当然，对于那些受国际因素影响的对外政策，还可选取体系的分析视角。除此之外，为了提升论述与阐释的清晰度和综合性，少量研究同时采用其中两种，甚或三种分析层次，利用国内社会 - 国家 - 国际体系三者之间共生互构的特殊关系，高屋建瓴地考察角色如何作用于行为体的对外政策。[5]

这里还需要澄清一个问题，即当前诸多著述把分析决策者话语或代表"顶层设计"的政策文本作为判定角色和解释对外行为的起点，这种思维路径同样着眼于"国家"而非"个人"层次。原因在于角色理论能够很好地统合个人与国家分析层次，通过对决策者的解读刻画国家角色。也就是说，鉴于政权更迭不甚妨碍角色观念的相对稳定性，很多学者倾向于在

① Thies, Cameron, "Role Theory and Foreign Policy", International Studies Association Compendium Project, Foreign Policy Analysis section, p. 13, available at http: //myweb. uiowa. edu/bhlai/workshop/role. pdf. 2009 [2016 - 12 - 13].

② Stryker, Sheldon and Anne Statham, "Symbolic Interaction and Role Theory", *Handbook of Social Psychology*, 3rd ed., edited by Gardner Lindzey and Elliot Aronson, New York: Random House. 1985, p. 330.

③ Grossman, Michael, "Role Theory and Foreign Policy Change: The Transformation of Russian Foreign Policy in the 1990s", *International Politics* 42 (3), 2005, pp. 334 - 351.

④ Germain, Randall D., and Michael Kenny, "Engaging Gramsci: International Relations Theory and The New Gramscians", *Review of International Studies* 24 (01), 1998, pp. 3 - 21.

⑤ Stewart, Philip D., Margaret G. Hermann, and Charles F. Hermann, "Modeling the 1973 Soviet Decision to Support Egypt", *American Political Science Review* 83 (1), 1989, pp. 35 - 59.

决策者的话语和表述与国家角色观念之间画"约等号"。① 巴内特由此提供了对外政策分析中以决策者全权代表国家的三种处理方式。(1) 将国家立场等同于最高领导人认知。(2) 视国家为充分制度化的行为体,决策者在其中能够遵循制度的延续性。(3) 假定国家是拥有固定身份认知及行为模式的法人实体(corporate entity)。并通过分析国家的角色认知(国家对自身特性和他者期望的阐释)来考察其行为。② 其中第三种处理方式与温特把国家视为"团体人"的思路不谋而合,成为统合国际关系传统理论与对外政策分析的关键。③

"解释价值"的呈现方式有三种。第一,作为中层理论,角色理论中那些具有描述价值的独特概念、自洽的观点和方法本就丰富了学界对外交决策的解释能力。例如,角色观念与角色扮演的一致性、角色期待直接影响角色观念塑造等假设都曾被多位学者以实证主义研究所证实。第二,角色理论较好的兼容性使研究者一方面能将其同其他相关理论或方法配套使用,另一方面甚至可直接借用其他思想体系中与角色概念相关的约束条件、原则或概念,致使解释力提升。例如,沃克曾将社会交换理论及平衡理论中的要素引入角色理论,由此证明外交辞令同具体行为之间的关系。他还借助沃尔兹将单位与结构截然分开的思路,发展出角色在国内层面的四个作用环节:(1) 交换(exchange process),体现国际社会中各行为体的价值分配;(2) 角色定位(role location process),为各行为体所共享的角色期待由此而生;(3) 冲突(conflict process),价值分配标准尚未确立或达成共识的角色期待间出现裂痕时,冲突旋即爆发;(4) 制度建设(institution building process),关于价值分配的共有期待重新确立的过程,由此在国际社会达成公允的机制得以产生。④ 第三,当谈及角色理论的解释优势时不能不提及方法论层面,然而与其他理论追求方法论严谨度不

① Singer, Eric G., and Valerie M. Hudson, "Role Sets and African Foreign Policy Behavior: Testing an External Predisposition Model", In S. G. Walker, Durham eds., *Role Theory and Foreign Policy Analysis*, N. C.: Duke University Press, 1987, p. 202.

② Barnett, Michael, "Institutions, Roles, and Disorder: The Case of the Arab States System", *International Studies Quarterly* 37 (3), 1993, p. 274.

③ Wendt, Alexander, *Social Theory of International Politics*, Cambridge: Cambridge University Press, 1999, p. 215.

④ Walker, Stephen G., "Role Theory and the International System: A Postscript to Waltz's Theory of International Politics", S. G. Walker eds. *Role Theory and Foreign Policy Analysis*, Durham, N. C.: Duke University Press, 1987, pp. 66 – 79.

同，角色理论恰恰得益于其概念丰富及缺少方法论束缚。[①] 一般而言，当借用文本分析法考察领导人讲话并由此推断国家角色观念时，角色理论的方法论严谨度达到最高，因为使用此方法不得不遵循文本分析的标准化操作流程。除此之外，例如民调方法、案例研究法、博弈论、形式模型、描述性研究等各式方法在角色理论中的使用都大大拓展了该领域的解释空间，提升了分析结果的有效性和准确度。

二　角色冲突概述与应用

国际社会事态复杂，变幻莫测。行为体总要纵横捭阖，为迎合自身利益诉求及环境驱动在多个角色间适时切换。本书姑且不论分饰多角的情形，仅从任何国际关系场景均涉及多个行为体，且各行为体在塑造和扮演角色时不得不同时考虑自我观念、扮演一致以及满足和内化他者期待的角度来看，张力不可避免。与"不同行为体认同彼此对于某一角色的期待"这种所谓的"角色共识"状态相比，[②] 角色冲突在日常的国际关系实践中更为常见。

（一）角色冲突的内涵与分类

角色理论从社会心理学领域引入外交政策分析后也将先前学科对角色冲突的关注和解释部分地借鉴过来。早期社会学家，如卡恩（Robert L. Kahn）等人仅将其视为"对特定角色的多种角色期待间难以调和或匹配的产物"。[③] 此界定显然在解释国际现实时不够贴切、完善。国际关系领域的角色冲突行为与社会学领域一样，因行为体所扮演的角色数量并不唯一以及其他行为体的角色期待莫衷一是或难以满足而产生，但因存在国际社会—国家—国内政治的分析层次差异而更为复杂。[④] 总结起来，前人

---

① Walker, Stephen G., "National Role Conceptions and Systemic Outcomes", L. Falkowski, Boulder eds. *Psychological Models in International Politics*, C. O.: Westview Press, 1979, pp. 169 – 210.

② Biddle, Bruce J., "Recent Developments in Role Theory", *Annual Review of Sociology* 12 (1), 1986.

③ Kahn, Robert L. et al. *Organizational Stress: Studies in Role Conflict and Ambiguity*, England: John Wiley, 1964.

④ Jönsson, Christer and Westerlund U., Role Theory in Foreign Policy Analysis. Christer Jönsson eds. *Cognitive Dynamics and International Politics*, New York: St. Martin's Press, 1982, pp. 122 – 157.

大体赋予角色冲突三重内涵：其一，国家角色观念的自我界定与他者期待间的落差；其二，面临相同国际局势时行为体之间的角色观念及相应扮演龃龉不断；其三，角色内组成部分（elements）之间无法调和。① 然而单独考察任何一种界定均无法满足"冲突在角色内、角色间，甚至角色与社会环境的互动中无处不在"的特点，故而本书尝试将这一贯穿全文的核心概念抽象化表述为"行为体在一套有组织的社会关系中面临的结构性矛盾及由此引发的理想与现实间冲突"。

　　哈内什在此基础上做了更为详细的分类工作，把角色冲突继续细化为四种。一是角色期待的模糊与前后矛盾可能导致构成角色的内部要素排列失衡。二是行为体在扮演特定角色时素养（role expertise）较差或曰能力不足。② 三是正式机制与非正式机制之间的理念及角色期待差异。例如，美国和欧盟"维护西地中海地区和平、安全与共同发展"的目标既通过正式机制，如北约、欧盟、阿拉伯联盟等组织机构平台得以实现，同时也借助"地中海 5 + 5 对话机制"等非正式政治对话机制推进。③ 而正式机制在特定物质（权力关系）与非物质（合法性）条件下，为特定目标（防止国家间战争爆发）而形成的"制度化角色"（institutionalized roles）与基于不同立场和角色期待而生的非正式机制很难实现"无缝对接"，角色冲突由此而生。四是相同国际情境下，各行为体自身特点与利益诉求差异导致角色观念间缺乏合作生长点，或因难以满足其他行为体的期待而诱发冲突。④

　　以上四种类型虽然难以穷尽角色互动中所有冲突的可能性，却具有鲜明的导向意义。一方面开启了全方位、多角度解构角色冲突的先河。在其基础上，结合充足的实证研究即可极大地丰富学界对角色冲突种类和功能的理解。另一方面学界对角色理论的关注和使用大多集中于判断特定国家角色观念及其对外交政策的影响方面，难免与后冷战时代的多极化政治格局与全球化进程中多重治理模式对理论的需求有所脱节。即便社会学家已

---

① 上述有关角色冲突的三种界定分别详见于本特松（Bengtsson and Elgström，2012）、克罗宁（Cronin，2001）、哈内什（Harnisch et al.，2011）、沃克（Walker，1987）、特维斯（Tewes，2002）等人著作中。

② Harnisch，Sebastian，"Conceptualizing in the Minefield：Role Theory and Foreign Policy Learning"，*Foreign Policy Analysis* 8（1），2012，p. 51.

③ 5 + 5 Dialogue：Chronology of the main meetings（2003 – 2013）.

④ Harnisch，Sebastian，"Conceptualizing in the Minefield：Role Theory and Foreign Policy Learning"，*Foreign Policy Analysis* 8（1），2012，p. 50.

就角色冲突的内涵及影响进行了充分讨论，但在国际关系领域仍相对空白。故而很有必要延续哈内什的路径，完善对角色冲突的理解并提升其解释对外政策的能力。

（二）角色冲突的细化与影响

本研究丰富角色冲突内涵和完善其解释框架的起点有三。第一，归纳前人有关角色冲突起因和影响的零散论述，形成完整的分析框架，同时补充他们在归纳角色冲突类型时的缺漏。第二，角色冲突概念的拓展向来在新的实证研究中实现。故而本论题提供的科学问题和现实情境为本书深化对角色冲突的理解提供了素材。第三，鉴于细化角色冲突分类和凸显其解释力意味着给后续相关研究，如讨论政策失灵成因、考察角色扮演情况、预测角色走向等提供一种可资借鉴的思考路径，因此考虑未来利用空间而尽可能全面展示角色冲突图景亦为题中应有之义。以上述三点为前提，本书给出了包含角色冲突直接成因、分类和结果的框架，期待在实证研究中全面激活角色冲突概念之于对外政策失灵的独到解释能力。当然，此框架尽量涵盖了国家或国际组织行为体互动过程中所能触发的各种角色冲突。但现实中并非每种都会发生或成为导致政策失灵的"致命伤"，还需甄别使用为宜。

图2－2反映出直接导致角色冲突的三种一般因素与涵盖的不同冲突类型：（1）定位模糊（ambiguity），一方面可能是自我角色观念不甚清晰，另一方面可能是他者给出的角色期待并不明确，导致其利益需求难以捕捉；（2）能力不足，简单而言即行为体的"力不从心"，自身实力与设想中的角色观念及扮演需要无法比肩，包括用于角色扮演的资源不足或分配不均，特别是"分饰多角"时难以处理好它们之间关系等；（3）难以匹配（inconsistency），相比其他因素，匹配度低可谓导致角色冲突的"罪魁祸首"，不过这里的"匹配"不等同于"无差别"。例如，有些共处同一地区的国家在角色观念中均包含"地区领导者"这一内核，那么实践中这种无差别的角色观念反倒会导致二者难以兼容。反之一些角色观念之间看似大相径庭，却具有协同或互补性，容易找到共识增长点。[1] 受该因素影

---

[1]　Maull, Hanns W. , "Hegemony Reconstructed? America's Role Conception and its 'Leadership' within its Core Alliances", Sebastian Harnisch, Cornelia Frank, and Hanns W. Maull eds. *Role Theory in International Relations：Contemporary Approaches and Analysis*, London：Routledge, 2011, p. 178.

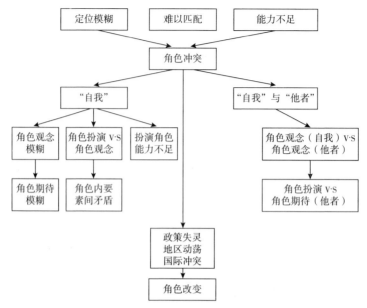

图 2 - 2　角色冲突的分析框架

响，角色冲突又增生为角色内要素间分歧、角色观念与扮演冲突、角色观念的自我与他者部分难以调和、角色扮演与他者角色期待不符。由此可见，对互动中的角色而言，无论自身言行、内部要素或与他者的关联，"不匹配"成为最有可能导致角色冲突的直接原因。

　　目前有关角色冲突的实证研究数量不足，因此哪一类角色冲突造成对外政策困境的可能性更高尚属未知。但十分确定的是，国际关系领域的角色冲突最终都将造成如下直接或间接结果：直接结果即外交领域连锁反应，如地区动荡、[1] 行为体政策失灵、[2] 举棋不定、[3] 甚至国际冲突爆发等极端情况。[4] 外交局势的恶化反作用于角色，进而产生间接结果——角色改变（role change）。

[1]　Barnett, Michael, "Institutions, Roles, and Disorder: The Case of the Arab States System", *International Studies Quarterly* 37 (3), 1993, pp. 271 - 296.

[2]　Le Prestre, Philippe G., *Role Quests in the Post - Cold War Era: Foreign Policies in Transition*, Canada: McGill - Queen's Press - MQUP, 1997.

[3]　Tewes, Henning, *Germany, Civilian Power and the New Europe: Enlarging NATO and the European Union*, Basingstoke: Palgrave, 2002.

[4]　Le Prestre, Philippe G., *Role quests in the post - Cold War Era: Foreign Policies in Transition*, Canada: McGill - Queen's Press - MQUP, 1997.

尽管学者们普遍强调角色观念的稳定性特征，却不表示行为体的角色始终一成不变。[1] 实际上由于角色冲突的存在会给个体带来不同程度的压力，出于解压需要和对认知一致性（cognitive consistency）的天然追求，行为体不得不开始循序渐进的角色改变（role change）过程。[2] 依据角色发生变化的级别、维度及其所依赖的机制可将此概念分为三个层次（如表 2 - 1）。

表 2 - 1 角色改变的分类

级别（degree）		维度（dimension）	机制（mechanism）
1 级	角色调试（adaptation）	外交政策目标不变，仅对实施手段和战略做出调整	• 危机事件中的学习 • 通过国际社会的影响实现社会化
2 级	角色学习（learning）	外交政策目标改变	• 危机事件中的学习 • 通过规范性劝服实现社会化
3 级	角色转换（transformation）	身份认同及相关诉求的全面改变	• 身份的重构 • 通过自觉内化实现社会化

资料来源：Sebastian Harnisch, Cornelia Frank, and Hans W. Maull, "Role theory, role change, and the international social order", in *Role Theory in International Relations*：*Contemporary Approaches and Analysis*, eds. by Sebastian Harnisch, Comelia Frank, and Hanns W. Maull, London：Routledge, 2011, p. 253。

一级仅为角色的"适应性调整"，即具体的政策部署方案与实施手段发生微调，不会影响外交政策的总体目标，而助力角色完成调整的机制则包括国际社会影响下的一般社会化过程（socialization via social influence）和在紧急事件、非常状态中自行学习（crisis learning）两种。前者借鉴个人在社会中学习和继承多种社会文化因素（如规范、传统、意识形态等）从而逐渐适应社会环境的过程，相信在此方面国家与个人别无二致。[3] 后者则凸显了行为体的应激性学习动机和能力。

---

[1] Chafetz, Glenn, Hillel Abramson, and Suzette Grillot, "Role Theory and Foreign Policy：Belarussian and Ukrainian Compliance with the Nuclear Nonproliferation Regime", *Political Psychology* 17 (4), 1996, p. 736.

[2] Elgström, Ole, and Michael Smith, eds., *The European Union's Roles in International Politics*：*Concepts and Analysis*, London：Routledge, 2006, p. 249.

[3] Amstrong, David, *Revolution and World Order*：*The Revolutionary State in International Society*, Oxford University Press, 1994, pp. 7 - 8.

　　二级即角色学习，学习过程会促成国家外交政策目标的改变，角色由此面临更大变动。推动改变的机制在危急关头与角色调试一致，平时则变为非自主性、有外力驱动的社会化模式，即"规范性劝服"（normative persuasion）。这是一种与强制行动（coercion）对应的国家互动方式，强调一个行为体以引导、规劝而非强压的方式让他者接受其立场、观念、方式，从而做出从政策方案、具体实施到外交政策目标的自主改观。①

　　角色最大程度的改变就是角色转换。此过程表明行为体重新经历在国际社会中的角色定位过程，身份认同、与他者互动关系乃至以此为基础的利益诉求发生彻底变化，由此形成新的角色观念。需要借助的机制包括行为体身份重构及通过社会规范的内化实现社会化。

三　理论视域下的安全政策失灵分析路径

　　如果说角色理论与对外政策研究契合度较高，无论在理论框架还是具体应用方面均显示出较强适配性的话，那么如何应用此理论分析重大变革过程中对北非安全事务同时"发力"的美国和欧盟，探索二者政策走向失灵的共同原因——角色冲突则需进一步说明，主要涉及通篇以何种分析层次应用理论，美国、欧盟及北非五国的角色分配及理由，角色冲突在北非安全情境下的具体体现等三个问题。

（一）分析层次的设定

　　鉴于角色理论"具有一种潜在的力量去调和不同分析层次并提供考量国际、国内变量相互作用的分析手段"，② 通常被酌情应用于三个层次的对外政策分析：一是决策层面，分析单位锁定在个体决策者；二是比较外交政策层面，分析单位为国家；三是结构理论层面，分析单位拓展至国际体系的基本结构。③ 故而明确分析层次是应用角色理论进行实证分析的起点。

　　本项研究将角色理论定位于分析层次中的第二层，即把国家作为基本

<hr>

① 陈劲：《人权理念在欧盟对外关系中之角色》，《全球政治评论（创刊号）》2001 年 8 月。
② 庞珣：《国际角色的定义和变化——一种动态分析框架的建立》，《国际政治研究》2006 年第 1 期。
③ Caporaso, James A. "The Comparative Study of Foreign Policy: Perspectives on the Future," *International Studies Notes*13（2），1987，p. 33.

分析单位，同时考虑到欧盟在国际政治"竞技场"中身份特殊，部分享有"国家"功能，[①] 为了便于统一分析层次，遂视欧盟为独特的"准国家行为体"，[②] 以其联盟层面的北非安全政策与美国的相应政策构成呼应。

这种分析层次的设定用意体现在两个方面。第一，基本还原了外部势力介入地区安全事务的现实。美国向来视中东北非地区的安全稳定为重大关切且插手颇多。而冷战结束以来，特别是随着《马斯特里赫特条约》《里斯本条约》对欧盟对外行动能力的逐步提升，欧盟针对地中海南岸邻国的多项政策框架及合作机制逐步浮出水面，各成员国对该地区的政策多数时候也以欧盟对外政策的统一形态表现出来。再加上美方强调拓展跨大西洋关系以支持欧洲一体化和欧盟发挥重要作用为前提，[③] 阿拉伯之春爆发前后，欧盟显然在北非安全事务中与美国并驾齐驱，表现出其他行为体无可匹敌的干预意愿和能力。因此将欧盟作"类国家"处理，进而考察二者在北非的角色、政策设定与角色扮演符合地区实情。第二，便于应用角色理论展开分析。虽然如上文所言，该理论具有调和不同分析层次的优势，但具体应用时，统一以国家为基本分析单位一则能够保证论证过程的严谨性、一致性和结果的有效性；二则有助于观察美欧在北非安全事务中的角色定位；三则能将欧盟成员国分歧视为"角色内冲突"，并把美国与欧盟在制定和实施对北非安全政策过程中的种种困境与失误统合在"角色冲突"的解释框架内。

（二）北非安全舞台上的角色分配

1. 美国与欧盟：主角

阿拉伯之春这场非同以往的革命运动对北非区域内外主张维持现状的势力构成严重挑战，同时也诱发权力真空，使本就脆弱的地区安全环境变得更加支离破碎。面对日渐恶化且难以预测的安全局势，无论出于自身意愿、政策延续性还是地区惯性，欧盟和美国都在其中发挥了至关重要、无

---

① Walker, Stephen G. "Role Theory and the Cognitive Architecture of British Appeasement Decisions", *Symbolic and Strategic Interaction in World Politics*. Vol. 3. Routledge, 2013, p. 27.

② 张茂明：《欧洲联盟国际行为能力研究：一种建构主义视角》，中共中央党校博士学位论文，2002，第2页。

③ Cooper, Helene, "U. S. Expects Something in Return for its Goodwill Toward Europe", *International Herald Tribune*, February 12, 2009.

可替代的作用, 自然而然承担了"主角"大任。确定主角过程中, 仍有两个亟待解决的问题。

第一, 选取美国或欧盟中的任意一方都可以独立承担主角并提供一套完整的北非地区安全政策部署, 出于何种考虑使得本书将二者同时置于主角位置? 绪论部分从文章立意和论证需要出发粗略谈及, 下文将就地区实情给予更为深入的说明。回答此问题不能不引入布赞和韦弗提出的"安全复合体"(security complex) 概念。所谓安全复合体, 意味着"由若干单元组成的整体内, 从安全化、非安全化过程到安全问题的合理分析与解决都无法彼此分开, 单独完成",[①] 反映了后冷战时代"区域自管"背景下"安全相互依存"的总体态势以及以临近区域为基础的安全集聚。安全复合体的存在一方面推动区域层次充当国家及全球安全互动的中端, 另一方面也催生了"区域 + 强国"的全新安全治理结构。[②] 安全复合体的产生涉及四个变量: (1) 依据地理临近、敌友关系和安全相互依存模式而将某一安全复合体与其他区域分割开来的"边界"; (2) 由两个及以上数量的单元组成的无政府结构; (3) 因单元间权力分配差异而使全球范围内的超级大国、强国、区域内国家在复合体内形成单极、两极或多极的"极性"结构; (4) 具备由友善—敌对模式构成的社会结构, 使复合体内表现出"竞争"和"互利"双方面的相互依存。[③]

套用"安全复合体"概念可知, 欧盟—地中海区域以"环地中海"为地理划界, 形成了国家 (或政治、外交政策) 集团, 除涵盖地中海北部的部分南欧国家外, 还包括本书讨论的北非五国以及以色列、黎巴嫩、苏利亚、土耳其, 这些国家也是另一个地区性合作机制——"地中海联盟"(UfM) 的主要参与方。欧盟显然凭借 ENP 及全面推动经济、政治、社会合作这一"三个篮子"原则, 在革命后的地中海区域内发挥着非同以往的应对安全挑战主导能力。[④] 与此同时, 这些国家之间也不是长期友好, 而

① Buzan, Barry, Ole Waever, and Jaap de Wilde, *Security: A New Framework for Analysis*, England: Rienner, 1998, p. 221.

② 郑先武:《安全复合体理论与东亚安全区域主义》,《现代国际关系》2005 年第 2 期。

③ Cavatorta, Francesco, and Vincent Durac, "Diverging or Converging Dynamics? EU and US Policies in North Africa – An Introduction", *The Journal of North African Studies* 14 (1), 2009, p. 2.

④ Boening, Astrid B., *The Arab Spring: Re – Balancing the Greater Euro – Mediterranean?* Switzerland: Springer International Publishing, 2014, p. 3.

是随着国际格局及地区安全状况的需要随时调整竞合关系。上述条件与构成安全复合体所需要的四个变量完全吻合，意味着"欧盟—地中海区域安全复合体"（Euro – Mediterranean Regional Security Complex，EMRSC）业已初现雏形。

加之跨大西洋联盟在安全领域的合作由来已久，呈现出你中有我我中有你，一荣俱荣一损俱损的命运共同体局面，以联盟关系为纽带，美欧之间早已形成了机制绵密、颇具规模的硬安全共享平台。近年来，双方在地中海国家的利益需求已超越了传统经济领域，开始从普通安全诉求向利用软、硬实力维护地区稳定的目标迈进。与此同时，欧—地合作机制同北约的"地中海对话"（Mediterranean Dialogue）和伊斯坦布尔合作倡议（Istanbul Cooperation Initiative）发生重合，亦将北约引入其中。在多重因素促使下，一个布赞所谓的"超级复合体"（Euro – Mediterranean Regional Security Super Complex，EMRSSC）浮出水面，[①] 北非五国恰好处于这一超级复合体之中，其安全事务时时受到美欧两极干预。当然，欧盟—地中海安全复合体中的合作与矛盾在超复合体中得以延伸和扩展，除美欧跨大西洋合作外，二者间竞争与冲突以及同复合体内国家，特别是本书研究对象——北非五国之间的摩擦，都成就了"超级复合体"形成过程中所必需的"社会结构"变量。正因为上述两重安全复合体的存在，单独讨论美国或欧盟任何一方在北非地区安全政策的失灵成因都是有失偏颇的，唯有同时作为平等的主角并考虑到双方对彼此角色观念形成、扮演及角色期待可能产生的影响，才能从更广阔的视角就本论题展开解读。

第二，阿拉伯之春前后活跃于北非地区的外部干涉主体并非美欧两家，同样与北非地区有深厚历史渊源及利益纠葛的俄罗斯为何未被纳入考量？原因有两个方面。一是据上文对超级安全复合体的介绍，俄罗斯无法划入该区域且因地缘战略争夺及意识形态竞争激烈而难同西方国家采用相同分析路径。二是纵然该国从苏联时代便与美国在北非频频交手，既有势力范围争夺，亦不乏联合抵制英法的少量尝试，新世纪以来维护自身在该地区的各项利益、争取重获中东大国地位的努力更是不胜枚举，如将大量军备和驻军投放至叙利亚或取道伊朗，还与区域内国家（如埃及）推进防

---

① Buzan, Barry, and Ole Waever, "Macrosecuritization and Security Constellations: Reconsidering Scale in Securitisation Theory", *Review of International Studies* 35（2），2009, pp. 253 – 276.

御合作升级、拓展经济往来，等等，但无论历史还是当下，俄罗斯对北非安全的策略缺乏主动性和整体感，暂且称不上针对北非或其周边地区的整体战略。基于以上两重原因，俄罗斯难当主角"重任"。

可以说，本书选取美欧作为主角既受到该理论应用方法的引导，同时也就参与北非地区安全实践的各行为体进行了特点分析和比对，最后还考虑到美国、欧盟、北非五国之间存在能将三者统合一处的"超级安全复合体"架构，故而最终敲定了美国与欧盟的主角地位。

2. 北非国家：配角

许多学者曾就美欧的北非安全政策或周边话题进行了细致剖析与多元化讨论。他们有些侧重于美国，或将广义上的安全与具体话题（反恐、民主、人权等）挂钩，讨论特定语境下的外交对策；或纵向追溯安全政策在该区域的演化，依据不同历史时期（如二战期间、冷战时期、后冷战时代、某位总统任内的，"9·11"之后、"阿拉伯之春"以来，等等）归纳出美国的安全政策特点并就其实施效果进行评估。有些人专注于欧洲，除选取话题与研究时段差异外，尝试从联盟、成员国集团或是单个成员国角度，探讨超国家主义与国家间主义影响下欧洲国家应对北非安全局势的政策选择。当然，还有学者重视跨大西洋关系，以美国与欧盟在北非安全政策上的分歧与融合为出发点，探讨双方互动过程中的政策塑造。纵然上述路径辅之以多样化的理论解释框架和研究方法大大丰富了学界对此话题的认知，但存在一个非常明显的缺陷，即很少有学者从政策受体——北非国家的视角出发，说明来自北非国家的角色期待与美欧在北非安全事务领域的角色设定、扮演乃至面临角色冲突之间的相关性，而这恰恰是评估美欧政策失灵与否的关键标准之一。

长期以来，为了在北非地区更好地发挥主导作用，美欧与北非一道构成了各式各样的磋商、合作机制以及冲突解决进程，相对于美欧的主角地位来说，北非国家实际上充当了"配角"，只不过因软、硬实力有限，在扮演过程中戏份较少，影响力较弱。但从本论题所探讨的美欧政策失灵成因角度来看，北非国家的角色期待与美欧的角色扮演难以调和则成为多样化角色冲突中不容忽视的部分。

引入北非感知的意义有三：第一，其是评判美欧政策意图和具体行动多大程度上适用于地区现实需要的"指示器"，可由此考察二者角色扮演的连贯性、有效性与合法性；第二，鉴于美欧角色由自身角色观念与北非国家期待共同塑造而生，故而能够从一个侧面对美欧角色观念和某些扮演的产生给出解释；第三，美欧角色的变化，如角色进一步强化、角色学习乃至彻底改变取决于来自北非国家的期待与美欧角色自我部分之间的匹配度。

有鉴于此，本书虽因着重关注美欧的北非政策失灵而将主要精力投放在主角的角色观念及其触发的角色冲突之上，但为了完善角色冲突的内涵并弥补前人研究中普遍忽略北非国家需求和反馈的现象，会以对美欧角色观念的他者感知及对二者角色扮演的他者期待两种形式把北非立场作为角色冲突的重要动因而纳入讨论。遗憾的是，实际情况所限，这种有意识的补充并无田野调查所获得的第一手资料支撑，多数情况下将依赖民调报告、访谈或涉及北非国家对美欧看法的二手资料完成，但不会就此破坏这项考察本身所具有的启示价值。

（三）北非安全舞台上的多重角色冲突

依据前文提出的"角色冲突分析图"，这里进一步归纳了导致美欧在北非安全政策失灵的主要角色冲突（如图 2 - 3）。剔除了其中与本研究相关性和解释力较弱的部分，主要涉及因定位模糊而产生的两类角色冲突，即美欧或北非五国的角色观念与角色期待模糊。剔除理由有以下两个方面。

其一，通常强国的角色因其承担国际责任和提供公共产品的能力，以及把持国际话语权的机会强于弱国而更为清晰、深入、持久，这反过来又巩固了国际社会对其角色的认可度并提高了全身而退、变更角色的成本。阿拉伯之春没有从根本上触动美、欧在地中海地区的核心领导地位，根据双方就北非国内冲突、恐怖主义及难民问题的话语和表态，它们都对革命爆发前的角色观念采取"基本继承，酌情调整"的策略。即便北非这场"突如其来"的革命似乎让美欧手足无措、无力快速逆转，由此自身角色观念和期待陷入"模糊"，但确乎只是暂时性的。[1] 一则因时间较短而不能成为诱发政策失灵的"主使"，二则正如查菲茨（Glenn Chafetz）所言，就算行为体经历"新旧交替"过程（新的组织形式完全取代旧有机制，

---

[1]　Hudson, Valerie M., "Cultural Expectations of One's Own and other Nations' Foreign Policy Action Templates", *Political Psychology* 20 (4), 1999, p.771.

新国家建立）或国际局势瞬间"沧海桑田"时，角色观念存在"突变"的可能性，但多数情况下角色改变是一种循序渐进的长期过程，行为体通常不会直接废除某种角色观念，而是逐步降低对其投入程度转而塑造新角色。① 有鉴于此，美、欧的角色观念模糊不作为二者政策失灵成因而出现在后文中。

其二，回看北非五国，早在革命爆发前，它们囿于国内政局不稳、国际影响力弱、过度依赖强国而角色不甚鲜明、存在感较差已然是毫无争议的事实。中央政府无力把控全局、非结构性暴力不断增生的局面恰恰给"模糊感"加剧创造了条件，但鉴于本书旨在从美欧角度分析政策失灵原因，北非角色模糊在此分析框架中只能给美欧诱发的角色冲突"做注"，不具主导性意义。

因此，与美欧政策失灵密切相关的角色冲突涉及如下几类（如图 2-3）："自我"冲突包括美欧各自角色观念—扮演冲突、以欧盟成员国分歧为代表的角色内要素冲突和美欧角色扮演能力不足；"他者"与"自我"冲突则着重关注美欧角色同北非五国感知之间的背离。

1. 美国、欧盟角色扮演背离角色观念

行为体在特定情境下的行为通常受到相对恒定的角色观念规范和指导，但这并不意味着行为体的具体实践总能还原角色观念并与预想中的政策理念保持一致性，无论国家还是国际组织都可能因国际形势需要而改变角色扮演，由此陷入"观念—扮演隔阂"（conception – performance gap）之中。②

美欧角色扮演与观念之间的背离在阿拉伯之春震荡下的北非安全环境中尤其突出。③ 具体来看有以下四个方面。其一，北非一些原先与美欧关系密切的独裁政权倒台，为了迎合地区政治气候的变化，妥善应对各类安

---

① Chafetz, Glenn, Hillel Abramson, and Suzette Grillot, "Role Theory and Foreign Policy: Belarussian and Ukrainian Compliance with the Nuclear Nonproliferation Regime", *Political Psychology*17 (4), 1996, p. 736.

② Elgström, Ole, Michael Smith, *The European Union's Roles in International Politics: Concepts and Analysis*, New York: Routledge, 2006, p. 248.

③ 哈内什等人认为，严重的危机局势及由此导致的不确定性或情感压力极易触发角色扮演同角色观念间的背离。参见 Sebastian Harnisch, Cornelia Frank, and Hans W. Maull, "Role theory, Role Change, and the International Social Order", in *Role Theory in International Relations: Contemporary Approaches and Analysis*, eds. by Sebastian Harnisch, Cornelia Frank, and Hanns W. Maull, London: Routledge, 2011, p. 255.

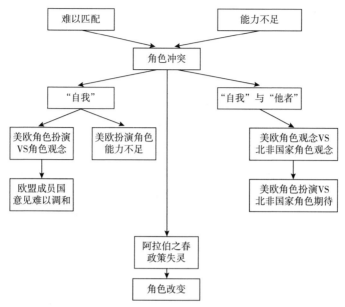

图 2 - 3 导致北非安全政策失灵的角色冲突

全威胁，尽管美欧角色观念及总体安全政策未发生根本变化，但出现部分调整。然而实践中，它们不同程度依赖原有政策路径，导致角色扮演与观念不符。其二，当面临北非国家国内冲突（内战）、恐怖势力沉渣泛起、难民潮等特定安全威胁时，角色观念引导下总体安全政策或理念有时无法快速有效地满足现实利益需要，因此二者转而采取更为实用的策略和行动。其三，考虑形象塑造、发挥软权力优势、弱化地区反西方浪潮等需要，美欧角色观念中均夹带了部分规范性、理想性因素，但在追逐现实利益过程中，这部分因素没能得到落实。其四，虽然角色观念的确定性意味着美国、欧盟处理北非安全事务时标准和立场相对恒定，事实上，它们在不同情境下从自身利益出发，均有实施双重标准的举措，导致角色观念的实际兑现大打折扣。

尽管美欧在北非的安全政策部署无论侧重点、内涵或实施手段均有差别，但若将其纷繁的政策和实践加以比对、归纳和提炼，便可清晰地看到二者的角色实践从上述四个方面不同程度的偏离角色观念设定这一共性。而此类角色冲突在美欧以恢复地区稳定为目标的推进民主化政策和行动中尤为明显。

2. 美国、欧盟角色扮演能力不足

角色扮演能力，并不单指因行为体综合实力不足而导致的低效扮演，这里的"能力"还包括审时度势、借力打力两项"基本功"。审时度势,就是说行为体在角色扮演时刻板化地依赖角色观念导向是行不通的,角色观念的稳定性使得它在突发事件面前同样暴露了滞后性、缺乏快速应变能力等缺陷,这就要求行为体对所处局势有清晰且尽量准确的判断,同时有与时俱进的优化应急策略、增强应对危机的意识和胆识,以达到最佳角色扮演效果。借力打力,即对内统合各部门间立场且充分借助其他行为体力量,实现共同目标的能力。换言之就是要做到自身安全政策的实施责权清晰,并将合作伙伴与政策实施对象的需求与期待充分纳入政策制定考量,与区域内外行为体建立互信,激发合作愿望,加强协调。

落实到美欧在北非完成角色扮演的能力缺陷,则可简单归纳为五点。第一,制定宏观战略的能力不足。随着北非安全局势陡然恶化,美欧的确重申并完善了各自的总体安全政策,但存在效力不足、路径依赖、宏观战略部署在诸如反恐等具体领域没有及时跟进等问题,凸显了美欧制定宏观战略方面仍有能力欠缺。第二,在北非危局中常常给人留下"反应迟滞"的印象,恰恰是二者提出应急策略的能力有限所致,诚然导致该缺陷的原因有很多,如内部决策机制、审时度势的心理驱使等,由于不是本书重点,这里不做过多说明,但美欧这一缺陷在危机四起的北非安全舞台上暴露无遗。第三,均面临来自内部和外部的多重压力,避险意识与自保意识走强,应对危机风险的胆识较弱,这一点欧盟表现得更为明显。第四,参与安全政策实施的部门不止一个,例如决策、外交、国防部门等,美欧协调各方职能、责权的意识尚且薄弱,削弱了角色扮演的总体能力。第五,在获取本土国家信任方面均不尽如人意,某种程度上阻碍了角色的顺利扮演。美欧在以上五种能力上或多或少有所欠缺,导致了角色扮演能力整体不足。

3. 欧盟内部成员国意见难以调和

本研究中,角色内要素分歧表现为联盟及成员国层面对欧盟在北非安全事务中的角色定位和具体政策设置意见不一。当前欧盟的北非安全政策形成两条平行路径,其一是欧盟作为总体的政策,着重强调北非地区的人权和民主化状况;其二即为成员国同地中海南部国家建立的合作机制,更侧重于各自国家利益的获得。不过就现实而言,成员国分歧越来越难以弥合,欧盟总体政策日益让位于成员国政策,成员国分歧对欧盟总体角色的破坏力不言自明。正如罗伊(Olivier Roy)所言,欧–地建立全方位合作可被视为处理双方共同面临的安全问题的必由之路。然而,阿拉伯之春充分展示了上述安全隐患的破坏力以及欧洲国家之于地中海南岸政策的全面失败，无论多边还是双边。①"德国之声"称"欧洲的无能令人震惊"，而《明镜周刊》则借布鲁塞尔遇袭一事指出，充斥于联盟关系中的利己主义和官僚主义约束"拖了欧盟的后腿"。②

实际上，对欧盟的北非政策密切关注的多为那些"跨地中海情结"深厚的国家，如地中海"三巨头"法国、意大利、西班牙以及对联盟各项事务颇有发言权的德、英两国。其中，法、德分别引领"亲东欧"和"亲南欧"两派势力，矛盾十分突出。地中海三国对中、北欧成员国也颇有微词，希望在北非安全局势严重侵扰欧盟利益之时，上述国家放弃以往的事不关己之态，投入更多精力。③ 中东欧国家一向对地中海南岸事务较为冷淡，但此次则经历了复杂的心理变化，先是阿拉伯之春唤起了它们对苏东剧变的记忆，波兰、保加利亚等国纷纷声援，随之而来的难民危机和分摊方案则令它们颇为抵触。④ 由此可知，在欧盟对北非安全事务形成总体角色的背后隐藏着成员国间的多重分歧，主要涉及责任如何分担、标准如何设定、选择何种手段三大类问题，导致欧盟在处理特定安全威胁时力量软弱、效率低下，具体实践波折不断。

4. 美国、欧盟角色与北非五国外部感知间冲突

角色理论中，观念和期待的他者部分统称"外部感知"（external perception），二者共同反映出"他者"对"自我"应在社会中处于何种位置的看法。⑤ 故而就行为体的国际关系实践而言，角色自我认知、扮演同外部感知之间的矛盾时有发生。抛开本研究预先做出的主、配角设置，无论

① Roy, Olivier, "Europe and the Mediterranean: When Obsession for Security Misses The Real World", European University Institute Working Paper RSCAS 2012/20, May 2012, available at http://cadmus.eui.eu/bitstream/handle/1814/21918/RSCAS_2012_20.pdf?sequence=1 [2016-07-11].

② Markus Becker, Terrorismusbekämpfung: Wir erklären..., wir fordern..., wir beabsichtigen..., Spiegel online, 24.03.2016, availabe at http://www.spiegel.de/politik/ausland/eu-innenministertreffen-in-bruessel-europas-schwieriger-weg-zur-anti-terror-front-a-1084118.html [2016-07-11].

③ Witney, Nick, and Anthony Dworkin, A Power Audit of EU-North Africa Relations, Published by the European Council on Foreign Relations (ECFR), p. 50.

④ Ibid, p. 48.

⑤ Selleslaghs, Joren, "Conflicting Role Conceptions: In Search of the European Union's Added Value for its Southern Neighbors", Bruges Regional Integration & Global Governance Paper 04/2014.

美国、欧盟还是北非五国，任意一方在特定国际局势中都可能因自身角色同外部感知不符而陷入此类冲突。但考虑到全文谋篇布局的需要并避免在阐释中陷入不必要的混乱，本书仅将视线锁定于主角美欧与配角北非五国互动产生的角色冲突，至于美欧之间、五国之间则暂且搁置不计。这种简约化处理方式有利于突出外部势力的政策实践同当事国认知、愿景之间的显著差距，一来从另一个角度呈现出美欧政策失灵的原因，二来能够弥补既有成果对北非立场的忽视。

从理论上讲，恰当的美欧角色须符合自身、他者和情境三重需要。但现实中，北非五国的看法遭到了忽视，故而走向美欧角色的对立面，构成角色冲突，进而成为导致政策失灵的原因之一。具体来看，北非对美欧角色观念的认知即对其角色的一般看法和评价。与美欧的自视甚高相比，北非的认知较为消极，凸显了美欧角色的负面作用，二者冲突可见一斑。与此同时，美欧在北非安全事务中的实践与北非国家的期待之间也面临相似问题，一是实践的侧重点偏离急迫需求，政策调整恰似隔靴搔痒，二是手段和方式令北非国家深感不快，三是在某些重点安全事务上美欧未能如北非国家所愿发挥更为积极的引导和帮扶作用。有鉴于此，美欧角色与北非的外部感知之间如隔深壑，加之前者尚未有意识地重视北非立场，致使角色冲突更加难以弥合，进而阻碍了安全政策顺利实施并达到既定目标。

后文将严格遵循"角色冲突解释框架"，第一步在明确美国、欧盟"自我"角色观念设定的前提下，考察其角色观念间的交融与张力，此举不单迎合了本书的"二元主角"设计，且将角色观念之分歧作为角色冲突的组成部分而非预设条件融入讨论。第二步援引二者政策实践过程中的典型事例和关键数据，考察美欧角色从确立观念到进行扮演全过程中遭遇的多种角色冲突。到此为止，从观念—实践交叉层面诠释角色冲突的无所不在和对二者安全政策的全面破坏作用。第三步依据角色冲突与角色学习、角色改变之间存在的因果关系，讨论前者对环地中海安全合作特别是跨大西洋伙伴关系的离间作用，乃至美欧多年打造的"地区主导地位"的冲击力。

政治家和外交人员的言论往往和他们的行动一样引人注目，即使将言论视为行动的深化和提升都不足为过。

——普雷斯特

第三章　北非安全挑战中的美国、欧盟角色观念

明确美国与欧盟面临北非安全挑战究竟形成了怎样的角色观念，事实上就是站在局外人角度观察二者依据"我们认为自己是什么、想成为或应该成为什么"来确定"我们需要什么以及我们该怎么做"的过程。显然这是一个在以时空为横纵轴的坐标系内找到定位的复杂问题：时间轴意味着角色观念源自美欧的历史记忆、外交经验和对它们的主观认知与解读，这种"基本处世之道"或曰"元角色观念"（meta‒role conception）不仅稳定且可传承；空间轴则体现了角色观念的"情境感"，也就是说，美欧会根据革命爆发以来北非国家安全局势的需要而对元角色做"因地制宜"的具象化处理，由此生成"特定情境角色观念"（context‒specific role conception），① 它由一组涉及多个问题领域的分支角色（角色丛）复合而成，② 不仅反映出美欧对北非安全事务的综合认知与态度反馈，亦为指导安全政策制定的"标尺"。因此本章旨在借助文本分析法揭示美国、欧盟在全球范围内业已树立起的元角色观念如何与地区情境有机结合，这不仅是借助角色冲突概念解释安全政策失灵的起点，也是揭示二者角色观念间异同和潜藏冲突的开端。

一　美国的国家角色观念

北非多国陷入动荡并面临政权更迭之时，奥巴马政府看似没能提出清

---

① Bengtsson, Rikard, and Ole Elgström, "Reconsidering the European Union's Roles in International Relations: Self‒conceptions, Expectations, and Performance", in Sebastian Harnisch ed. *Role Theory in International Relations: Approaches and analyses*, Routledge, 2011, p. 114.

② Krotz, Ulrich, and James Sperling, "Discord and Collaboration in Franco‒American Relations: What Can Role Theory Tell Us?" in Sebastian Harnisch ed., *Role Theory in International Relations: Approaches and Analyses*, Routledge, 2011, p. 215.

晰的战略应对方案，在亲美的独裁政权与抗议民众间摇摆不定。[1] 对此坊间评论褒贬不一。有人指摘白宫在北非并无明确规划。如共和党罗姆尼（Mitt Romney）称奥巴马反应被动、缺乏领导力以及大刀阔斧介入地区变局的魄力和决心。[2] 还有人赞誉北非政策的"无为而治"（Strategic Absence），认为就民主转型期间的埃及、利比亚等国而言没有战略就是最好的战略，这与美国对沙特阿拉伯等中东追随者的策略不能等同。[3] 无论褒贬，上述评论都注意到了一点，那就是阿拉伯之春中奥巴马一反往届总统（特别是第二任期内）强硬处置海外事务以转嫁内政危机的套路，[4] 转而（1）尽量压缩美国在北非的安全利益涵盖范畴；（2）避免受人权因素驱使而对地区事务轻举妄动；（3）与区域内国家和盟友实现对北非国家冲突管理的责任共担或部分转移；（4）试图降低关于美国有能力推动区域变革的过高期许；（5）在北非低调部署军事存在并以无人机系统（UAS）填补职能空缺；（6）以"和解政策"（甚至有人称之为绥靖）将革命乱局中美国既得利益的损失降至最低。[5] 由此可见，革命以来美国的北非政策并非空穴来风或随波逐流，而是有明确的方针政策可言。

事实上，建国以来美国的外交政策风格和运用权力的方式颇具连贯性：一则强调美利坚民族是"上帝的子民"，备受眷顾且身份特殊的同时以"神授论"作为其对外干涉的恰当理由；二则利用灵活的战略部署在世界范围内增强其权力、影响力及自主权。对"天命"和"人事"的同时信仰成为美国外交政策中理想主义与自利部分始终难以调和的根源。[6] 从

---

[1] Huber, Daniela, "A Pragmatic Actor — The US Response to the Arab Uprisings", *Journal of European Integration* 37 (1), 2015, p. 57.

[2] Kirkpatrick, D., "Attack in Libya Shows Contrasting Views of Obama and Romney", *New York Times*, 21 October, 2012.

[3] Miller, Aaron David, Obama's Egypt Policy Makes Perfect Sense, FOREIGN POL'Y, Aug. 20, 2013, available at http://foreignpolicy.com/2013/08/20/obamas – egypt – policy – makesperfect – sense/ [2016 – 07 – 28].

[4] The Obama doctrine: Barack Obama's Foreign – Policy Goal in his Second Term: to Avoid Costly Entanglements, Dec 1st 2012, available at http://www.economist.com/news/united – states/21567354 – barack – obamas – foreign – policy – goal – his – second – term – avoid – costly – entanglements [2016 – 07 – 28].

[5] Williams, Paul R., "President Obama's Approach to the Middle East and North Africa: Strategic Absence", *Case Western Reserve Journal of International Law* 48 (1), 2016, p. 85.

[6] Osgood, Robert, *Ideals and Self – Interest in America's Foreign Relations*, Chicago: University of Chicago Press, 1953, p. 5.

对北非安全事务的表态来看，对天命和人事的综合考虑使美国表现出鲜明的"自由现实主义"政策取向，在接触多边主义和进步性变革方面倾向自由主义，在大国克制、协调方面则重回现实主义。①

　　一方面国家角色观念的传承对美国当前角色塑造的影响良多。从老布什、小布什到奥巴马在制定北非安全政策时并无对总体角色观念的实质性调整，只是各自保留了个性化解释和政策制定的空间，毛尔称之为"角色观念内微调"而非"角色观念基础上的增值或改变"。② 另一方面依据现实需要，奥巴马在其著述《无畏的希望：重申美国梦》及刊于《外交事务》上的署名文章中均谈到了任内对外政策的基本构想，同时白宫还有一套清晰但可能对外表达不甚充分的行事准则，如"别做蠢事"（Don't Do Stupid Stuff）和"幕后领导"（Leading from Behind）等。③ 它们共同为美国塑造角色和制定北非安全政策提供了依据。下文将具体介绍奥巴马继承的"国家角色观念"遗产，及其如何将北非安全时局和个人政治理念、外交政策风格、偏好等一并融入其中，形成若干支撑国家角色观念并具体指导实践的元素。

（一）美国的元角色观念

　　即便冷战结束诱发世界格局重大改观，构成美国国家角色观念的要素也几经调整，但始终难以脱离如下三者而存在。

　　其一，引导自由世界的领导权。这不仅意味着国际社会当前达成的谨慎共识普遍带有"美国偏好"的鲜明烙印，也传递了美国相信自己及盟友必将引领世界，且该地位不容挑战的决心。美国的领导意识来源于两次世界大战与冷战锻造下的独特认知：一是欧亚大陆需要美国领导以避免大国恶性竞争；二是确保领导权有助于防止其他有害的意识形态威胁美国治下

---

① Ikenberry, G. John, "The Right Grand Strategy", *The American Interest*, January/February 2010.

② Maull, Hanns W., "Hegemony Reconstructed? America's Role Conception and its 'Leadership' Within its Core Alliances", in Harnisch, Sebastian, Cornelia Frank, and Hanns W. Maull, eds., *Role Theory in International Relations: Contemporary Approaches and Analysis*, London: Routledge, 2011, p. 168.

③ Acosta, Jim, The Obama Doctrine: Inarticulate or Disengaged?, CNN, Aug. 13, 2014, available at http://www.cnn.com/2014/08/13/politics/obama-doctrine/index.html ［2016-07-28］.

开明自由的国际秩序。

其二，创造和捍卫国际秩序的责任。此要素一则表明了美国把持、操控国际话语权的欲望与拒绝接受任何规范束缚的要求；二则显示出其侧重"多边主义"的"工具理性"，不仅强制推广符合自身利益的国际、地区、国家秩序，且当国际社会公认的秩序观与之一致时选择遵循，从而为自身行为增加合法性。一旦二者背离则迅速撕开国际制度推动者的伪善面纱，为谋求一己私利展开单边甚至未经合法授权的行动。

其三，例外论。美国始终自诩为"空前绝后的自由帝国""山巅之城""地球上最后的美好希望""不可或缺的国家"等。例外论包含了一些美国常用于政治包装的"神话"：（1）美国"例外论"与历史上其他霸权国的自我吹捧截然不同，其高尚无私使自身利益等同于国际社会普遍尊崇的价值，是促使世界向善的动因；（2）成功根源于天赋异禀，有上帝常伴左右。① 该要素借助"先赋说"和"自我赏识"为美国外交政策中看似矛盾的理想主义与现实主义倾向同时供养，前者表现为带领世界各国走向自由、民主、法制的使命感和高度自信，后者体现了"利益高于一切"的无政府国际社会行事准则和我行我素的战略原则。②

三要素作为"基本处世之道"业已主导该国外交政策二百余年并在阿拉伯之春以来的北非安全政策中继续发挥"基石作用"。除继承传统外，历任美国总统及其外交政策团队均会在特定局势下以特有风格从不同角度诠释基本国家角色观念，故而美国在北非安全事务中的角色观念还与奥巴马的治国理政方略密切相关。

（二）奥巴马的基本原则

奥巴马批评前任除反恐外缺乏连贯的国家安全政策及指导方针，进而给出任内必须恪守的三项原则③。

第一，广泛介入国际事务且在必要情况下调用美国军队。奥巴马称："若欲确保美国安全就必须帮助世界其他地区同样获得安全，有鉴于此，

① Hodgson, Godfrey, *The Myth of American Exceptionalism*, Michigan: Yale University Press, 2010, p. 30.
② 张云：《"埃及冲击"与美国外交理念的悖论》，《联合早报》2011 年 2 月 12 日。
③ Obama, Barack, "Renewing American Leadership", *Foreign Affairs* 86 (4), 2007, pp. 1 - 16.

美国无疑应继续肩负全球领袖的职责。"而军事手段仍是实现海内外利益的倚重途径，为了迎接流氓国家和潜在竞争对手的挑战，军队改革并增加军费投入是当务之急。在继续打击国际恐怖势力并有效自卫的过程中，美国乐意获得盟友的支持，但绝不放弃发动单边军事行动应对"迫在眉睫的安全威胁"的权利。

第二，除自卫外，多边主义行动方式是符合战略利益的首选。"多边"不单指积极参与安理会授权下的集体行动，更折射出美国希望其对外政策和行动获得国际社会普遍支持并最终发展成国际规范的意图。当然奥巴马口中的"多边"仍是"有原则的"，唯有当多边合作减轻自身提供公共产品和服务的负担、为其提供三思而后行或通过集体行动塑造良好形象的机会时方可践行。

第三，美国外交政策仍肩负着帮助他国缓解不安全局势、消除贫困与暴力的神圣使命，有责任推动国际体系向更为平等、公正、繁荣、安全的方向发展。为此美国坚信"自由贸易、开放市场、信息流动畅通、法治、民主选举"等理念是拯救那些仍挣扎于贫困线边缘的国家的要诀。

显而易见，奥巴马的安全政策理念恪守"领导权、国际责任、例外论"三要素，但在"寻求国际合法性"及"武力使用"方面与前任风格迥异。他首先摆正思想，认为美国权力并非无所不能而是存在诸多局限性，为谋取全球霸权大肆诉诸军事手段亦不可取。同时充分借助了李·汉密尔顿的"两个平衡思想"，试图调整美国领导地位与盟友之间的关系平衡、国内政策及外交政策之间的平衡。[①] 有鉴于此，一种突出体现实用主义的平衡战略以及克制的理想主义价值观并杂糅"选择性介入"和"离岸平衡"思想的外交路线业已成形。[②]

（三）指导北非安全政策的美国角色观念

综合元角色观念、奥巴马领导班子的行事风格及北非五国乱局中美国的反馈，可初步将阿拉伯之春以来美国在北非地区事务中的国家角色观念归纳为"急需国际公信力与合法性的实用主义行为体"。这一看似抽象的角色观念由如下四种分支角色叠加而成，形成指导安全政策的基本理念

---

① 刁大明：《决策核心圈与奥巴马外交》，《现代国际关系》2015年第5期。

② 赵明昊：《迈向"战略克制"？——美国国内的大战略论争及其影响》，许嘉、陈志瑞主编《取舍：美国战略调整与霸权护持》，社会科学文献出版社，2014，第77页。

（如图 3 - 1）。

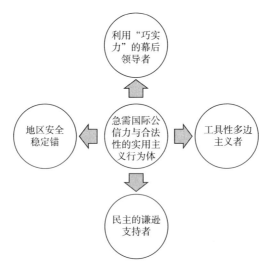

图 3 - 1　北非安全舞台上的美国角色

　　若仅从字面考察，该时期内奥巴马的北非安全政策以实用主义为角色观念基底。"实用优先"（pragmatic primacy）是美国对外政策中理想与现实主义矛盾间寻求妥协的结果。内涵体现在两个方面。其一，保持美国在北非的安全战略传统实现方式，如霸权、合作安全和选择性介入海外事务等的同时兼顾伊拉克、阿富汗战争后国内公众对海外派兵的疑惧和反对之声，以达到确保美国实力、维护地区利益并赢得国内长期支持的目标。其二，走"战略优先"（strategic actor）和"规范优先"（normative power）之间的第三条道路，① 一方面继续锁定安全为地区首要战略利益，并把握领导权、话语权特别是诉诸武力的能力；另一方面增强非军事手段的使用并通过推进规范性目标，特别是宣传已久的民主秩序等促进地区改革。

　　与此同时，奥巴马深刻意识到公信力及合法性对巩固美国在北非的"领袖地位"、广泛吸引拥护者来说不容忽视。鉴于小布什的全球反恐战争严重透支了美国在阿拉伯世界的"信用额度"，奥巴马任内格外强调重拾良好国际形象，他表示："要让世界上关注美国一举一动的政府和人民知道，美国是他们在寻求和平与尊严道路上的伙伴，为此我们已做好重归领

---

① Noutcheva, Gergana, "Institutional Governance of European Neighbourhood Policy in the Wake of the Arab Spring", *Journal of European Integration* 37（1），2015，pp. 19 - 36.

袖地位的准备";①"应同穆斯林世界共同开创互惠互利、相互尊重的携手共赢之道";"这将是美国与广大伊斯兰世界交好的全新开端"。② 于是乎，在介入北非时局，尤其是处理作为各国敏感点的安全事务时，更多借助"谦虚""低调"的表态、小而精的军事部署、目的非公开化的经济援助和"第三部门动员"及"网络政治"等手段，配合"有限度""有选择"的多边主义合作促进美国在该地区实现安全政策目标。特别是当奥巴马上任之初对"新开端"的过分乐观与阿拉伯之春后的力不从心形成巨大反差后，那些令人热血沸腾的讲演和宏伟蓝图便逐渐让位于"静默外交"（quiet diplomacy）、幕后领导及"不着痕迹"（lighter footprint）。

基于对总体角色观念的简略解读，这里以革命爆发为分水岭列出奥巴马政府关于北非安全及特定事件的数条代表性言论，③ 诠释上述四项角色元素的存在，进而佐证本书对美国总体角色观念的预判。

1. 利用"巧实力"的幕后领导者

阿拉伯之春前：

> 国家安全战略着重于使美国的领导权重焕新生且更有助于 21 世纪国家利益的实现。为此不仅要加强国力建设也需营造一个有能力迎接时代挑战的国际秩序。领导过程中应该注意到国家安全、竞争力、自我修复能力与树立道德榜样之间的根本关联。美国必须坚持在一个所有国家都享有自身权利和责任的国际体系中谋求自身利益。④

阿拉伯之春后：

---

① "Barack Obama's Inaugural Address", *New York Times*, (transcript) January 20, 2009. Available at: http://www.nytimes.com/2009/01/20/us/politics/20textobama.html? pagewanted = all& _ r = 0 [2016 – 07 – 29].

② The White House, "Remarks by The President on A New Beginning", Cairo, June 4, 2009. Available at: http://www.whitehouse.gov/the _ press _ office/Remarks – by – the – President – atCairo – University – 6 – 04 – 09 [2016 – 07 – 29].

③ 作者筛选 2011 年前后奥巴马政府关于阿拉伯之春及相关话题的发言和文件中最能代表美国角色特点的话语整理而成，为更好地体现国家角色观念元素在阿拉伯之春前后所发生的微妙变化而将前后发言分别按时间顺序排列。当然，鉴于从奥巴马 2009 年就任总统到 2011 年初阿拉伯之春全面爆发之间，美国对中东北非的安全关切少有提及马格里布国家，故而仅挑选其中间接相关的话语加以引用。

④ "National Security Strategy, May 2010", The White House, Washington, D. C., 2010, p. 1.

[1] 阿拉伯之春的爆发恰恰呼唤美国在中东北非地区保持立场明晰、原则坚定，并站在一定高度和深度理解美国如何能够和必然在世界上继续扮演不可或缺的重要角色。①

[2] 我坚信美利坚与众不同，部分原因在于其勇于以本国财富甚至热血捍卫世人利益而非一己私利……但多年来美国也为学会"谦虚"介入别国事务付出了高昂代价。"美帝国"称谓或许适合用来政治鼓吹或宣传，但并不代表民意和美国当前的外交政策特点。②

[3] 当前无须讨论美国是否注定领导世界，而应在意领导权如何使用的问题。③

[4] 对利比亚危机，美国不挑头领导多国部队，只负责提供必要、独特的能力支持，而让欧盟及阿盟伙伴冲在战斗一线，美军一兵一卒均未踏上利比亚国土，这是运用巧实力的最佳体现。④

奥巴马政府话里话外始终坚信美国有无可替代、不容置疑的领导使命和责任。但与小布什的"嚣张""笃定"不同，格外强调"外界认可"对领导力和核心利益维护的正面加强作用，特别是与美国存在尖锐意识形态、价值观、宗教信仰冲突的阿拉伯世界打交道时，公信力尤显重要。加之中东北非民主革命走向失败使美国的地区乃至全球领导地位遭遇严峻挑战，于是乎该时期的领导人发言中透露出少见的"缓和"甚至"疑虑"，不仅多次表示要再次深入思考美国如何领导世界这一先前胸有成竹、驾轻就熟的问题，同时把国家安全战略（2011年）的新提法"将盟友推向前台，自身退居推进者、赋能者、召集者、保证者的间接领导地位，⑤ 以低成本、低风险方式实现政策目标"贯彻于北非。该思路在美国对利比亚实施"有限军事干预"战略过程中淋漓尽致地显现出来，奥巴马称之为

---

① Hillary Rodham Clinton，Introductory Remarks for President Obama's Speech on Events in the Middle East and North Africa，and U. S. Policy in the Region，May 19，2011，http：// www. state. gov/secretary/20092013clinton/rm/2011/05/163831. htm ［2016 - 12 - 14］.

② Remarks by President Obama in Address to the United Nations General Assembly，September 24，2013，https：//www. whitehouse. gov/the - press - office/2013/09/24/remarks - president - obama - address - united - nations - general - assembly ［2016 - 12 - 14］

③ National Security Strategy 2015，February，2015，p. 1.

④ CNN Democratic Debate - Full Transcript，October 13th，2015，http：//cnnpressroom. blogs. cnn. com/2015/10/13/cnn - democratic - debate - full - transcript/ ［2016 - 12 - 14］.

⑤ 肖铁峰：《美新版国家安全战略透视》，《解放军报》2015 年 2 月 28 日。

"学会谦逊"，而希拉里赞赏其为运用"巧实力"的最佳例证。无论如何置评，美国介入北非安全事务和相关政策的实施方式显然发生了从台前到幕后、从高调到收敛、从目空一切到寻求认同的转变。希拉里就此称："我相信美国领导世界仍是众望所归，但必须借助'巧实力'从外交、经济、军事、政治、法律、文化等各项政策工具中选择最有利的一个或几个酌情解决世界难题。"①

2. 地区安全稳定锚

阿拉伯之春前：

[1] 在严守使用武力的各项准则前提下，美国绝不放弃在必要时刻单边行动的权利。美国会预先尝试其他各种手段，并权衡成本和风险，不到万不得已绝不诉诸武力。若动武已成定局也会继续以体现我国价值规范和增强合法性的方式进行并与诸如北约、联合国安理会等组织通力合作，广泛寻求国际支持。②

[2] 全球反恐战争的说法并不妥当，这不是一场针对某种战术，如恐怖主义，或某个群体，如伊斯兰的全球战争。我们是在与一个特别的组织网络较量，那就是基地组织及其分支。③

阿拉伯之春后：

[1] 爆发革命的突尼斯、埃及、利比亚等国看似与美国本土远隔重洋，但必须明白，通过经济和安全事务，通过历史和信念，我们的未来同上述国家的安定繁荣紧紧相连。④

[2] 考虑到动武的风险与高昂成本，美国自然不愿诉诸武力，但我必须澄清的是一旦本国核心利益与价值面临风险，民众、家园或盟友需要保护时，美国会果断、迅速地采用单边军事手段。

---

① Hillary Rodham Clinton, Nomination Hearing to be Secretary of State, January 13, 2009, http://www.state.gov/secretary/20092013clinton/rm/2009a/01/115196.htm [2016 - 12 - 14].

② "National Security Strategy, May 2010", The White House, Washington, D. C. , 2010, p. 22.

③ "National Security Strategy, May 2010", The White House, Washington, D. C. , 2010, p. 20.

④ Remarks by the President on the Middle East and North Africa, May 19, 2011, https://www.whitehouse.gov/the - press - office/2011/05/19/remarks - president - middle - east - and - north - africa [2016 - 12 - 14].

　　[3] 正如不断检视我国超群军事能力如何部署才能达到治国理想一样，我们已经开始重新审视情报获取渠道，唯有如此才能在国内民众、盟友的正当安全需要及人人珍视的隐私权间找到平衡点。①

　　[4] 阿尔及利亚遭遇恐怖袭击是对我们不能放松打击恐怖极端势力的警示，我们将继续开展反恐伙伴合作、严惩甚至根除北非地区的恐怖势力。②

　　[5] 美国的目标很明确，即以综合型、可持续的反恐战略，削弱并最终捣毁伊斯兰国。③

　　[6] 在充分讨论了北非地区安全的重要性和当前动荡局势后，我们相信继续加强反恐伙伴合作、帮助利比亚国内各政治派别找到妥协与合作之道由此阻止其落入国家权力真空甚是失败国家的深渊并对周边突尼斯等国造成不良影响是美国介入和改善地区安全状况的必由之路。④

　　直接的安全威胁是美国在北非安全政策的"着力点"。早在上台之初奥巴马便一再强调若事态紧急，美国不会放弃单边使用武力。随北非地区安全局势恶化，2013 年的联大发言中，奥巴马的关注点已从鼓励转型变为如何解决暴力、极端主义、派系冲突等威胁，报告几乎只字未提美国"推动民主改革"一事，转而称之为"国际社会的共同责任"。相反他重申了开展单边行动保护美国在该区域核心利益的必要性。由此可知，军事部署仍是北非安全政策的倚重手段之一。当然，奥巴马就使用武力的方式方法给出了限定，不仅回溯"正义战争原则"而视单边动武为各项政策工具及多边合作难以奏效时的"最后的手段"，还将"棱镜门"后备受质疑的情报获取与隐私保护问题提上改进日程。另外，奥巴马任内反恐事宜毫

---

① "Remarks by President Obama in Address to the United Nations General Assembly", September 24, 2013, https：//www. whitehouse. gov/the - press - office/2013/09/24/remarks - president - obama - address - united - nations - general - assembly ［2016 - 12 - 14］.

② "Statement by the President on the Terrorist Attack in Algeria", January 19, 2013, https：// www. whitehouse. gov/the - press - office/2013/01/19/statement - president - terrorist - attack - algeria ［2016 - 12 - 14］.

③ President Obama, " We Will Degrade and Ultimately Destroy ISIL ", September 10, 2014. https：//www. whitehouse. gov/blog/2014/09/10/president - obama - we - will - degrade - and - ultimately - destroy - isil ［2016 - 12 - 14］.

④ "Remarks by President Obama and President Essebsi of Tunisia after Bilateral Meeting", May 21, 2015, https：//www. whitehouse. gov/the - press - office/2015/05/21/remarks - president - obama - and - president - essebsi - tunisia - after - bilateral - me ［2016 - 12 - 14］.

不松懈，不过为消除前任政策的"后遗症"并提高打击效果，先是刻意抹去带有小布什"全球反恐战争"印记的象征性话语，① 同时对恐怖势力肆虐北非备感忧虑，谴责之余提出"无人机侦察获取准确情报、短期定点打击、长期支持北非国家恢复正常政治社会秩序、依赖当事国反恐能力提升和国际合作"的反恐战略升级版。总之，鉴于北非国家当前的安全威胁随时可能向美国本土甚至全球蔓延，"稳定锚"的角色分量对美国来说实则超越了"民主推动者"，奥巴马政府时时需要依据爆发革命国家对美国的战略重要性而在"寻求稳定—兑现民主承诺"二分论间寻找平衡点。②

3. 地区变革的谦逊支持者

阿拉伯之春前：

[1] 近年来中东北非国家对民主颇有微词，原因大部分来自伊拉克战争。所以我要在这里澄清一件事，那就是任何国家都不能也不应该将自己的政府体制强加于别国。美国不会自以为是地相信自己了解什么最适合他国，正如我们不能决定一场和平选举的结果一样。但我始终坚信有些价值是人类普遍追寻的，那就是言论自由、选择自由、法制与公正执法、政治清平等，这些不是美式价值观，而是人权。③

[2] 外国政府和全球公民社会不能干涉北非国家变革，但美国可以推进、支持并捍卫这类行动。我们鼓励、培训草根领袖，为遭到政府当局抵制和责难的人权、民主活动分子提供长线保护，支持他们大肆宣传敏感话题和不同政见；我们能帮助缺乏充分网络自由的北非国家民主更改网络代理、获取登录外网途径、促进信息交换，使得意见领袖和民众能够借助网络、手机通信建立活动网；我们可以帮助活动分子站在聚光灯下或联合国等平台上，让他们的心声和努力为世人所了解。④

---

① Lynch, Marc, *Rhetoric and Reality: Countering Terrorism in the Age of Obama*, Center for a New American Security, 2010, p. 2.

② Ibrahim, Ahmed H., "The Arab Uprisings and the United States: The Dichotomy Between Balancing Stability and Upholding Commitment to Democracy", *Digest of Middle East Studies* 25 (1), p. 71.

③ "Remarks by the President at Cairo University", June 4, 2009, https://www.whitehouse.gov/the-press-office/remarks-president-cairo-university-6-04-09 [2016-12-14].

④ Hillary Clinton, "Speech on the Human Rights Agenda for the 21st Century", 14 December 2009, Georgetown University, http://www.americanrhetoric.com/speeches/hillaryclintonhumanrightsagenda.htm [2016-12-14].

阿拉伯之春后：

[1] 我们相信，在埃及政局发生重大变化的过程中广泛接触参与议会和总统竞选，并以追求和平反对武力为己任的各方，符合美国当前的利益。①

[2] 我们将继续支持民主原则，恪守采取非暴力方式的承诺。特别是要尊重少数人和女性的权利，他们代表了该地区半数人口，无视他们则意味着没能将民主落实到位。②

[3] 兴起于突尼斯的阿拉伯之春使我们有机会向世人证明美国比独裁统治者更珍视突尼斯街头抗议者的尊严。毫无疑问，美国欢迎有助于推进自决和发展机遇的变革。美国的支持举措将先从民主改革呼声高涨的埃及和突尼斯入手，毕竟突尼斯是阿拉伯之春的先锋盾而埃及既是我们的长期盟友也是阿拉伯世界的最大国家，两国都能通过自由公平的选举、充满生机的公民社会、责权明确的民主制度和地区领导权职责而在区域内起到示范作用。与此同时，美国对民主革命的支持还将向那些尚未发生转型的国家扩展。总之，美国将不遗余力支持地区改革，我们传递的讯息态度鲜明：如果你为了革命敢冒风险，那么你将获得美国鼎力相助。③

[4] 正如我们无法解决各世界上的每一个问题一样，美国现在没有、未来也不会寻求操控北非国家民主化转型的结果。④

民主化在美国的视野中向来是促进地区稳定、消除安全威胁的重要工具。故而无论革命前后，美国以直接或间接手段输出民主的立场无明显变化。不过鉴于 2011 年来北非多国因民主化改革深陷安全威胁的旋涡，而此情势与美国前期在该地区公民社会内自下而上地"渗透"不无关联，为

---

① Clinton："U. S. 'Would Welcome' Dialogue with Muslim Brotherhood", July 1, 2011, http：//e-dition. cnn. com/2011/WORLD/meast/06/30/egypt. muslim. brotherhood. us/ ［2016 – 12 – 14］.

② Ibid.

③ "Remarks by the President on the Middle East and North Africa", May 19, 2011, https：//www. whitehouse. gov/the – press – office/2011/05/19/remarks – president – middle – east – and – north – africa ［2016 – 12 – 14］.

④ "Remarks by the President to the UN General Assembly", September 25, 2012, https：//www. whitehouse. gov/the – press – office/2012/09/25/remarks – president – un – general – as-sembly ［2016 – 12 – 14］.

了削弱以上做法造成的形象损害，给美国对该地区局势的后续政策与实践争取更多合法性，奥巴马一则继续借助自由、人权等普世价值为美式民主"正名"，同时不断重申各国普遍享有选择政治制度、价值观及信仰的权利和自由，他国无权干涉，从而把美国的"地区民主缔造者"形象重塑为"推动者"，旨在表明追求民主改革是地区民众所愿所为，美国只是顺应民意提供支持并无动机和能力操控革命。二则避免有关美国利用民主打击"不听话国家"的指责。一方面声称广泛接触北非国家内冲突各方，另一方面继续强调着眼于公民社会，贯彻"自下而上"的方式，开展"润物细无声"式价值观输出对推进地区完成变革的积极意义。三则不再对"输入型民主"的成效大打包票，而是以结果不可控为由为自己的外交政策和行为开脱责任。可以说，奥巴马语境下的谦逊并不意味着示弱或退出，而是以改善自身形象、缓和反美主义浪潮、减少不必要的麻烦为前提加速调整推进民主的方式方法。

4. 工具性多边主义者

阿拉伯之春前：

> 美国应充分看到国际机制的优缺点，它们是为应对国际社会早期所遇到的挑战并防止那个时段因共同政治意愿缺失而影响国际规范实践而创设的。但若美国一味以旧机制已经过时难以满足当前新生挑战或国际体系的天然缺陷为由而避之不及，将会对国家及全球安全带来严重危害。[1]

阿拉伯之春后：

> [1] 美国不能靠一意孤行或独当一面来领导世界，而是要通过联合或提供必要条件保证其他国家密切追随。这样不仅有助于分担美国重责，还能让其他国家为其责任份额"买单"，更重要的是，多方参与能凸显美国所维护的价值的"普世性"，为美国的领导权提供合法性基础。[2]

---

[1] "National Security Strategy, May 2010", The White House, Washington, D. C. , 2010, p. 3.

[2] "Remarks by the President in Address to the Nation on Libya", The White House, Washington D. C. , March 28, 2011, https：//www. whitehouse. gov/the - press - office/2011/03/28/re-marks - president - address - nation - libya ［2016 - 12 - 14］.

[2] 当下我们将不惜寻求同一些口碑不佳（至少按照美国的标准如此）的政府开展合作，当然必须以这些国家能与我们一道为推进美国核心利益而努力为前提。①

[3] 在多边联合行动中，美国只消扮演配角为其他国家提供包括情报、后勤、搜救、阻断敌方通信等支持即可。鉴于美国将多边合作转移至更为广阔的北约合作框架内，对于我们的军队和纳税人来说，此举显著降低了在利比亚进行军事干涉行动的风险及成本。②

[4] 美国参与行动成功的诀窍就在于多边合作，一个国际社会的集体决定会的标签会让行动更具合法性，而单边决策只会使行动的积极意义大打折扣。国际社会支持能有效避免美国被诟病为继伊拉克、阿富汗后第三次单边入侵伊斯兰国家。③

伊拉克、阿富汗战争及阿拉伯觉醒让奥巴马深度意识到了多边主义的优越"工具性能"。北非五国此间遭遇的任何一种安全威胁均非美国凭借一己之力便可化解，在国力不支、孤立主义倾向抬头、战略转移和收缩同时进行的特殊时期，多边合作有助于分摊责任、分化风险，减少在中东北非地区的精力投放转而集中心力就重返亚太、重振旗鼓大做文章。与此同时，基于安理会、北约、阿拉伯联盟等国际组织的多边合作立足于国际法和国际准则，举手投足间彰显"公意"，无疑能为美国行动的合法性和宣扬价值的普世性加分，使其借助组织力量大重获公信力。当然，多边主义的"工具性"不仅体现为助力美国利益实现，也意味着美国尚未将多边主义内化上升为价值认同，随时可以根据地区情势及国家利益需要更换行动策略或彻底抛弃多边主义，回到"单边主义"的老路。

四种角色元素无疑是"充当世界领袖""承担建立世界秩序之责""例外论"在北非安全局势中的"衍生品"，它们都包含了改变北非安全

---

① "Remarks by President Obama in Address to the United Nations General Assembly", September 24, 2013, https：//www. whitehouse. gov/the － press － office/2013/09/24/remarks － president － obama － address － united － nations － general － assembly［2016 － 12 － 14］.

② "Remarks by the President in Address to the Nation on Libya", The White House, Washington D. C. , March 28, 2011. https：//www. whitehouse. gov/the － press － office/2011/03/28/re- marks － president － address － nation － libya［2016 － 12 － 14］.

③ "Remarks by the President in Address to the Nation on Libya", The White House, Washington D. C. , March 28, 2011. https：//www. whitehouse. gov/the － press － office/2011/03/28/re- marks － president － address － nation － libya［2016 － 12 － 14］.

局势的使命感及借此维护本国利益的工于心计，从实用主义角度考虑了霸权护持的需要与本国民众的接受程度，并致力于改善美国在中东北非地区长期缺乏公信力及行动合法性的尴尬状态，故而四者共同构成了美国"急需国际公信力与合法性的实用主义行为体"这一国家角色观念，它不仅具有时代、地区适用性，也反映了深刻的历史发展、政治文化及战略抉择根源，是美国具体制定北非安全政策和选取实施手段的重要依据。

二 欧盟的角色观念

2003 年版的欧洲安全战略明确提到，周边邻国与欧盟是唇亡齿寒的关系，它们一旦陷入暴力冲突或走向犯罪高发、社会动荡、难民遍野的失败国家，都会波及欧盟国家的安全稳定。2008 年进一步表示北非动荡导致的恐怖主义、非法移民和有组织犯罪成为欧盟各国亟待应对的新挑战。[①]而后阿拉伯之春时代，随着多国陷入乱局，欧盟对北非政策的优先级显然落在了安全层面。[②]

正如迈纳斯（Ian Manners）所言，"欧盟'是什么'为欧盟对外'做什么'提供了最佳诠释"。[③]那么在后阿拉伯之春时代北非独特的安全环境与政治气候中，欧盟扮演了什么样的角色呢？有人相信欧盟是在与他国合作过程中实施自由主义战略谋取私利的行为体；[④]有人将之等同于传统国际行为体，在追求自身安全过程中与其他国家别无二致；[⑤]迈纳斯等人则强调其与众不同的规范特性，此论断目前国际认同度最高。[⑥]为了在上述纷繁复杂且尚未统一的观点基础上，立足北非安全局势勾勒出欧盟角色的真

① Council of the European Union. Report on the Implementation of the European Security Strategy——Providing Security in a Changing World. No. S407/08, 11 December, 2008, p. 2.

② Dandashly, Assem, "The EU Response to Regime Change in the Wake of the Arab Revolt: Differential Implementation", *Journal of European Integration* 37 (1), 2015, p. 39.

③ Manners, Ian, "Normative Power Europe: a Contradiction in terms?" *JCMS: Journal of Common Market Studies* 40 (2), 2002, pp. 235 - 258.

④ Smith, Michael E., "A Liberal Grand Strategy in a Realist World? Power, Purpose and the EU's Changing Global Role", *Journal of European Public Policy* 18 (2), 2011, pp. 144 - 163.

⑤ Hyde - Price, Adrian, "'Normative' Power Europe: a Realist Critique", *Journal of European Public Policy* 13 (2), 2006, pp. 217 - 234.

⑥ Hyde - Price, Adrian, "'Normative' Power Europe: a Realist Critique", *Journal of European Public Policy* 13 (2), 2006, p. 231.

实"轮廓",下文收集并整理了欧盟决策层有关北非安全议题的代表性言论及文本,从代表欧盟发声的话语中剖析、归纳出欧盟角色的确切内涵。

(一) 欧盟的元角色观念

从理论上讲,国际行为体的外交政策目标分为"环境型"(Milieu goals)与"占有型"(Possession goals)两种:前者具有利他主义特质,不局限于索取利益而是格外看重对所处整体环境的塑造;后者强调经验性成果,志在保卫和增加自身收益。沃尔弗斯认为,欧盟作为规范性行为体的首要依据便是以实现"环境型目标"为己任,借助国际机制、组织与国际法追求国际环境的完善以及国际社会共同发展,促进人类普遍安全的实现。[1] 前欧委会主席普罗迪称"欧盟必须为可持续的全球发展不懈努力,唯有如此才能确保自身战略安全不受侵犯"恰好印证了这一点。[2] 具体而言,欧盟将其推崇的规范性原则,包括"和平""自由""民主""法制""人权"五项基本规范和由此衍生出的"社会团结""消除歧视""可持续发展""良治"四项子规范,视为参与国际事务和发挥独特影响的准则与努力方向。[3] 特别是开展周边外交时,2004 版 ENP 开宗明义道"欧盟与周边国家的伙伴关系根植于共享价值观基础上",由是将确认和嘉奖坚持共同价值观的国家作为战略行动计划的政策优先。[4]

仅设定规范性目标并不说明问题,欧盟的"规范性"还体现在其外交政策手段的选择方面。有人坚信"规范性手段"就是对经济、社会、外交、文化等政策工具的综合使用和慎用甚至杜绝武力。还有人认为运用规范性手段不等于完全的非军事手段,开放式的规范性力量建构以制度化感召为主,但也在不断丰富军事反应能力。[5] 也就是说,就欧盟的对外政策而言,合理介入、说服、合作等方式优先于更具强制色彩的"条件性"、制裁或动用武力。纵然目前对规范性手段的界定尚不清晰,但欧盟在对外

---

①　Wolfers, Arnold, "The Goals of Foreign Policy", *Discord and Collaboration: Essays on International Politics*, Baltimore, MD: Johns Hopkins University Press, 1965, p. 73.

②　Prodi, Romano, "2000 - 2005: shaping the new Europe", Speech to the European Parliament, Strasbourg, 15 February, Speech/00/41, p. 3.

③　Manners, Ian, "Normative Power Europe: a Contradiction in Terms?" *JCMS: Journal of Common Market Studies* 40 (2), 2002, pp. 242 - 243.

④　金玲:《欧盟对外政策转型:务实应对挑战》,世界知识出版社,2015,第89页。

⑤　甘逸骅:《欧洲安全合作的规范性权力与角色的建构》,《问题与研究》2007年第4期。

关系尤其是与邻国交往过程中有意与传统强权角色划清界限，依赖有效多边主义、规范性价值扩散、改善总体社会环境等方式避免自身和周边国家利益受损。

最后，真正的规范性行为体所追求的是政策实施后能够产生"规范性效果"。即在规范性手段潜移默化的调控和引导下，对象行为体完成了共有价值观和行为标准从移植到内嵌的过程，规范化的国际环境与世界秩序得以成功构建。就欧盟来说，就是在一些软性议题，如发展援助、经贸往来、气候变化、环境保护等领域频频充当模式和制度观念的输出者，对发展中国家的政治、经济改革乃至与欧盟制度、规则、标准和观念的趋同产生了一定促进作用。

综上所述，无论目标设定、手段选取还是实施效果，欧盟都保有较为鲜明的规范性强权特质。正如巴罗佐所言："我们即便称不上世界上最重要的规范性力量，也当之无愧是其中之一，为世界设定标准就是我们的责任，实际上在诸多国际场合欧盟的确做到了这一点。"[1]

（二）欧盟角色观念的现实主义转向

不可否认，欧盟作为"规范性力量"在涉及对外政策的相关机构组建和改革方面进展显著，在涵盖共同外交与安全政策、共同安全与防务政策、共同贸易政策、发展援助与合作、扩大与邻国和人道主义援助等政策领域成就斐然。然而在具体实践中，仍因有效性及一致性不足而面临"低效率""缺乏可信度""在国际舞台上影响力有限"等困境。[2] 中东北非乱局使欧盟深陷"内忧外困"的尴尬局面，受制于自身能力和政策工具的局限性，欧盟政策的现实主义特质日益清晰。考察目标、手段和效果三个维度可知欧盟此次政策转向特点如下。

其一，目标务实，侧重利己。首先日益从地缘政治、经济等狭隘视角界定自身利益。周边国家乃至全人类共有福祉不再是欧盟利益的天然构成和终极追求，而成为现实利益的附属品。其次，引以为傲的规范性目标遭到弱化，危机面前欧盟决策层及各成员国倾向于在事关自身存续的经济和安全利益而非看似不切实际的"规范性目标"上花费功夫。即便介入北非

---

[1] Richard, Whitman, "*Normative Power Europe：Empirical and Theoretical Perspectives*", Springer, 2011, p. 28.

[2] 王磊：《欧盟对外行动署的制度研究》，上海人民出版社，2015，第6页。

安全事务过程中，欧盟仍不断提及民主、人权、法制、良治等规范的重要性，但它们显然不代表欧盟政策特点的全部，而是与安全、稳定构成相互促进关系，一道推动欧盟维护自身利益。① 最后，在全球治理环节以灵活立场取代对多边主义的坚定支持，强调与"多边"相比，"有效"才是关键，否则将退回双边主义老路甚至不排除走向单边主义。

其二，手段直接，讲求实效。在务实利己的政策目标、成员国立场以及具体政策领域实际能力的三重引导下，欧盟政策越来越直接地服务于欧盟内部需要，而不再主要作为推行规范性价值的工具，且为了围堵新兴力量、维护既得利益显得更具"扩张性"。欧盟最具杠杆效应的政策工具——对外援助为例，其务实转向表现有二，一是从一揽子政策到提倡援助方法、力度和优先性视援助对象实际情况和需要而定；二是注重拓展发展援助的"安全效益"，援助的最终目标不仅停留在减贫，更要减少发展不利诱发的安全风险。具体到安全领域，欧盟一改往日对"柔性"政策工具的依赖和对欧盟共同的安全与外交政策的谨慎使用，一方面以成员国灵活、自由结成小集团的方式提升特定事件中的军事行动能力和防务合作，另一方面强调危机管理和制裁手段在当前周边与国际环境中的重要意义。②

其三，从成效看，现实主义转向使欧盟更注重应对眼前危机，在边境管控、能源供应、市场自由化方面的确小有建树，但若着眼长远则削弱了欧盟作为"善的力量"的国际声誉。原本计划与地中海南部邻国构建的"平等"伙伴关系的目标遥不可及，即便是经营多年而达成的非对称性伙伴关系也难维系，目前看来双方关系当中的"主从意味"日渐浓郁。

（三）阿拉伯之春后指导北非安全政策的欧盟角色观念

阿拉伯世界掀起革命初期，欧盟难以协调来自成员国的多种声音，甚至对北非国家独裁统治者镇压革命、恢复稳定抱有幻想，因此反应十分迟钝，直到本·阿里政权岌岌可危才采取措施。③ 随后的埃及群众抗议中，

---

① Mercan, Sezgin, Conceptualising of European Foreign Policy: The Challenge of the Arab Spring, Paper Prepared for 8th Pan – European Conference on International Relations, 18 – 21 September 2013 in Warsaw, p. 7.

② Lindley – French, Julian, et al., *A European Defence Strategy*, Bertelsmann Foundation, 2004, p. 13.

③ "Tunisie: les propos 'effrayants' d'Alliot – Marie suscitent la polémique", *Le Monde*, 13 January 2011.

欧盟呼吁该国开启和平包容的民主转型进程。而当利比亚陷入危机后，欧盟内部迅速表示坚决支持民众与反对派推翻卡扎菲政权。虽然欧盟对北非国家革命的初始态度呈现出从踌躇到支持的变化，但总体上还是倾向于将阿拉伯之春视为有助于南部邻国彻底完成经济、政治变革，同时促进地中海区域长期稳定且惠及欧盟同阿拉伯世界关系的良好机遇，[①] 试图借机发挥其作为规范性力量的独到政治影响力，将欧洲一体化的原则和经验"外部化"，协助北非国家完成民主化转型并促使它们进一步接受欧盟的价值观。然而随着革命的震荡和衍生的三大安全威胁对欧盟内部安全构成严峻考验，缓解危机和急于避险的心理占据上风，欧盟对北非安全事务的态度显然少了些理想化，以现实性考量主导决策和行为的趋势愈加鲜明。本研究认为欧盟在北非安全事务上的表现根源于"务实的规范性行为体"这一特定角色观念。具体到安全事务的不同层面，又可被解构为四种分支角色（如图 3-2）。

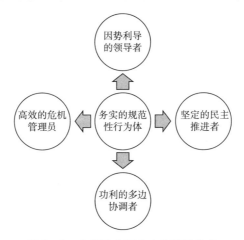

图 3-2　北非安全舞台上的欧盟角色

欧盟的总体角色观念暗含了规范性与务实两个相互对立的因素。鉴于抗议者们"追求民主自由、打击独裁腐败"等呼声与欧盟价值观外交所推崇的自由、民主、多元主义、法制、良治等理念无限贴合，欧盟坚信这是前期意识形态宣传的积极成果，故而倾向于在处理北非安全事务中延续"规范性行为体"的元角色观念，以期加速同化进程并推动地区安全威胁有效解决。但动荡带来的权力真空让 IS 羽翼渐丰，将魔爪伸向近邻欧洲，

① Asseburg, Muriel, "The Arab Spring and the European Response", *The International Spectator* 48 (2), 2013, p. 56.

加之数以百万计的难民从地中海中线进入南欧国家，使欧盟成员国陷入债务危机、安全危机、难民危机和国内右翼势力死灰复燃的内外交困境。

为了迅速脱困，欧盟不得不在安全事务领域对北非采取更为强硬和务实的政策，比思考普（Sven Biscop）称之为"有欧盟特色的现实政治"，[1]具体表现为"3F"方针。一是灵活（flexible）。即一改对周边国家"削足适履"式的统一战略，就北非国家的不同安全局势和改革状况因地制宜提供帮助、寻求合作。有助于合理利用欧盟资源、提高政策效率，进而增强北非国家对欧盟政策的信心与信任。二是专注（focused）。不仅将安全政策部署集中于几个关键或棘手的领域，如非法移民、民主改革、恐怖主义等，还进一步确认了有别于其他行为体的自身角色定位及对 2011 年后新版 ENP 的贯彻决心。三是高速（fast）。表现为调用制裁、民事危机管理和军事行动等"刚性"政策工具频率增加，毕竟相较于着眼长远、起效较慢的"柔性"工具而言，上述办法对北非乱局的处理有望立竿见影。此外，为了克服联盟内成员国对安全事务过分敏感、各执己见，人为延长政策出台和执行时间的缺陷，欧盟采取自由结成立场一致的小团伙和核心国家发挥主导联盟层面加强统合能力等方式，提升对外一致性和反应速率。

北非安全局势的变化挑战了欧盟的规范性并为务实特性的延展预留了空间，由此"务实的规范性行为体"这一角色观念浮出水面，下文将借助 2011 年前后牵涉北非地区的高级代表发言及多份关键性政策文件从欧盟如何扮演领导者、如何应对安全威胁、如何看待北非国家民主改革以及如何理解多边主义与国际合作四个方面进一步完成对欧盟总体角色观念的解读。

1. 因势利导的领导者

阿拉伯之春前：

　　[1] 在国际地缘政治新图景中，欧盟是能够提供稳定、民主、繁荣的有吸引力的一极。通过运行合法的入盟程序和遵守共同价值承诺，我们已将"稳定的净输出者"一职坐实、坐大。[2]

---

[1]　Biscop, Sven, "The EU Global Strategy: Realpolitik with European Characteristics", *Security Policy Brief*, No. 75, 2016, p. 1.

[2]　Javier Solana, "Europe's Place in the World", 23 May 2002, Copenhagen. Available at: http://www.consilium.europa.eu/cms3 _ applications/applications/solana/list.asp? cmsid = 256&BID = 107&page = arch&lang = EN [2016 – 08 – 10].

［2］欧盟有责任为全球公益而努力，这是对欧盟全球角色和雄心的恰当诠释。①

［3］欧盟力争构建繁荣友好的周边环境，由此形成一个邻国"朋友圈"，它们同欧盟保持亲密、和平、合作关系。②

阿拉伯之春后：

［1］调整对地中海南岸国家政策不仅惠及当地国家民众，更多的是使欧盟成为"安全周边环境"的最大受益者。③

［2］伙伴国在改革路径及与欧盟发展关系的雄心及所面临挑战上日益多样化。欧盟更加区别化的政策有助于满足伙伴国不同期待，更重要的是保证自身战略利益。④

［3］欧盟外部行动目前已经形成清晰的指导方针，它们从现实主义的战略环境需要和构筑美好世界的理想主义感召中同时汲取力量。但未来几年，实用主义原则将成为欧盟外部行动的准则。⑤

［4］对国际事务来说，欧盟将是一个负责任的利益攸关者，但必须通过普遍分担和加强伙伴关系才可更好地承担国际重责。为了构建一套基于规则的全球秩序并参与其中，提倡责任共担是题中应有之义。⑥

无论革命爆发前后，"稳定的净输出者""负责任的利益攸关方"等自我定位都暗示着欧盟在地区和全球安全、稳定方面的独特领导意识，这种独特在于方式上，欧盟并未因周边局势和国际社会的颠簸而彻底改变往日"价值观取胜"的传统。基于历史关联和现实利益因素，欧盟国家天然

---

① Javier Solana, "Shaping An Effective EU Foreign Policy", Brussels: S013/05, Konrad Adenauer Foundation, 24 January 2005, p. 1.

② Wider Europe – Neighborhood: A New Framework for the Relations with our Eastern and Southern Neighbors, COM (2003) 1004 final, Brussels, 11. 03. 2003.

③ European Commission, A Partnership for Democracy and Shared Prosperity with the Southern Mediterranean, Brussels: COM (2011) 200.

④ Neighborhood at the Crossroads: Implementation of the European Neighborhood Policy in 2013, https: //eeas. europa. eu/enp/pdf/2014/joint_ communication_ en. pdf [2016 – 08 – 10].

⑤ Shared Vision, Common Action: A Stronger Europe, A Global Strategy for the European Union's Foreign and Security Policy, June 2016, p. 16.

⑥ Shared Vision, Common Action: A Stronger Europe, A Global Strategy for the European Union's Foreign and Security Policy, June 2016, p. 18.

将北非视为"后院",因此发挥领导力和把控局面的欲望更加强烈。但阿拉伯之春以来,安全和稳定对处于革命和发酵期中的北非五国来说都是"稀缺产品";且最初的暴乱过后,各国实际民主化程度相去甚远,为了激励转型,把双方各项合作动议落到实处并从根本上改善安全局势,欧盟在介入北非安全事务时格外强调"区别对待"(differentiated approach)。

这一方面意味着欧盟开始有意识地对革命后国情参差较大的北非国家采取有针对性的安全政策。另一方面表明欧盟将高调贯彻所谓"奖勤罚懒"(more for more, less for less)原则。"奖勤"就是在"积极条件性"基础上给锐意改革、协力欧盟促进地区安全、稳定的国家更多资金援助和一体化优遇。评判标准涉及自由公平选举、基本政治自由、独立司法机构和公平审讯制度基础上的法制、反腐倡廉、安全与执法部门改革并建立相关民主监督机制等。为了凸显对北非国家安全事务的特别关注,欧盟计划额外褒奖力促本国及地区和平、稳定之举,包括以下几个方面:(1)致力于冲突调节,与邻国、分离地带、公民社会运动和其他组织开展对话,减少黩武言论;(2)建立健全保护少数族群权益的立法;(3)实现非军事化;(4)鼓励女性参与和谈及冲突后决策环节;(5)削减军费;(6)践行和平协议;(7)尊重国际法,如国际人权法及与消除冲突相关的各项规定;(8)帮助冲突中离散的人口或内部难民(IDPs)重返家园、提高生活水平、保障政治参与;(9)支持各类和解进程及真相调查委员会工作;(10)为冲突中无辜受害者讨还公道;(11)在爆发冲突的边境地带支持和参与跨境安全合作及维和行动。[1]

"罚懒"即落实"否定性条件限制",其字面含义似乎意味着"疏于改革或举措失利将导致欧盟资助经费缩减和一体化进程放缓乃至中断",特别当一国政府践踏人权、逆民主而行、贪腐盛行或未将欧盟资助款项切实用于国家建设之上时,欧盟应随时做好暂停合作协议和引入其他惩罚性措施如缩减财政支援、减少签证发放的准备。不过以往欧盟很少援引"罚懒"机制,甚至在文件中公开表达"完全不愿启用"之意。也就是说对于那些改革倒退的北非国家,欧盟给出的最差回应即帮扶水平滞留原状不予提升。[2] 阿拉

---

[1] Janning, Josef and Andrea Frontini, "The Arab Spring One Year Later: Voices from North Africa, Middle East and Europe", EPC Issue Paper, No. 69, 2012, p. 26.

[2] A letter by High Representative/Vice – President Ashton and Commissioner Füle to all EU Foreign Ministers dated 3 February, 2012, outlines the implementation of the "more for more" approach.

伯之春某种程度上强化了欧盟"罚懒"的意识，为了提高安全合作的有效性同时遏制某些北非国家的内部冲突，除配合安理会决议进行制裁外，欧盟援用自主制裁手段的次数有所增加。① 希望由此在冲突管理、民主和人权、冲突后制度巩固、不扩散以及反恐等方面提升干预效能，例如对诱发大规模人道主义危机的利比亚进行制裁，再如决定通过制裁与原政权有联系的个人以支持其承认的现有政权。②

可以说，"量体裁衣"的思想和手法贯穿革命后欧盟介入北非安全事务的方方面面，成为欧盟在该地区发挥领导作用的突出特点，充分体现了欧盟对外政策的"务实"转向。毕竟区别对待有助于减少欧盟不必要的精力投放和资源浪费，能够实现精准领导，在帮助北非国家抵御威胁、提升自救能力的同时达到维护自身安全利益的根本目标。

2. 高效的危机管理员

"阿拉伯之春"前：

> ［1］由于当前欧盟以外的很多地方存在恐怖分子并遭受威胁，与包括北非、中东地区的重点国家合作并为其提供反恐支援十分关键。努力解决冲突、促进良治和民主是打击激进主义的良方。③
>
> ［2］欧盟维护地区安全的深层理念恰如在安全战略报告中提到的那样，相信安全目标可以促进发展过程中实现，而安全环境更利于发展，二者一损俱损、一荣俱荣。④
>
> ［3］欧盟提供安全、稳定和可持续发展的能力与同邻国开展密切合作的利益诉求密不可分。⑤

阿拉伯之春后：

---

① Dandashly, Assem, "The EU Response to Regime Change in the Wake of the Arab Revolt：Differential Implementation", *Journal of European Integration* 37 (1), 2015, pp. 37 – 56.

② 金玲：《欧盟对外政策转型：务实应对挑战》，世界知识出版社，2015，第30~31页。

③ European Council, European Union Counter – Terrorism Strategy, 2005.

④ Ferrero – Waldner, Benita, "The EU's Role in Protecting Europe's Security", Speech to a Conference on Protecting Europe, Brussels. Vol. 30. 2006. Available at：http：//europa. eu/rapid/pressReleasesAction. do? reference = SPEECH/06/331&format = HTML&aged = 0&language = EN&guiLanguage = en ［2016 – 08 – 23］.

⑤ European Commission, Communication – Wider Europe— Neighborhood：A New Framework for Relations with Our Eastern and Southern Neighbors, COM (2003) 104 final：Brussels, 11. 3. 2003.

[1] 建立安全、稳定的边界有助于管控移民和确保移民基本权益。欧盟承诺保护（利比亚）所有边境的安全，打击人蛇集团，货物与武器非法走私，欧盟决心采取各种手段应对上述威胁。①

[2] 这或许是各首次深刻意识到联合反恐的重要性。我们将采取前所未有的积极合作态度，与埃及、阿尔及利亚等国启动特别项目提升反恐合作水平，并与以地中海南岸国家为首的邻国，如北非国家、海湾国家等广泛共享情报信息。②

[3] 我们必须对（中东北非地区）新旧冲突做出反应，在"量体裁衣"式的政策反馈中找到诱发各国冲突的根源。③

[4] 促进萨赫勒地区安全和发展对保护欧盟公民的利益以及稳定欧盟内部安全局势意义重大。④

欧盟的危机管理员身份集中表现为安全治理模式从冲突预防到危机管理的偏转。冲突预防存在长期性和间接性，与发展政策、援助政策及周边地区联系政策密切相关，因充分体现了非传统安全行为体不同于其他主体的安全旨趣而成为欧盟在北非的长期安全政策重心。⑤ 2011 年后，北非国家民主改革大业未竟却使多种安全危机向北蔓延过程中，无论速度、规模还是程度都令欧盟措手不及。为此，欧盟进一步加强了在该区域的危机管理措施，如引入稳定工具（Instrument for stability，IfS）、派驻特别代表和工作人员第一时间应对危机，与此同时就具体安全威胁制订配套解决方案等。⑥ 不难看出，欧盟致力于在北非创设一套从计划、预警、立场沟通、政策决定到财政拨款、行动实施再到效果评估的完整危机管理手段。这种讲求及时反应、快速介入、有效遏制并伺机开展和平重建的角色元素日益

---

① Council Conclusions on Libya, Foreign Affairs Council meeting Brussels, 18 November 2013, p. 2.

② Remarks by High Representative/Vice – President Federica Mogherini at the press conference after the Foreign Affairs Council, http：//www. delmne. ec. europa. eu/code/navigate. php? Id = 2867 [2016 – 08 – 23]

③ The European Parliament, on the EU in a changing global environment – a more connected, contested and complex world, 2015/2272（INI）.

④ European Union External Action Service Strategy for Security and Development in the Sahel, 2011, https：//eeas. europa. eu/africa/docs/sahel_ strategy_ en. pdf [2016 – 08 – 23].

⑤ 李格琴：《欧盟安全机制—— 一种社会学视角的分析》，湖北人民出版社，2008，第110页。

⑥ Overhaus, Marco, "Gaps in the Toolbox. The Political Upheavals in North Africa Reveal Deficits in EU Crisis Management", SWP Comments 10, April 2011, pp. 3 – 4.

凸显某种程度上佐证了欧盟的北非安全政策转向"务实"的判断。

3. 坚定的民主推进者

阿拉伯之春前：

[1] 一种天然的本能使欧盟乐于向邻国宣传民主，因为欧盟恰恰是在成员国共享民主的基础上建立的。随着一体化进程加速、联盟不断扩展，我们已经在欧陆构筑了前所未有广阔的自由、民主和稳定区域。欧盟还是"社会充分为公民服务"的典范，在此氛围中，各国政府逐步调整治理方式。为了强化这股民主化势头，欧盟业已提出一系列政策和实施工具。①

[2] 与邻国合作的基础是共有价值（包括民主、人权、法制），接纳共同价值的程度决定了欧盟同邻国的合作深度。②

[3] 民主治理是一种整体性政策，考虑到一国包括政治、经济、社会、文化、环境在内的方方面面。据此，欧盟必须在与第三国交往过程中将民主治理的理念植入其国内各个部门。③

阿拉伯之春后：

[1] 欧盟在捍卫人权和区域内民主力量方面不够坚定。我们中的太多人受制于这样一种幻想，即中东北非地区的独裁政权能够确保地区稳定。这种想法甚至不能算作"现实政治"，最好的评价是"短视"，且是那种为长远发展设障的短视。④

[2] 对阿拉伯之春，我们一方面必须承认先前所犯的错误，另一

---

① Javier Solana, "The Role of the EU in Promoting and Consolidating Democracy in Europe's East", 4 May 2006, Villinius. Available at: http://www.consilium.europa.eu/cms3_ applications/applications/ solana/list.asp? cmsid = 256&BID = 107&page = arch&lang = EN ［2016 - 08 - 24］.

② European Commission, "European Neighborhood Policy: Strategy Paper", Communication from the Commission, COM (2004) 373 final, Brussels: 12 May 2004.

③ 参见 European Commission, "Governance in the European Consensus on Development toward a Harmonised Approach within the European Union"; Tina Freyburg, Sandra Lavenex, "EU Promotion of Democratic Governance in the Neighborhood", *Journal of European Public Policy* 16 (6), p. 916.

④ Füle Štefan, "Speech on the recent events in North Africa", Speech/11/130, Brussels: 28/02/2011, available at http://europa.eu/rapid/press - release_ SPEECH - 11 - 130_ en.htm ［2016 - 08 - 23］.

方面还要学会倾听而非一味强制。欧盟现在的所作所为正是如此，且应坚持不懈践行上述承诺。可以预见的最终成就即为（在中东北非地区）实现"深度民主"。①

[3] 对开始于北非的这次阿拉伯世界革命，欧盟不能只是消极旁观，必须全心全意支持历经革命的民众同样获得被我们视为基本权利的自由。②

[4] 在爆发阿拉伯之春的地区进行国家机构资产去中心化的过程表明如果不能在制定和实施政策、法规时深入接触当地社区，就无法实现真正的民主。③

考虑到革命打破了北非的"民主—稳定"平衡，恢复安全的首要之举即为亮明对地区民主化的态度。冷战结束伊始，欧盟便大量借助传统的外交和对外政策工具，如声明、驻外人员宣传、联合国框架内的决议和干预行动、政治对话基础上的合作与援助项目等，在与北非的对外关系中推进民主化目标。但此宣传攻势颇具"弥赛亚"情结，自由民主在欧盟看来不单是"欧洲模式"的天然特质，是北非国家没有理由拒绝的"必要的善"，其成功经验适合在世界任何一个角落复制；更是欧盟的 ENP 乃至全球战略目标本身，有助于地中海南北两岸和平共处、互利共进。④ 阿拉伯之春爆发后欧盟继续反思了在北非推行民主效果不佳的原因，将其归纳为两点。一是宣传民主和支持地区民主化改革目标不够清晰、明确，相信对常年接受集权统治的北非国家启动政治改革进程不宜用力过猛，否则政权更迭将严重挑战地中海区域安全稳定，且不利于各方继续在反恐、打击非法移民等领域开展合作。⑤ 二是促进北非民主化进程缺乏明确计划，故而多数时候仅将民主口头宣扬为"共有价值"，希望在获得北非国家共鸣的基

① Catherine Ashton, "Speech at the European Parliament", SPEECH/11/608, Strasbourg, 27th, September 2011.

② European Commission, "A Partnership for Democracy and Shared Prosperity with the Southern Mediterranean", Brussels: COM (2011) 200.

③ CoR President in Morocco, "Regionalization Crucial for Democratic Opening and Sustainable growth", 2012 – 06 – 11.

④ Pace, Michelle, "Paradoxes and Contradictions in EU Democracy Promotion in The Mediterranean: The Limits of EU Normative Power", *Democratization* 16 (1), 2009, p. 39.

⑤ Youngs, Richard, *Europe and the Middle East: in The Shadow of September 11*, London: Lynne Rienner Publishers, 2006, p. 233.

础上从旁协助其步入渐进式改革，然而实践中始终处于力度不够甚至缺位状态。①

倡导"深度民主"正是该阶段欧盟尝试"对症下药"的结果，讲求集"尊重法制、言论自由、人权、独立司法、政治公平"与"拥有切实可行的产权和自由贸易联盟"于一体。据此，欧盟认为仅推翻北非旧政权迎来民选政府远远不够，必须从精神实质与制度设置两个层面将民主深入贯彻至北非各国的政治与社会生活之中。② 这一提法从三个方面表明欧盟决心在北非扮演"坚定的民主推动者"一角。第一，深度民主本质上否定了生搬硬套"程序民主"的行为而倡导"实质民主"。透过乱局，欧盟深刻认识到"以工具层面的民主程序取代民主的精神本源"的危险性，可能导致民主在北非国家扭曲、变异，甚至成为维护集团、党派和个人利益的工具，于是乎主张推动"主权在民、从政为民、民权不可侵犯"等精神实质全面复归。③ 第二，推介民主的手法愈加直接和坚决。欧盟不仅公开承认昔日姑息北非独裁政府之错，④ 还将民主的"标签"从"共有价值"替换为颇有绝对真理意味的"普世价值"，⑤ 一方面推出新的推进民主化政策工具，另一方面抛弃了仅与北非国家执政当局"打交道"的原有方式，而将更多注意力置于深度接触社会行为体及亟待培植的"反对派"势力身上。⑥ 第三，宣扬深度民主的最终目标越来越清晰地锁定在利己层面，为了满足欧盟在移民、安全和稳定性等事务上的利益需求而非真正帮助北非国家完成转型，目标的现实主义转向亦有助于强化欧盟在北非国家推进民主的立场和决心。

① Youngs, Richard, "What Not to Do in the Middle East and North Africa", *FRIDE Policy Brief* 70, Madrid, March 2011.

② Catherine Ashton, Speech on main aspects and basic choices of the Common Foreign and Security Policy and the Common Security and Defence policy, Strasbourg, 11 May 2011, http：//europa. eu/rapid/press - release_ SPEECH - 11 -326_ en. htm.

③ 张利华：《当行使民主取代实质民主：从英国脱欧公投看西方民主困境》，《人民论坛》2016 年第 23 期。

④ Füle, Stephan, "Speech on the Recent Events in North Africa", Committee on Foreign Affairs (AFET), European Parliament Brussels, 28 Feb. 2011, http：//europa. eu/rapid/pressReleasesAction. do? reference = SPEECH/11/130 ［2016 - 12 - 13］.

⑤ Noutcheva, Gergana, "Institutional Governance of European Neighbourhood Policy in the Wake of the Arab Spring", *Journal of European Integration* 37（1）. 2015, p. 24.

⑥ European Commission, 2011b, A New Response to A Changing Neighborhood, COM（2011）303. 25 May.

4. 功利的多边协调者

"阿拉伯之春"前：

[1] 我们的安全和繁荣越来越依赖有效多边主义而实现。欧盟承诺拥护并发展国际法，承认《联合国宪章》为国际关系的基本框架。①

[2] 欧盟需在全球事务上力促多边秩序改革。欧盟在安全领域的全部行为都要在联合国总体目标的指导下进行，与此同时还要为欧美跨大西洋伙伴关系以及同其他伙伴国间的合作注入新的活力。②

"阿拉伯之春"后：

[1] 马格里布国家同撒哈拉以南非洲及欧盟之间的关系非常重要。欧盟对马格里布一体化进程的支持恰恰可被置于欧非联合战略的广阔背景下。特别是对和平与安全事务领域的伙伴关系而言，马格里布国家要么直接参与其中，要么密切相关。③

[2] 并没有什么"我们与你们""地中海南北岸"之别。单方面说你们是我们的邻国是不准确的，我们之间互为邻居。因此我们需要就亟待解决的若干问题，如移民、难民等展开充分的双边、多边合作。但有一点不得不澄清，那就是我们的行动、决策、协议等都不能单纯依赖技术评估，而是要以政治选择为基础。④

[3] 在马格里布和中东，欧盟将会支持切实有效的多边合作。欧盟推动务实合作的方式包括在地中海联盟层面解决边境安全、走私、

---

① A Secure Europe in a Better World, European Security Strategy, Brussels, 12 December 2003, p. 9.

② Report on the Implementation of the European Security Strategy – providing Security in a Changing World, Brussels, 11 December 2008, S407/08, p. 2.

③ Joint Communication to the European Parliament, The Council, The European Economic and Social Committee and the Committee of The Regions Supporting closer cooperation and regional integration in the Maghreb: Algeria, Libya, Mauritania, Morocco and Tunisia, 52012JC0036, http://eur – lex. europa. eu/legal – content/EN/TXT/? qid = 1473160260715&uri = CELEX: 52012JC0036.

④ Opening Speech of the High Representative and Vice – president Federica Mogherini at the Informal Ministerial meeting with Southern partners on the future of European Neighborhood Policy, Barcelona, 13/04/2015, http://eeas. europa. eu/statements – eeas/2015/150413 _ 01 _ en. htm.

反恐、防扩散、水与食品安全、能源与环境、基础设施建设、灾备管理等问题，并借助对话和磋商介入爆发冲突的国家如利比亚、叙利亚。[①]

2003 年《欧洲安全战略》首推"有效多边主义"，旨在通过国际法、共同规则和原则减少单边行为，利用自身在多边机制构建中的制度性优势，推广欧洲模式和制度观念，实现自身利益。《里斯本条约》重申了此概念作为实现全球治理和地区领导的工具与欧盟"规范性力量"特性的高度契合。诸多学者认为，多边主义倾向天然存在于欧盟的"基因链"中，是其与美国等传统力量的分水岭。[②] 然而北非乱局中欧盟越来越看重"有效性"，即便多边主义仍是首选，但若效果不佳，欧盟不惜快速改为双边或单边方式。上文中阿拉伯之春后的三段引文，一曰将推动马格里布一体化进程置于欧非合作的广阔背景下；二曰与动荡中的北非国家不分你我，但多边合作与否还要看政治选择；三曰就突出安全威胁采取务实的安全合作方式是践行多边主义的关键。三段文字既强调马格里布一体化、欧盟与其开展安全合作的必要性和重大现实意义，但也充分展露了欧盟在多边与单/双边方式间相机而动的角色特点。

事实上，为了矫正 EMP 及 UfM 的碎片化与低效能，欧盟内部一种声音力主改革，措施包括"另起炉灶"制定一套真正促进欧盟与北非国家互动的新机制，防止其最终退化为西方盟友间博弈和利益交换的平台（如北约、欧洲安全与合作委员会、阿拉伯国家联盟等）；采取开放的外交会议形式，避免陷入 EMP 先制定框架随后缺乏执行力的老路；双边关系应锁定少量政治、安全目标而非笼统设下好高骛远的合作意向；新机制应接纳区域内所有国家，不分敌友，不考虑对欧盟的战略重要性；伺机将跨大西洋维度引入新机制。另外一种声音强调"多边主义不能单独从规范的角度看，必须是符合欧盟利益的战略选择"，[③] 借以挖掘多边主义的局限性，

---

① Shared Vision, "Common Action: A Stronger Europe", *A Global Strategy for the European Union's Foreign and Security Policy*, June 2016, p. 34.

② Elgström, Ole, Leader or Foot - Dragger? Perceptions of the European Union in International Multilateral Negotiations, Swedish Institute for European Policy Studies, Report No. 1, March/2006, p. 31.

③ Schaik, Louise van, Barend ter Haar, "Why the EU is Not Promoting Effective Multilateralism", *Clingendael Policy Brief*, No. 21, June 2013, p. 2.

提倡将双边关系作为实现有效多边主义的关键步骤甚至直接在多边框架之外加强与北非主要国家间接触。① 无论前路为何，以现实政治目的为导向，以应对安全威胁实际效用为标尺的选择早已背离了"规范性行为体"对多边主义原则的强烈认同属性，并将"功利的多边协调者"角色坐实。

通过分析欧盟决策层和重要文件对阿拉伯之春前后北非安全事务的相关表态和指向，至少可以看出四种角色元素将总体角色特质在欧盟－北非安全合作的关键议题中逐一诠释出来。欧盟对自身角色观念的构想是保持规范性特质但又为现实所迫而走向务实。该趋势的积极作用是有助于提升欧盟的应激反馈和常效政策的反应速率、灵活性以及专注度，消极之处则在于侵蚀了欧盟与众不同且视为一体化根基的"规范性"，各成员国在危机中各谋私利，"消费"欧盟的倾向暗暗抬头。总而言之，欧盟的北非安全政策时刻以上述角色观念为指南和标尺，实践过程中的任何偏离或逆转都将破坏政策构想的完整性与有效性。

三　美国、欧盟的角色观念异同比较

鉴于美国、欧盟和北非共处于同一"超级安全复合体"，无论考量各自的外交政策还是着眼于跨大西洋合作层面，它们都在北非安全事务中扮演着不可或缺的角色。阿拉伯之春以来，随五国安全局势骤然恶化，美国"急需国际公信力与合法性的实用主义行为体"与欧盟"务实的规范性行为体"角色观念不仅塑造了两国利益取向相似但内容和操作方式迥异的北非安全政策，某种程度上也左右了二者的竞合关系。

从共性来说，一来美、欧在北非安全事务中的角色观念表面有别，实则同构，均表现为在现实利益与规范性目标间寻求平衡。现实利益上，二者致力于推动北非国家变革向有益于地区稳定、安全和繁荣的方向发展，且视反恐、武器扩散、跨国犯罪、打击伊斯兰极端主义、确保能源供给与贸易往来为共同关切。② 规范性目标上，它们打着支持北非国家培育自主价值认同的旗号而视阿拉伯革命为继续输出西式民主、自由、人权、法制

---

① Jokela, Juha, The G－20: A pathway to Effective Multilateralism? European Institute for Security Studies, *Chaillot Papers*, No. 125, April, 2011, p. 66.

② Archick, Kristin, and Derek E. Mix, "The United States and Europe: Responding to Change in the Middle East and North Africa", CRS Report for Congress, No. R43105, June 12, 2013, p. 24.

等理念进而逐步实现同化的良机。换句话说，美欧角色观念的内在结构基本相仿，不过是依据对革命前后北非安全局势的不同理解和在现实利益与规范性目标中的取舍差异而分道扬镳。

二来美、欧对北非国家革命的表态和政策特点相似。西方视域下，马格里布国家及其周边地区一直是不安全情势的切实或潜在来源。故而双方角色观念中的领导者意识促使他们在 2011 年以前便着手建立了旨在冲突防御、危机管控与安全合作的多重制度机制。革命突发导致双方措手不及，出于维稳考虑，二者起初都对先前的合作伙伴——独裁政权抱有幻想，甚至伸出援手帮助它们镇压抗议民众，但随事态发展，美欧迅速意识到唯有快速接受和支持地区民主化革命才有可能在政权更迭后占得先机，因此不仅公开宣布赞成民众追求自由、民主，推翻集权腐败统治的要求，且通过对外援助、政治往来、军事合作等手段在革命后的北非国家挖掘民主化改革（包括 SSR）、反恐、难民危机等重点安全威胁上的解决途径和合作空间。当然面对北非地区多样化的安全挑战，双方政策都趋向谨慎、灵活，为随时对局势变动做出反馈而预留空间，同时又不真正在意北非国家革命进程中的需求和感受，遇到关键时刻甚至都希望拿对方当挡箭牌，自己则躲在稳妥的暗处。①

三来美、欧的角色观念定位都不同程度遭到内部因素侵蚀，前者在于伊拉克阿富汗战争造成的战争创伤和恐惧感使国内反对过多介入中东北非事务之声强劲，经济衰退等客观因素也让美国力不从心；后者则在于疑欧主义泛滥和成员国对北非安全事务的各执一词。从效果来看，革命爆发后二者均迅速更新了安全政策，但并未从根本上迎合地区变革需要。② 纵然无论美欧都不能决定革命后的地区政治结局，但仅就恢复地区稳定和避免民主化走向歧途等方面而言，其政策都是远远不够的。

尽管上述共性有助于美欧在跨大西洋伙伴关系框架内为推进北非地区和平、稳定、民主与发展，应对来自该区域的安全挑战和建立助力地区稳定的紧密经济关系共同努力，但美欧角色观念中蕴含的差异无疑直接指向

---

① Durac, Vincent, and Francesco Cavatorta, "Strengthening Authoritarian Rule Through Democracy Promotion? Examining the Paradox of the US and EU Security Strategies: the Case of Bin Ali's Tunisia", *British Journal of Middle Eastern Studies* 36 (1), 2009, p. 19.

② Dunne, Michele, and Richard Youngs, "Europe and the US in the Middle East: A Convergence of Partiality", *FRIDE Policy Brief*, No. 149, March 2013, p. 5.

权力博弈、利益争夺、责任分摊不均、战略互疑等，使二者本就"殊途"的角色观念间张力丛生，竞合天平由此偏向竞争一端。

首先它们的角色观念侧重点不同。2010 年版美国国家安全战略报告不再局限于狭义国家安全和政策工具选取，而是着眼于军事能力建设和调用、本土安全、情报与反恐等多重议题，且借助"巧实力"理念将安全、发展、正义等因素有机融入其中。[①] 新安全战略指导下，为避免小布什时代在中东北非地区因"硬碰硬"而造成的损耗，奥巴马政府刻意推广与"提升北非国家的建设能力、社会治理能力及思想舆论管控能力"相关的柔性政策，同时强调非干涉主义倾向（non - interventionism）以弱化该地区日益增强的反美势头，因循巧实力思想打"离岸平衡牌"的特点随阿拉伯之春爆发及"多样性政策"的提出而更为鲜明。[②] 美国深知在北非地区事务中重拾公信力与合法性是霸权护持和确保核心利益的关键，因此巧妙弱化了国家角色观念中的强现实主义侧面。

欧盟恰恰相反，2011 年前后，在债务危机、乌克兰危机、英国脱欧危机、希腊危机、中东北非危机、难民危机的轮番轰炸中焦头烂额，加之内部各成员国间互信降低、认同感疏离、民族主义情绪甚至历史仇恨死灰复燃，故而在介入北非安全局势、解决迫在眉睫的安全威胁及隐患时，欧盟力求"短平快、稳准狠"。另外，危急及救助机制打破了联盟内部借以维系的"形式上的平等"，导致成员国与欧盟间的政治博弈加剧，甚至开始考虑"是否应收回一些已经让渡于欧盟的权力"。2016 年莫盖里尼公布的欧洲安全战略报告更将安全政策的"现实主义"转向坐实。因此阿拉伯之春后的北非安全舞台上，一面是调低实用主义"调门"而在重获公信力与合法性方面下功夫，从贸然推行单边主义行动到在多边合作中幕后指挥的美国；一面是偏离原有规范性特质，注重"务实"应对危机，甚而在ENP 改革中显露单边主义倾向的欧盟，二者用以指导革命后北非安全政策的角色观念虽暂不至于南辕北辙，至少也与无间合作无缘。

其次，角色观念间差异使二者在应对北非安全事务时互相防范，助长

---

① Laurence，Jonathan，"The US - EU Counterterrorism Conversation：Acknowledging a Two - Way Threat"，*US - Europe Analysis Series* No. 44，February 2010，Brookings Institution，p. 8.

② Aliboni，Roberto，"A Transatlantic Perspective on the European Union and the United States in North Africa. Strategic Transitions，Perceptions，and Policy Responses"，*Mediterranean Paper Series*，2012.

了角色间的"不匹配"。欧盟纵然多数情况下依赖和追随美国，但就北非安全事务而言在期待美国继续分担重责的同时怀有另一层考虑，即避免受到美国继伊拉克战争以来在阿拉伯社会日益走低的国家形象牵连，且试图在革命后的北非社会抢占先机。① 美国方面恰好也有此意，认为"密切联欧"将使自己对马格里布国家乃至大中东的政策畏手畏脚。不能让欧盟只享受因地缘、历史与北非亲近而带来的能源、贸易利好，更应将其推至应对安全威胁前线，美国幕后"排兵布阵"，将自身介入成本和负面影响降至最低。② 总之，鉴于二者在北非安全事务中享有的共同价值观和利益取向，"合作说"并非无源之水，然而相互掣肘使彼此角色期待与角色观念间距离拉远，跨大西洋关系对北非地区安全状况改善正面作用极为有限。

　　综上所述，角色观念的同构性使大西洋两岸就北非安全局势开展了上至决策层下至各部门工作人员的广泛交流。2011 年 10 月主管欧亚事务的时任助理国务卿戈登（Philip Gordon）宣称跨大西洋合作是有效回应阿拉伯世界变革的必要起点。③ 美国国务院中东转型办公室负责人泰勒大使及欧盟南地中海地区特使里昂（Bernardino Leon）汇报称，美欧在埃及、突尼斯、利比亚等国合作进展良好。同年 11 月，欧美峰会进一步确认借助跨大西洋发展对话有效帮助北非国家走出危机，重申北非诸国转型所带来的历史机遇以及美欧共促民主发展和地区稳定的合作意向。④ 除口头宣扬外，美、欧切实合作见诸安全和反恐的多项联合行动、欧洲复兴开发银行资助转型项目、与正值过渡期的阿拉伯国家结成"多维尔伙伴关系"（Deauville Partnership）等方面，甚至在 2015 年欧盟—北约联合声明中透露出"防务并轨"共同抵制中东北非安全威胁之意。

　　但是角色观念中共有的地区领导倾向和上文呈现出的异质性导致美欧加速争夺控制权，而新兴经济体的扩张助长了他们之间的竞争关系。以

① Everts, Steven, "The Ultimate Test Case: can Europe and America Forge a Joint Strategy for the Wider Middle East?" *International Affairs* 80 (4), 2004, pp. 665 – 686.
② Archick, Kristin, and Derek E. Mix, "The United States and Europe: Responding to Change in the Middle East and North Africa", CRS Report for Congress, No. R43105, June 12, 2013, p. 2.
③ Gordon, Philip, U. S. Assistant Secretary of State for Europe and Eurasia, "The Democratic Wave in the Arab World: Transatlantic Perspectives", Remarks at the EU Washington Forum, October 27, 2011.
④ Council of the EU, EU – US Summit – Joint Statement, Document 17805/11 Presse 463, 28 November 2011.

2008 年赖斯穿梭于利比亚、突尼斯、阿尔及利亚、摩洛哥四国为信号，美国决定公开直接插手马格里布国家。一方面将其从中东北非一体战略中分离出来，以实施"新经济战略"为起点增强美国在该区域的领导力，另一方面盘算将地中海南岸国家拉入己方阵营，与欧盟东部亲美国家一道构成合围，为己所用。美国此举无疑挑战了欧盟在北非地区的传统领导地位。与此同时，北非的能源重要性使其战略地位特殊，随欧—地多重合作机制建立，以法国为首的欧盟国家加紧扩大和夺回它们在北非的传统势力范围，美国对此不甘落后。控制权争夺与"分蛋糕"过程中的利益冲突导致美欧在该地区的竞争关系愈加突出。

"阿拉伯之春"实际上暴露而不是消除了阿拉伯—伊斯兰世界的内部矛盾，以及旨在解决这些矛盾的政策所暗含的矛盾性。

——亨利·基辛格

第四章 "自我"冲突：美国、欧盟政策失灵的内因

回顾美国、欧盟处理北非安全事务的种种实践不难发现，所谓的"急需国际公信力与合法性的实用主义行为体"及"务实的规范性行为体"角色观念及相应政策面临诸多现实挑战。挑战的首要来源便是二者自身，它们在北非安全事务舞台的角色扮演过程中陷入了三种常见的角色冲突，即角色扮演背离了角色观念和相应政策的初衷、角色扮演能力不足难以达到政策预期以及角色内部要素间存在分歧致使政策效率低下。下文将分别考察美国、欧盟就民主化、反恐及难民危机所提供的具体策略和实践，由此清晰地呈现出三类冲突的存在及其对二者角色的破坏力以及对兑现政策目标的阻碍作用。

一 推进民主化的乱象：角色观念与扮演之差

学界关于推进民主化与安全利益护持的讨论颇多，基德（Andrew Kydd）挖掘民主内在的安全认知与特性，直接称民主国家为"安全追求者"（security seeker）。① 伊肯伯里则相信前者并非仅如一些结构现实主义者所言"站在安全利益的对立面"，设若利用得当，它毫无疑问将成为减少威胁和促进稳定秩序的长期安全政策之一。

鉴于民主对安全的促进作用不仅走"功利驱动"的老路，更能形成"认同驱动"。一来改变他国对国际体系的整体认知，消除信息不对称所造成的安全困境，二来使民主国家团结起来共同迎接来自非民主国家的安全挑战，于是乎美国、欧盟就北非安全事务形成的角色观念中，"民主推进

① Kydd, Andrew, "Sheep in Sheep's Clothing: Why Security Seekers do not Fight Each Other", *Security Studies* 7（1）, 1997, p. 114.

者"不可或缺。它们不遗余力地向广大中东北非地区兜售"自由民主",该模式以一国公民普遍享有有效政治参与权利、选举权和知情权为判定标准,通过法制和人权确保实施。①"9·11"事件促使中东北非地区安全问题热度持续攀升,二者随之加大了推进民主化力度,形成了诸如美国的《自由议程》、欧洲睦邻政策等一系列指导方针。然而无论政策如何,现实中它们在北非始终受到"民主困境"的拷问。其一,如何看待民主—稳定悖论。放眼长远,推进民主化可能成为培育安全利益的战略政策,但短期来看转型国家战争倾向明显,易爆发武力冲突、行为难以预测且易导致背叛同盟甚至危害国际秩序稳定的政权上台。其二,当作为外交政策核心目标的民主与其他利益关切发生冲突时是否坚持贯彻之。②

阿拉伯之春缘起北非恰恰折射出美、欧前期未能为解决此困境交上满意的答卷,即便时隔五年,似乎从未摆脱政策失败的阴影。③ 不可否认二者在此过程中未能注重平衡自身角色观念中暗含的"理想"与"务实"特性,使得角色观念及总体制度构想与其在北非安全现实中的角色扮演间差距较大,以维护地区安全利益为目标地推进民主化政策在"民主困境"之泥淖中越陷越深,成为促使政策走向失灵的动因之一。

(一) 民主还是稳定:美国的选择

作为"急需国际公信力与合法性的实用主义行为体",美国试图牢牢把握民主化这一有助于在北非国家"赢得人心",同时长远看来惠及自身现实利益的重要机遇。2009 年 6 月,奥巴马演讲称"要寻求与广大伊斯兰世界开启以互惠互利、相互尊重为基础的新型关系。美国与伊斯兰国家并非互不相容,实际上它们的行为准则有很多共通之处,如公平与进步、对全人类的包容与尊重等"。2011 年阿拉伯之春爆发后,奥巴马通过"北非国家因个人对尊严意识觉醒、民众政治和经济自决权严重缺乏、新媒体影响力提升和人口构成中青年比重提升而导致革命爆发""波及整个地区

---

① Dahl, Robert Alan, *Democracy and Its Critics*, New Haven, C. T. : Yale University Press, 1989.

② Huber, Daniela, *Democracy Promotion and Foreign Policy*: *Identity and Interests in US*, *EU and Non - Western Democracies*, N. Y. : Palgrave Macmillan, 2015, p. 36.

③ Hanau Santini, Ruth, and Oz Hassan, "Transatlantic Democracy Promotion and the Arab Spring", *The International Spectator* 47 (3), 2012, p. 65.

的革命浪潮不容否认""忽视民众呼声只会助长怀疑政府的情绪""突尼斯和埃及当下正在经历的群众抗议为动荡中的公民社会自行追寻合理有效的民主制度提供了范本，纵然时局变化将或多或少有损于美国的核心利益，美国仍会信守承诺站在我们的朋友和伙伴一边支持北非国家以和平的方式完成民主化转型"① 等话语传递了对北非国家局势预先毫不知情，但坚持顺应民意、协助其完成民主改革，且不予强加的态度，更试图将"尊严和发展"作为推进民主化战略的落脚点和宣传词。②

奥巴马认为"封闭式经济模式"是北非国家的"万恶之源"，民主化第一步就是要用开放的贸易替代纯粹对外援助，用投资取缔扶持。为了配合突尼斯、埃及、利比亚等国转型需要，全面激活发展—民主—安全链条上的各个环节，华府制定了涵盖政治改革、人权和经济改革在内的综合推动民主化战略，资助了一系列关于选举管理、公民教育、政党发展的新项目。

表4-1　美国在北非的推进民主化政策

民主化对象	政策目标	实现途径
公平的政治活动	宪政民主	支持宪政改革
	保障公民权利和政治权利	帮助北非国家接触并了解国际人权公约 支持当地公民社会组织活动
	法制	为公正司法、执法、政府各部门运转和反腐败提供必要的技术支持
代表渠道和民主化共识	实施自由公平的选举	协助出台选举法、规范选举系统 参与助选、对民选过程进行监督
	建立有效的议会、政党，活跃的公民社会组织	鼓励和指导北非国家加强立法机构 扶持重要党派 向各类非政府组织、贸易联盟、商业协会、社会运动等有选择性地提供支持

① Obama, Barack, "Remarks by the President on the Middle East and North Africa." The White House, Washington D. C. 19, 2011.

② Clinton, Hillary Rodham, "Town Hall on the Quadrennial Diplomacy and Development Review at the Department of State", Washington D. C., July 2009, http://www.state.gov/secretary/rm/2009a/july/125949.htm [2016 - 12 - 15].

民主化对象	政策目标	实现途径
公民	独立、公正、强大的媒体	同时促进当地传统媒体与社交媒体的发展并在革命中加以利用
	公民思想政治教育	设置公民教育中心，专门负责宣传民主理念、举办培训和研修班等
	公民包容性	以提供资金、教育等方式重点关照弱势群体，如女性

美国推动北非民主化的政策构想显然秉承了"谦逊的民主推动者"的角色宗旨。然而这种源于救世理想而止于功利目标的角色设定难掩自相矛盾的本质：美国一方面希望改大张旗鼓甚至兵戎相见的方式为潜移默化、从旁引导，继续普及美式民主制度，传播价值观，而将长期受到异质文化主导的北非国家成功纳入美国治下的"国际文化秩序"当中，由此抵消北非政治制度和文化对美国霸权可能造成的威胁，因此无论言论还是政策统统倒向抗议民众；另一方面又在同为"非民主政权"的多个中东北非国家中依据往来亲疏、利益关切程度"画线"，根据现实需要表态。上述特点在亲美—反美政权同时面临革命时表现得更为明显，导致其推进北非国家民主化实践与大肆宣扬的自由民主理念及政策表述间断层丛生。

1. **断层之一：借助非民主手段充当"乱局推手"**

阿拉伯之春爆发在美国看来既是偶然也是必然，偶然性在于爆发时间的不确定性，突尼斯水果小贩自焚扮演了"压垮骆驼的最后一根稻草"，让原本实行"渐进主义"（gradualism），未设置清晰政策路线和时间表，而在推进民主和与独裁政府开展经济、安全合作之间寻租的美欧都措手不及；① 与此同时，革命火种一旦点燃，各国局势的性质、规模、程度远非美国所能把握，且民主之名反倒束缚了美国控制革命节奏和改写政局的能力。未能阻止极为反感的伊斯兰政党上台，如埃及的穆兄会、突尼斯的伊斯兰复兴党足以说明问题。与偶然性相比，美国采取"非民主手段"向北非国家输出民主使阿拉伯之春的爆发和地区局势恶化趋向必然。"非民主手段"包括两种：其一，以武力方式打压甚至消灭"不听话"的政权；

① Hanau Santini, Ruth, and Oz Hassan. "Transatlantic Democracy Promotion and the Arab Spring", *The International Spectator* 47 (3), 2012, p.65.

其二，以金钱、文宣、煽动群众、扶植亲美势力等方式干涉他国内政。出于在北非五国重获公信力与合法性的需求，阿拉伯之春前后，除避免单边行动，转而借安理会授权之名与其他西方国家联手对利比亚卡扎菲及其家人大兴"斩首行动"外，奥巴马政府更热衷于第二种手段。

即便华府每年在北非民主化项目的投入与开展各类外交、军事项目及反恐战斗所需资金数额相比不足挂齿，但仅就阿拉伯之春而言，民主建设活动在促进当地国家形成抗议风潮过程中发挥了鲜为人知的关键作用。据卡内基基金会报告显示，早在 2005 年前后，美国便已在中东北非地区形成较为成熟的推进民主运作机制，不仅责权明确、部署翔实、手段多元，堪称一项系统工程，且纵向构成推进地区民主化的"流水线"，先是决策高层以公开声明或演讲等方式声援北非国家所谓"民主人士"并对该国政府当局反馈指手画脚，随后开展政府层面的外交活动，纵然此举近年来日趋低调，但恰到好处地达到了威逼利诱目的，给区域内国家施压。当政治精英层面铺垫成熟后，最终落实到民间渗透层面。美方政府与第三部门由此分化为筹资和行动执行两套人马，筹资方既包括国务院、美国国际开发署（USAID）和有"第二中情局"之名的全国民主基金会、和平研究所等官方或半官方机构，甚至随安全的私有化进程而将"开放社会研究所"等私人机构吸纳其中。行动方则涉及共和党名下的国际共和研究所、民主党背景的全国民主研究所、挂靠美国商会的国际私人企业中心及依托劳联－产联的国际劳工团结美国中心。此外还有自由之家、爱因斯坦研究所和卡特中心等。他们通过小规模精英培训、提供赴美考察机会，甚而安插眼线适时指控民选舞弊等方式培养亲美反政府的骨干力量。

此次先行革命的北非国家中，相当数量的暴动组织者、骨干、领袖等接受过关于借助新媒体工具动员群众和监督选举方面的特别培训以及相关项目资助。[①] 基于对网络政治手段的深刻认识和催化东欧解体、格鲁吉亚、乌克兰革命所积累的经验，美国更在北非国家培训网络高手方面大做文章，打造所谓"网络阿拉伯联盟"，为宣传非暴力运动思想、前期动员以及革命爆发后各地活动分子关系网的维系以及煽动造势做准备。这些人利用互联网平台发起针对政府当局的"线上抗议"，称革命将催生一个"同

---

① Nixon, Ron, "US Groups Helped Nurture Arab Uprisings", *The New York Times*, April 14, 2011, http：//www. nytimes. com/2011/04/15/world/15aid. html？_ r = 0［2016 – 08 – 24］.

世界其他地区和国家人民一样谙熟现实与虚拟世界规则的年轻一代"所共享的崭新国家。例如，自称是无政府背景的非营利组织——国家民主研究所曾发起名曰"中东北非博主联合"的倡议，试图整合北非地区十分活跃但缺乏统一组织而颇为松散的网络活动家势力，然而事实证明该"民间"组织不过是由美国政府创建、国家民主促进会支持的产物，所作所为带有鲜明的国家政策意图。①

　　除此之外，美国还以技术助力革命。先是在"网络自由化"的呼声中，一个马萨诸塞州的公司研发了一款可匿名阅读网上信息的软件，并打着"在集权国度实现信息共享"的口号将其免费提供给伊朗反政府势力。而这个公司与在突尼斯、埃及革命爆发时帮助他们绕过本国政府网络审查、传播推翻政府"火种"的正是同一个公司。2010 年 1 月，美国政府承诺向研发反监管软件的公司和 NGO 提供至少三千万美元财政支持的计划，获得联邦资助的机构必须无偿向北非等遭受独裁体制控制的国家提供多语言软件及配套使用教程。② 另外，为了配合伊朗民众反政府示威和线上造势，推特故意推迟本该定期进行的网络维护，保持软件畅通，后经证实这一举措由国务院高级顾问科恩（Jared Cohen）授意。③ 阿拉伯之春爆发后，中东民主计划负责人麦肯纳利（Stephen McInerney）直白表示，"我们没有直接赞助街头抗议，但的确为他们提供了技术支持和联系平台，我们的培训对革命爆发确乎意义重大，不过那是北非国家心甘情愿的革命，美国并非发动者"。④

　　可见早在北非诸国踏入"革命酝酿期"时，借助第三部门及互联网手段输出民主，煽动、利用当地民众推翻本国政权，"综合民主推进战略"仅停留在口头等做法便意味着美国已经弃角色观念中的理想诉求于不顾，只以"现实利益"作为行动导引。毕竟对美国来说，在北非地区的当务之

---

① Eric Denécé, *La face cachée des révolutions arabes*, Paris: Ellipses, 2012, p. 22.

② Peter Beaumont, "The truth about Twitter, Facebook and the uprisings in the Arab world", The guardian, available at https://www.theguardian.com/world/2011/feb/25/twitter - facebook - uprisings - arab - libya, [2016 - 07 - 24].

③ Doyle McManus, "Did tweeting topple Tunisia?" January 23, 2011, available at http://articles.latimes.com/2011/jan/23/opinion/la - oe - mcmanus - column - tunisia - twitter - 20110123 [2016 - 07 - 24].

④ Ron Nixon, "US groups helped nurture Arab Uprisings", *The New York Times*, April 14, 2011, http://www.nytimes.com/2011/04/15/world/15aid.html?_r=0 [2016 - 08 - 24].

急一是挽救自身声誉和形象，巩固领导地位，进而同化北非国家、清除"非民主"留下的不安全隐患；二是试图在同欧盟、中、俄争夺地区资源与控制权中占尽先机，给中、俄与北非间日益深化的合作关系"添堵"。于是乎，达成以上目标的最佳途径似乎就是牺牲与独裁政权维系多年的稳定，打着"以民主换取自由、人权和稳定"的幌子调度当地人民的力量。①

2. 断层之二：用双重标准确保利益

正如前文所言，美国推行民主化的重要目标之一便是巩固在北非国家的霸权地位。葛兰西视域下，霸权护持与公民社会密切关联，唯有将对自己有利的信仰和价值观全面推广，不仅外延至一国制度的方方面面，且以意识和经验的形式内化至公民社会中，才可充分实现。为了将政策重心从国家政府和精英阶层进一步移至公民社会，美国试图对内涵丰富、形式与机制多元的民主理念做"简单的抽象处理"，即通过"去政治化"和"脱语境化"而使美式民主成为一种能为各国民众普遍向往和接受的中立价值观，一种对他国政治制度指手画脚的"评判标准"。② 然而，现实中美国对北非五国革命进程的评判和政策反馈显然摒弃了中立、公正原则，转而在以下三个层面采取"双重标准"。

北非五国先后经历了不同程度的革命，华府亟须在独裁老友与"接过民主大旗"的抗议群众间抉择。按理说，言必称民主的美国应毫不犹豫地站在民众一边，然而事实上危急关头美国在乎的不是"谁更加民主"，而是"孰敌孰友"，有时甚至敌友关系都不作数，毕竟"国家间没有永远的敌友只有永恒的利益"。因而当无关乎重大利益的突尼斯爆发革命后，美国决策层虽于本·阿里下台前两天还对外表示"不会选边站队"，但目测其流亡沙特、大势已去后并无片刻留恋，迅速改变口风，为突尼斯街头抗议者连连叫好。③ 至于曾被里根称为"中东疯狗"的卡扎菲，美国对其特立独行和美利之间摇摇欲坠的关系备感头疼，加之利比亚本质上并不是一

---

① Peter Ackerman, "Between Hard and Soft Power: The Rise of Civilian - Based Struggle and Democratic Change", Remarks to the Secretary's Open Forum, Washington D. C., June 29, 2004, https://2001 - 2009. state. gov/s/p/of/proc/34285. htm [2016 - 08 - 30].

② Hobson, Christopher, "Beyond the End of History: The Need for aRadical Historicisation of Democracy in International Relations", *Millennium* 37 (3), 2009, p. 631.

③ Shadi Hamid, "Islamism, the Arab Spring, and the Failure of America's Do - Nothing Policy in the Middle East", *The Atlantic*, Oct. 9th, 2015.

个对美国利益生死攸关的国家，① 故而恰好借打着"民主旗号"的反对派为彻底推翻卡扎菲政权摇旗呐喊、推波助澜，最终呼吁安理会授权，以英法盟友和北约之名公开动用武力除掉了这枚"眼中钉"。反观亲密盟友埃及，"待遇"则极为不同。动荡初期，美国并不急于同穆巴拉克划清界限，希拉里称相信埃及政府的稳定以及回应人民合法需求的决心和能力。穆巴拉克解散内阁后，华府也仅口头施压，敦促其不要失信于民，快速拿出切实可行的方案实现和平有序的过渡。此间出访埃及的总统特使威斯纳仍称穆巴拉克为美国"老友"，表示他的继续领导对转型十分重要。直至穆巴拉克辞职，美国才接受了这一事实，随即迅速"变脸"，极尽溢美之词赞扬"埃及人民以非暴力形式换取自由和尊严、把历史导向正义"。②

若将视线投放到整个阿拉伯世界，美国评判各国政府镇压抗议者行为也遵循两条路线。伊朗与美国对立，美国相信无论接任者为谁，美伊关系都只能比现在更好，故而强烈指摘德黑兰方面镇压抗议者之举并激励抗议者"拿出追求自由和更代表民意的政府的勇气"。但担心第五舰队总部所在地巴林、设有美国海空军基地的沙特、作为美军海外反恐"桥头堡"的也门政权变更后可能损害美国的驻军权，故而对地方性暴动，华府不仅不出面声援，甚至暗地给当局的镇压出谋划策。③ 诺顿（Augustus R. Norton）犀利抨击道："美国不过形式上呼吁改革，它对利比亚、叙利亚的态度与对巴林等盟友截然不同。"④

美国的双重标准不仅用于多个国家，也反映在对一国内的不同政治派别因时而异的态度变化。革命催生了埃及、突尼斯、利比亚等国的首次民选，即便是抗议事态不至恶化的阿尔及利亚、摩洛哥，为平息群众愤懑、稳定统治也纷纷启动修宪和政治、经济发展改革。美国的推进民主化政策向来以输出选举为核心，然而事实上只有当选举结果惠及自身时，才以

① 余国庆：《大国中东战略的比较研究》，中国社会科学出版社，2013，第 162 页。
② Snider, Erin A., and David M. Faris, "The Arab Spring: US Democracy Promotion in Egypt", *Middle East Policy* 18 (3), 2011, p. 50.
③ Mark Landler, David E. Sanger, "U. S. Follows Two Paths on Unrest in Iran and Bahrain", *The New York Times*, February 15, 2011, http://www.nytimes.com/2011/02/16/world/middleeast/16diplomacy.html [2016 – 09 – 02].
④ Norton, Augustus Richard, "Middle East realignment: the Arab upheaval", *Great Decisions*, New York: The Foreign Policy Association, 2012, pp. 5 – 15.

"民主的胜利"相称，否则就借监督选举之机指控舞弊，直至再次煽动人民和反对派力量以"街头政治"的方式使选举结果作废。① 北非多国"变天"后，埃及穆斯林兄弟会、摩洛哥正义与发展党、突尼斯伊斯兰复兴党等政治伊斯兰在阿拉伯世界群体性崛起。② 鉴于它们持有鲜明的反西方、反以色列传统和潜在极端主义倾向，多位学者曾告诫道：鼓励伊斯兰组织参与政治不啻于助纣为虐。③ 对活跃于中东北非政坛上的多股势力，美国明言支持其中自由、温和的派别，反对伊斯兰主义或部族主义的准则，赖斯曾就埃及断言"美国过去不曾、现在没有、未来也不会同穆斯林兄弟会有任何瓜葛"。④ 但当民选把久遭排挤的政治伊斯兰势力从幕后推向台前时，考虑到与新政府建立联系有助于维系在该区域的固有利益，美国借着"尊重人民选择"的由头向其示好，这种积极立场不仅"新鲜"甚至"闻所未闻"。⑤

穆尔西就职后，美国话里话外不再强调政治伊斯兰的反民主、反世俗化和极端主义倾向，国家情报总监詹姆斯·克拉珀（James Clapper）甚至向国会信誓旦旦地保证"穆兄会是一个温和的世俗化倾向明显的组织，不具有暴力倾向，也没有表现的野心勃勃，至少在国际事务层面如此"。⑥ 不过穆尔西的表现显然无法令美国满意，于是2013年7月怂恿埃及军队再次哗变，大肆屠杀穆尔西的追随者，推举世俗派代表塞西上台。纵使人权观察称之为现代埃及历史上最血腥的一次大屠杀，华盛顿仍不为所动。考虑到公开插手可能招致祸患、无法明哲保身，国务卿克里甚至还出面背书，称军队不过是在"修复民主"。此反应显然与其往日"人权卫士"的头衔极不相称。⑦ 由此可知，美国的双重标准归根结底就是以自身利益为

---

① 郭纪：《美国为什么热衷于向世界输出民主？》，《求是》2013年第1期。
② 丁隆：《美国与政治伊斯兰关系探析》，《国际政治研究》2013年第3期。
③ "Should the United States Support Islamists? A Debate with Reuel Marc Gerecht and Daniel Pipes", *Program Brief of the Nixon Center* 12 (7), 2005.
④ Markakis, Dionysis, *US Democracy Promotion in the Middle East: The Pursuit of Hegemony*, N. Y. : Routledge, 2016, p. 177.
⑤ Pierce, Anne R. , "US 'Partnership' with the Egyptian Muslim Brotherhood and its Effect on Civil Society and Human Rights", *Global Society* 51 (1), 2014, p. 75.
⑥ Pierce, Anne R. , "US 'Partnership' with the Egyptian Muslim Brotherhood and its Effect on Civil Society and Human Rights", *Global Society* 51 (1), 2014, p. 75.
⑦ Egypt army "restoring democracy", says John Kerry, 1 August 2013, http://www.bbc.com/news/world-middle-east-23543744 [2016-09-02].

标准，唯有达到对美国唯命是从且能在形式化的民选中获得合法性才有可能真正获得美国支持，并被纳入"民主国家"行列，只要"获此殊荣"便不再有被指控独裁专制、践踏民权的风险。①

总之，"急需国际公信力与合法性的实用主义行为体"角色观念及在推进民主层面"谦逊的民主推进者"角色元素设定天然包含了"理想主义与现实主义"间难以调和的矛盾，这种存在内生性冲突的国家角色观念指导美国在北非的角色扮演时，只会将其务实的一面人为放大，造成理念与实践间彻底脱节。美国在北非利用民主促进安全的计划和重获公信力的构想也正因如此未能成功兑现。

（二）规范输出与现实权宜：欧盟的妥协

欧盟成员国均为民主国家，它们视民主为核心价值且将推进民主化作为 ENP 中最重要的组成部分。② 基欧汉认为推进民主化使欧洲人对自己和欧盟在国际社会的角色感觉良好，有助于增强欧盟的"规范特性"及内部凝聚力、向心力并提升来自外部的认同感和吸引力。③ 有鉴于此，冷战结束以来，欧盟针对南部邻居创设了包括政治对话、民主援助、政治条件性在内的一整套推进民主化机制，旨在通过劝说、能力建设、激励机制等积极手段促进北非国家民主、人权乃至安全情况改善。

欧盟在北非的推进民主化政策依托三个支点。一是人权。它是构建民主社会的基本前提，而民主社会反过来也为个人的自由和发展提供保障。北非国家爆发革命后，欧盟提出的"深度民主"概念再度重申了公民权与人权自由的重要性。二是法制。欧盟关于推进民主化的各类文件中多次提及此问题，如加强司法独立、支持人道的监狱体系、促进宪法和法律改革、提倡废除死刑、负责任的警察制度和武力使用以及反腐败等。为此加大了帮助突尼斯、摩洛哥等国实现安全部门改革的力度。三是政治参与。其核心部分即为助选，欧盟试图协助北非国家制定竞选法律框架并提供技术

---

①   Markakis, Dionysis, US Democracy Promotion in the Middle East: The Pursuit of Hegemony, N. Y.: Routledge, 2016, p. 185.

②   Diez Medrano, Juan, "The Public Sphere and the European Union's Political Identity", In Jeffrey T. Checkel and Peter Katzenstein eds., *European Identity*, Cambridge: Cambridge University Press, 2009, p. 97.

③   Keohane, Robert O., "Ironies of sovereignty: the European Union and the United States", *JCMS: Journal of Common Market Studies* 40（4）, 2002, p. 746.

和物质支持，负责培训当地观察员并派遣欧盟方面专员协助监督选举。除此之外，近年来，欧盟愈加重视北非国家公民社会的作用，强调在政治和社会层面保持社会本身的多元主义特征，特别是非政府组织的积极意义。①

从 2010 年 10 月突尼斯民众走上街头之日起，短短数月，埃及、利比亚、摩洛哥、巴林、约旦、也门等国相继起事。按理说，欧盟当视阿拉伯之春为其民主政策即将在北非走向胜利的标志，在其正式公开声明和新倡议中，欧盟也的确表达了欣慰之情，称"坚持站在渴求自由的民众一边"，甚至提出应酌情修改已有的推进民主化政策，把重心由政府精英转向公民社会。② 然而除更新 ENP、宣布与南地中海国家建立新型伙伴关系的倡议、推出促进民主化的新项目外，若深度观察欧盟在这一时期对先前政策的继承情况和具体实践便会发现，欧盟规范主义行为体的"外衣"越来越难以包裹趋向现实主义的"躯壳"。欧盟的伪善、能力欠缺，手段低效甚至事与愿违而广遭诟病，其角色扮演实则比"务实的规范性行为体"角色设定更加偏离国际公认的"规范性力量"形象。③ 欧盟"说一套做一套"集中体现在如下三点。

首先，继续依赖"乱中取利"的政策模式。阿拉伯之春未竟之功与蜕化为大规模安全威胁昭示着欧盟过去二十年间在北非推进民主化政策的失败。此前，欧盟一方面将民主与发展挂钩，信誓旦旦向北非国家宣称将与它们共享繁荣，帮助南岸国家创造更多就业机会和财富。然而空口许诺并未见过多实效，就业率高居不下和贫富分化日益严重最终导致民怨四起，成为革命爆发诱因之一。与此同时，为了维持周边安全稳定不惜与在国内践踏民主和人权的北非独裁政权成为合作伙伴或盟友，此举的确给欧盟在非法移民管控和确保长期能源供应方面带来些许私利，却在鼓励北非国家民主化和提高人权水平方面进退失据。④ 不仅未对北非国家政治制度改善

---

① Huber, Daniela, Democracy Promotion and Foreign Policy: Identity and Interests in US, EU and Non-Western Democracies, N. Y.: Palgrave Macmillan, 2015, p. 106.

② EC High Representative of the Union for Foreign Affairs and Security Policy, "A New Response to a Changing Neighbourhood", COM (2011) 303, Brussels, 25 May 2011.

③ Börzel, Tanja A., and Vera Van Hüllen, "One Voice, One Message, But Conflicting Goals: Cohesiveness and Consistency in the European Neighbourhood Policy", *Journal of European Public Policy* 21 (7), 2014, pp. 1033 – 1049.

④ Bicchi, Federica, "Democracy Assistance in the Mediterranean: An Overview", *Mediterranean Politics* 14 (1), 2009, pp. 61 – 78.

发挥规范性影响，反倒使独裁政权从民主援助和其他支持中捞足物质利益和生存保障，变相稳固了统治地位。[1] 阿拉伯之春无疑堪称欧—地民主、人权合作关系的转折点，欧盟承认先前未能妥善处理与北非政权的关系，犯了追求短期稳定胜过长期民主的"目光短浅"之谬，[2] 随后迅速推出以深度民主和政治改革为核心的一系列政策倡议。

但事实上革命仅推翻了几大独裁者，却未能建立起有效的民主政权，"非民主"国家仍在地中海南岸占据主流。考虑到新任政权是否与欧盟国家交好尚不可知，贸然切断旧有联系成本高昂，且短期内势必不利于该区域恢复稳定，欧盟仍不甘心完全从与独裁政府合作的路径中抽离出来。为了调和其"坚定的民主推进者"角色与密切结交北非"非民主"之间的矛盾，时任扩大事务专员富勒（Štefan Füle）提出用"现代化"和"良治"最终取代"民主"的策略。原因在于一方面虽然北非新当权者们未来仍可能拒绝实施任何或将有损于自身统治的改革、合作方案，但现代化和良治不触及政权性质变更同时又有助于独裁政权借机招揽人心，极易获得新统治者的好感；另一方面对欧盟而言，该表述不单更为贴切地总结了其在北非推进民主化的长远意图且免去了"与独裁政府谈民主"的尴尬处境，可谓一举两得。[3] 由此可知，政策之外，欧盟并未严格兑现"坚定的民主推进者"角色，打击、钳制、改造北非非民主政权，而是在实践中延续了先前妥协、拉拢的姿态。纵然酌情提升了同单个北非国家的民主、人权合作强度，但热衷与独裁政权联手的总体路径变数不大。[4]

其次，新政策语焉不详。阿拉伯之春后欧盟在对外表述和内部政策改进上雄心勃勃暂且不提，与北非国家的民主和人权领域合作难言变革。"新伙伴关系"因立足于原有 ENP 而难以摆脱先前的种种"纰漏"。一是推进民主化的"标准设定"上仍缺乏明确公开的时间表、具体行动前的情

① Vera van Hüllen, *EU Democracy Promotion and the Arab Spring International Cooperation and Authoritarianism*, N. Y. : Palgrave Macmillan, 2015, p. 44.

② European Commission and High Representative of the Union for Foreign Affairs and Security Policy (2011f), A New Response to a Changing Neighbourhood, Brussels: COM (2011) 303, 25 May 2011.

③ Vera van Hüllen, *EU Democracy Promotion and the Arab Spring International Cooperation and Authoritarianism*, N. Y. : Palgrave Macmillan, 2015, p. 196.

④ Dennison, S., "The EU and North Africa after the Revolutions: A New Start or 'Plus ça change'?" *Mediterranean Politics*, Vol. 18, No. 1, 2013, p. 128.

况调查和数据收集等环节安排以及所有成员国对联盟决策的坚定承诺。归纳起来，欧盟有关阿拉伯之春的重要文件将政策标准定为在北非国家实现"更高水平的人权与治理""保证充分监督下自由、公平的选举"，这些至多是流于表面的"伪标准"（superficial pseudo‐benchmarks），无法为欧盟的实践提供参考依据。①二是新政策仍延续了旧版 ENP 所依托的制度基础，坚持同北非国家统治精英以"激励"和"合作"的方式展开积极互动。纵然推出了"深入与全面自贸协定"（DCFTA）、流动性伙伴等新激励机制，但授予标准始终缺乏详述。"推进民主与共享繁荣的伙伴关系"其实只是给先前与南部邻国的"优先级"伙伴关系提法冠以新"名号"而已。另外，此次对北非国家的政策调整中，欧洲议会公开呼吁将"罚懒"作为"奖勤"顺理成章的后续，② 然而欧委会和理事会均避免提到"罚懒"。为了践行"自下而上"推进北非国家的民主和人权的发展的构想，欧盟改革了民主与人权倡议项目并新设了"邻国公民社会工具"及民主基金会，但事实上大部分资助仍集中流向政府间合作渠道。③

最后，对民主的实际支持意愿有限。阻碍欧盟扮演"坚定的民主推进者"的因素有二。一则诸如法国、意大利、西班牙等成员国热衷于同集权统治下的北非国家保持亲密关系。出于自身安全和贸易利益需要，它们实际上不愿迫使北非国家走上真正的民主改革之路。与此同时以德国、波兰为首的一批国家更倾向于将欧盟的资源和注意力重点投向东部邻国，希冀在东扩过程中获得施展政治抱负的舞台、安全保障与前景广阔的巨大市场。在它们看来，以推动北非国家民主改革的方式提升欧盟软、硬实力远没有支持中东欧国家回归和融入那般立竿见影，故而配合联盟决策的意愿十分有限。动力不足导致欧盟一面口头坚持推进北非民主化，一面做出一系列有违承诺的举措。二则南部邻国事务固然是欧盟经费的优先投放之处，但仅侧重于非法移民、恐怖主义和教育等集中反映欧盟利益的领域，政治改革和民主化转型显然没能出现在优先资助名单前列。欧盟在北非民

---

① Schumacher, Tobias, "The EU and the Arab Spring: between Spectatorship and Actorness", *Insight Turkey* 13（3），2011，p. 112.

② European Parliament, European Parliament Resolution of 23 October 2013 on the European Neighbourhood Policy. Towards a Strengthening of the Partnership. Position of the European Parliament on the 2012 reports（2013/2621（RSP））（Strasbourg）.

③ van Hüllen, Vera, *EU democracy promotion and the Arab Spring: International cooperation and authoritarianism*, NY: Palgrave Macmillan, 2015, p. 194.

主转型事务上成为"言语上的巨人,行动中的矮子"严重影响了欧盟作为规范性力量和民主推进者的信誉及形象。

总之,与其"坚定的民主推动者"设定、积极的政策文件和对外表述相比,实践中欧盟不过对 ENP 中的推进民主化和人权部分做了边角调整,或曰修饰性的而非根本性改革。[①] 有人据此否定欧盟的"规范性力量"称谓。[②] 客观而言,欧盟仍相信民主和平论和现代化理论,将民主、社会经济发展与和平视为并育不害的整体性目标,[③] 相应地推进民主化政策某种程度上不失为"规范性议程",不过主要体现在妇女问题、人权保护等无关核心利益的领域。[④] 与真正迎来北非国家民主化相比,欧盟更在意上述政策能否惠及自身安全、福利与法制。有鉴于此,在北非推进民主化的各项政策看似"高调""积极",实则并未得到有效落实,角色观念中对民主的珍视和推重与在北非获取现实利益相比愈显黯淡无光。

(三)"言行不一"与美欧的民主化政策失利

角色观念是现实情境反馈与自身价值理念的结合体,往往部分或全部呈现于角色的扮演环节。角色扮演则指行为体在特定决策和行动方针指导下的具体外交实践。通常而言,行为体的角色观念可由决策者对"自我感知"的表达推导出来,[⑤] 而他们的表述与行动同等重要,即便称前者为后者的"精髓"或"灵魂"都不为过。[⑥]

总体而言,北非时局给美欧推进民主化政策带来的最大挑战莫过于

---

① Boserup, Rasmus Alenius, and Fabrizio Tassinari, "The Return of Arab Politics and Europe's Chance to Engage Anew", *Mediterranean Politics* 17 (1), 2012, pp. 97 - 103.

② Karakir, Irem Askar, "Limits of EU Democracy Promotion in the Arab Middle East: The Cases of Egypt and Morocco", *Uluslararasl Hukuk ve Politika* 10 (38), 2014, p. 58.

③ Sedelmeier, Ulrich, "The European Neighbourhood Policy: a Comment on Theory and Policy", in K. Weber, M. E. Smith and M. Baun eds. *Governing Europe's Neighborhood. Partners or Periphery?* Manchester: Manchester University Press, 2007.

④ Sedelmeier, Ulrich, "The European Neighbourhood Policy: a Comment on Theory and Policy", in K. Weber, M. E. Smith and M. Baun eds. *Governing Europe's Neighborhood. Partners or Periphery?* Manchester: Manchester University Press, 2007.

⑤ Holsti, Kalevi J., "National Role Conceptions in the Study of Foreign Policy", In Walker, Stephen G. eds., *Role Theory and Foreign Policy Analysis*, Durham: Duke University Press, 1987, p. 12.

⑥ Le Prestre, Philippe G., *Role Quests in the Post - Cold War Era: Foreign Policies in Transition*, Canada: McGill - Queen's Press - MQUP, 1997, p. 14.

"如何既防止地区国家陷入混乱导致引火烧身，又能恰到好处地激发并利用公民社会的革命热忱和民主向往，以最少的代价实现民主与稳定双丰收"。① 为此，美欧勾勒了"急需国际公信力与合法性的实用主义行为体"和"务实的规范性行为体"的角色观念图景，落实到推进民主化方面，双方多项言论均传达了充当"民主的谦逊支持者"及"坚定的民主推进者"之意愿，但反观阿拉伯之春前后对北非国家革命的反应和配合局势需要进行政策调整后的实施情况则与角色观念设置大相径庭，甚至南辕北辙。

纵使早在"9·11"事件后西方国家就普遍将中东北非国家转型提上议程，其民主化政策仍因多重利益冲突而更多停留在口头和形式上，实施效果堪忧。个中原因部分在于美国和欧盟始终坚持只有当推进北非国家民主化不至挑战二者及其盟友在该地区任何一项核心利益时，如油气资源自由流动、开展军事／贸易活动、苏伊士运河通航、商业基础设施合同签署和兑现，特别是在区域内的安全保障和移民、军事、反恐、防扩散等方面的合作等，此项政策才能顺利实施并体现价值。② 换句话说，牺牲长期合作的独裁老友帮助北非国家彻底迎来民主不过是美、欧大搞价值观攻势和形象工程的踏板之一，与对地区稳定和维护自身安全利益的热烈渴求相比，民主化最好是辅助性的、渐进的。辅助的意义在于当经济和安全危机的内外双重打击下美、欧物力力量不足以维系在北非国家的领导力时，共享对"民主"的认同和诉求还能使它们的霸权和利益护持具备转圜余地，甚至成为博取民心的加分项。追求渐进式改革则是因为：一则能给美欧继续审时度势同独裁政府保持双边或多边往来提供借口；二则突发性革命缺乏理念根基和社会其他配套机制的辅佐，极有可能导致在当地群众基础较好但奉行极端主义、仇视西方的伊斯兰政党趁机上台，而这是美欧最不愿见到的。③

另外还需澄清的是，即便美国、欧盟在北非国家民主化转型的问题上同时遭遇了"角色观念与角色扮演"不符的冲突，导致阿拉伯之春后五国民主状况毫无突破，也不表明可视二者对民主的理解和在北非的政策安排

---

① Markakis, Dionysis, *US Democracy Promotion in the Middle East: The Pursuit of Hegemony*, N. Y.: Routledge, 2016, p. 187.

② Hanau Santini, Ruth, and Oz Hassan, "Transatlantic Democracy Promotion and the Arab Spring", The International Spectator 47 (3), 2012, p. 66.

③ Pace, Michelle, "Paradoxes and Contradictions in EU Democracy Promotion in the Mediterranean: the Limits of EU Normative Power", *Democratization* 16 (1), 2009, pp. 39 – 58.

为等同。细致观察可知，它们的民主化政策确乎在价值取向方面存在共性，麦克福尔甚至认为民主促进的本质在全球范围内已然趋同，[①] 特别是美国负责推进北非国家民主的主要机构——USAID 将法制、人权、选举、公民社会、媒体、负责且透明的治理确定为促进可持续民主的重点区域，[②] 与欧盟在 EMP、ENP、UfM 中多次重申的核心价值不谋而合，更显立场一致。但不可否认的是，践行价值标准的方法差异使二者联手解决角色冲突绝非易事。一来欧盟成员国对民主的诠释不尽相同，在市场主导型经济、充足的社会福利、审慎与参与等理念之间各有偏重，故而在推进北非民主化过程中，欧盟比美国更注重通过各式文件、领导人发言等给予民主清晰界定和搭建制度框架。[③] 二来美国格外关注北非国家权力的去中心化和动员公民社会，欧盟则担心唇亡齿寒而热衷于"国家能力建设"，[④] 美国在北非国家暗地煽动革命，一旦转型开始又不愿过多介入的做法不仅威胁"后院稳定"，更使欧盟长期希望构筑的"国家能力建设攻势"摇摇欲坠，变相影响了欧盟与南部邻国间的一体化进程甚至欧盟自身的繁荣稳定。

　　综上所述，鉴于角色设定不同，美、欧在北非以民主求稳定的具体政策和实践显得共同但又存在区别。不过在此过程中，二者均因所作所为与角色观念设置及政策构想不符而深陷困境，且脱困意愿和方式大相径庭甚至经常出现利益碰撞或政策相互抵触的情况。自身未能克服角色冲突之余美欧之间的分歧不断增生，无疑加速了二者的推进民主化政策走向失灵。

二　反恐的困境：角色扮演能力有待提升

　　阿拉伯之春为新旧恐怖组织在北非潜滋暗长、充实阵容并对外输出恐怖提供了土壤。随着阿尔及利亚多地爆炸和人质遇害惨剧、利比亚的"变质"和西奈半岛恐怖势力难除，"阿富汗化的非洲"（Afrighanistan）成为全球圣战主义延伸出的"新疆域"。英国前首相卡梅伦预言打击北非伊斯

① Magen, Amichai, Thomas Risse, and Michael McFaul, eds. , *Promoting Democracy and the Rule of Law: American and European strategies*, New York: Palgrave Macmillan. 2009, p. 118.
② USAID, 2011, "Democracy & Governance", Available at http: //www. usaid. gov/our_ work/democracy_ and_ governance/ [2016 - 09 - 02].
③ Kurki, Milja, "How the EU Can Adopt a New Type of Democracy Support", Madrid: Fundación para las Relaciones Internacionales y el Diálogo Exterior, FRIDE Working Paper 112.
④ Huber, Daniela, "Democracy Assistance in the Middle East and North Africa: a Comparison of US and EU Policies", *Mediterranean Politics* 13 (1), 2008, pp. 43 - 62.

兰武装将成为一场"几代人的战争"。无独有偶，希拉里也警告西方国家小心处置恰似"潘多拉魔盒"的萨赫勒地带。为此美欧等国不得不加大政策调整力度和用于地区反恐的资金、资源、人员投入，谨防伊斯兰武装分子趁乱联合，彻底把北非变成攻击西方的大本营。^① 可见革命诱发的地区混乱和权力真空为恐怖势力趁势"东山再起"创造了条件，此话不假。不过客观而言，多数中东北非国家在和平抗议中迎来变革无疑给极端组织散布关于"暴力是该区域'改头换面'的唯一途径"等言论以有力还击，更重要的是北非国家均不同程度亮明了与西方联手反恐的积极态度，甚至一贯拒绝配合的阿尔及利亚也欣然支持，这些因素变相给美欧等主要反恐力量提供了提升反恐政策效能的新契机。^②

鉴于北非地区的恐怖主义情势有变，开展反恐行动的地区环境亦随之调整，美国、欧盟均在原有政策基础上进行了充实和完善，然而从实施情况看，上述努力收效甚微。《华盛顿邮报》一度尖锐指出西方国家"制订了宏伟的反恐计划，投入成千上万美元，却依然走向失败"，^③ 甚至陷入了"愈反愈恐"困境。在此过程中，尽管二者扮演地区安全稳定锚和高效危机管理员的意图和决心较为明确，但暴露了角色扮演能力不足的缺陷，一方面制定反恐宏观战略和具体对策的能力有待提升，另一方面协调自身、东道国和盟友立场，调度各方资源为我所用的能力亦需弥补。

（一）美国在北非的反恐方针与能力欠缺

由于与阿尔及利亚、利比亚等国历史关联有限、能源供应尚无威胁且地区恐怖势力大多依托本土、活动范围狭窄，美国对马格里布国家的反恐事务一度不甚关注。^④阿拉伯之春扭转乾坤，2012 年美国大使班加西遇害一案和 2013 年发生于因阿迈纳斯天然气田的恶性人质绑架事件让美国彻

---

① Adam Robert Green and Eleanor Whitehead, Jihad in North Africa: the Arab Spring effect, http://www. thisisafricaonline. com/News/Jihad - in - North - Africa - the - Arab - Spring - effect［2016 - 09 - 23］.

② Lilli, Eugenio, "The Arab Awakening and US Counterterrorism in the Greater Middle East: A missed opportunity", *Journal of Terrorism Research* 6 (2), 2015, p. 17.

③ U. S. Counterterrorism Effort in North Africa Defined by Decade of Missteps, Craig Whitlock, *The Washington Post*, February 4, 2013.

④ Daniel L. Byman, Terrorism in North Africa: Before and After Benghazi, July 10, 2013, https://www. brookings. edu/testimonies/terrorism - in - north - africa - before - and - after - benghazi/［2016 - 09 - 23］.

底注意到 AQIM 这个"长期蛰伏于阿尔及利亚境内，近年来屡屡杀害西方人质、在萨赫勒及马格里布地区实施野蛮攻击的本土化恐怖组织"的危险性。① IS 利比亚分支粗具规模甚至大有号令、培训各地恐怖分子之势，毫无疑问一再唤醒美国对阿富汗的惨痛记忆。于是乎，为了兼顾美国新一轮战略收缩计划与北非地区恐怖主义甚嚣尘上的情势需要，奥巴马试图在反恐领域继续深化"退出战略"，用"威慑性防御"取代"扩张性"成分，从而增强反恐的灵活性与合法性，最终实现"以退为进"的目标。②

1. 奥巴马的北非反恐策略

后阿拉伯之春时代，奥巴马的北非反恐策略主要包括三个方面。

第一，进一步明晰打击目标。2011 年奥巴马推出的《国家反恐战略》报告仍将美国当下面临的最突出安全威胁锁定为基地组织及其分支。2015 年国家反恐中心主任拉斯姆森（Nicholas Rasmussen）警告称，"IS 崛起丝毫不意味着基地组织在北非地区威胁美国核心利益的能力有所下降，种种打击 IS 之举诚然合理合法，但基地及其多重分支目前仍是美国反恐战略的首要打击对象。我们不会因 IS 分散精力而改变击败'基地组织'的初衷"。③ 当然在澄清"优先性"的同时美国决策者也通过行动表达了多国联合共同消灭 IS 的"急迫性"。2016 年 8 月，美国拉长了追缴阵线，将攻击范围从叙利亚、伊拉克延至北非据点利比亚，开始对 IS 主要盘桓区域——沿海城市苏尔特实施空中打击。五角大楼发言人库克（Peter Cook）表示"无论 IS 在哪里冒头，我们都会坚决打击，利比亚作为受害区之一，此次行动仅为开端，只要利方政府有需求，未来类似空袭不会停止"。④

第二，调整并重申参与北非反恐的基本原则和行动方针。就原则而言，美国首先要继续贯彻诸如构建负责任的政府、尊重人权和自由、在安全与信息透明之间找到平衡点等核心价值观。其次，配合整体"退出战

---

① Chivvis, Christopher S., and Andrew Liepman, North Africa's Menace: AQIM's Evolution and the US Policy Response, Policy Response, *RAND Corporation Research Report*, 2013, p. 2.

② 黄平、倪峰主编《美国问题研究报告（2012）》，社会科学文献出版社，2012，第 114 页。

③ NCTC Director Rasmussen, Statement for the Record, "Worldwide Threats and Homeland Security Challenges", House Homeland Security Committee, October 21, 2015.

④ Emmons, Alex, U. S. Says New Bombing Campaign against ISIS in Libya Has No "End Point At This Particular Moment", *The Intercept*, August 2, 2016. https://theintercept.com/2016/08/01/u-s-says-new-bombing-campaign-against-isis-in-libya-has-no-end-point-at-this-particular-moment/ ［2016-09-20］.

略"而注重适当责任转移。换句话说，为了降低本土遭受来自基地或 IS 直接报复的风险，美国有意避免站在"风口浪尖"。秉承该原则的直接结果便是充分利用多边机制，提升盟友与北非当事国的参与力度，此举对减轻美国负担和增强行动合法性均不无裨益。最后，促进政府各部门通力合作，在不与美国法律、价值观和长期战略相冲突的基础上，根据北非局势需要调度情报、立法、军事部门参与地区反恐。

具体行动过程中，奥巴马政府力争践行上述原则，倚重手段包括两种。其一，军事力量。纵使伊拉克、阿富汗反恐的血泪教训让美国充分意识到单凭武力难获安全，就尚处革命乱局中的北非国家来说更应避免过度依赖军事手段，但当下美国发起对利比亚 IS 据点新一轮空袭客观上表明了军事手段的不可或缺。不过较之先前打响地面热战而言，奥巴马政府为减少伤亡和损耗力争推广无人机的使用，借助其高效侦查、情报快搜、精准定位和发射武器弹药的强大功能，把握恐怖组织异动、伺机摧毁"巢穴"或定点清除危险头面人物。其二，通过外交接触特别是援助手段帮助遭受恐怖势力搅扰的北非国家提升反击能力。外交活动除依赖美国与北非国家政界的定期会晤、磋商、交换意见外，军界在其中也异常活跃。国防部试图同北非相应部门密切协同，帮助利比亚政府培训安全力量，重建国家秩序，且与摩洛哥、阿尔及利亚、突尼斯保持频繁军方往来，建立安全对话和伙伴关系，使之与美国共享反恐目标、情报和工具，并一道为加强边境安全而努力。一系列海外反恐援助项目和反恐伙伴基金（Counterterrorism Partnerships Fund）等提供了必要保障。以 2015 年为例，用于加强萨赫勒－马格里布国家边境安全的投资为 3600 万美元，提升地区反恐伙伴能力投入不少于 2800 万美元，情报人员支持约合 700 万美元，其他林林总总加在一起高达 1.13 亿美元，2016 年则提出了 2.62 亿美元的预算要求。[①] 此外，美国还向北非主要国家提供高额发展援助，希望通过支持改革、重建，促进关键性社会、政治、经济制度与基础设施的完善及强化，从源头遏制恐怖势力蔓延。

第三，提升反恐行动合法性，重塑可信度与榜样力量。受到总体角色观念中对合法性和公信力的需求，奥巴马力争消除小布什时代强硬措施给

---

① Counterterrorism Partnerships Fund, Department of Defense Budget Fiscal Year (FY) 2016, March 2015, http：//comptroller. defense. gov/Portals/45/Documents/defbudget/fy2016/FY2016_CTPF_J－Book. pdf ［2016－09－20］.

国家形象造成的负面影响。相关举措一则指向完善立法，如就《使用军事力量授权》（Authorization to Use Military Force）的必要性和适用性展开讨论，以防滥用此权而使美国长期处于战时状态；意识到若使用无人机不当将破坏安全利益和隐私价值观间的平衡，故而奥巴马于2013年签署了旨在提升无人机使用透明度、严格规范使用程度和目的的《总统政策指导》；国会提出用法律指导和规范与中东北非反恐有关的情报获取活动；等等。①二则加强反恐中的监督与授权，严格规范武力打击恐怖分子的程序、程度和手段选择，并配套监督和问责制度，防止无辜人员利益受损。

在"急需国际公信力与合法性的实用主义行为体"角色观念引导下，美国的反恐希冀"借助技巧性的迂回措施最终实现完全脱困之目标"。但鉴于民主化革命力有未逮，反而给恐怖主义滋生提供温床的北非现实，美国谈及"彻底抽身"为时尚早，注重运用"巧实力"成为其对基地、伊斯兰国双面出击的核心策略。即一方面继续在军队部署、培训和武装当地力量、财政支持及反恐项目启动方面保持积极态度，另一方面注重调用"意志和思想"武器，努力削弱恐怖组织通过多重宣传手段特别是网络传播而在民众间形成的蛊惑力及煽动性，并加紧修复美国的北非地区形象，"通过道义正当性、行为示范的能力、谦虚和自制的态度创造出安全的环境"。② 与此同时，时刻谨记"树大招风"的道理，尽量让美军避免过度卷入海外事务，转而号召、辅佐盟友及地区伙伴国踏上反恐第一线填补缺位，减轻自身成本和潜在风险。③ 美国由此看似告别了小布什反恐的"宗教使命感、意识形态偏见和黩武主义"，却因能力有限、半途而废而埋下深远的安全隐患。④

2. 反恐中角色扮演能力不足导致失败

美国的反恐政策调整充分彰显了角色观念设定中对公信力和合法性的渴求以及对实用主义路径的因循。但若观察在北非的各项反恐举措，不难

① Stafford, Alexandria, *Rising Terror Groups in the Middle East and North Africa*, N. Y. : Nova Science Publishers, 2015, p. 37.

② The White House, Country Report on Terrorism 2011, April 2012, p. 5.

③ Humud, Carla E. Al Qaeda and US Policy: Middle East and Africa, Congressional Research Service Report, No. R43756, August 11, 2016, p. 12.

④ Alex de Waal, Why Obama's $5 Billion Counterterrorism Fund Will Actually Support Terrorism, Boston Review, June 11, 2014. https://bostonreview.net/blog/alex-de-waal-obamas-5-billion-counterterrorism-fund［2016-09-20］.

发现阿拉伯之春实则加重了美国的力不从心，无论是战略适应、国内共识还是策略安排都存在硬伤，难以达到"安全稳定锚"角色观念、北非严峻的反恐任务以及相应政策目标的需要。

不足之一：战略缺失

上文提及了奥巴马任内对北非恐怖主义泛滥的一系列政策调整，但这种变革与其说是战略上的，不如说是小布什反恐政策基础上的策略和实施手法微调。尽管政策阐释和政治交往范畴突出了公共外交、推进民主化、加强立法等"柔性"手段的积极作用，并将惯常倚重的"刚性"军事手段置于其后，然而一旦恐怖势力严重侵扰美国在北非的核心利益，奥巴马断然采取越境打击、无人机轰炸等强力措施。同时还批准了彼得雷乌斯将军提出的"把军事间谍活动推广至整个伊斯兰世界且配备特种部队"的倡议。①继承小布什惯用手法，武力打击恐怖势力的决心毫不逊色。2015年底随着伊拉克、叙利亚剿灭IS进入白热化状态，奥巴马政府甚至不顾先前做出的"避免过多海外军事介入，特别是警惕军队涉足他国领土"的承诺，有意直接派兵攻打IS。防长卡特（Ash Carter）就此称"美国坚定支持伙伴国适时出击IS，也不排除美军直接参与此类行动，实施空中打击或地面作战的可能性"。②2016年美国再次以清除苏尔特附近IS据点为名空袭利比亚境内。上述事实均表明，奥巴马的反恐政策本质而言仍立足于既往战略和美国政府一贯推行的反恐方法之上，③未能形成新的战略框架。阿拉伯之春以来美国主张"弱化足迹"，试图杂糅无人机精确打击、特种部队突袭、培训小而精的地方兵力作战单元于一体，消灭恐怖组织核心领导人从而导致组织"瘫痪"。这种缺乏宏观战略理论支撑的反恐策略短期似乎能抑制恐怖分子的嚣张气焰，但长此以往则不利于美国决策层和民众，乃至瞩目美国一举一动的国际社会明了其未来的反恐方向和潜能，为国内提供建议和舆论支持、国际社会在该地区的反恐合作设下障碍。到目前为止，战略不足直接导致了美国在北非反恐政策的短视、失败，甚至诱

① Jack Goldsmith, "How Obama Undermined the War on Terror, New Public", May 1, 2013, https：//newrepublic. com/article/112964/obamas - secrecy - destroying - american - support - counterterrorism ［2016 - 09 - 21］.
② Paul Mcleary, "New Obama Strategy for Fighting the Islamic State Involves More Boots on the Ground", Foreign Policy, October27, 2015.
③ 季澄：《美国2011年全球恐怖主义形式报告浅析》，《国际资料信息》2012年第9期。

发些许"副作用",变相助长了恐怖势力。①

不足之二:策略纰漏

美国在北非反恐中的战略缺失姑且不谈,即便仅着眼于"应急"策略,也存在诸多纰漏,影响了实施效果。反恐策略失当主要体现在两个方面。第一,制定和执行策略时仍固守北非和萨赫勒地区的"国家边界",仅在个别情况下着重考虑诸如中东、马格里布国家、萨赫勒地带、非洲等地域分野。AFRICOM 等负责协调地区安全事务的机构尚未在反恐实践中有效统筹"国别考量"与"跨界威胁"之间的关系。美国派驻北非各国的机构与官员考虑到开展工作的便利性,大多选择性忽视恐怖势力间的共性与关联,倾向于依据国界人为划分"反恐片区",仅从"所在国"角度理解和部署反恐事宜。难以应对北非日益浮现的恐怖主义跨国活动网络②之余破坏了美国反恐策略的整体意义与联动效应,变相纵容了北非地区的恐怖势力迅速结成超越国界的往复怪圈。③

第二,美国在北非的反恐策略中,援助手段尤为关键。但现实中,由于援助程序缺乏有效的实施指导、监督与惩处机制,即便设有"条件性"门槛,往往也无法使钱款在协助地区反恐中实现效用最大化。北非爆发革命后,美国向牵涉国家提供资金、培训和装备反恐特种部队等且整体上调援助资金数额。然而事实上,资金与精力的大量投放非但没能带来相应的"安全回报",反而助长了腐败、冲突、警察国家以及更为复杂和根深蒂固的恐怖主义威胁。缺乏使用指导和监督的援助资金在如下情形中被滥用:(1)受援国政府假借反恐之名,据本国甚至统治阶级政治目标需要开展军事行动;(2)军事反恐致使无辜受害的当地民众,特别是年轻人凭着不顾一切或报复心理投身极端组织;(3)安全合作极易为受援政府制造"灰

---

① David Sedney, "America's Counterterrorism Policy is Failing", *Time*, Jan. 21, 2015, http://time.com/3676321/americas-counter-terrorism-policy-is-failing/ [2016-09-21].

② 华盛顿近东政策研究学会近期研究发现突尼斯和利比亚已成为叙利亚内战中自杀式爆炸袭击者的主要来源,不亚于先前大量输出激进分子的沙特阿拉伯。马格里布国家的人员补给、利比亚的军火流转为地区恐怖势力拓展创造条件,原本逡巡于阿尔及利亚境内的AQIM 在利比亚境内频频作案,利比亚乱局加剧影响到南部的马里,而马里恐怖势力嚣张反过来又在阿尔及利亚、尼日尔等地挑起事端。由此可见,北非地区的恐怖势力俨然已经跨越国界,勾结成网。

③ Daniel L. Byman, "Terrorism in North Africa: Before and After Benghazi", July 10, 2013, https://www.brookings.edu/testimonies/terrorism-in-north-africa-before-and-after-benghazi/ [2016-09-23].

色预算"提供时机。由于反恐援助数额可观，且其使用无法置于群众监督和民主问责之下，安全部门与政界要员不愿"专款专用"并有意掩藏钱款去向者甚众，即便的确用来打造"反恐"部队，但这支队伍最终很有可能沦为支持国家腐败和职权滥用的"走狗"，甚至直接站到民主的对立面。深入援助北非反恐第一线的美国官员承认"不健全的监督和奖惩机制不仅促使反恐援助遭到滥用，美国在北非一些地区建立的反恐设施也可被当地势力据为己有，例如利比亚境内一武装组织攻击了美国训练基地并顺势偷走大量特殊武器装备与交通工具，此外还有一些美国出资培训的本土反恐特种部队成员转投恐怖组织，导致联合反恐策略难以奏效"①。

不足之三：畏手畏脚

阿富汗、伊拉克战争泥淖让美国在海外反恐方面趋于谨慎，而2012年9月11日美国驻利比亚大使班加西遇袭身亡后，美国变得愈加畏手畏脚，甚至仅将派驻当地的机构、外事人员和特工的活动范畴局限于首都的少数安全地带，此举的确有效降低了美方人员、财产遭受损失的风险系数，但同时也意味着华府方面自行脱离当地群众，难以了解他们的真实想法并获取潜在支持之余，大大阻碍了反恐意识教育、检举与自保技能培训工作的开展，为恐怖分子借机给民众洗脑、利用警监人员不备之机大肆作案创造了条件。实际上，2013年一起试图攻击意大利驻利比亚使馆的案件便是由一位警惕性较高、支持反恐的当地市民发现并报告的，可见因缺乏胆识而脱离群众无疑不利于危机预警、搜集情报、及时阻止恐袭预谋并维护美国利益。

除此之外，过度保护外交人员使美国不得不提升对伙伴国情报部门的依赖程度。与摩洛哥的情报共享差强人意，但阿尔及利亚的合作意向就值得怀疑了，而利比亚、马里等国情报服务能力尚弱，难以把控全国局势，过度依赖这些国家提供情报难免导致反恐失利。② 若放眼长远，美国在北非国家的"退出"和"胆怯"某种程度上增加了其遭受意外袭击或无法及时把握恐怖势力发展动向的风险，嚣张的圣战组织甚至可能由此察觉到

① Alex de Waal, "Why Obama's $5 Billion Counterterrorism Fund Will Actually Support Terrorism", *Boston Review*, June 11, 2014.

② Daniel L. Byman, "Terrorism in North Africa: Before and After Benghazi", July 10, 2013, https://www.brookings.edu/testimonies/terrorism-in-north-africa-before-and-after-benghazi/ [2016-09-23].

美国的怯懦而在北非或世界其他地区更加无所顾忌地实施破坏。

不足之四：难成合力

实用主义角色观念指引下，美国十分讲求维护北非安全政策的多重平衡，如量力而行与捍卫国家利益和所信奉的价值之间，政策话语、国家资源与战略目标之间，其中海外利益需要与国内支持亦为不容忽视的一对平衡关系。[①] 而就后阿拉伯之春时代美国的北非反恐实践而言，国内掣肘导致反恐内生性动力不足，总体能力下降成为政策失利的诱因之一，集中表现在两个层面。

其一，决策层内部意见不合。负责非洲事务的助理国防部长维基·赫德尔斯顿（Vicki Huddleston）反映美国政府内部对究竟如何处理崛起于北非地区的基地组织分支和其他恐怖组织这一问题始终存在分歧：五角大楼常常迫切希望诉诸直接军事行动，提倡帮助地区内国家共同反恐；而国务院方面则力主容忍基地分支的存在，牵制而非出兵消灭。两方分歧并未随北非事态日趋严峻而得到缓解，美军官员不满于外交口限制其行动的权利，然而最终结果往往是进一步失信于美国派驻该国的大使。一位不具姓名的前美军特别行动队成员透露称"军方不习惯和国务院或其他部门打交道，我们是真枪实弹参战的一方，却必须由他们（外交人员）操纵全局"。[②]

其二，民众反对。小布什时期陷入反恐泥淖使美国民众"闻战色变"，金融危机导致经济下滑、失业率上升、社会问题丛生，进一步加剧了美国民主的"内顾倾向"。皮尤研究中心调查表明，2013 年高达 52% 的受访者认为"本国事务才是当前首要，插手别国事务毫无必要"，纵然独立以来美国民众便会根据国内社会情势周期性显露孤立主义倾向，但该比例为 1964 年以来同类调查结果中的最高值（如图 4－1）。[③] 2016 年，此数值继续攀升至 57% ,[④] 故而谈及派出部队卷入北非反恐的地面作战，美国民众

① Lowenkron, Barry F., Mitchell B. Reiss, "Pragmatic Primacy", *The National Interest*, September – October 2016.

② U. S. Counterterrorism Effort in North Africa Defined by Decade of Missteps, Craig Whitlock, *The Washington Post*, February 4, 2013.

③ "Public sees U. S. Power Declining as Support for Global Engagement Slips: America's Place in the World 2013", *Pew Research Center*, p. 5

④ "Key Findings on How Americans View the U. S. Role in the World", May 5, 2016, *Pew Research Center*, http: //www. pewresearch. org/fact – tank/2016/05/05/key – findings – on – how – americans – view – the – u – s – role – in – the – world/ ［2017 – 09 – 23］.

反对大于支持。

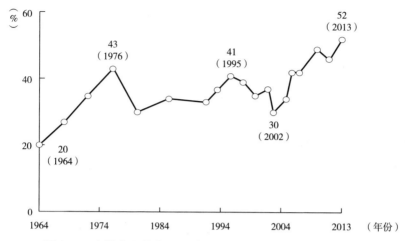

图 4 - 1 支持美国"内顾"而非扮演"世界警察"的人数比例

资料来源：Pew Research Center, "Americans want to mind their own business", July 29, 2013, http://www.pewresearch.org/fact-tank/2013/07/29/americans-want-to-mind-their-own-business/。

不足之五：互相猜忌

奥巴马自上台以来便标榜"有效利用伙伴关系，反恐路径回归多边合作"，并于《国家反恐战略报告》中承认"就当前形势来看，单枪匹马消灭任何一个有损于美国安全利益的恐怖组织都是妄想，必须同盟友特别是当事国共同分担重责"。阿拉伯之春后，美国倡议加强同区域内大国同时也是 AQIM 策源地的阿尔及利亚以及盟友法国的反恐联合。但着眼现实，美国与伙伴国间的双向信任和诚意明显不足，反恐合作缺乏根基。

阿尔及利亚是北非军事强国，其情报机构充分掌握有关地区内伊斯兰主义者关系网的各项信息，但自冷战起阿国便加入苏联阵营，坚决抵制西方大国插手自身事务，对美国发动伊拉克、阿富汗战争、军事干预利比亚内战等行为更是心怀不满，因此与美国关系疏远，隔阂颇深，对于美方先前提出的多项合作动议均愤然拒绝。① 反恐堪称有效打通双方合作渠道的"关节"，"9·11"事件爆发至今，美阿的反恐情报共享关系趋于稳固。不过鉴于阿政府有操纵包括暴力恐怖分子在内的恐怖团体，走向"国家恐怖

① Craig Whitlock, "Algerian Stance Spoils U. S. Strategy for Region", *The Washington Post*, January 18, 2013.

主义"的"案底",华盛顿方面拒绝将侦察机在北非地区上空收集到的情报与之全面共享,[1] 对其提供的情报半信半疑。更糟糕的是有传闻称阿方情报机构尚与马里激进组织"伊斯兰卫士"、阿恐怖组织"血盟军"等藕断丝连,加之几次合作中阿尔及利亚都未显示出诚意,如向美国提供一份参与基地组织活动的 3000 人名单,实际上只有 500 人左右属实,其他均为与阿政府有嫌隙的人;再如 2013 年拒绝与美国协商共同解救人质的要求,随后未告知美国便粗暴开展营救,导致 35 名人质死亡。[2] 以上种种致使双边反恐合作倡议有余,信任不足,联合反恐构想在实践中大打折扣。

(二) 欧盟在北非的反恐部署及能力不足

"9·11"以来,无论是作为直接受害者(如遭遇 2004 年"马德里三一一爆炸案"、2005 年"伦敦七七爆炸案"),还是在中东北非本土爆发严重恐怖袭击事件后承受连带打击,都表明欧盟成员国始终是活跃于地中海南岸的伊斯兰恐怖分子的潜在攻击对象。2003 年欧洲安全战略将反恐列入首要威胁行列,并强调周边国家走向脆弱之于欧盟反恐的不利影响;2008 年,关于安全战略的实施报告断言恐怖主义威胁并未彻底根除反而以更为复杂的形式出现,由此强调与伙伴国加强合作的重要意义;阿拉伯之春爆发后,北非安全局势恶化让欧盟寻求与新政权联合反恐的意愿更为强烈。[3] 2016 年莫盖里尼的最新安全战略特别强调与北非国家、当地公民社会、社会行为体、私营部门甚至恐袭受害者全面结成反恐伙伴关系同时开展跨宗教、跨文化对话的必要性。[4]

鉴于北非恐怖主义的自身演化以及欧盟民意纷纷指向反恐,各成员国逐步明确了放弃部分短期利益,谋求联合行动的必要性与紧迫性。[5] 欧盟

① Whitlock, Craig, "U. S. Counterterrorism Effort in North Africa Defined by Decade of Missteps", *The Washington Post*, February 4, 2013.

② Lake, Eli, "Why Algeria Didn't Warn the U. S. About Its Hostage Raid", *The Daily Beast*, January 19, 2013.

③ Dannreuther, Roland, "Developing the Alternative to Enlargement: the European Neighborhood Policy", *European Foreign Affairs Review* 11 (2), 2006, p. 198.

④ Shared Vision, "Common Action: A Stronger Europe", *A Global Strategy for the European Union's Foreign and Security Policy*, June 2016, p. 21.

⑤ Wolff, Sarah, Nicole Wichmann, and Gregory Mounier, *The External Dimension of Justice and Home Affairs: A Different Security Agenda for the European Union?* Routledge, 2013, p. 138.

通过技术支持、资助和培训介入北非地区反恐事务，[1] 并遵循四项原则：
（1）切断极端组织和恐怖势力人员招募；（2）保护欧盟公民和基础设施
免受恐怖袭击；（3）密切跟进和调查恐怖组织及核心人物；（4）回应业
已爆发的袭击，试图将损失降至最低。[2] 总体而言，欧盟继续秉承规范主
义者的角色特质，采取建议、说服、支持和引导的方式帮助北非国家自行
建立安全部门，形成安全意识并提升维护本国安全的能力，争取从根源上
提升北非国家政治、经济、社会发展水平，堵住因贫困、失业、民主化等
问题而为恐怖主义滋生预留的"缺口"。

　　尽管欧盟在一系列反恐政策补充和项目推进中强化了充当"高效危机
管理员"的意愿，然而"大包大揽式"的口头承诺难掩无力兑现的事实。
一来与北非国家缔结的联系协议中仅埃及、阿尔及利亚涉及反恐条款，二
来在情报共享、获得北非国家信任、跳出传统的双边反恐模式并挖掘多边
合作潜能等方面障碍重重。[3] 即便革命爆发后，在支撑欧盟对北非安全部
署的核心政策框架——ENP中，除《对变化的周边采取新的应对策略：欧
洲睦邻政策回顾》特别谈到了继续加强反恐合作的必要性和通过社会改
革、经济政策工具对抗极端主义的决心，其他文件并未过多提及，甚至沦
为IS北非大本营的利比亚，其ENP进度报告备忘录中亦无"恐怖主义"
字眼。[4] 鉴于反恐牵扯到国家主权及安全等敏感话题，地中海南北两岸国
家都各有打算，因此更多依赖双边形式。[5] 欧盟层面的反恐政策显然仅停
留于技术支持或干脆"曲线救国"，放弃直接反恐转而调用经济、社会手
段帮助北非国家构筑不利于恐怖主义生发的国内环境。

　　无怪乎有人直言欧盟不过是虚张声势的"纸老虎"，而非得力的反恐

① Wolff, Sarah, "The Mediterranean Dimension of EU Counter – terrorism", European Integration 31 (1), 2009, p. 137.
② Sinkkonen, Teemu, "Counterterrorism in External Action：The EU's Toolbox for Responding to Terrorism Abroad", FIIA Briefing Paper129, May 2013, p. 4.
③ Kaunert, Christian, and Sarah Leonard, "EU Counterterrorism and the European Neighbourhood Policy：an Appraisal of the Southern Dimension", *Terrorism and political violence* 23 (2), 2011, pp. 286 – 309.
④ Watanabe, Lisa, "EU – Maghreb Counter – terrorism Cooperation：the Need for a More Holistic Approach", GSCP Policy Paper 24, December 2011.
⑤ MacKenzie, Alex, Christian Kaunert, and Sarah Léonard, "EU Counterterrorism and the southern Mediterranean Countries after the Arab Spring：New Potential for Cooperation?" *Democracy and Security* 9. 1 – 2, 2013, p. 147.

伙伴。① 欧盟角色顶多算是"有存在感",与"高效的危机管理员"设定相去甚远。其中,能力不足成为导致欧盟角色观念难以成功转化为角色扮演的核心原因之一,让各成员国在联盟层面达成与北非的联合反恐共识后便将多边倡议搁置一旁,仍倚重相对驾轻就熟的双边合作路径。②

1. 欧盟的北非反恐政策

恐怖主义难以遏制的跨国特征使反恐日益成为欧盟同地中海南岸国家合作的优先议题。《巴塞罗那宣言》中明确提及签署国应"加强在防御和打击恐怖主义方面的通力合作,特别是要推动国际机制迅速获得国内立法机构审批并加以贯彻落实"。③ 2005 年欧盟出台《欧盟反恐战略》(European Union Counter – Terrorism Strategy)及指向北非的《欧洲—地中海反恐行为守则》(Euro – Mediterranean Code of Conduct on Countering Terrorism),不仅提出了地中海两岸国家联合反恐、打击相关犯罪行为的目标、宗旨和行动方案,被认为是到目前为止欧—地对话的"最大成就",④ 且依据"战略优先性"和"地缘亲进度"设置阿尔及利亚、摩洛哥为重点合作对象,它们不仅饱受北非恐怖组织,如 AQIM 的困扰,且与前宗主国法国利益密切相关。⑤ 2009 年正式生效的《里斯本条约》再度涉及反恐领域,彻底打破欧盟赖以运转的"三大支柱"框架结构(depillarization),使欧委会在司法内政事务领域享有新权力。不过相较于对外反恐政策而言,此条约更注重对内部署,⑥ 并未勾勒出欧盟海外集体反恐的基本图景。其他有关欧盟在北非地区反恐事务中的定位、与第三国建立伙伴关系、协

---

① Bures, Oldrich. "EU Counterterrorism Policy: A Paper Tiger?" *Terrorism and Political Violence* 18 (1), 2006.

② MacKenzie, Alex, Christian Kaunert, and Sarah Léonard, "EU Counterterrorism and the Southern Mediterranean Countries after the Arab Spring: New Potential for Cooperation?" *Democracy and Security* 9.1 – 2, 2013, p. 149.

③ Xenakis, Dimitris, and Dimitris N. Chryssochoou, *The Emerging Euro – Mediterranean System*, Manchester University Press, 2001, p. 76.

④ Euro – Mediterranean Partnership, 10th Anniversary Euro – Mediterranean Summit, Barcelona, 27 – 28 November 2005, Annexes. Doc. EURO – MED 2/05, November, 2005.

⑤ Wennerholm, Peter, Erik Brattberg, and Mark Rhinard, "The EU as a Counter – terrorism Actor Abroad: Finding Opportunities, Overcoming Constraints", EPC Issue Paper No. 60, September 2010, p. 8.

⑥ Renard, Thomas, "EU Counterterrorism Policies and Institutions after the Lisbon Treaty", Center on Global Counterterrorism Cooperation, Policy Brief, September 2012.

调一致和援助等事宜一概由欧盟对外行动署（EEAS）专门负责。[1]

阿拉伯之春爆发后，北非地区恐怖主义带来的安全威胁势头不断升级、外溢。通过重新评估 AQIM、IS 等恐怖组织的直接或潜在威胁程度，欧盟致力于进一步提升与北非国家情报、警察、司法、财政部门的合作力度，重视在该区域（特别是利比亚）应对恐怖袭击紧急情况的外部行动部署。与此同时切实贯彻 2014 年 10 月出台的《欧盟叙利亚及伊拉克反恐/外籍作战人员战略》，在严打外籍人员投靠恐怖组织和加强欧盟与马格里布国家交流方面不懈努力。具体而言，阿拉伯之春以来欧盟的北非反恐政策涉及七项任务（如图 4 - 2），集中表现在四个方面。

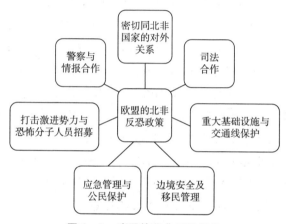

图 4 - 2 欧盟的北非反恐任务

首先，迎合北非反恐局势需要而在原有政策、职能基础上继续深化反恐在欧盟层面的重要性和执行力。对此做出几项改进。（1）情报一直被视为反恐合作的起点及关键，[2] 反恐专家皮勒（Paul Pillar）认为情报工作目标应从确认恐怖分子身份推广至预先获取一切可能造成恐怖袭击的个人或组织的相关信息。[3] 有鉴于此，将"欧盟情报分析中心"（EU INTCEN）打造成欧盟地中海联合反恐战略情报处中枢的计划恰为题中应有之义。

① Sinkkonen, Teemu, "Counterterrorism in External Action：The EU's Toolbox for Responding to Terrorism Abroad", *FIIA Briefing Paper*129, May 2013, p. 4.

② Sloan, Stephen, "Meeting the Terrorist Threat：The Localization of Counter Terrorism Intelligence", *Police Practice and Research* 3（4）, 2002, p. 337.

③ Pillar, Paul R., *Intelligence and US Foreign Policy：Iraq, 9/11, and Misguided Reform*, New York：Columbia University Press, 2011, p. 115.

（2）考虑到边境安全和人员流动成为北非恐怖分子"回流"至欧盟境内的重要渠道，欧盟于 2015 年召开司法和内政部长理事会非正式会议并出台"里加联合声明"（Riga Joint Statement），倡议与包括北非国家在内的反恐合作重要第三方共同制订交换"乘客姓名记录数据"（PNR）的可行方案，严防严打试图出入境的恐怖分子。① （3）提升对利比亚境内非法储藏和贩卖轻小武器行为的打击力度，使《武器贸易条约》的制定和完善再上新台阶。（4）以地中海两岸国家间成立决策者与安全专家沟通网络为出发点，欧盟反恐协调员和 EEAS 为强化欧盟地中海小组（Euromed group）有效打击外籍人员加入恐怖组织的职能而计划召开部长级会议。② 与此同时，增派安全/反恐专家前往欧盟驻部分北非国家的代表处，发挥其与地方当局、公民社会沟通联络的能力和优势，从而快速提升欧盟的海外反恐能力。

其次，支持北非国家自身反恐能力建设。为此计划在 Europol、Eurojust、Frontex、欧洲警察学院的通力协作下注重培养北非国家执法、刑事司法能力与公正性，力促安全部门改革。另外，帮助它们掌握危机基础设施建设、危机与紧急情况反应、边境管控、航天安全、战略沟通、打击极端组织、阻断恐怖组织人员招募及钱款获得渠道等多项反恐必备技能。

再次，协助北非国家"策反"激进分子与暴力极端分子。吸引区域内志同道合的国家加入欧委会启动的"警惕激进网络"（Radicalization Awareness Network）项目，并拓展"外联战略"。一来促进地中海两岸国家的反极端主义者随时交流有关回击恐怖主义宣传、警惕极端分子滥用网络社交媒体等经验；二来将欧盟国家用以感化本土激进新纳粹和右翼极端分子的经验施用于感化伊斯兰激进思想分子，引导他们放弃伊斯兰极端思想并重新融入社会，从根源上阻止 AQIM、IS 等进一步在北非扩充势力；三来力争推动欧盟同北非国家间的跨宗教对话、公民社会对话、学术和文化交流，特别注重发挥非政府组织，如安娜林德基金会、阿布杜拉国王跨宗教及跨文化对话国际中心（King Abdullah bin Abdulaziz International Centre）及大型政府间国际组织如联合国文明联盟（UN Alliance of Civilizations）等推动跨文化交流的优势。

---

① European Union Foreign Affairs Council Conclusions on Counter – terrorism，Council Ref：CL15 – 019EN, 9 February 2015.

② European Union Foreign Affairs Council Conclusions on Counter – terrorism，Council Ref：CL15 – 019EN, 9 February 2015.

　　最后，强化与重点国家间的反恐伙伴关系。此举既涉及与北非国家密切往来，如同阿尔及利亚、埃及、摩洛哥、突尼斯开展指向性明确且不断升级的安全与反恐对话，进而缔结旨在劝阻外籍战斗人员加入北非恐怖组织的反恐行动方案并与阿拉伯国家联盟、伊斯兰合作组织、非洲联盟及其他相关区域协调框架，如萨赫勒五国组织等保持政治对话。同时也提倡与重要国际反恐伙伴通力协作，为此 2014 年欧盟分别以组织和成员国身份加入了美国组建的"反伊斯兰国国际联盟"；同年在北约威尔士峰会中，6 个欧盟国家（法、德、意、波、丹、英）与澳大利亚、加拿大、土耳其、美国决心共同致力于"阻止伊斯兰国向前推进的"艰巨任务；① 2015 年 2 月还携手美国、加拿大、澳大利亚、瑞士、挪威、日本召开了关于如何阻断 IS 融资的研讨会。

　　在欧盟看来，阿拉伯之春后的一切北非反恐举措之重心都置于避免"圣战主义者借中东北非及萨赫勒地区地盘而实现大联合"（jihadist condominium）的目标之上，而这种可怕的局面已在北非初露端倪。法国一反恐官员就此置评道"防止上述情形发生在北非对欧洲国家至关重要"。如果不慎一语成谶，那么后者将不可避免成为恐怖组织的首要报复对象，正因如此，北非是欧盟反恐一役必须严守的防线。②

2. 欧盟反恐政策之不足

　　开辟利比亚为北非新据点的 IS 向欧盟屡屡展开血腥的报复式袭击，欧盟不仅毫无防备，甚至还面临分裂困境。③ 2015 年 11 月 13 日巴黎遭遇"黑色星期五"，对 IS 来讲袭击欧盟核心大国颇具象征意义，堪称组织发展历程中"里程碑式"的事件。此次挑衅彻底"激怒"了欧盟，使各国在联盟层面勠力同心且将"北非反恐大业"正式提上日程，然而紧接着2016 年 3 月的布鲁塞尔连环爆炸案无疑是对欧盟"迟缓的亡羊补牢"一个巨大嘲讽。

　　为有效抑制恐怖势力在北非"抬头"，欧盟提出的新举措已在数个场

① Understanding the rise of ISIL/Da'esh (the 'Islamic State'), Briefing, European Parliamentary Research Service, 17 March 2015, p. 5.
② Bruce Crumley, "Europe's North African Terror Threat", *TIME*, Apr. 20, 2007, available at http://content.time.com/time/world/article/0, 8599, 1613233, 00.html [2016-09-29].
③ Nicolas Gros-Verheyde, Europe's Delayed Response to Terrorism, in *Daesh and the Terrorist threat: from the Middle East to Europe*, FEPS - Foundation for European Progressive Studies, p. 160.

合得到充分解读且被广泛宣传；饱受北非恐怖组织侵扰的意大利、西班牙、法国等南欧国家在同阿尔及里、摩洛哥等国的既有双边反恐协议基础上支持欧盟与北非国家建立多边反恐合作框架，从而形成"双保险"；欧盟情报机构亦多次察觉到攻击苗头并通过欧盟反恐协调员科尔乔夫（Gilles de Kerchove）快速发布警告。但着眼现实可知，当下欧盟内顾倾向更为明显，注意力大多落在欧元区债务危机、欧盟选举、难民和边境危机以及英国脱欧所造成的联盟政治危机之上，无论反恐预警、应急反馈还是参与北非地区联合反恐的意识均相对淡漠，且政策落实非常迟缓。[①] 导致言论和实际行动间反差巨大的能力欠缺与反恐政策"现实性—规范性""多边—双边""对内—对外政策"三对矛盾的取舍有关，且这种受结构性因素驱动的政策失灵短期内很难彻底改善。

不足之一："多边—双边"矛盾与理念根基短缺

如何在介入北非反恐事务中有效处理多边—双边主义平衡始终是摆在欧盟面前的难题之一，不仅影响行动方式选择，更与欧盟层面的北非反恐政策是否能够顺利实施密切挂钩。长期以来，欧盟作为特殊国际行为体，坚信推动有效的多边主义符合其力量特性，因此面对恐怖主义这一跨境安全威胁，欧盟曾不遗余力地推动多边协定形成，希冀起到领导地区反恐全局和约束新兴经济体的双重作用。[②] 但因反恐议题与国家危亡存续辅车相将，历来被视为主权国家的职权甚至"特权"范畴，这种"国家反恐"的思想根植于欧盟国家认知当中。唯有坚持拓展地中海南北两岸多边反恐合作框架并着力落实，欧盟层面的反恐政策才有可能发挥应有的效用。

然而古阿佐尼和比基的研究表明，欧盟成员国与北非国家的反恐合作大多发生于多边合作框架——EMP 之外，它们对双边形式的路径依赖短期难以改变。以法国和西班牙为例，AQIM 视法国、西班牙为"眼中钉"，声称西班牙武力强占了"休达和梅利利亚"，[③] 必须以牙还牙用暴力方式夺回。处于风口浪尖上的法国和西班牙受到历史关系和信任感驱动，撇开

---

① Martins, Bruno Oliveira, and Laura C. Ferreira‑Pereira, "Stepping Inside? CSDP Missions and EU Counter‑terrorism", *European Security* 21 (4), 2012, pp. 537–556.

② 金玲：《欧盟对外政策转型：务实与应对挑战》，世界知识出版社，2015，第94页。

③ 休达和梅利利亚（Ceuta and Melilla）均为摩洛哥北部沿海城市，目前为西班牙在北非的飞地。摩洛哥曾多次抗议两地归属，西班牙回应不当导致两国关系时松时紧，摩擦不断。但就反恐一事，两国合作大于竞争。

欧盟总体框架，同北非国家，特别是阿尔及利亚、摩洛哥就联手打击 AQIM 过从甚密，[①] 仅 2014 年西班牙、摩洛哥警方便于 3 月、6 月、8 月、9 月、12 月举办了五次打击恐怖组织招募作战人员及志愿者的联合行动。[②] 2016 年，随着欧盟反恐急先锋之一的英国脱欧成功，欧盟与北非国家及美国开展多边反恐合作的基础进一步松动。一位 IS 狂热追随者甚至认为"当穆斯林紧密团结在哈里发大旗之下时，对手欧盟选择分道扬镳甚至分崩离析，上帝保佑我们的胜利之日即将降临，伊斯兰国崛起必将导致英国沉沦和欧盟瓦解"。[③]

总之，即便地中海南北两岸共同面对的恐怖主义问题远远超出了一两个国家的能力范畴，阿拉伯之春以来尤甚，但欧盟成员国在实际行动中"从多边转向传统双边反恐机制，以双边带动多边"的趋势却难以遏制，多边合作虽多次提上日程但因深层理念根基短缺而更多停留在象征与政治对话层面，加之北非国家亦偏好双边反恐模式以及经济危机负面影响导致多数成员国心生自顾不暇的无力感，故而欧盟反恐理念基础薄弱、动力不足仍成为相关政策效果不佳的致命伤。

不足之二：现实性—规范性矛盾与战略可操作性不足

早在中东北非恐怖主义走向强势已初露端倪之时，欧盟便对内通过修订反恐战略、欧洲安全战略，提升给予北非国家的带有政治条件性的援助之额度等方式参与到地区反恐中来。2011 年后，欧盟又在调整和补充 ENP 基础上出台了多重反恐政策。然而从反恐任务的特质来说，价值输出固然有益于减少外籍作战人员投靠恐怖组织，但更多情况下需要超越"象征性的合作姿态"，拿出切实可行的军事/民事操作步骤。以欧委会出台的《2015—2020 欧洲安全议程》为例，该文件确乎定义反恐为未来五年亟待解决的三大核心优先议程之一，并重申了欧盟反恐协调员所提及的八条当

---

① Bicchi, Federica, and Laura Guazzone, "European Security Policies in the Mediterranean: from Comprehensive To 'neo - hard'?" In *Huldt, Engman and Davidson* 2002, pp. 237 - 253.

② Bureau Of Counterterrorism, Country Reports on Terrorism 2014. Available at http: // www. state. gov/j/ct/rls/crt/2014/239406. htm [2016 - 10 - 01].

③ Clark Mindock, What the Brexit Means for ISIS: US, EU Terrorism Battle against Islamic State after UK Vote Could Be Strained, June 24th 2016, International Business Times, availbale at http: //www. ibtimes. com/what - brexit - means - isis - us - eu - terrorism - battle - against - islamic - state - after - uk - vote - 2386430 [2016 - 09 - 29].

务之急，即界定恐怖主义、加强 Europol、建立欧盟旅客姓名记录档案、重释风险指标、抵抗激进主义、共同打击跨境犯罪合作、信息共享、抵制武器非法交易。① 但此类阐释不过是老调重弹，欧盟并未真正意识到反恐不可一蹴而就，若将上述事项在北非反恐行动中一一兑现，从时间上需不止数月甚而数年工夫，从操作上必须提供详细可行的行动方案。即便阿拉伯之春导致欧盟的北非反恐行动已经处于箭在弦上、不得不发之状态，但因欧盟行为体特性（actorness）较弱，难以弥合规范性特质与现实性需求之间的缺口，故而仅承担十分有限的协调和外部行动职能。②

"现实转向"意味着摆在欧盟成员面前的似乎只有两条路，要么在规范与现实之间寻求平衡点，追求多边主义的有效性。换句话说就是要迅速改变当下对北非反恐政策"过于模糊以至于毫无意义的现状"，添加指导行动的具体方案设计并向不遵守约定的北非国家适当采取惩罚、制裁措施，进而提高多边合作的有效性；③ 要么彻底退回"政府间合作"老路，从欧盟"收回权能"。这种倾向目前在北非反恐事务中已有苗头。在利比亚成为北非恐怖组织攻击欧盟国家的前哨阵地和训练营且 IS 频频在欧洲主要国家"作案"，而布鲁塞尔空有大把反恐战略、行动方案文本却缺乏有力协调的情况下，多数成员国"疑欧"情愫满满，认为调用现有双边合作机制、开展单边行动，甚至诉诸欧盟以外的其他多边合作框架，如北约、欧盟六大成员国集团（G6）等均比经由欧盟烦琐多边磋商形成新的行动方案更便利、高效、快捷。④ 然而事实上，无论选择哪条路，短期内走通绝非易事，欧盟还将在反恐政策有如"购物清单"、缺乏有力执行方案的道路上逡巡很久。⑤ 将业已成形的战略规划转化为反恐成果，真正充当地中海区域的"高效危机管理员"对当前日趋"务实"的欧盟来说难度较大。

不足之三：内部—外部安全政策分野与对外反恐部署不足

一般情况下，国际行为体的境内安全（如犯罪、公共秩序、政治稳定

① The European Agenda on Security, Strasbourg, COM (2015) 185 final, 28.4.2015, p.16.

② Bures, Oldrich, "*EU Counterterrorism: A Paper Tiger?*", London: Ashgate, 2011, p.18.

③ Zimmermann, Doron, "The European Union and post –9/11 counterterrorism: a reappraisal", Studies in Conflict & Terrorism 29 (2), 2006, p.128.

④ Bures, Oldrich, "*EU Counterterrorism: A Paper Tiger?*" London: Ashgate, 2011, p.96.

⑤ Brady, Hugo, and Daniel Keohane, "Fighting Terrorism: The EU Needs A Strat E Gy Not A Shopping List", *Center for European Reform*, October 2005.

等）与境外安全（外部和平、军事介入等）分野鲜明。① 但恐怖主义显而易见属跨境安全威胁范畴，无论是人员招募、资金获取、武器买卖还是发起极端暴力事件，均不受任何一道国境抑或区域边界限制。在北非地区"开疆拓土"的 AQIM、IS 本意便是要在区域内外广泛打击西方国家人口和基础设施，在美欧利益攸关的中东北非地区及本土双重造势，达到扰乱其内部秩序，且在世界范围内提高组织威慑力、影响力等目标。

阿拉伯之春后，中东北非地区的恐怖势力不仅未在西方多年反恐战争的打击下偃旗息鼓，反而以叙利亚、伊拉克为据点，把触手伸向事关欧洲、中东、非洲三地安全的北非地区，在早已模糊了境内/境外界限的北非恐怖主义威胁倒逼之下，欧盟决策层形成了两派争论：一派相信欧盟应该在地中海地区扮演责无旁贷的"区域警察"，另一派则认为当务之急在于"明哲保身"，侧重捍卫境内安全，避免因"强出头"而遭到恐怖分子更猛烈的报复。② 争论未果的情况下，出于缓解危机的迫切需要，欧盟适时推出了一系列调和两派意见且利于协调对内、对外安全机制的举措。如《里斯本条约》对既有欧盟政策做"去支柱化"处理，将原有的"司法与内务合作政策（JHA）"改列至"自由、安全与正义领域"（area of free-dom，security and justice，AFSJ），使 JHA 成为欧盟对外关系政策的优先事项，以此确保欧盟内外安全政策协调一致，③ 进而将对外反恐政策确立为"支持联合国行动、开展反恐对话、反恐援助"三大模块。

然而具体落实时，欧盟仍无法彻底摆脱对内—对外安全区别对待的思维定式。一方面，阿拉伯之春诱发危机升级后，欧盟内顾倾向不减反增，部分官员认为通过对外行动保护联盟安全的举措更多是防御性或回应式的，以支持别国换取本地区安全的方式也过于迂回，发展强大的对外反恐政策目前看来并无必要。④ 正如基欧汉所言："无论政治动力、资源分配

① Pastore，Ferruccio，Reconciling the Prince's Two "arms"：Internal - external Security Policy Coordination in the European Union，Occasional Paper No. 30，Paris：European Union Institute for Security Studies，October 2001.

② Speech of the HR/VP Federica Mogherini：The EU Internal - External Security Nexus：Terror-ism as an exampleof the necessary link between different dimensions of action，2015 - 11 - 26，p. 3.

③ 甘逸骅：《里斯本条约架构下的欧盟安全政策合作之尝试》，《东吴政治学报》2016 年第 2 期。

④ Sinkkonen，Teemu，"Counterterrorism in External Action：the EU's Toolbox for Responding to Terrorism Abroad"，*FIIA Briefing Paper*129，May 2013，p. 6.

还是提出倡议数量，对外反恐政策都无法同对内政策相提并论，实际上欧盟外交政策中对反恐的表述和部署始终是不足且含混不清的。"[1] 据统计欧盟行动方案里超过 200 条反恐举措中仅有 30 条与外交政策相关，边缘化程度可见一斑。[2] 另一方面，内部安全在反恐领域纵然颇受重视但真正付诸实施也相当迟缓。2015 年 1 月《查理周刊》袭击事件后，莫盖里尼表示将于当月 19 日召开欧盟外长理事会讨论欧洲青年赴中东北非参加"圣战"问题，然而轮值主席国拉脱维亚采取拖延态度，直至 2 月 12 日关于如何应对恐怖威胁的会议才正式召开，即便会议确乎提出了一些有助于加强与地中海南岸国家反恐合作的建议和政策，但也为时过晚。[3]

总之，天然忽视对外反恐政策及对内反恐政策部署不利导致欧盟反恐始终停留在政策制定和政治协商层面，难有实质性进展。欧盟唯有发展一种"集政治、司法、警察、外交甚至军事手段为一体、融合内政与外交的多层次长期反恐政策，废除当前对外—对内安全之分异"方可改善当前在北非地区反恐政策失灵的状态。[4]

(三) 愈反愈恐背后的角色扮演能力缺失

尽管 2011 年与阿拉伯世界革命风潮同时高涨的北非恐怖势力使美欧各国纷纷注意到在该区域加强反恐政策部署和推进合作的必要性，毕竟控制恐怖分子以利比亚、阿尔及利亚、突尼斯、西奈等地为据点任意妄为是维护欧洲国家安全和防止更多非洲国家"阿富汗化"的必要之举，然而令欧盟和美国颇为汗颜的是无论既有反恐政策还是迎合革命后时局需要的政策调整，无论是无人机精确打击、直接地面作战还是试图通过援助、制度建设等从根源上掐断恐怖主义"生命线"不单没能奏效，反而刺激了活跃于北非的两大恐怖组织 AQIM 及 IS 在地区内外疯狂反扑。东西方学者关于美国、欧盟缘何反恐不利的讨论不在少数，相较于明显侧重行为体的美欧

---

[1] Keohane, Daniel, "The Absent Friend: EU Foreign Policy and Counter – terrorism", *Journal of Common Market Studies* 46 (1), 2008, p. 127.

[2] Bures, Oldrich, "*EU Counterterrorism: A Paper Tiger?*", London: Ashgate, 2011, p. 236.

[3] Gros – Verheyde, Nicolas, Europe's delayed response to terrorism, in Daesh and the terrorist threat: from the Middle East to Europe, *FEPS – Foundation for European Progressive Studies*, p. 161.

[4] Keohane, Daniel, "*The EU and Counter – terrorism*", London: Centre for European Reform, May 2005, p. 25.

阴谋论、军事打击激化矛盾论以及侧重结构的文明冲突论而言，角色理论借助角色冲突概念给出了另一解释，即二者扮演角色能力不足阻碍了角色扮演的顺利进行，从而导致政策失灵。

哈内什认为，"缺乏角色扮演能力"理论上存在两种情况。其一，积累性不足。基于贝叶斯式外交政策学习模型（Bayesian foreign policy learning），行为体的扮演与社会期待和扮演经验密切相关，呈现为从"社会期待高－行为体知识水平低（新手）"到"社会规范模糊化－行为体知识水平趋于更低"的连续统（continuum）。其二，资源性不足。即用以支撑角色扮演的资源短缺，进而造成角色扮演后果未知。[①] 可见，角色扮演能力不足一方面是在同周遭环境的信息交换中形成的，另一方面也与行为体获取资源能力有限相关，此类角色冲突本质上是一个社会结构见之于行为体的动态化、系统性过程，单独论述任何一端都失之偏颇。跳出晦涩的理论看阿拉伯之春以来美国、欧盟的反恐现实可知，二者政策失利的核心原因谈不上意图不端，正如决策者分别借助反恐政策文本和言论传递出的角色观念定位那样，它们乐于为维护自身核心利益充当"地区安全稳定锚"和"高效的危机管理者"，在北非反恐中大有作为。若说手段过激，或许置于伊拉克、阿富汗战争时期更为妥当，两次先发制人的反恐之战引火烧身使美欧均充分意识到促进柔性、刚性手段在尚处动荡的北非国家有机结合的必要性，建议、支持、引导渐渐成为反恐主流，动用武力只是"下策"。若说反恐失利是因为西方与伊斯兰文化间根本难以调和，倒更像是认"文化"为反恐无能的替罪羊，凸显了西方多年反恐的焦虑与无奈。相较于上述"热门解读"，角色扮演能力不足贴切地诠释了美欧所遭遇的困境。

单看美国，反恐战略不足使策略上的"取巧和权宜"不过是掩人耳目，实则难以彻底扭转小布什留下的僵局；策略不足则令美国不得不面临北非恐怖主义广泛联合而驻北非各国机构各自为政，以及北非国家援助款项使用不当变相助长了恐怖势力的尴尬处境。这些都反映出先前经验和信息对美国后续反恐策略的不利影响，属哈内什论述的第一种情况。而国内阋墙之争及与北非反恐伙伴的互相猜忌则折射出奥巴马政府政策运筹能力和信任资源的缺乏，属第二种情况。相较于美国，欧盟的能力不足与其

---

① Harnisch, Sebastian, "Conceptualizing in the Minefield: Role Theory and Foreign Policy Learning", *Foreign Policy Analysis* 8 (1), 2012, p. 51.

"超国家组织"形态及"规范性"力量特性密切相关，多边框架遭到架空、对外反恐政策不受重视、现实性方案不足的根源在于欧盟结合北非反恐事务统合成员国意志、快速化解危机的能力有限，而这恰恰涵盖了哈内什所概括的"积累性不足"与"资源型不足"两种情况。

当然，美欧各自开展北非反恐行动之余，亦在联合打击方面颇为积极。2011年奥巴马在国家反恐战略中表示"与欧洲盟友保持双边关系的前提下，美国将继续拓展同欧盟之间的反恐合作，这不仅有利于互相确保安全、保护各国民众，同时也有助于捍卫个人权利"。二者在2011年成立的多边机制——全球反恐论坛中进一步确定了反恐伙伴关系。2014年9月，白宫表示美司法部与国土安全部同欧盟同事就反恐中的重要事务交流颇多，着重阻断潜入中东北非地区的"外籍战斗人员"。[1] 作为回应，欧盟以组织和成员国形式给予由美国牵头组成的"反伊斯兰国国际联盟"军事、政治或人权支持。2015年1月巴黎恐袭后，美总检察长林奇出席了由欧洲和北美国家联合举行的内政部长会议，讨论如何控制恐怖威胁问题，欧盟高层领导人也赴华盛顿参加了同年2月有关打击暴力极端主义的讨论会。可以说美欧业已就反恐问题建立了常态化的高层互访、有关部门联系、高级官员工作组定期磋商的政治对话机制。除此之外，二者还试图在情报交换、追踪和掐断恐怖分子资金来源、信息共享的同时保护隐私、边境管控和运输安全等具体事务方面增进往来。

即便如此，因角色扮演能力不足而导致二者间分歧、摩擦时有发生。首先，互信不足。集中体现在就反恐进行信息共享的同时保护数据隐私以及情报共享两方面。一些欧盟官员对美国是否能够保证与欧盟公民个人隐私相关数据绝对安全表示怀疑，部分欧盟议会成员及诸多公民组织甚至公开抨击"美欧信息共享协议"侵犯了欧洲公民的隐私权。特别是在2013年棱镜门事件后，美国秘密监视欧盟外事部门甚至重要首脑个人手机的做法让欧盟忧虑是否应继续同美国共享信息，双方互信一度降至冰点。纵使着眼大局，欧委会发布关于改善美欧信息流动和重振跨大西洋互信的报告，但重塑信任，特别是欧盟公民社会对美国冰释前嫌并非易事。鉴于共同反恐过程中信息交换和情报共享尤其重要，上述疑虑势必给二者深化北

---

① White House, "Fact Sheet: Comprehensive U. S. Government Approach to Foreign Terrorist Fighters in Syria and the Broader Region", *Press Release*, September 24, 2014.

非反恐合作蒙上阴影。① 此外，鉴于美国已经同主要欧盟成员国如法国建立了警察和情报系统的双边合作关系，一些人质疑在欧盟层面建立合作机制的必要性；另一些人纵然不否认这一点，却批评欧盟机构缺乏执行能力，在评估和分析恐怖威胁及其他犯罪行为时缺乏自主性，过分依赖成员国相应机构向其提供信息。与此同时，欧盟官员也在北非反恐实践中抱怨美国"只惦记欧盟向其提供情报，却不愿将自己掌握的部分与之共享"，"拒绝当事国插手美国侨民事务某种程度上阻碍了当事国提供法律支持及引渡疑似恐怖分子"。②

其次，步调缺乏一致性。奥巴马第二任期以来，迫切希望与欧洲盟友在北非实现责任共担，鼓励盟友挺进战争前沿，自己则通过获取恐怖组织在北非的活动情报和对其进行监视而从旁发力，由此不失领导地位且避免过多牵扯精力。③ 单从欧盟成员国意愿方面衡量，与北非国家多年"牵绊"和巨大利益裹挟使英法等国乐意在地区维稳和反恐方面"领军"。然而上升到欧盟层面后，一则因其缺乏必要的军事能力，只有不到10%的反恐活动在欧盟层面开展；二则欧盟更愿意通过帮助北非国家提升自主防务能力以阻止恐怖分子在北非甚至欧洲境内扩大势力范围，故而即便意识到随着美国的反恐政策愈加强调"退出"和"幕后指导"，自身势必面临更大压力和责任，但仅着眼当下，欧盟在北非反恐实践中仍扮演着相对边缘化的角色，客观而言顶多是个"协调者"或"促进者"，不单与美国给予欧洲盟友的厚望难以匹配，更与自身的"高效危机管理员"角色观念设定存在距离。④

由此可见，角色扮演素养缺乏、能力不足不仅使美、欧各自的北非反恐政策屡遭困境，愈反愈恐几乎成为必然趋势，更让跨大西洋反恐合作缺乏必要的信任基础和协调的步骤，截至目前，就北非反恐开展的大量政治对话、有限情报合作、联合军事演习等效果并不明显，甚至大有举步维艰之势。

---

① European Commission，"European Commission Calls on the U. S. to Restore Trust in EU – U. S. Data Flows"，*Press Release*，November 27，2013.

② Archick，Kristin，*US – EU Cooperation against Terrorism*，Diane Publishing，March 2，2016，p. 9.

③ Adam Robert Green and Eleanor Whitehead，Jihad in North Africa：the Arab Spring effect，http：//www. thisisafricaonline. com/News/Jihad – in – North – Africa – the – Arab – Spring – effect ［2016 – 09 – 23］.

④ Renard，Thomas，"EU Counterterrorism Policies and Institutions after the Lisbon Treaty"，*Center on Global Counterterrorism Cooperation*，*Policy Brief*，September 2012，p. 15.

三　难民危机的彷徨：欧盟角色内的要素冲突

"自我"冲突除上文提及的观念－扮演矛盾、扮演能力不足外，还有一层更符合字面意义的内涵，即构成角色或存在于角色内部能够影响角色观念形成和扮演的要素之间难以调和。众所周知，国家的外交政策及其对外角色扮演通常是决策层在国内－国际两个棋盘上进行双向博弈而得到的"利益最大化、损失最小化"的结果。抛开国际"大棋局"对国家角色外部牵制及预期不谈，任何参与国家角色塑造的内部要素，如党争、立法司法机构旨意、公民的社会思想和期待、利益集团的筹码与诉求等都可能因对国家角色的理解、定位不同而成为角色冲突的来源，内部要素的争议与妥协一方面为指导国家对外政策的角色观念形成设置了"隐形边界"，通过牢牢把控"向国家提供周旋于国际舞台所必需的物质或非物质能力"这一杠杆，干预对外角色与相应外交政策形成和实践。[1] 另一方面成为随时依据特定国际局势变化而不断拷问"国家角色观念"正当性、有效性、合理性的有生力量。仅就此而言，国际组织与国家并无二致。它们的角色观念形成和角色扮演同样是组织内外连锁政治（linkage politics）的产物，只不过将原本可能导致一国面临角色冲突的政府部门、利益集团、各社会阶层替换为组织内的机制矛盾与成员国分歧而已。不过为了较好地区分国际组织作为特殊国际行为体所面临的内部冲突局面，哈内什等人特地以"系统性角色冲突"（systemic role conflict）命名之。[2]

鉴于美欧根据阿拉伯之春以来的北非安全环境塑造角色和进行扮演时都会不同程度遭遇内部力量掣肘，但本书已将基本研究层次定位于国家，故而美国国内政治张力这里暂不赘述而仅以欧盟内部就难民危机出现的妥协与分歧为例，考察角色内部要素如何挑战欧盟总体角色并导致对外政策走向失灵。

（一）　来自北非的难民潮与欧盟总体策略

北非难民对欧盟南部边境安全的考验由来已久，为就难民／移民管控

---

[1]　Harnisch, Sebastian, "Full – spectrum Role – taking: A two – level role Theoretical Model", Paper prepared for Annual Conference of the International Studies Association 2014, Toronto, 26 – 30 March 2014, p. 3.

[2]　Harnisc, Sebastian, Cornelia Frank, and Hanns W. Maull, "Role Theory, Role Change, and the International Social Order", *Role Theory in International Relations: Contemporary Approaches and Analysis*, London: Routledge, 2011, p. 257.

与北非国家建立合作关系，欧盟甚至接受卡扎菲以"放开移民扰乱欧洲秩序"为要挟的 5000 万英镑钱款要求。① 然而，2011 年阿拉伯世界爆发革命恰恰充当了移民问题滑向难民危机的"助推器"，动荡中部分人选择北非区域内部流动，如从利比亚逃至突尼斯、埃及，并在危机过后有回迁倾向；另一些人则从利比亚、突尼斯向南欧进发。这不仅使 20 世纪 80 年代开始面临"安全化"的移民问题进一步沦为外部安全威胁内部化的典型，② 让欧盟通过 EMP、ENP 等将北非国家打造为隔绝非洲难民的"缓冲区"或"外缘边境"的"务实"努力遭遇毁灭性打击；也因成员国各自打破申根体系筑起"壁垒"并就是否尽力接纳难民争执不休而突破了"规范性"底线，危机中的撕裂使得"欧洲堡垒"（Fortress EU）形象比"规范性行为体"角色更为深入人心。③

1. 北非：难民潮的通道与源头

北非难民的身份判定相对复杂。从母国国籍来看，2011 年北非地区有近 59000 人逃亡入欧，其中 28000 人来自利比亚，28000 人来自突尼斯，另有 1500 人来自埃及，除上述三国外还包含索马里、厄立特里亚、尼日利亚、加纳、马里、科特迪瓦等撒哈拉以南非洲多国人口，④ 他们当中既有"前难民"，即集权政府垮台前以难民身份留居利比亚等产油国的劳工，⑤ 也有本以北非为避难终点却因局势所迫不得不继续北上的人。据统计，每年进入马格里布地区的此类难民多达 65000 ~ 120000 人，其中 70% ~80% 穿过利比亚，余下的取道阿尔及利亚、摩洛哥，成千上万人试图跨越地中海，奔赴欧盟国家。⑥

若据避难动因可分为三类：其一，与欧盟设定的难民标准基本相符的

---

① "Gaddafi wants EU cash to stop African migrants", Available at http：//www. bbc. com/news/world – europe – 11139345 ［2016 – 10 – 01］.

② Karacan , Sezgi , "The European Union and North Africa's In/Security", *Turkish Public Administration Annual*, Vol. 39 – 40, 2013 – 2014, p. 71.

③ Jelena von Helldorff, *The EU Migration Dilemma*, Heinrich Boell Stiftung Report, p. 6.

④ Towards a new Partnership Framework with third countries under the European Agenda on Migration：Frequently Asked Questions, *European Commission Fact Sheet*, Strasbourg, 7 June 2016. Available at http：//europa. eu/rapid/press – release_ MEMO – 16 – 2118_ en. htm ［2016 – 10 – 10］.

⑤ The Arab Spring's Refugee Crisis, ARDD – LEGAL AID, p. 6.

⑥ De Haas, Hein, *Trans – Saharan Migration to North Africa and the EU：Historical Roots and Current Trends*, Migration Policy Institute, Migration Information Source, 2006.

人，如厄立特里亚逃亡者，他们在短期内便可通过欧盟国家审查成为真正的难民；其二，来自战乱国，不符合难民标准但因其他原因而深受威胁的人，如前集权政府亲信亲朋等；其三，基于经济考虑被迫背井离乡的人。以突尼斯为例，本·阿里倒台一个月后，前往欧洲的突尼斯难民从开始的几百人到后来以千计数，他们当中掺杂了确实身处暴力威胁或迫害的真正难民、寻求庇护的前政权余部和为改善生活窘境而逃离母国的经济难民，若将北非难民与叙利亚、阿富汗等地难民相比，后者占据主流。[①] 他们的到来增加了欧盟审查寻求庇护者身份和妥善安置难民的任务量，致使欧盟和遭到严重波及的南部成员国迫切希望同政权更迭后的北非国家协商边境管控、搜救合作与签署重新接纳协定。

从影响来看，北非难民纵然与其他输出国相比数量不算多，但与多国难民共同构成了对欧盟的"集聚压力"。首先，使尚未从债务危机中获得喘息的欧盟国家雪上加霜，力不从心。经济实力不足加之难民涌入数量、国家接待能力与看待难民潮的态度差异，造成核心大国、不同区域、新老成员国之间隔阂显著深化。其次，加剧了欧盟国家对异质族群、宗教包容空间的焦虑感。早在 2011 年 4 月，德国民意调查机构 Infratest dimap 调查显示，56% 的被调查者表示反对在德国安置来自突尼斯、利比亚和其他北非难民。[②] 这种抗拒随 IS 扬言伪装难民潜入欧洲国家制造大规模破坏，法国、布鲁塞尔遭遇严重恐怖袭击，以及德国、瑞典等国纷纷爆出北非难民参与性侵或其他犯罪事件后甚至转化为对接纳难民政策的强烈不满与街头抗议风潮。此外，经济萧条期内难民可能削弱国家提供福利和就业岗位的整体能力等悲观预计刺激着民众的神经，也为极右翼政党崛起创造了机会。[③] 除对内产生不利影响外，北非难民涌入迫使欧盟同地中海南岸国家加紧讨论建立健全管控合作框架的可能性，涉及责任分担、行动支持、抑制难民涌出等，然而欧盟实际做到的不过是财政支援及流于口头的政治许

---

① The Arab Spring's Refugee Crisis, ARDD – LEGAL AID, p. 3.

② 民调：《大多数德国人反对接收北非难民》，Deutsch Welle，2011 年 4 月 15 日。http://www. dw. com/zh/% E6% B0% 91% E8% B0% 83% E5% A4% A7% E5% A4% 9A% E6% 95% B0% E5% BE% B7% E5% 9B% BD% E4% BA% BA% E5% 8F% 8D% E5% AF% B9% E6% 8E% A5% E6% 94% B6% E5% 8C% 97% E9% 9D% 9E% E9% 9A% BE% E6% B0% 91/a – 14991134〔2016 – 10 – 10〕。

③ Yardley, Jim, "Sexual Attacks Widen Divisions in European Migration Crisis," *New York Times*, January 13, 2016.

诺而已，对其在国际上标榜多年的规范性行为体形象与极尽推崇的人权、良治等价值观无疑构成严重讽刺。

很显然，上述种种负面影响确乎是难民潮的普遍后果，不能单方面归咎于北非难民。但后阿拉伯之春时代的北非难民问题格外棘手原因有三：一来北非国家漫长历史中移民与人口流动不仅业已形成特定生活方式且能够与劳动力市场季节性就业、劳动力暂时性/地域性短缺等需求吻合，故而他们认为所谓的移民/难民只是个"伪问题"；[①]　二来北非国家尚未完全摆脱动荡、萧条境况，当地一些精英认为强加管控对外移民/难民等于变相阻断了国内政治改革压力、失业不满等情绪的一条输出通道，促使民众把注意力与愤怒集中于国内统治，或将再度诱发革命；三来民主化革命部分唤醒了社会中捍卫人权、自由的意识，由此对仇视移民/难民和侵权行为的反思有所增加，削弱了政府当局与欧盟国家就以安全为目标的移民政策开展合作的意愿。[②]

可以说难民潮的内外负面影响不断发酵及北非国家就移民/难民的不同看法使立足于欧盟统一角色之上，作为欧盟北非安全政策重要分支的难民政策无论制定还是实施都步履维艰，欧盟的捉襟见肘反过来加剧了成员国各自为政的倾向，并最终致使欧盟总体角色扮演失败，相应政策亦难以达到既定目标。

2. 欧盟应对北非难民危机的总体策略

欧盟的北非难民政策总体立足于欧洲避难体系核心法规及配合难民潮加以修订的文件成果之上（如表 4 – 2）。

表 4 – 2　欧洲共同避难体系的核心法规及修订

法令名称	通过日期	修订日期	主要内容
《都柏林公约》	2003 年 2 月 18 日	2013 年 6 月 26 日	规定成员国避难申请审核权限的基本原则和程序细则，规定负责审核的国家
《欧盟指纹数据库条例》	2000 年 12 月 11 日	2013 年 6 月 26 日	在避难领域建立欧盟指纹数据库

① Karacan, Sezgi, "The European Union and North Africa's In/Security", *Turkish Public Administration Annual*, Vol. 39 – 40, 2013 – 2014, p. 76.

② De Haas, Hein, and Nando Sigona, "Migration and revolution", *Forced Migration Review*, Issue 39, June 2012, p. 5.

法令名称	通过日期	修订日期	主要内容
《收容条件指令》	2003 年 1 月 27 日	2013 年 6 月 26 日	规定避难申请在等候避难权决定做出之前的收容条件
《难民属性认定指令》	2004 年 4 月 29 日	2011 年 12 月 13 日	规定难民属性统一的认定标准
《规避程序指令》	2005 年 12 月 1 日	2013 年 6 月 26 日	规定成员国认定难民属性的最低程序标准

资料来源：伍慧萍：《难民危机背景下的欧洲避难体系：政策框架、现实困境与发展前景》，《德国研究》2015 年第 4 期。

2011 年，受到地区时局影响，欧盟出台有"新版睦邻政策"之称的《对欧盟邻国政策变动的新回应》，迫切需要就难民危机同新政权开展移民、流动性、安全对话。① 随后全面总结《全球迁徙应对办法》（GAM）六年来的实践经验，同年公布了《全球移徙与流动应对办法》（GAMM），试图在与中东北非等难民来源国缔结伙伴关系基础上形成欧盟外部移民政策的主导框架。② 2015 年，鉴于难民潮和海难事件未见缓解，移民与内部事务专员阿夫拉莫普洛斯（Dimitris Avramopoulos）有针对性地提出了应对危机的"十点原则"。欧委会融合其中核心建议并最终推出了旨在就地中海地区难民危机巩固内部团结、加强外部合作的纲领性文件——欧洲移民议程（European Agenda on Migration），包含三类倡议。（1）采取紧急措施：如海上救援行动、打击人蛇团伙、难民转移再安置、与来源国和过境国通力合作并对欧盟外部边境线上的成员国给予特别支持。（2）注重结构性手段：打击非法移民、拓展边境管理业务、强化"欧洲共同避难体系"（Common European Asylum System）。（3）设置长远计划：更新和拓展联盟层面的避难体系、欧盟外部边境联合管控以及合法移民机制。

早在欧洲移民议程筹备过程中，欧委会主席容克便再次强调了北非在"与第三国合作"条款中的重要性，③ 因此难民事态恶化后，欧盟遵循上

---

① Martin, Marie, "The Global Approach to Migration and Mobility: The State of Play", *Statewatch Journal*, Vol. 22 (2/3), 2012, p. 1.

② ECRE Comments to the Commission Communication on the Global Approach to Migration and Mobility COM (2011) 743 final. p. 2.

③ Mein Fünf - Punkte - Plan Zur Einwanderungspolitik, Punkt 3, http://juncker.epp.eu/node/151 [2016 - 10 - 09].

述方针政策框架，就与北非国家共同应对地中海区域难民危机做了如下定向部署。

其一，运用政治、外交手段明确共同应对难民危机之意向。欧盟与政局相对稳定的摩洛哥（2013）、突尼斯（2014）建立起"流动性伙伴关系"（Mobility Partnership，MP），旨在践行"积极的政治条件性"，以资金援助换取两国在控制移民/难民，加大边境安全管控力度方面的配合。① 对因国内持续动荡未参与 MP 对话的埃及、利比亚及接触意愿较低的阿尔及利亚，欧盟试图借助"移民、流动性与安全对话"，为未来合作奠定基础。考虑到内战使利比亚无暇顾及移民/难民事务，启动 ESDP 名义下首个只针对边境管理的"边境援助团"（EUBAM Libya）从旁协助。此外启动了由欧委会、EEAS、欧盟地中海成员国为一方，北非国家为另一方的"海马地中海行动网络"（Seahorse Mediterranean network），提供外部边境资金 240 万欧元、发展合作款项 450 万欧元，共同应对地区危机。②

其二，紧急行动与长期能力建设双管齐下，加强海上搜救。欧盟一面为提升北非国家搜救（SAR）能力，向突尼斯、摩洛哥、利比亚、埃及等国提供技术支持，人员培训和资金帮扶，一面由 Frontex 主导了针对中线的特里同行动（Triton），不过即便月均投入 270 万～290 万欧元，但因受"从意大利海岸线最远延伸 30 海里"的行动范围所限，救助边界与事故高发的地中海中部及利比亚沿岸相去甚远。

其三，采取军事手段对抗偷运团伙。2015 年 5 月，获联合国安理会批准，利比亚默许，欧盟决计成立反偷渡海军部队，在地中海南部系统地识别、查获和处置被偷运者或贩运者使用或涉嫌使用的船只和资产，以便阻断偷运和贩运网络运营模式，防止海上出现更多的人命损失。③ 该行动包括监视利比亚到意大利、马耳他偷渡路径，欧盟舰船追捕或将偷渡船带往公海实施摧毁，于利比亚临近海域及港口城市捣毁蛇头组织装备设施三个步骤，在不派出地面部队的前提下严厉打击偷运团伙及不法行为。

---

① Seeberg, Peter, "Mobility Partnerships and the EU, Part I: Where are we regarding implementation and what will be the consequences?" Odense: Centre for Contemporary Middle East Studies, July 2014, p. 2.

② Funding of Migration – related Activities in the Southern Neighbourhood Region, European Commission – Fact Sheet, Brussels, 6 October 2015.

③ 秘书长根据安全理事会第 2240（2015）号决议提交的报告，S/2016/766，2016 年 9 月 7 日，第 3 页。

其四，帮助北非国家增强重新接纳和妥善安置寻求庇护者的意愿与能力，从根本上缓解各国无力应对难民危机的尴尬局面。欧盟充分意识到若安置不利，这些被遣返者还会不择手段重回欧洲，因此必须给那些同意承担"重新接纳"义务的国家以激励并为其后续安置工作提供帮助及便利。① 为此，欧盟对策有三：一是加紧同摩洛哥、突尼斯等国协商签署《重新接纳协定》（readmission agreements），"与能力不及欧盟成员国的难民过境国或来源国实现遣返压力共担"；② 二是启动了适用于北非五国的"区域发展与保护项目"（Regional Development and Protection Program，RD-PP），行动涉及协助法律及政策框架制定、建立管理体系、培训难民事务专员、难民身份判定、提升接待与安置条件、助力改善难民生活水平及获得教育或职业培训机会，促进移民与接待方之间迅速形成互信与凝聚力等。三是欧盟深知与北非国家短期动荡导致的难民数量陡增相比，非洲多数国家人口猛增、积贫积弱、社会局势不稳的状况无疑将创造更多试图取道北非进入欧洲的难民，为了缓解这一尴尬局面首先须想方设法减少上述国家人口涌入北非国家，其次才是确保他们不从那里离境。故而 2015 年11 月欧盟多个机构负责人、成员国代表与非洲国家领导人一同出席了意在商讨难民危机机遇与挑战的"瓦莱塔峰会"，其间倡议成立"紧急信托基金"（EU Emergency Trust Fund），发挥欧盟对非洲国家难民/移民的总体管理和支持作用。③

抑制难民问题生成安全隐患的另一个途径就是加强联盟内部协调，就导致内部分歧激化的成员国份额分摊与安置、难民身份判定等提供尽可能公平合理的解决办法。根据《都柏林第三公约》（2013），寻求庇护者必须在进入的首个欧盟国家等待避难申请审核，确定难民身份。违规随意流动者将面临被逐回入境国的风险。④ 因而当难民纷至沓来时，欧盟边境线上国家首当其冲。不堪重负之下，意大利、希腊等国纷纷单方面拒绝履行

---

① Jelena von Helldorff，The EU Migration Dilemma，Heinrich Boell Stiftung Report，p. 8.

② Rees，Wyn，"The External Face of Internal Security"，in Christopher Hill and Michael Smith，eds.，*International Relations and the European Union*，Oxford：Oxford University Press，2011，p. 244.

③ Herrero Cangas，A.，Knoll，A. The EU Trust Fund for Africa：A new EU instrument to accelerate peace and prosperity? *GREAT Insights Magazine* 5（1）. February 2016.

④ Park，Jeanne，"Europe's Migration Crisis"，New York：Council of Foreign Relations，2015，p. 4.

都柏林公约。默克尔警告称"欧盟各国必须齐心协力拿出更公平的分摊方案，否则申根国家的未来岌岌可危"。2015 年 9 月，欧盟紧急召开内政部长会议，在中东欧国家反对的情况下以多数票结果通过一项旨在帮助意大利、希腊等国分流 120000 名难民的"强制分摊方案"，加之 5 月业已敲定的 40000 配额，[①] 成员国两年内至少承担 160000 名难民的安置工作，其中德（21.91%）、法（16.88%）、西（10.72%）负担最重，余下 23 个国家不论多少无一免责，即便是事先声称不参与且获布鲁塞尔方面首肯的英国、丹麦、爱尔兰也被告知"自愿接受"。而欧盟将依照 6000 美元/人的标准一次性提供安置费作为补偿。

为切实缓解"首站"国家接待压力，欧盟计划提供一份"安全国家名单"（A common list of safe countries），列出所有适合遣返难民身份申请失败的寻求避难者的第三国，由此减少成员国甄别、核查、审批环节的工作量与操作时间进而减少候审难民的数量与逗留时间。容克表示欧盟名单将在未来三年内取代各成员国自拟的"安全国家"名单，其间成员国有权建议添加新国家但不可废止、除名名单上的任何一国。另外，此举并不意味着来自"安全国家"的人口丧失申请权，他们同样可以依据自身情况提交受到迫害的关键证据而获得政治庇护，不过审批通过率显然低于不在名单之列的国家。目前，提出入盟申请或有意申请的国家、巴尔干六国、土耳其均列入名单备选范围，而北非五国尚未纳入此列。12 个成员国自主名单中，阿尔及利亚出现在保加利亚的名单上，摩洛哥、突尼斯、阿尔及利亚也将被德国认定为安全来源国，[②] 不过短期内北非国家尚未全然达到"无迫害、无不人道和有辱人格的虐待及酷刑、无暴力威胁、无武装冲突"的安全国家标准，其难民身份仍需欧盟及其成员国充分审核。[③]

此外，欧盟依据"十点原则"试图推动联盟层面的相关机构联手，同时鼓励这些机构同难民接待国完成对接。诸如 EASO 派出专员赴意大利、

---

① Proposal for a Council Decision, Establishing Provisional Measures in the Area of International protection for the Benefit of Italy and Greece, COM (2015) 286 final, Brussels, 27. 5. 2015.

② 《德国收紧难民政策，新难民法今日生效》，《华商报》2016 年 3 月 9 日。http://huashangbao. com/portal. php? mod = view&aid = 3332［2016 - 10 - 9］。

③ AN EU 'SAFE COUNTRIES OF ORIGIN' LIST, http://ec. europa. eu/dgs/home - affairs/what - we - do/policies/european - agenda - migration/background - information/docs/2_ eu_ safe_ countries_ of_ origin_ en. pdf［2016 - 10 - 09］.

希腊共同完成繁重的难民申请审批、移民/难民指纹录入任务，并商讨建立紧急收容机制以及设立重新安置试点项目的可能性。欧委会与 EEAS 协作同利比亚周边国家增进接触，加快在利比亚、突尼斯等重要第三国派出联络官（Immigration Liaison Officers，ILO）以加强难民情报收集和突出欧盟代表团角色等。可以说，为了尽快从根本上缓解难民压力，同时证明成员国并未由此丧失共识，有能力在巩固内部团结的基础上对成员国和周边地区形势负责，[①] 欧盟一方面修改并完善了原有难民政策框架，另一方面提出了帮助成员国达成共识、加强合作、分担重责的应急措施。从本质上讲欧盟针对北非的难民政策既强调应急避险，为打击活跃于地中海中线的蛇头组织不惜动用军事手段，体现了日趋鲜明的务实特性；又注重长期流动性伙伴关系及安置收容合作机制的构建，彰显了作为规范性力量的行为特点。总体而言，欧盟层面的政策较好地兑现了"务实的规范性行为体"这一总体角色观念，但实践中，成员国的意见分歧却导致该角色观念面临内部瓦解，角色扮演随之发生"断裂"。

（二）割裂的欧盟：难民危机中的各谋私利

当《里斯本条约》似乎将欧盟一体化推向新高度时，肇始于 2008 年的欧债危机，以及经济困境中爆发的北非动荡与日渐棘手的难民危机无疑考验了欧盟内部的团结一致程度，同时也敦促法德核心相互协调，共同推动欧盟层面的一致立场及措施迅速付诸实践。特别是在国家利益严重冲撞的情况下，更需要一个果断、谨慎行事的欧委会代表联盟高调发声、时刻监督欧盟相关政策及制度的实施情况并根据联盟普遍利益适时调整方略。[②] 然而事实上，欧盟正在难民危机中经受前所未有的"撕裂"，五年来的所作所为暴露出联盟低下的危机管理能力与成员国间严重的"极化"倾向。前欧盟驻利比亚、突尼斯、摩洛哥等国大使皮耶里尼（Marc Pierini）不无遗憾地评论道："慌乱中的欧盟对策与其说是依据国家角色观念制定的系

---

① Joint Foreign and Home Affairs Council: Ten Point Action Plan on Migration, IP/15/481, Luxembourg, 20 April 2015.

② Lippert, Barbara, Mehrheitsentscheidungen in der EU sind keine leere Drohung [Majority decisions in the EU are no empty threat], in: Euractiv, 29. September 2015, http://www.euractiv.de/sections/eu-innenpolitik/mehrheitsentscheidungen-der-eu-sind-keine-leere-drohung-318072 [2016-10-09].

统而有组织的方案，倒不如说是一个又一个'避难应激反应'。"① 而依照成员国视角，欧盟合作与申根机制眼下已成为遏制难民潮的障碍，为了有效确保领土与公民免受外部威胁，他们情愿回到捍卫国家主权的老路。于是乎，成员国开始背叛一体化进程中责任共担、患难与共的承诺，以种种缺乏团结意识与远见的措施自谋出路。总结起来，欧盟内部争论的焦点集中于配额制是否合情合理、难民身份甄别标准如何统一、打击偷运集团的民事与军事手段使用这三个问题，而每项争论又通过内部要素不同形式的张力而传达出来，诸如法德之争、中东欧国家的怨念与北部国家的"好客"、首站国家的不堪重负与内部国家的唯恐避之不及等。角色内要素分歧固然普遍影响欧盟难民政策的实施，并不单单针对北非五国，但追究北非难民政策失利原因时，同样颇具解释力。

1. 配额究竟怎么分

欧盟内部就如何分摊"压境"难民的争论最为严重。中东欧维谢格拉德集团（捷克、匈牙利、波兰、斯洛伐克）表示强烈反对，它们一方面认为来自地中海南岸或取道西巴尔干的难民数量与日俱增，非其能够承受；另一方面这些难民多为穆斯林，可能对本国甚至整个欧洲根深蒂固的基督教认同产生冲击。故而"分摊"一说刚刚提上日程便招致中东欧国家的不满与坚决抵制。为了平衡各方利益，欧委会继续提出了对都柏林公约的"公平矫正方案"，即国家可拒绝接纳一定数额的寻求庇护者，但要依照人均25万欧元的标准向欧盟缴纳"拒收补偿款"，此举当然也未能使中东欧国家欣然接受。② 最终欧盟不得不以"特定多数表决制"取代"一致同意"而敲定分摊方案，以这种投票方式决定牵涉各国主权的敏感问题是欧盟历史上前所未有的，故而有评论称此次投票预示着欧盟内部更严重的分裂。③ 在分摊方案公之于众后，"老欧洲"（德、法、西等国）因自身接纳的难民比例过大且中东欧伙伴缺乏分担诚意而对配额制不满；"新欧洲"（维谢格拉德集团四国）争辩它们不具备接纳难民的能力，匈牙利、波兰

① Europe in the world: Towards a More Effective EU Foreign and Security Strategy, 8th Report of Session 2015 – 16, the Authority of the House of Lords, p. 15.

② Toygür, İlke, Bianca Benvenuti, the European Response to the Refugee Crisis: Angela Merkel on the Move, Ipc – Mercator Policy Brief, June 2016, p. 7.

③ Steven Erlanger and James Kanter, "Plan on Migrants Strain the Limits of Europe's Unity", *New York Times*, September 22, 2015.

对安置伊斯兰难民持保留态度，斯洛伐克与匈牙利建议仅接受难民中的基督徒，并上诉欧洲法院要求取消摊派。

　　分摊计划长期悬而未决和计划出台后多数国家贯彻不利使欧盟的总体政策面临两个情势。一是执行过程缺乏连贯性和一致性。例如，边境国家如意大利、希腊及德国纷纷停止遵循都柏林公约，而匈牙利、斯洛文尼亚、奥地利等筹划或开始建造拦截铁网，边境管控与处理难民的联盟意识趋向瓦解。二是政策呈现"碎片化"倾向。当前欧盟内拉帮结派现象十分突出，一些合作小组正在取代欧盟机制而成为成员国多边合作的新渠道。如2015年9月乐于在难民问题上增进团结的奥地利、卢比荷三国、芬兰、德国、希腊和瑞典开始定期召开小型峰会，荷兰政府由此提出以"小申根"取代原有的申根体系。[①]

　　在难民危机处理和分摊计划出炉的过程中，德国堪称热情接纳难民和呼吁欧盟团结的急先锋。[②] 然而随着北非难民在德国境内犯罪率上升且马格里布国家常常拒绝接受德国遣返的难民，国内反对之声四起。与此同时其他欧盟国家纷纷抱怨默克尔此举刺激了难民涌入，陡增不必要的风险和负担，2016年德国的接纳政策也有所收紧。即便默克尔的难民政策的确有助于改善欧盟因内讧而导致的无所作为，但已成为与其他欧盟国家产生龃龉的重要原因。中东欧国家毫不留情地给德国冠以"道德帝国主义"之名，[③] 就连支持德国在欧盟层面主导分摊计划的法国也因不满德国站在道德制高点上"惹事儿"、召开小型峰会将法国排挤在外、以加快入盟谈判进程及申根区对土耳其免签等高额代价换取土耳其在难民问题上的合作而与之分歧不断，即便二者裂痕尚未公开化，但无疑为欧盟整体角色进一步分裂"加码"。

　　导致欧盟在接纳难民和分摊方面分歧丛生的主要原因在于难民潮威胁程度与各国客观接待能力相去甚远：前站国家迫切希望克服都柏林公约限

---

① Lehne, Stefan, How the Refugee Crisis Will Reshape the EU, Carnegie Europe, February 04, 2016. http: //carnegieeurope. eu/2016/02/04/how – refugee – crisis – will – reshape – eu – pub – 62650 [2016 – 10 – 09].

② Archick, Kristin, "The European Union: Current Challenges and Future Prospects", Congressional Research Service Report, NO. R44249, June 21, 2016, p. 9.

③ Ruth Bender, "Orban Accuses Germany of 'Moral Imperialism' on Migrants", *The Wall street Journal*, September 23, 2015. http: //www. wsj. com/articles/orban – accuses – germany – of – moral – imperialism – on – migrants – 1443023857 [2016 – 10 – 09].

制；过境国试图通过选择性关闭边界而将徘徊于边境线上的难民引至他国，若非如此，也要尽快将入境难民移交给下个国家；最终收容国则希望减缓难民涌入速度并呼吁责任共担。除此之外，对接纳移民已成惯例的西、北欧来说，国内民众的心理建设和必要的基础设施无疑有助于其接受配额，而中东欧国家历史上一直相对孤立、闭塞，加入欧盟后综合国力尚弱，故而面对突如其来的难民猝不及防，抵触感油然而生。

2. 难民身份如何定

有关欧盟难民政策的另一重分歧在于难民身份如何确定。2004 年《欧盟难民保护指令》出台，试图通过沿用《联合国难民地位公约》的界定而形成联盟内统一的难民判定标准，但此处所指涉的难民仅局限于"因种族、宗教、国籍、特殊社会团体成员或政治见解，而有恐惧被迫害的充分理由，置身在原籍国领域外不愿或不能返回原籍国或受该国保护的人"，[1] 不包含因战乱、武装冲突流离失所者。从这个角度上讲，大多数北非难民不是严格法律意义上的难民，所递交的避难申请能否获批因成员国标准而异。例如，丹麦、芬兰、瑞典等国则依据人道主义原则将难民界定放宽至可能需要辅助保护或人道主义保护的人口；而捷克、匈牙利、罗马尼亚则严格沿用《联合国难民地位公约》定义，规定凡不符者均无法给予重新安置。另外还有一些国家考虑到国内主要难民群体来源及新难民融入需要，对特定来源国的难民有优先接纳偏好。可见难民界定标准不一成为各国接纳、安置难民矛盾丛生的起点。[2]

除标准外，各国审核程序也有所不同：卢森堡、葡萄牙、保加利亚凭借难民所提交的个人材料甄别，西班牙 2011～2012 年在审核突尼斯申请者时亦采取此种方式。而爱尔兰则认为最好的办法就是面试，在对话中试探、考察、了解申请者，从而收集与其申请避难最相关的信息及准确的生理特征数据，同时还能透过申请者的讲述把握在避难申请表中难以了然的家庭关系情况，德国、匈牙利、波兰、罗马尼亚四国仅以面试方式批准难民申请。当然鉴于难民潮人数众多，单纯依赖面试等筛选方式不仅成本高

---

① 参见《根据关于难民地位的 1951 年〈公约〉和 1967 年〈议定书〉确定难民身份的程序和标准手册》，HCR/IP/4/Eng/REV.1，日内瓦，1992 年 1 月。

② Delphine Perrin, Frank McNamara, Refugee Resettlement in the EU: Between Shared Standards and Diversity in Legal and Policy Frames, KNOW RESET Research Report 2012/03, p. 22.

昂且效率低下，故而一些国家酌情选择或混合采用以上两种方法，如丹麦、芬兰惯常依靠面试，但针对紧急情况则改为材料审核。[①]

据此可知，成员国间就何为难民和如何筛选难民的认知差异使它们无法适应欧盟层面的北非难民政策中一些"一刀切"做法，在它们看来，这不仅有违公平，更使借助欧盟维护、拓展自身利益的必要性丧失殆尽。

3. 军事手段适当否

为了阻断从利比亚等北非国家前往欧洲的难民潮，特别是对扰乱北非国家与南欧国家边境秩序、轻视人权、大发"难民财"的蛇头组织给予毫不留情的打击，德、法、波、西四国防长提议采取军事手段且获得安理会批准。对此，欧盟内部反对之声不绝如缕。一些人从欧–地伙伴与邻居关系角度评论称，因难以区分普通渔船与走私人口船只，军事手段的使用极易误伤北非国家无辜民众，同时军事行动涉及对人蛇在地中海南岸陆上营地、停靠岸边的走私船只进行打击等计划，此类或有侵犯主权之嫌的行为一则可能为 ENP 框架下欧盟与北非国家间的密切关系蒙上阴影，二则可能因无法获得利比亚等北非国家的情报、基地、军警合作支持而流产。[②]

另外一些人则从欧盟规范性力量的角色定位与人道主义精神角度提出质疑，认为一旦采取军事手段，欧盟的北非难民政策就彻底"变质"了，出动多国部队意味着地中海区域存在明显的"敌人"，但难民潮中不过是民用船只运载的普通民众而已，为此动武显然缺乏正当性与适当性。德国发展援助部部长穆勒认为，通过军事介入打击人口走私船只风险很大，可能把地中海变为"死亡之海"。许多欧洲议会议员、援助组织、欧洲媒体也批评"军事手段不解决根本问题，欧盟打击蛇头必须坚持规范性方式抑制难民源头，从帮助北非国家平息内乱恢复正常的社会秩序做起"。

总而言之，阿拉伯之春以来的难民危机中，欧盟成员国以个体或小集团形式各行其是，其间多重分裂大大削弱了欧盟应对难民挑战并保护共同边境安全的能力。正如巴尔福（Rosa Balfour）所言"或许历史上任何一个时刻都不像现在那样迫切需要一个在国际舞台上强大、团结的欧盟，与此同时，因内部分歧而暴露出的欧盟集体行动能力不足也很少如当下这般明显"。

---

① Delphine Perrin, Frank McNamara, Refugee Resettlement in the EU: Between Shared Standards and Diversity in Legal and Policy Frames, KNOW RESET Research Report 2012/03, p. 21.

② Neil Thompson, Algeria's Role in Europe's Migrant Crisis, November 12th, 2015.

（三）难民问题反衬角色内要素分歧

就欧盟来说，即便在高级代表及其他要员关于北非安全事务的表态和决策，以及阿拉伯之春以来的文件补充与更新中能够传递出"务实的规范性行为体"这一角色观念。但正如诸多学者评论的那样，欧盟至今仍在统合成员国不同立场与国家利益，进而塑造共同外交与安全政策之路上蹒跚前行。[1] 北非国家爆发革命后，面临该区域因民主化转型、恐怖主义、非法移民与难民危机而给欧盟带来的多项潜在安全威胁，欧盟内部"个体利益与共同利益"间的矛盾尤为激化。[2] 成员国不仅于革命爆发之初就如何在老合作伙伴——北非国家独裁政府与反对派间选边站队，是否支持当地民众向埃及总统穆巴拉克下台施压或要不要武力干涉利比亚争执不休；且对随后的 ENP 如何改进莫衷一是，南欧国家大多支持欧盟推动北非国家的转型，而一些中东欧国家则担心此举会减少欧盟对其东部邻国的关注与援助，故而反应冷淡。

整体而言，《里斯本条约》签署以来欧盟层面用"一个声音说话"的努力遭到了内部分歧的严重削弱，这种倾向在解决难民危机和协商安置对策过程中表现得格外突出。一面是欧盟通过《申根协定》《马斯特里赫特条约》《阿姆斯特丹条约》逐步构筑起来的移民政策总体框架，以及难民危机后提出的符合"务实的规范性行为体"角色特质的总体难民政策，包括加强难民入境审查、分摊配额方案、采取军事民事手段打击人口走私并以外交手段与难民主要来源国和接受难民的前沿国家加强磋商等应急方案。[3] 一面是各成员国对欧盟边境管控及危机应对能力的质疑之声与日俱增，甚至试图单方面阻断"欧洲化"进程，竭力在本国周边重铸"城墙"，以此回应和加重欧盟的总体难民政策失灵。[4] 有评论称，纵然欧盟

---

[1] A Archick, Kristin, and Derek E. Mix, "The United States and Europe: Responding to Change in the Middle East and North Africa", CRS Report for Congress, No. R43105, June 12, 2013, p. 30.

[2] Schumacher, Tobias, "The EU and the Arab Spring: between Spectatorship and Actorness", *Insight Turkey* 13 (3), 2011, p. 115.

[3] 崔洪建:《欧洲难民危机的困境与出路》，《国际问题纵论文集 2015/2016》，世界知识出版社，2016。

[4] Zaiotti, R., "Cultures of Border Control", *Schengen and the Evolution of European Frontiers*, Chicago: University of Chicago Press, 2011, p. 72.

一体化道路困难重重，但关于"欧盟历尽艰险却越挫越勇"的颂扬与信念却始终屹立不倒，然而此番难民潮却首次将欧盟成员国推至分崩离析的边缘。①

当然，成员国矛盾对欧盟总体角色观念的挑战和削弱几乎是显而易见的，在此基础上，欧盟与支撑总体角色观念的要素之间唯有渐行渐远。首先，为了成为一个"因势利导"的领导者，欧盟不仅要保持在"后院"的威望与领导力，同时提到应深入贯彻"奖勤罚懒"思想。然而就难民危机而言，除设立紧急信托基金，给予有效协助管控本国边境的非洲国家以额外支持外，此观念在其他角色扮演环节并未得到彰显。即便默克尔热切倡导埃及、突尼斯在协助欧盟控制北非难民潮过程中可能发挥的积极作用，且以部分享有欧盟特权为条件，要求土耳其接纳更多难民，缓解希腊负担，但中东欧国家不愿累及自身和对欧盟东邻的天然好感使其无意支持德国主导下的欧盟立场，就连法国也因与德国争夺欧盟"老大"的心理而反应冷淡。

再看多边主义者方面，纵然欧盟的政策设置趋于务实，强调"有效"，但仍在各类文件中视之为欧盟特性之一。欧盟现行的对外"多边主义"战略是对传统多边主义的提升，旨在用"共同外交"保卫联盟包括物质利益与共同价值观以及成员国独立完整在内的各种共享利益。② 但难民危机中，成员国注意到难民潮带来的安全风险与重担并不均等，且欧盟的解决方案无法顾全或平衡所有国家的利益，于是试图回到政府间主义的老路。可以说角色内分歧瓦解了作为欧盟多边主义核心的"共同"外交方式和利益诉求，诸如与北非国家建立流动性伙伴关系、与非盟加强合作等"务实"选择效果不明也是不言而喻的。

另外，角色内要素冲突从两个方面导致欧盟难以充当"高效的危机管理员"。其一，大大增加了提出危机管理方案的时间成本。例如，上文提及的难民分摊方案，本为缓解意大利、希腊不堪重负的应急计划，却因欧盟内部迟迟难以达成共识而错过了难民遣返或安置的"黄金期"，反倒加剧了寻求庇护者在欧盟外部边境的"积压"，冒险渡海及安置不当严重威胁着欧盟国家安全与难民自身人权。其二，导致方案难以有效落实，有些

---

① "Nick Witney and Susi Dennison", *Europe's Neighbourhood: Crisis as the New Normal*, No. ECFR135, June, 2015, p. 2.

② 申义怀:《浅析欧盟对外"多边主义"战略》,《现代国际关系》2008 年第 5 期。

甚至直接沦为"一纸空文"。如《都柏林公约（2013）》再度明确了首站国家避难审核权的原则，但实践中前站国家不愿照做，期待难民快速分流，德国为叙利亚难民一度停止遵守，芬兰考虑到将难民重新遣返首站国家成本过高而自行处理，成员国纵然出发点各异但最终结果都是使该公约名存实亡。再如欧盟寻求沿联盟外部边界设立难民等候区（hotspots），作为负责登记、审核和收容的第一道关卡与统一接待处，但希腊等门户国往往无力践行守住边界之职，任由难民不经登记直接流亡其他成员国。①

最后，此类冲突对欧盟整体角色观念的削弱与角色扮演的设障将成为跨大西洋关系裂痕扩大的动因之一。欧盟方面显示，内部分歧导致的难民政策失灵会反向增强一个在布鲁塞尔本就很有市场的论断，即"欧盟遭遇此次难民潮之劫是美国在阿富汗、伊拉克、叙利亚甚而整个中东北非地区战略失败直接造成的"。特别是当欧盟政策无法成功消除来自地中海南岸国家的安全威胁时，欧盟决策层有一批精英更乐于相信"美国罪魁祸首论"，并由此批驳美国除借助北约、联合国或其他多边主义平台参与其中外，仅就跨大西洋合作层面缺乏积极性。对美国来说，如果能够迅速找到难民安置、融入的出路，那么适应了多元文化的欧盟必将同素有"大熔炉"之称的美国更为相似，进而成为促进跨大西洋融合的助推器。② 但就难民潮爆发五年来的情势观察，欧盟分裂加剧了社会张力，有关边境、难民、欧盟集体身份认同的尖锐矛盾孕育了一批普遍持反美观点的右翼民粹主义者与民族主义者。显然，一个企图闭关锁国和缺乏包容性的欧盟即将增加美国在北非安全事务乃至全球政治舞台上与之合作时的不适感。

总之，纵然因地理因素，难民潮目前直接作用于欧洲，但美国对此完全不能采取事不关己、不闻不问的态度。因为在阿拉伯之春的刺激下，北非难民数量激增势必产生连带效应，挑战美国位于多个领域的核心利益。一则给威胁美国在中东北非经济、政治、安全利益乃至本土稳定的伊斯兰原教旨主义复兴及恐怖主义势力壮大创造条件；③ 二则加剧欧盟在主权债

---

① 伍慧萍：《难民危机背景下的欧洲避难体系：政策框架、现实困境与发展前景》，《德国研究》2015 年第 4 期。

② Ian Lesser，"Transatlantic Stakes in Europe's Migration Crisis"，*The German Marshal fund of United States Policy Brief*，September 2015，p. 1.

③ Daniela Huber，*Democracy Promotion and Foreign Policy Identity and Interests in US，EU and Non - Western Democracies*，N. Y.：Palgrave Macmillan，2015，pp. 122 - 123.

务危机中已有所显露的内顾和分裂倾向,[1] 在跨大西洋关系中进一步制造裂痕的同时反作用于双方业已执行不力的北非安全政策与相关合作, 由此陷入政策失灵的怪圈。

[1] Archick, Kristin, and Derek E. Mix, "The United States and Europe: Responding to Change in the Middle East and North Africa", *CRS Report for Congress*, No. R43105, June 12, 2013, p. 30.

你可以愚弄所有人一时，也可以愚弄某些人一世，但你不可能愚弄所有人一世。

——亚伯拉罕·林肯

第五章 "自我"与"他者"冲突：美国、欧盟政策失灵的外因

一般情况下，外部感知依据其同行为体自身角色观念及扮演的匹配程度而相应发挥塑造或破坏作用。就本书而言，如果北非国家充分理解美欧在安全事务中的角色塑造意图与目标，且认为其政策、行为符合自身需求和利益，那么将有助于美欧角色观念的强化与扮演能力的增强，反之则构成政策顺利实施的障碍。可见从角色"互动"的观点看，北非国家外部感知同美欧角色观念和扮演之间的张力是导致美欧政策失灵的外因，目前尚未得到学界应有的重视。有鉴于此，本章立足于有关北非国家对美欧感知的现有访谈、民调资料与话语分析成果，试图从他者视角挖掘美欧政策"不得人心"之处。

当然，在借助北非国家外部感知衡量美欧行为之前，必须注意到当政者与公众的视角差别。开罗美国大学的伊斯兰学教授塞拉格曾指出："所有阿拉伯国家都热衷于同美国结盟，对美国的亲近和赞扬受宠若惊或感激涕零，因为他们的政权需要依靠美国的支持和保护。他们都处在国民的对抗和保卫之中。"[①] 此言尖锐指出了阿拉伯国家官民对西方态度的显著差异：一边是政府将"亲西方"的外交政策奉为圭臬，一边是民众厌恶西方势力和本国政府趋炎附势之举，两相拉锯的结果往往是民众反西方情绪演化为频频而起的大规模抗议风潮甚至暴力行动，而统治者丧失民心后更加依赖从西方势力支持中获得资源与安全感。

然而经受阿拉伯之春"洗礼"后，北非五国外部感知的官民分歧得到有效弥合。依据以下三个原因，本书有理由将二者视为一体。其一，现实危机使政府更加关注本国需求而非一味地唯西方马首是瞻。革命爆发后，

---

① 田文林：《困顿与突围：变化世界中的中东政治》，社会科学文献出版社，2016，第77页。

阿尔及利亚反感于美欧的不当介入及军事干预利比亚等行径；摩洛哥继续发挥盟友职能，但西撒哈拉地区归属问题成为其释放对美国不满的主要出口；突尼斯首位民选总统埃塞卜西代表了占据突尼斯近半数人口的政治世俗派，因美国接触伊斯兰复兴党怨声载道，且对欧盟表面高呼人道主义、规范性却无意救助更多难民颇有微词。其二，考虑到革命或改革中，民众疏离、仇视政府的心结尚未消解，与此同时捍卫人权民主的意识悄然觉醒，为了避免再度激怒群众，陷入"二次革命"的僵局，北非各国政府均倾向于尽己所能使对外表态符合民意导向。[①]　其三，角色观念侧重于考察北非国家对美欧的总体认识和评价，因此，与少数决策精英出于国家治理需要做出的表态相比，公众态度更有代表性和说服力。而角色期待的内容既可涉及总体角色观念与扮演，亦能细化至对特定问题领域的要求和限制。政府方面恰恰常就具体事宜，代表国家阐述对美欧举措的期待，比一般的公众态度更具针对性和专业性。有鉴于此，外部感知的官民分歧不会对本研究的数据选取和判断造成实质性影响。

故而下文试图收集在北非国家进行的、有关如何看待美欧的民调报告、访谈记录与社交媒体话语分析等材料，先从整体上把握北非国家对美欧的总体看法和态度，再分别考察具体至国内冲突、恐怖主义、难民三大安全威胁领域，北非国家的期待与美欧做法有何出入。

一　美欧与北非五国之间的角色观念错位

前文业已通过美国与欧盟各自决策层的表态及文件文本等提炼出其角色观念的"自我部分"，他们相信自己应该，也能够在阿拉伯之春后的北非安全舞台上成功扮演"急需国际公信力与合法性的实用主义行为体"及"务实的规范性行为体"角色。但事实上，上述定位与北非五国所感知和认识到的美、欧差距明显。为了还原北非国家"心目中的"美国、欧盟，这里同时借助相关民调数据和对特定时段阿拉伯语涉美推特文本的内容分析结果。当然，这些信息的内容有时较为宽泛，调查对象不局限于北非五国，对美欧表现的考察也大大超出了安全政策领域，不过至少在反映北非国家同美欧之间的角色观念错位时同样具有说服力。

---

①　Bejjit , Karim, "Moroccan Foreign Policy under Mohammed Ⅵ , 1999 – 2014", *The Journal of North African Studies*, 21（5）, 2016, p. 920.

（一） 北非国家的"美国观"

目前探索北非国家民众对美国角色观念认知的方法有两种。一种是汇总各类访谈或民意调查的结果、数据，勾勒美国在北非国家民众心目中的总体印象。例如，皮尤研究中心自"9·11"后就设计了表述不同、对象国和数量有所差异，但均能体现中东北非地区民众对美国角色观念认知的调查问卷。推出相似民调的权威机构还有"阿拉伯晴雨表"（Arabbarometer）、盖洛普（Gallop）、佐格比（Zogby）、多哈民调中心、美国阿拉伯学会等。2009 年奥巴马于开罗大学发表有关"开启美国－伊斯兰世界关系新篇章"的演讲后，中东北非国家满怀期待，佐格比调查表明 55% 的摩洛哥受访者与 47% 的埃及受访者持积极看法。[①] 然而好景不长，到 2011年革命爆发之前，盖洛普民调显示这些国家对美国的平均支持率仅为 15%，其中突尼斯 14%、阿尔及利亚 25%，而作为美国主要援助国的埃及此项比率低至 4%，处于世界最低值行列。[②] 革命爆发后，皮尤研究中心发布了名曰《阿拉伯之春未能成功改善美国在中东北非地区角色》的报告（2012），同期"阿拉伯晴雨表"也进行了类似调查，如下四项考察初步反映了北非国家对美国的看法（见表 5 – 1）。

表 5 – 1 北非三国对美国的看法

单位：%

	考察项目	埃及	突尼斯	阿尔及利亚
皮尤（2012）	对美国的支持率	19	45	NA
皮尤（2012）	支持美国的观念、生活方式在该地区传播	11	25	NA
阿拉伯晴雨表 2011 \ 2012	鉴于美国对地区事务的一贯干涉，那些打击美国的武装行动具有合法性（同意率）	63	64	53
阿拉伯晴雨表 2011 \ 2012	美国与西方文化有积极的方面（同意率）	63	83	50

资料来源：作者自制。

---

① Five Years after the Cairo Speech, How Arabs View President Obama and America, June 2014, p. 3.

② Ray, Julie, "Opinion Briefing: U. S. Image in Middle East/North Africa", *Gallup*, January 27, 2009.

　　三国回应至少证明了两个观点。（1）即便阿拉伯觉醒最初被部分西方学者视为阿拉伯世界开始接受西方自由、民主价值观的信号以及推动美国在该地区进一步把握领导权和影响力的重大契机。但数据表明，美国的区域形象并未由此获得重塑之机或趋于改善，当地民众的反感情绪远超过赞同，其中埃及旗帜鲜明的抨击立场位列受访诸国之首，令人印象深刻。就美国在中东北非地区常常成为各类武装组织的攻击对象一事，民众认为归根结底是美国作茧自缚，插手和干预当地事务不当而造成的，怪不得他人。（2）多数人承认美国或笼统意义上的西方文化有其可取之处，但对美国的外交政策和输出西方价值观的方式异常不满，支持率在埃及和突尼斯分别仅为11%和25%。①

　　随着革命不断发酵，2014年佐格比发布《今日中东：压力与挑战》报告，受访八国民众普遍感到阿拉伯之春后美国对地区的和平与稳定并无贡献可言。相较于2012年略微"回暖"的支持率，2014年中东北非国家对美国的评价再度急转直下，有趣的是支持率暴跌竟多发于昔日素有"亲密盟友和军事伙伴"之称的埃及（从50%跌至19%）、沙特（从74%跌至9%）、阿联酋（从81%跌至9%）。② 无独有偶，多哈民调中心的"阿拉伯意见指数"大型调查涵盖了包括北非五国在内的14个阿拉伯国家，其中约三分之二受访者相信美国或其鼎力支持的以色列是阿拉伯地区总体安全的最大威胁。③ 同年，佐格比发布的《开罗演讲五年后：阿拉伯人如何看待奥巴马和美国》更为深入地考察了北非民众对美国的角色观念，发现绝大多数（60%~83%）人认为：（1）本国有必要同美国搞好关系；（2）注意到了奥巴马为改善关系所做的尝试；（3）美国在中东北非地区的政策与行动调整效果不明显。回答"美国对地区成功转型的作用是否重要"时，仅12%的摩洛哥人和18%的埃及人给予肯定答复；当被要求选出阿拉伯之春中，美国处理最为得当、高效的两项挑战时，仅8%的摩洛哥人和23%的埃及人支持"加强与穆斯林世界关系"这一选项，19%的摩洛哥人和31%的埃及人选择"推动地区变革"。相反，在"你认为美国

---

① Global Opinion of Obama Slips, International Policies Faulted, June 13, 2012, Pew Research Center, pp. 11 - 21.

② Today' S Middle East: Pressures & Challenges, November 2014, Zogby Research Services, p. 29.

③ 2014 Arab Opinion Index: Highlights of Findings, pp. 10 - 11.

处理哪两项事务时极为失败"的投票环节，以上两个选项均获得高票。①
最后，令人印象深刻的是调查问卷中给出最有可能阻碍中东北非地区走向
和平稳定的几大因素，包括美国过度插手、巴以冲突、伊朗核问题、经济
发展不均衡、日益尖锐的教派极端主义等，让受访者选危害程度最高者
时，除巴以问题这种长期性安全困扰外，民众纷纷表示美国干涉阿拉伯世
界遗患无穷。②

　　当然，系统性民调数据很难确保准确性、普遍性及代表性。究其原因
涉及两个方面。其一，考察对象国数量十分有限。例如，皮尤 2012 年的
调查仅在埃及、突尼斯、黎巴嫩、约旦四国展开，只能部分代表中东北非
国家对美国角色的认知。其二，由于担心暴露国内社会真实反美情况可能
产生的不良后果，中东北非国家还存在禁止民众接受对美印象调查的情
况，例如 2006 年的埃及、摩洛哥及 2013 年的沙特都是典型例证。③

　　考虑到民调可能出现的误差，本书继续采取第二种渠道校验上述结
论，即援引相关学者对阿拉伯推特用户的发帖内容进行话语分析的结果，
探究民众在相对自由的社交网络环境中表达的对美看法是否与有局限的民
调结果基本吻合。此渠道之所以有效原因有以下三个方面。

　　第一，网络及社交媒体在阿拉伯之春爆发和事态发展中发挥了前所未
有的重要作用，预示着目前北非国家的公共政治亦正经历从实体向虚拟空
间溢出的变革。加之推特发言具有较高的时效性和事件针对性，例如话题
可鲜明地被划入政治政策或社会生活领域，故而较好地弥补了民调相对刻
板和笼统的缺陷。④

　　第二，阿拉伯晴雨表第三次民调显示，近 40% 的阿拉伯民众使用网
络，其中 30% 有"发推"习惯，⑤迪拜政府学院提供的数据称 2013 年整

---

① Five Years after the Cairo Speech, How Arabs View President Obama and America, June 2014,
p. 4.
② Five Years after the Cairo Speech, How Arabs View President Obama and America, June 2014,
p. 17.
③ Jamal, Amaney A., et al., "Anti – americanism and Anti – interventionism in Arabic Twitter
Discourses", *Perspectives on Politics* 13 (01), 2015, p. 59.
④ Dewey, Taylor, et al., "The impact of social media on social unrest in the Arab Spring", *International Policy Program*, March 22, 2012, pp. 4 – 8.
⑤ Arab Barometer: Public Opinion Survey Conducted in Algeria, Egypt, Iraq, Jordan, Kuwait,
Lebanon, Libya, Morocco, Palestine, Sudan, Tunisia, and Yemen, 2012 – 2014, available
at http: //www. icpsrweb. umich. edu/icpsrweb/ICPSR/studies/36273 [2016 – 12 – 13].

个阿拉伯世界内，活跃的推特用户数量升至 370 万。[1] 可以说，该区域的推特使用者数量已达到一定规模，有能力从一个侧面反映出相应国家民众对美国总体角色及其特定政策或行动的态度。

第三，尽管还没有对阿拉伯推特用户基本情况的系统统计和分析，但很明显年轻人在其中占较大比重，而相对于其他年龄段人口而言，年轻人通常具有更开化、温和、支持民主、少有地域偏见和少受宗教因素干扰等特征。此外，美国很早便意识到网络政治平台的重要性，故而阿拉伯推特用户中不乏美国培植的"骨干"，专门散布反政府和宣传西方价值观等言论。如果即便如此，分析阿拉伯国家涉美推文仍证实了对美国的负面评价及阿拉伯世界眼中的美国角色观念与其自我角色观念俨然相悖的话，这一结论就相当具有说服力了。

为此，一些学者在海克斯康公司（Crimson Hexagon）的协助下筛选出 2012～2013 年的阿拉伯语"推文"，并运用霍普金斯等人 2010 年提出的文本分析途径，[2] 统计出阿拉伯推特用户这一时期对美国的看法。结果表现在以下几个方面。（1）相比于其他具有全球或地区重要性的国家来说，关涉美国的话题备受当地民众关注（如表 5 - 2）。（2）阿拉伯国家民众对美国在该地区的政策格外反感和不信任，提及美国社会偶有少许积极回应，以负面评价居多。更重要的是有关政治、安全的"推文"数量远大于社会部分，可见民众对美国政策的关注与差评程度均处于较高水平。（3）差评源自美国过度介入地区事务以及滥用武力手段所带来的被侵犯感。（4）特别是那些美国挑头或在其中扮演地区领导角色的事务，成为阿拉伯推特用户发文诟病的"靶心"。[3] 无须多言，"推文"分析结果反映出阿拉伯世界非常鲜明的反美立场，在他们心目中，美国既不是领导者、协调者也不是合作伙伴，甚至亦敌亦友都算不上，而是一个彻彻底底的"敌人"。[4]

---

① Dubai School of Government, "Arab Social Media Report", 2013, http：//www. arabsocialme-diareport. com/User Management/PDF/ASMR_ 5_ Report_ Final. pdf ［2016 - 12 - 13］

② Hopkins, Daniel J., and Gary King "A Method of Automated Nonparametric Content Analysis for Social Science", *American Journal of Political Science* 54 (1), 2010, pp. 229 - 247.

③ Jamal, Amaney A., et al., "Anti - americanism and Anti - interventionism in Arabic Twitter Discourses", *Perspectives on Politics* 13 (1), 2015, pp. 55 - 73.

④ Jamal, Amaney A., et al., "Anti - americanism and Anti - interventionism in Arabic Twitter Discourses", *Perspectives on Politics* 13 (1), 2015, p. 62.

表 5 - 2 阿拉伯推特用户对如下国家的讨论量（2012.1.1—2013.12.31）

国　家	讨论量	所占比例（%）
美　国	40845963	25.88
伊　朗	27634417	17.51
以色列	27266590	17.28
土耳其	18062640	11.45
印　度	11927620	7.56
俄罗斯	11248828	7.13
中　国	11123497	7.05
英　国	9707759	6.15

资料来源：Hopkins, Daniel J., and Gary King, "A method of automated nonparametric content analysis for social science", *American Journal of Political Science* 54（1）, 2010, p. 229.

民调数据和"推文"分析纷纷指向一个事实，即北非国家眼中的美国角色观念与美国试图塑造的"版本"南辕北辙，这一方面是美国的角色扮演与其角色观念设定本身存在出入的结果，同时也深刻折射出北非地区积蓄已久的"反美主义"倾向。恰在阿拉伯之春发酵期内，美国电影《穆斯林的无知》彻底激怒了世界各地的穆斯林，大规模反美运动起于埃及，随后迅速扩散至摩洛哥、突尼斯等地，当地警方在与民众对峙的过程中甚至使用了催泪弹，导致局面更加难以收场。[1] 有人说如果 2011 年阿拉伯之春的主旨在于宣传民主化所带来的希望，那么 2012 年这场"阿拉伯之秋"则是中东北非国家对美国地区政策和干预的彻底反抗。[2] 叶海亚·祖必和（Yahia H. Zoubir）认为北非地区的反美主义与卡赞斯坦的论断别无二致，存在温和与极端倾向。[3] 温和派仅针对美国的地区政策和行为做出反应，"就事论事"地反美；他们在认知中将美国与"不公正的外交政策"相关联，认为美国在阿拉伯世界唯一扮演好自己角色的方式就是彻底改变固有中东政策。[4]

---

[1] Arrabyee, Nasser, Alan Cowell, and Rick Gladstone, "Turmoil Over Contentious Video Spreads to Yemen and Iran", *The New York Times*, September 13, 2012.

[2] A chilling Arab Autumn: Reaping the grapes of wrath, 13 Sep, 2012, available at https://www.rt.com/news/arab - world - us - embassies - 051/［2016 - 12 - 14］.

[3] Zoubir, Yahia H., and Louisa Aït - Hamadouche, "Anti - Americanism in North Africa: could state relations overcome popular resentment?" *The Journal of North African Studies* 11（1）, 2006, p. 36.

[4] Hafez, Mohammed M., *Why Muslims Rebel: Repression and Resistance in the Islamic World*, C. O.: Lynne Rienner, 2003, pp. 177 - 192.

例如，2011 年后突尼斯民众屡屡走上街头反对本国政府沦为美国的傀儡，要求美国停止以"促进社会进步、经济自由化或联合反恐、维护地区安全"为借口插手本国事务，他们甚至在突尼斯召开的叙利亚之友国际会议会场高举写有"希拉里·克林顿滚出去"的标语牌。[①] 极端派则将反美发展为一种思潮、文化甚至信仰力量。他们仇视一切与美国"沾边"的事务，甚至希望毁灭美国或不择手段地在世界范围内威胁其利益，北非地区一些恐怖组织就是在极端反美言论和行动中不断"汲取养分"的。[②]

就马格里布四国而言，阿尔及利亚、利比亚一直同美国不甚亲密，即便近些年在经济或军事反恐合作领域有所缓解，但无论政府、民众还是舆论都将它们先前对美国角色的认识不断深化，即既不承认其领导地位亦不相信其协调地区事务的动机和意愿。换言之，美国对这两个国家的吸引力仅存在于追逐现实利好和担心其利用强权来犯之中。突尼斯、摩洛哥政府当局友好得多。然而一则鉴于国内频频爆发的反美示威将政府立场置于相当尴尬的局面，二则因摩、突二国不管如何追随美国都无法满足自身利益，于是无论阿拉伯之春前后反美主义在该地区都有十足的感召力，左右着北非五国对美国角色负面认知的形成。正如马克·林奇评论所言，即便小布什卸任、本·拉登之死、美国从伊拉克撤军乃至 2011 年奥巴马政府看似放弃与独裁政府的"利益捆绑"转而支持部分阿拉伯国家革命等重大改变，都对阿拉伯世界的反美主义膨胀毫无改善可言。[③]

以上证据统统表明，美国角色观念中涉及的地区安全稳定锚、民主的谦逊支持者、退居幕后的领导者以及讲求效用的多边主义者等无一存在于北非国家的认知中。在后者看来，美国并非地区安全的维护者，反倒是不安全的主要来源，必须时时警惕其成为本国的军事威胁;[④] 民主方面美国多年的强行价值观与制度输入、扶持代理人、实施双重标准等行径遭人反

① Shahshahani, Azadeh, and Corinna Mullin, "The legacy of US intervention and the Tunisian revolution: promises and challenges one year on", *Interface* 4 (1), 2012, p. 68.

② Ali, Tariq, *The Clash of Fundamentalisms: Crusades, Jihads and Modernity*, London: Verso, 2002.

③ Lynch, Marc, and Amaney Jamal, "The Persistence of Arab Anti - Americanism: In the Middle East, haters gonna hate", *Foreign Affairs* 92 (3), May/June 2013.

④ Arab Spring Fails to Improve U. S. Image, May 17, 2011, Pew Research Center, available at http://www.pewglobal.org/2011/05/17/arab - spring - fails - to - improve - us - image/ [2016 - 07 - 27].

感，即便阿拉伯之春后依然如此；从民众总体负面评价有增无减来看，美国的"退出"姿态效果不甚明显，给公众留下的仍是蛮横插手别国事务的霸权印象，所扮演的角色也并未如预想那般体现出对公信力与合法性的渴望和追求。

(二) 北非国家的"欧盟印象"

在有关欧盟对地中海南岸邻国的政策研究中，诸多学者业已默认了欧盟"规范推进者"或"安全与稳定提供者"的身份。然而依据角色理论的思考路径，欧盟在北非国家的安全事务中究竟扮演何种身份不仅与欧盟的认知和构想有关，更离不开来自北非国家的角色观念判定。第三章已就阿拉伯之春以来欧盟所呈现出的"务实的规范性行为体"角色观念进行了详细的解构和相应政策解读，可以说，即便革命后的北非安全局势云谲波诡，欧盟仍希望保持自己塑造周边国家对"规范"或"正确"的认知的能力特性，继续通过推进和平、自由、民主、良治、法治、平等、人权、社会团结、反对歧视、可持续发展等价值规范的传播而扮演"规范性力量"。尽管北非国内冲突、恐怖主义、难民潮等严重威胁欧盟内部安全而迫使欧盟角色增加了"务实"导向，但规范性仍是角色观念的主体部分。为了考察北非国家的认知与欧盟在安全事务中的角色观念的吻合程度，本书借助学者对欧盟、北非公职人员及北非学生所做的半结构化访谈反馈进行分析，同时收集了"欧盟南部邻居晴雨表"中触及欧盟角色、安全政策、阿拉伯之春等关键词的调查结果，加以双重验证，确保所得结论的准确性。

2015 年前后 16 位分别就读于摩洛哥两所顶级高校的本地学生就"摩洛哥视域下的欧盟"一题接受了半结构化访谈，阐释了他们对欧盟角色的基本看法：当被问及"在你看来欧盟是一个什么样的行为体（规范性力量、经济强权、后殖民主义强权）"时，全部作答者中 11 位认为欧盟是一个经济强权，而对欧盟持续标榜的规范性力量，仅有 1 人表示赞同。受访者继续解释称，"贸易、商业、投资与推广进出口规范的强大能力是摩洛哥人对欧盟的经济强权身份认知的主要来源。除'贸易巨人'形象外，巨大的单一市场、源源不断的直接海外投资以及在经济危机中逐渐复苏的能力都让欧盟的经济强权形象更为深入人心"。相较而言，欧盟的规范特性并不突出，因为"欧盟所推动的规范在摩洛哥人看来并不可信，它们往往颇具'欧洲中心主义'色彩，缺乏普适性和客观性，被视为欧盟后殖民主义控制的手段"。[1] 几乎同期，另一位学者采访了部分阿尔及利亚外交人员并就报纸高频词做了简单分析，所得结论与摩洛哥类似，大部分受访人员和报纸言论中并未传递出对欧盟规范性力量的认可。即便欧盟意识到马格里布国家既是帮助其阻挡大部分非法移民和难民的重要门户也是恐怖主义泛滥的温床，不遗余力同阿尔及利亚开展旨在消除安全威胁的多项合作，[2] 但阿尔及利亚方面并不认可欧盟在引领国家民主化改革或提供和平、稳定方面自认为"全情投入"的角色。[3] 最后，摩洛哥高校学生对"欧盟是否称得上领导地区的超级强权（superpower）"以及"欧盟给出的政策承诺是否可信"的回答似乎更能说明问题，12 人认为欧盟堪称超级强权，但也因其在安全事务中缺乏内部一致性和追随、依赖美国而难以胜任地区领导者称号。而就其政策承诺而言，12 人直言欧盟的承诺只有惠及自身时才可信。[4]

概括以上两组访谈结果的共性可知，阿拉伯之春后，摩洛哥和阿尔及利亚对欧盟的角色观念认知停留在经济强权层面，通过欧盟的政策与实践未能感知到其自我标榜的"坚定的民主推进者""因势利导的领导者""高效的危机管理员""功利的多边协调者"角色。就总体角色观念而言，北非国家的反馈表明欧盟的"务实""利己"形象比规范性力量更为深入人心，致使两方对欧盟角色的侧重点把握极为不对称。为了规避因访谈样本过小、地域局限等可能造成的偶然性，本书继续借助"欧盟南部邻居晴雨表"（2012）验证以上结论。此调查由三家经验丰富的咨询、调查公司[5]联手在地中海南部 9 个邻国进行的 9067 份精英访谈组成，通过北非国家对其中一些关键性问题的答案，能够推测阿拉伯之春后该区域国家对欧盟角色总体认知以及各项领域政策、行动的评价。诸多问题中，与本书相

① Larsen, Henrik, "The EU as a Normative Power and the Research on External Perceptions: The Missing Link", *JCMS: Journal of Common Market Studies* 52 (4), 2014, pp. 905 – 906.
② Joffe, George, "The European Union, Democracy and Counter – terrorism in the Maghreb", *Journal of Common Market Studies* 46 (1), 2008, pp. 147 – 171.
③ Selleslaghs, Joren, "Conflicting Role Conceptions: In Search of the European Union's Added Value for Its Southern Neighbors", *Bruges Regional Integration & Global Governance Paper* 04/2014, p. 20.
④ Lloyd – Pugh, Isabelle, "The Moroccan Perception of The European Union: A Qualitative Minor Field Study Based on Moroccan University Students", pp. 21 – 22.
⑤ 这三家公司分别为 TNS Opinion SA、Kantar Media SA 及 Particip GmbH。

关者有三（如表 5 - 3）。

表 5 - 3 阿拉伯之春以来关于欧盟在地区安全事务中角色的考察

单位:%

	欧盟介入本国事务的程度适当	欧盟为周边地区带来和平与稳定	欧盟在阿拉伯之春中表现出了对民众运动的支持
摩洛哥	71	59	52
阿尔及利亚	65	42	28
突尼斯	64	59	51
利比亚	27	26	22
埃及	25	16	15
南部邻国	46	37	32

注：表中百分比均为赞同率。

资料来源：EU Neighbourhood Barometer Wave 2 - Autumn 2012。

包括但不局限于以上问题的调查至少能表明两个事实。第一，南部邻国中，不到半数（46%）的受访者认为欧盟介入地区事务程度得当，另有 36% 的受访者表示对此并不知情。除此之外，当被问及他们认为欧盟在本国各个领域扮演了何种角色时，有 33% ~ 50% 的人称不知道；而涉及是否了解欧盟在同本国开展合作过程中提供财政及其他方式的援助时，27% 的人坚信没有，44% 的人称不了解。由此可知，即便阿拉伯之春后，欧盟为与南部邻国在民主化、难民潮与边境管控、打击恐怖主义等方面加强合作做出了较为明显的政策调整，但实施中一方面地区民众认可度不高，另一方面似乎宣传力度和地区影响力均有欠缺。

第二，仅就地区事务介入程度适当、为周边安全稳定做出贡献及在阿拉伯之春中站在民众一边三个命题的回答情况来看，北非五国对欧盟角色的认知大致分化为三个梯度：摩洛哥、突尼斯认可度最高，三命题的赞同率都超过半数；阿尔及利亚处在中游，不否认欧盟介入程度的妥当性，但在评价欧盟对周边稳定与和平所做贡献时则相对冷淡，同时也不认可欧盟在阿拉伯之春中所持立场。欧盟在利比亚、埃及最不被看好，不仅以上三个命题的赞成率统统不过 30%，且就欧盟是否为本国重要伙伴、双方是否充分享有利于合作的共同价值等问题也以否定答案居多。

另外，受访者同样被问到"是否信任欧盟（的政策）"，答案表明 41% 的人不信任、24% 的人不置可否，仅 35% 的受访者表示愿意相信欧盟及其政策（如图 5 - 1）。

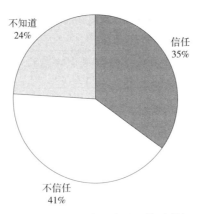

图 5 - 1　是否信任欧盟（的政策）

资料来源：EU Neighbourhood Barometer Wave 2 – Autumn 2012。

其中摩洛哥（信任 48%，不信任 36%）、阿尔及利亚（信任 49%，不信任 40%）受访者倾向于相信欧盟政策能够付诸实践，高达 59% 的突尼斯人批评欧盟政策不过是掩耳盗铃，而当多数利比亚、埃及受访者充分表达了对欧盟政策的不信任时，还有很大比例人口（利比亚 54%、埃及 39%）称不知如何作答。① 造成北非国家对欧盟（政策）的信任度指标不佳的原因可能有二：一是诸多北非民众不了解欧盟之于本国的政策和所作所为，背景知识缺失的情况下无法选择信任；二是欧盟在北非国家的外交行为，即角色扮演，与直观反映其角色观念的政策出现某种程度上的背离，导致当地民众认知与欧盟角色观念初衷难以吻合。

依据访谈结论和“晴雨表”数据至少可做如下三个推论。其一，不同北非国家对欧盟角色的总体认知存在差别，但普遍不认可欧盟就“介入地区事务程度、为周边安全稳定做出的贡献以及阿拉伯之春中的立场表现”给出的自我定位和评判。加之北非国家对欧盟政策的不信任率较高，反映出在当地民众心中，欧盟的角色观念自我部分存在失真现象。其二，北非民众对支撑欧盟规范性的各种价值及其同北非国家开展的援助、合作实践缺乏了解，甚至怀有误解，这不仅成为其难以成功扮演地区领导角色的重要障碍，更影响到欧盟角色的成功塑造。其三，欧盟的规范特性随着阿拉

① European Commission, Directorate – General for Neighbourhood and Enlargement Negotiations: EU Neighbourhood Barometer Wave 2 – Autumn 2012, p. 29.

伯之春爆发和欧盟政策总体出现务实转向而趋于弱化，即便是对欧盟热衷传播的规范性价值有所了解的人，也不免怀疑其以价值之名，为"后殖民主义"统治之实。

总之，欧盟自认为能够引领地区事务并尽量充当友善平等的地区发展贡献者、慷慨援助者、安全方面的稳定促进者、民主推动者、多边主义践行者，但无论革命前后，在北非国家眼中它不过是一个施恩图报、具有潜在威胁甚至是帝国主义倾向的强权，一个看似和善的"主人"。或许希恩的话恰到好处地总结了北非国家对欧盟角色观念的认知，"它（欧盟）永远矗立在那里，高不可攀，势力压人。它看似很亲近，如果你表示顺从、臣服，那么它将给予你指导和关照；不过一旦你有丝毫擅自行事、违抗旨意之举，它便会反过来伤害你，教化、强制，甚至严苛责罚。它宛若'神祇'，你唯一能做的只有两件事，要么五体投地敬重它，要么佯装归顺，然后秘密地践行你的真实信仰"。①

（三）再论角色观念错位

与美国、欧盟试图塑造的，以地区领导权为基本定位、以有效消除地区安全隐患为当务之急、以民主价值观传播为长远目标、以必要的多边主义为筹谋方式的角色观念自我部分相比，基于北非五国视角的美欧角色观念显然与之匹配度较低。而阿拉伯之春以来，美欧针对北非地区安全事态所做的种种努力无一不以其角色观念设定和由此制定的政策为根本指南，抛开其间各类角色冲突导致美国、欧盟角色扮演发生偏差不谈，单从双方角色观念间分野来看，它们在北非的安全政策及其实施便很难卓有成效。

鉴于冷战中美国、欧盟给北非遗留的记忆或多或少有所类似，加之后冷战时代，双方一方面就该地区事务拓展跨大西洋关系，另一方面也在该地各谋私利，展开物质资源与领导权的公开争夺及暗地较量。2011年阿拉伯世界普遍陷入变革后，北非国家在其中发挥的"引爆"作用备受瞩目，纵使受到事态波及程度不同，但美欧都有意通过政策改革提升应对该地区多项安全威胁的效能，从而避免因地区局势恶化或本土受损而造成更严重的后果。由此不难推断，北非与美国、欧盟间的角色观念错位存在一

---

① Sheahan, Linda, "The EU – Pacific EPA Negotiations", *Unpublished Thesis*, University of Lund, 2009, p. 5.

定共性。

首先，北非国家认知中的美、欧始终带有强权和干涉特性，在事关主权与存续的安全领域则更为突出。表现在以下两个方面。

其一，坚持通过宣扬自由民主和人权、强调资本主义自由市场价值与政教分离接触和干预北非国家事务。然而向笃信伊斯兰教者灌输上述三种理念无疑都是强人所难，政教分离同多数穆斯林在公共生活中寻求更多宗教生活的意愿背道而驰；资本自由流动可能带来的"缺乏边界感"与伊斯兰坚定信徒所追求的生活图景截然相反，而就当地青少年而言，西方国家勾勒出的繁荣、平等并未真正兑现；此外，北非国家尚不具备推广自由民主的土壤和条件，西方国家强行移植且不考虑因地制宜正是阿拉伯之春瞬间燃遍中东北非世界的诱因之一。① 足见西方国家如今选择介入北非地区并与之对话的方式仍不断唤醒北非国家心中的被压迫感和反抗，由此形成的美欧角色观念被贴上了"后殖民主义"的标签，即试图在全球化时代凭借话语霸权及文化帝国主义再度操控前殖民地。可以说美欧角色在伊斯兰世界表现出的亲和力与积极程度有时或许还不如在北非国家攻城略地的 IS。正如查理·温特所言："与中东北非恐怖势力的这场战争无法单凭军事和政治能力取胜，它更大程度上是一场信息战与政治宣传战，得民心者得天下，但遗憾的是当前战争的优势显然处在伊斯兰国一方。"② 为了扭转北非对西方国家的角色观念偏差，美、欧迫切需要提供比 IS 更富吸引力的"故事版本"，当前的所作所为远远不够。③

其二，美欧角色的干涉、强制色彩还表现在它们试图凭借自身想象与认知界定阿拉伯之春所带来的各项安全挑战，解释成因或影响。这些源自华盛顿、柏林、巴黎、伦敦、布鲁塞尔等西方决策中心的"臆想"与作为亲历者的北非国家对变局的认识相差甚远，其中最有代表性的就是西方国家一厢情愿地将阿拉伯觉醒以"春"命名并称之为"调整美欧在该地区

---

① Etzioni, Amitai, "Talking to the Muslim World: How, and With Whom?" *International Affairs* 92 (6), 2016, p. 1361.

② Winter, Charlie, "*The Virtual 'Caliphate': Understanding Islamic State's propaganda Strategy*", London: Quilliam Foundation, July 2015.

③ Eric Geller, "Why ISIS is Winning the Online Propaganda War", *The Daily Dot*, 29 March 2016, http://www.dailydot.com/politics/-terrorism-social-media-internet-countering-violent-extremism/ [2016-12-17].

长期以来的负面形象，改善西方同阿拉伯世界关系的绝佳机会"。茉莉花革命与本·阿里1987年挑起的夺权斗争同名，因此在突尼斯语境中带有贬义，与西方的理解存在出入。① 另外，诸多当地人认为"春"之称谓暗含了改革完全遵循西方模式的意味，遂更倾向于使用阿拉伯"革命""起义""觉醒""复兴""民众反抗"等表述指代这场规模空前且意味深远的革命。可见美国、欧盟弃北非国家真实想法、感受于不顾，非但不利于克服业已横亘于双方间的紧张关系及冲突诱因，反倒使北非国家加深了对其角色压迫、强制特性的认知。②

其次，它们对美欧角色观念的真实性和有效性报以怀疑甚至敌意。追溯原因有以下两点。第一，即便美国和一些欧盟大国如法、德等都不同程度表达了改善同伊斯兰世界关系的美好愿景，但北非国家从决策层到民众始终难以忽略美欧对伊斯兰世界怀有的深刻意识形态偏见，这种负面思维定式不仅表现为"西方世界普遍患上了伊斯兰恐惧症，把各种涉及伊斯兰的社会问题和公共危机统统简化为伊斯兰威胁"，更极端的是把伊斯兰教信仰同"反西方"、"反现代化"甚至"反人类"画等号，借助报纸、影视作品亵渎先知穆罕默德，称伊斯兰反西方势力为"伊斯兰法西斯主义"并直接兵戎相向。③ 第二，革命爆发后，美国不过是凸显了其在北非安全政策中的战略模糊性、低成本领导权、灵活应变特性以及隐性军事介入方式，试图在力不从心的情况下尽力避免军事介入，通过设置外交议题维持其在五国的话语权；④ 欧盟也仅仅是更新了ENP，在其框架内添加了帮助北非国家自主维护地区安全和与欧盟进行合作的新项目，以求实现对北非安全政策风格的务实转向。但归根结底美国、欧盟在北非地区仍有以下表现：（1）试图维护主导权；（2）确保能源供应稳定；（3）保护盟友不受安全威胁；（4）推广西方民主价值观的利益认知。仅凭这一点，北非国家便有理由质疑二者所谓角色调整与政策改革的真实性和有效性。当然二者五年来的实际表现印证了所有怀疑，"做的比说的少，做的没想的好"反

---

① Marcovitz, Hal, *The Arab Spring Uprisings.* C. A.：Reference Point Press，2014，pp. 45 - 53.

② Alcaro, Riccardo, and Miguel Haubrich - Seco, *Re - thinking Western Policies in Light of the Arab Uprising*, IAI Research papers，2012，pp. 22 - 23.

③ 顾正龙：《打击"伊斯兰国"，让美国回到"反恐战争"的起点》，刘宝来主编《破解中东乱象》，世界知识出版社，2015，第174页。

④ Bettiza, Gregorio, and Christopher Phillips, "Obama's Middle East Policy：Time to Decide", IDEAS Reports, London school of Economics，May 10，2012.

向强化了北非国家的角色认知偏差。①

再次，美欧在北非地区多重利益诉求间的矛盾性导致其角色观念天然包含了诸多相互冲突的概念，如传播民主与追求稳定、推崇人权与军事介入、倡导规范特性与制定务实的政策等，当它们的安全政策试图照顾所有利益诉求并在其中找到平衡点时，难度可想而知。② 加之阿拉伯之春将地区政治气候与安全局势挑动至更为脆弱和微妙的境地，即便二者尽力通过政策改革和外交行动诠释其角色观念，但角色内含的利益冲突极大限制了西方国家的政策连续性与行动范畴，③ 这种看似表里不一、内外不调、见风使舵的行事风格无疑给北非国家的认知向美欧角色观念自我部分"靠拢"设下障碍。

当然，北非国家与美国、欧盟的角色观念错位不单具有共性，亦存在显著差异，其中最关键的一点便是对美欧自我角色观念的评价标准不同。从北非国家多个人口群体在民调、访谈或话语分析中的反馈来看，美国的"实用主义行为体"定位没有异议，差别主要集中于如何看待它为在北非重拾公信力、合法性而采取的"退出战略"。奥巴马政府显然认为当下发挥软实力，"以柔克刚"是其缓和与阿拉伯世界关系的有效途径，更是美国在中东获得喘息进而重返亚太的必由之路，但北非国家显然未能感受到美国表面低调背后的"战略收缩"，它们一方面认为口头上的缓和、友好只是权宜之计，不会产生多少实际效果，另一方面仍视美国为地区威胁，厌恶其过多插手地区事务。相较而言，欧盟的规范性并未得到北非国家确认，但鉴于地缘、历史亲近及北非 - 欧盟休戚与共的密切关联，一个统一、强大并发扬规范特性的欧盟更符合其利益，故而北非情愿看到欧盟原有角色观念能够兑现，发挥更为强劲、积极、有效的作用，特别是在经济、技术、人权领域。换言之，北非与美国的错位因其"进退失据"而生，与欧盟的角色观念错位在于其践行"规范"并不到位反倒是"务实"转向占据上风。

① Alcaro, Riccardo, and Miguel Haubrich - Seco, "Re - thinking Western Policies in Light of the Arab Uprising", *IAI Research Papers*, 2012, p. 33.

② Bensahel, Nora, and Daniel Byman, *The Future Security Environment in the Middle East: Conflict, Stability, and Political Change*, Rand Corporation, 2004.

③ Pace, Michelle, "Paradoxes and contradictions in EU democracy promotion in the Mediterranean: the limits of EU normative power", *Democratization* 16 (1), 2009, pp. 39 - 58.

　　事实上，对北非与美欧间角色观念错位的考察不仅应着眼于美欧自身，还同跨大西洋关系密切相关。一方面，即便美国与欧盟在该地区的利益冲突和争夺始终存在，但无论文化、价值观还是诸如殖民掠夺、二战中开辟战场或冷战时的联合遏制苏联等历史重大环节，它们在北非国家的认知中常常"捆绑"出现，甚至成为西方世界的代名词。在跨大西洋关系影响下，北非与美欧长期以来的角色观念错位催生了所谓"反西方情结"，据此，西方世俗主义和大众文化形同糟粕，而不管美国、英国、德国还是丹麦，所有大西洋两岸共享西方文化价值的国家都是有罪的，必须为历史上的殖民罪行和当前的介入不当负责。① 北非各国爆发革命后，诸如穆斯林兄弟会、伊斯兰复兴党等一批反西方倾向鲜明的伊斯兰主义政党凭借强大的群众基础纷纷走上执政前台，无疑使本就在北非各国"颇有市场"的反西方情结成为争取选民、上台执政、制定政策纲领的"要旨"之一，不利于北非与美欧弥合角色观念间日益加剧的错位。2014 年的佐格比民调侧面印证了这一判断，当被问及是否支持西方主导的国家联盟共同对抗 IS 时，中东北非民众反应冷淡，仅埃及和伊拉克有微弱多数支持西方国家插手此事，黎巴嫩、约旦、沙特多数受访者则严正反对，可见即便就反恐这种客观上有利于地区安全稳定的议题，都难以暂时消弭多数阿拉伯国家对"西方"的反感。② 另一方面，美国、欧盟在北非安全事务中的合作分工亦使北非难以把握二者"角色丛"中有关领导权的部分，此现象对欧盟来说尤为明显。尽管欧盟在中东北非地区的经济、外交影响力有目共睹，但因其民事力量特性和在军事安全甚至其他重大事务中依赖美国或北约的惯常表现，它的地区领导角色未能获得认同。相反，这些国家认为欧盟应对地区事务时颇显无能，在美国有所动作或为其"开绿灯"前大多数时候扮演旁观者角色。③

　　综上所述，来自北非的美欧角色观念他者部分与其自身角色观念设定

①　Ghaith Abdul – Ahad, "Anti – western violence gripping the Arab world has little to do with a film", *The Guardian*, September 14, 2012, Available at https：//www. theguardian. com/world/2012/sep/14/embassy – attacks – salafis – jihadists ［2016 – 10 – 13］.

②　James Zogby, The Unraveling of the Arab Spring Narrative, 12/20/2014, Available at http：//www. huffingtonpost. com/james – zogby/the – unraveling – of – the – arab – spring – narrative_ b_ 6359442. html ［2016 – 10 – 13］.

③　Pace, Michelle, "Perceptions from Egypt and Palestine on the EU's Role and Impact on Democracy – building in the Middle East", *International Idea*, 2010, p. 5.

无论性质还是程度均存在错位。正因如此，北非对美欧角色的"偏见"与日俱增，即便阿拉伯世界革命爆发后，美欧出于防范和自保需要调整了短期、中期或长期安全政策部署并部分付诸实践，但因角色观念认知所限难以得到北非国家认可，促使政策进一步走向失灵也是不言而喻的了。

二　美国、欧盟角色扮演与北非国家角色期待之差

角色期待的存在意义和功能在于给"自我"划定所处社会普遍希冀或能够接受的行为边界。[①] 社会角色理论在此基础上进一步指出，角色越复杂（如构成角色丛的成分越多或来自他者的角色期待涉及范围越广、差别越大）则角色扮演者忽略特定角色期待而自由扮演的可能性越高，由此角色期待—角色扮演间矛盾将更为突出。[②] 阿拉伯之春后，北非总体安全局势趋于复杂化，美国相信自己应继续秉承实用主义原则，充当地区领导者，但一则在该地区的合法性和公信力均处于透支状态而备感力不从心；二则为了配合国内内顾呼声和重返亚太的战略需要，把恢复声誉和重塑地区形象的紧迫要求融合至多项北非安全政策中，借此为原有角色增添必要的"柔性"成分。革命对欧盟角色的影响亦不容小觑，集中表现为将角色的"务实转向"公开呈现于联盟重大文件及对北非的安全政策与实践之中。同理，危机刺激下，北非各国就民主化运动、恐怖主义、难民等紧急威胁向美欧继续提出了各自的底线和需求，既有对原有期待的延续，还酌情添加了新的要素。总而言之，时局扰动下无论美国、欧盟还是北非，角色扮演和期待的复杂程度只会有增无减，这势必导致二者间隔阂进一步加大，美欧的北非安全政策失灵不可避免。为佐证上述判断，下文将继续从三大安全威胁入手，分别考察北非国家对美欧怀有何种角色期待，从而给予进一步的分析和阐释。

（一）民主化进程中的角色期待

北非国家依据自身情况，就民主化转型中遇到的问题和面临的威胁，

---

① Aggestam, Lisbeth, "Role Theory and European Foreign Policy", in Elgström, O. and Smith, M. (eds.), *The European Union's Roles in International Politics*, London：Routledge, 2006, pp. 18 – 19.

② Turner, Jonathan H., "Role Theory", in Turner, J. (ed.), *Handbook of Sociological Theory*, New York：Springer, 2006, p. 250.

表达了对美、欧不乏共性却又有所区别的角色期待。首先，希望它们在经济、技术方面给予大力支持。阿拉伯世界的普遍动荡局势纵然形式上表现为各国民众纷纷发动街头暴动，扬言推翻集权政府，呼吁民主、自由、平等、人权等价值的获得，然而其根源却是为"面包"所迫。全球性金融危机，特别是欧洲主权债务危机和欧元汇率大幅波动暴露了北非国家经济依赖外部市场的脆弱一面，经济不景气、严重的贫富分化和人民生活品质的下降促使各国国内积怨、沉疴最终触发革命。① 北非各国深知欲真正"渡过难关"，依靠自身力量远远不够，充分借助外援与扶持是重振经济、恢复发展、改善民生，并克服随转型而生的安全威胁的"捷径"之一。有鉴于此，革命后经民选上台的突尼斯总统埃塞卜西首次出访美国便表示"我们向所有持续关心突尼斯境况并感谢突尼斯为北非民主化做出表率的老友实言相告，如今的革命成果和突尼斯社会仍十分脆弱，如果经济形势再无缓解，所有成就可能化为泡影，为了促使我国快速度过艰难期，希望你们不只是冷眼旁观，而是在经济方面施以援手"。② 突尼斯驻美国大使古亚（Faycal Gouia）表示"希望美国在经济领域多加支援，通过创造更多就业岗位、促进地区及突尼斯整体经济发展，为突尼斯实现社会和平做出积极有益的贡献。经济领域的发展是突尼斯乃至整个北非地区重获安宁的必由之路，只有当国内达到社会和平的状态时，才会在安全领域有更强的把控能力"。③

阿尔及利亚因政策与思想上强烈抵触外部势力介入故而未做明确要求，但据对当地公职人员采访（15 位）及主流媒体言论（17 份）分析显示，阿方对欧盟的角色期待既与引领该国实现民主化改革无关，也未过多言及提供和平与稳定，反倒是希望欧盟在经贸往来与技术专长方面提供帮助。

---

① 贺文萍：《中东变局后北非国家民主转型的困境——基于马克思主义民主理论的分析视角》，《西亚非洲》2015 年第 4 期。

② USIP Staff, Tunisian President：U. S. Is Key to Arab Political Futures：Essebsi Speaks in Public Forum and Exclusive USIP Interview, May 21, 2015. Availabe at http：//www. usip. org/publications/2015/05/21/tunisian – president – us – key – arab – political – futures［2016 – 10 – 22］.

③ Pecquet, Julian, Tunisian envoy：Counterterrorism cooperation with US is new normal, Al – Monitor, March 6, 2016, available at http：//www. al – monitor. com/pulse/originals/2016/03/tunisia – counterterrorism – us – trade – economy – brotherhood – isis. html［2016 – 10 – 26］.

事实上，欧盟一直是阿最大贸易伙伴和油气消费方，阿方不仅期待同欧盟深化能源合作，同时希望从中获得有关能源供给的基础设施与技术支持。目前，欧委会针对阿方提出的《国家指导计划》已经启动了满足阿尔及利亚上述愿景的具体项目，但其预算拨款及受重视程度与阿方要求相去甚远。[①] 另外，阿尔及利亚迫切需要欧盟在诸如教育、远程通信、农业、水资源管理等部门推介先进经验与专项培训，以求国内各部门迅速摆脱危机局势干扰，步入快速、健康发展的轨道。[②] 阿、突作为阿拉伯之春中震荡较小与民主转型相对成功的代表，将对美、欧的角色期待置于经贸、技术领域的事实大体折射出北非国家"视经济发展为成功转型和维护国家安全、消除潜在威胁的基石"这一共有看法。

其次，对美、欧直接介入地区内国家的民主改革进程颇有忌惮，疑虑和无奈多于自愿接受，故而期待二者约束自身言行，避免过度干涉。面对它们向北非国家施压，提出继续加快推进市场自由化、尊重人权并建立民主政府的要求，许多官员公开批驳称如若遵循上述"指令"会使地区动荡升级、乱局扩散并给伊斯兰极端组织借机造势提供机遇。而一些说明阿拉伯之春爆发并非偶然，实则是美、欧为重塑符合自身利益需要的北非政治秩序而在台前幕后精心策划的"阴谋"等证据、观点加深了北非国家的警惕和不满。[③] 例如，阿尔及利亚坊间纷纷传言"美欧与其海湾盟国，特别是卡塔尔，是此次阿拉伯世界革命的主要推动力量"。2012 年，总统布特弗利卡在讲话中回应"传闻"，警示全国要时刻牢记拒绝接受外部势力强加的民主。"阿尔及利亚人民与世界上其他曾经或正在经受大国主宰的民众一样，充分意识到没有哪一种外部势力，无论看起来多么民主、发达，能为他们带来真正的发展和民主。今天发生的事（指阿拉伯之春）披着民主与尊重人权的外衣是否有益于本国的确值得谨慎商榷，因为民主恰如发展，根本无法像礼物一样被随处赠予。"[④] 除此之外，阿政府坚信周边多

① European Commission, "Instrument Européen de Voisinage et de Partenariat, Algérie 2011 – 2013", *Brussels*, 2011.

② Migdalovitz, Carol, Algeria: Current Issues, CRS Report for Congress, No. RS21532, Washington D. C.: DIANE Publishing, 2011, p. 8.

③ Boukhars, Anouar, "Algerian Foreign Policy in the Context of the Arab Spring", *Carnegie Endowment for International Peace*14 (3), 2013.

④ Allam, Samir, "Bouteflika: La Democracie ne s' octroie pas et s' Importe pas Comme une usine clés en mains", *Tout Sur L' Algerie*, April 14, 2012.

个独裁政府倒台势必触发多米诺骨牌效应，随之而来的是不可遏制的难民潮、武器扩散以及图阿雷格叛乱分子挑起争端，后两者因可能变向增强跨境恐怖势力和犯罪团伙的力量、加剧地区分离主义倾向甚至将阿尔及利亚重新推入内战深渊而尤为危险。有鉴于此，阿方政府不愿看到美欧参与和鼓动地区民主化运动，置本国及周边国家于承担无尽风险的被动境地。

如果说阿尔及利亚在反对外力插手革命方面态度坚决，那么被西方誉为"温和变革样板"的突尼斯对美、欧推动本国民主化的举措更多情况下怀着既无法摆脱又不愿全然遵从的复杂心情：一方面因美国、欧盟曾经长期支持本·阿里政权怨愤难平，认为它们最初几经踌躇最终宣称站在民众一边不过是"趋利避害"，是"为了促成有利于自身而非突尼斯的民主"。况且大部分突尼斯人提及欧盟便会直接与距离最近、互动最多且与本·阿里政权过从甚密的法国、意大利等成员国政策画等号，先前经验使其不能不对欧盟关涉地区及本国民主化进程的言论、政策及措施保持警惕，有所怀疑。无奈的是，欧盟是"家门口"的经济强权，不管怎样不满，突尼斯还是要秉承实用主义心态认清自身不得不依赖欧盟分享经验和提供帮助才能成功实现转型的现实。一位突尼斯拥护民主的活动分子表示，"即便欧盟一再令人失望，突尼斯仍需沿转型之路走下去，因为我们离不开欧盟的帮助"。① 换言之，突尼斯最希望看到的是欧盟改变一贯不切实际的"教化和鼓吹"，转而采取更为谦逊的态度，当被要求援助时尽己所能，通过财政资助、贸易合作以及一些高效可行的应急措施传递出其对突尼斯全面改革的鼎力支持。

最后，希望美、欧能够尽快兑现承诺，把北非国家在革命发酵期内急需且业已得到许诺的支持落到实处，而非仅挂在嘴边。以突尼斯为例，为向其转型成效表示赞许，奥巴马政府开出了许多"空头支票"，但没有任何机制确保美国能说到做到或长期信守承诺。布鲁金斯学会中东政策研究中心负责人维茨（Tamara Wittes）甚至大言不惭道："突尼斯必须明白，美国原则上的确支持突尼斯民主革命但目前尚未付诸实践。原因很简单，仅当中东出现严重威胁时，我们才会考虑实际行动。"② 当然，在突尼斯

① Dennison, Susi, et al., After the revolution: Europe and the transition in Tunisia, European Council on Foreign Relations (ECFR), 2011.
② Rogin, Josh, U. S. Bets on Egypt While Ignoring Tunisia's Success, May 22, 2015, available at https://www.bloomberg.com/view/articles/2015-05-22/u-s-bets-on-egypt-while-ignoring-tunisia-s-success [2016-10-27].

看来，美国宣扬民主的虚伪和谎言在其将援助重心完全置于传统战略要地和重要盟友——埃及时便已暴露无遗。即便从一开始埃及的民主、法治与人权进程便漏洞百出甚至倒行逆施，相比之下，突尼斯成就斐然，亟须外部支援从而完成转型，美国援助预算给予两国的比例仍难以相提并论。不无夸张地说，北非国家，哪怕是看似受惠于美国的埃及，对其在中东北非变局中表现出的首鼠两端、自相矛盾，尤其是双重标准均异常反感。

埃塞卜西深知美国作何考虑。鉴于眼下内忧未解，无力与美国再起冲突，但他在一次访谈中一改往日亲美口风，称突尼斯并不指望华盛顿能出手助力国内改革，如下这段话充分表达了积蓄已久的无奈和残存的期待，"如果他们同意提供帮助，那么谢天谢地。但如果美国继续不为所动，那么突尼斯也无力承担与其彻底决裂的代价，美突仍以朋友相称，国内改革只能全凭自己。尽管深知美国有能力出手相助，但它有需要解决的其他问题和必须关切的其他国家和地区"。[1] 针对美国推动地区民主转型中的角色扮演、自我标榜的角色观念以及北非国家的期待三者间统统有所背离这一现象，突尼斯复兴运动领导人拉希德·加努希直言不讳地表示"美国在北非的政策以支持埃及独裁军政府为中心纯属短视，民主最终会在北非地区取得全面胜利，即便眼前不行但总会实现。所以美国最好相信这一点，否则等这一天真正到来时，美国的所作所为即便政府当局不做追究但民众都会记得"。[2]

总结起来，对照美国的"地区变革的谦逊支持者"及欧盟的"坚定的民主推进者"角色观念定位及受种种现实境况所牵引的角色扮演而言，北非国家的角色期待十分明确：一是不愿美、欧在政治层面过多插手转型事务，即便勉力为之也心有忌惮；二是迫切需要它们承担经济、技术后盾的重责，期待能在北非国家的要求下恰当提供帮助；三是希望二者支持地区民主化的承诺能落到实处，而不是仅仅逞一时

---

[1]　Rogin, Josh, U. S. Bets on Egypt While Ignoring Tunisia's Success, May 22, 2015, available at https：//www. bloomberg. com/view/articles/2015 – 05 – 22/u – s – bets – on – egypt – while – ig-noring – tunisia – s – success ［2016 – 10 – 27］.

[2]　Rogin, Josh, U. S. Bets on Egypt While Ignoring Tunisia's Success, May 22, 2015, available at https：//www. bloomberg. com/view/articles/2015 – 05 – 22/u – s – bets – on – egypt – while – ig-noring – tunisia – s – success ［2016 – 10 – 27］.

之快。

（二）反恐事务内的角色期待

"肇始于北非的阿拉伯之春正演变为该地区乃至全球范围内的反恐战争"。[1] 理论上，恐怖势力在安全局势支离破碎的北非迅速壮大并不断外溢，严重侵扰美欧本土安全，堪称北非国家与美国、欧盟抛开成见，寻求安全合作、同仇敌忾一致对敌的绝佳理由。即便严防 AQIM 兴风作浪，打击盘踞于利比亚并试图向周边继续攻城略地的 IS 是三方共同利益所在，但北非方面对美欧在其中的角色期待与美欧实际行动间的差距仍呈现在方式方法和支持力度两个层面。

首先，北非国家的殖民地经历使它们对外部势力介入尤为敏感，多有防范。故而美欧以平等政治磋商为前提的适度反恐介入更符合上述国家的情感和现实需要。以阿尔及利亚为例，尽管近年来因联合反恐与美欧关系有所缓和，接纳武器和其他资助、及时交换情报等方面接触频繁，但阿方始终坚守如下原则。（1）不愿同西方国家向更为密切的军事合作关系再迈一步，即便反恐需要也行不通，在他们看来这是屈从于西方和引狼入室的开始。（2）多面下注，而非单纯依赖任何一个外部强权提供军事补给。这也恰好解释了为什么俄罗斯、中国、南非、美国、土耳其等都是阿尔及利亚的武器供应方。实际上，阿尔及利亚乐意在地区反恐事务中牵头的核心原因就是希望防止外部势力，特别是美欧过多卷入或横加干涉地区安全事务。阿方认为区域内国家的双边合作或多边合作是打击恐怖主义之要义，可以迅速提升反恐效率、降低遭受外侮的风险。毕竟西方力量只能借助，不可依仗，周边国家才是地区安全的"第一责任人"。[2]

其次，尽管北非国家有意与美欧在反恐方面建立或完善长期、稳定、高效的合作机制，但他们也认为一切计划顺利实施的前提是美欧改变看待地区恐怖主义问题时的"西方视角"，尽可能消除双方在有关恐怖主义界定与筛查标准等基本问题上的显著分歧。这里不得不提及美国与阿尔及利亚就恐怖主义的多重认知差异。阿方根据自身历史记忆和国情，历来主张将合法武装斗争、抗击侵略的革命暴动与无视平民生命安全并公然挑战国家法律的恐

---

① Sinkkonen, Teemu, "Counterterrorism in External Action: The EU's Toolbox for Responding to Terrorism Abroad", *FIIA Briefing Paper* 129, 2013, p. 1.

② Zoubir, Yahia H., "The United States and Algeria: The Cautious Road to Partnership", *The Maghreb Center Journal*, Issue 1, Spring/Summer 2010, p. 12.

怖主义活动截然分开。美国则不以为意，将上述三者视为等同。另外，阿尔及利亚有为实现政治目标而打响国内解放战争的经历，有鉴于此认为恐怖主义内涵不宜随意拓展，如将派系斗争和抵抗运动也囊括其中则有违实情。由此，阿方反对美欧给巴勒斯坦解放组织及其主要政治派别——哈马斯、法塔赫贴上恐怖组织的标签。尽管阿尔及利亚签署了国际反恐公约，但坚决反对外部势力以反恐为名压制任何国家民众为重获自由而打响的合法斗争或随意针对任何特定宗教团体。① 诸如此类分歧致使美欧与阿尔及利亚的反恐合作根基不稳，摩擦频仍，甚至时有因互疑而拒绝共享所获情报之举。

　　作为美国的密切盟友，摩洛哥在反恐与情报收集方面的努力，如制定多重反恐战略、通过"哈达尔行动"强化安全措施等颇受美国赞赏，并称其为遏制伊斯兰国在北非继续扩张的重要伙伴。即便如此，摩洛哥仍对西方国家特别是其新闻媒体时而将伊斯兰与恐怖主义等同的表态极为不满。穆罕默德六世公开声明拒绝某些西方专家提出的改革伊斯兰教的倡议，重申当前恐怖势力甚嚣尘上的原因并不出在伊斯兰教义本身，而是一些为生活所迫的年轻穆斯林遭到恐怖组织人为操控和洗脑的结果。换言之，伊斯兰教不仅不是恐怖主义的诱因反倒是其第一受害者，因为那些"异端"竟然以真主安拉之名行伤天害理之实。摩洛哥国王此番发言旨在告诫西方决策层、媒体、观察家应扭转理解恐怖主义的思路和视角，注意措辞，避免因妖魔化伊斯兰教或非人化穆斯林而导致联合反恐乃至有望建立的友好关系胎死腹中。②

　　再次，不满于美、欧反恐合作政策延续"一揽子"倾向，期待西方国家根据五国反恐态势及国情需要，建立深入、定向、灵活的反恐伙伴关系。所谓因地制宜，先是要考虑不同国家对美欧介入反恐事务的迫切程度和实际需要。五国中，埃及、利比亚对与西方联手反应冷淡。利比亚总理萨拉杰（Fayez Sarraj）及其领导下的全国和解政府从未就反恐事宜向西方国家发出清晰的"求助信号"，其前任泽丹（Ali Zeidan，2012—2014）及凯卜（Abdurrahim el-Keib，2011—2012）亦称"不允许国际社会干预"，公然拒绝外力插手。萨拉杰政府作此表态主要是为了顺应国内反对新政府

① Boukhars, Anouar, "Algerian Foreign Policy in the Context of the Arab Spring", *Carnegie Endowment for International Peace*14（3），2013.

② Samir Bennis, ISIS and Islam：King Mohammed VI's clear message to Western media, The Jerusalem Post, 09/27/2016, available at http：//www.jpost.com/Opinion/ISIS-and-Islam-King-Mohammed-VIs-clear-message-to-Western-media-468843［2016-10-19］.

与外部势力"走得过近"的民意，他们深知如若不然定会将坊间盛传的
"新政府是西方国家傀儡，上台只为勾结美、欧干预本国内政"等言论坐
实。① 突尼斯、摩洛哥则对行之有效的联合反恐期待满满。鉴于伊斯兰国
不仅控制利比亚大部分地区，且行迹遍及马格里布，摩洛哥为伊斯兰国和
盘踞于邻国多年的 AQIM 以及其他伊斯兰极端组织深感忧虑，其官员表示
摩洛哥与外部势力特别是法国、西班牙、比利时等恐怖袭击"重灾区"的
反恐合作势在必行，此"关系增长点"或可敦促美欧为地区稳定、安全提
供更多实质性支援。② 古亚甚至把联手对抗恐怖势力定性为突尼斯乃至整
个中东北非地区的"新常态"，称"一种现实摆在我们面前，就是要不惜
一切代价并团结一致迅速击退恐怖主义，为此我们或许有必要暂时弱化对
'国家自我'（national ego）乃至主权的过分强调，全力打赢这场攻坚
战"。当谈及美国缩减对突安全援助、增加经济援助时，大使批评此举颇
为"不近情理"，突尼斯当下面临着威胁国内安全与稳定的多重考验，削
减安全援助无疑雪上加霜，突方将不遗余力同美国磋商，抵制援助缩水。③
上述要员表态至少说明一个问题，即他们依据本国国情对美、欧反恐合作
的政策力度、内容提出不同要求，各国国情和需要应成为二者制定相关决
策和开展行动的主要判断依据之一。

最后，充分思考地区现有矛盾对联合反恐的影响，以平衡各方需
求，避免矛盾激化，阻碍"反恐大业"。这里特指美国、欧盟均有染指
且使摩洛哥、阿尔及利亚积怨甚深的西撒哈拉问题。原因有以下两方
面。其一，西撒难题悬而未决导致该地无法得到有效管理，日益成为
AQIM 策划袭击活动并勾结毒枭和军火走私贩的主要据点，④ 不仅严重阻
碍了摩洛哥的经济和社会发展，且给北非地区反恐增加负担。其二，美、

① Ashish Kumar Sen, "'Vague' Requests for Help Will Hinder Effort to Stabilize Libya", APRIL 19, 2016, available at http://www.atlanticcouncil.org/blogs/new-atlanticist/vague-requests-for-help-will-hinder-effort-to-stabilize-libya [2016-10-19].

② Sarantis Michalopoulos, Morocco asks for EU help in fight against ISIS, June16, 2016, available at https://www.euractiv.com/section/global-europe/news/morocco-asks-for-eu-help-in-fight-against-isis/ [2016-10-19].

③ Pecquet, Julian, "Tunisian envoy: Counterterrorism cooperation with US is new normal", March 6, 2016. http://www.al-monitor.com/pulse/en/originals/2016/03/tunisia-counterterrorism-us-trade-economy-brotherhood-isis.html [2017-01-15].

④ Taghioullah Ould Nema, Mohamed, "The Rise in Terrorist Attacks in the Western Sahara", *Journal of Conventional Weapons Destruction*15 (1), 2011, p. 65.

欧表态对摩阿两国能否暂且维持地区局面，防止矛盾升级，进而全身心投入联合反恐意义重大。种种迹象表明美国十分希望拉阿尔及利亚这一地区大国"入伙"，鼓励其积极参与 AFRICOM 领导的多种反恐活动并伺机协商司令部建址问题。阿方主观上自然坚决反对，但因担心与美素来亲厚的摩洛哥率先接纳司令部后会使自身陷入不利境地，遂在口头拒绝之余寻求以其他方式深化与美国的双边安全关系并伺机在地区安全合作中发挥主导作用。① 2015 年底欧洲法院宣布取消与摩洛哥有关农渔产品的自由贸易协定之举变向传达了"欧盟认为西撒主权不归摩洛哥所有"之立场，致使摩欧紧张关系死灰复燃，甚而扬言中断一切联系，反恐事宜自然遭遇波折。② 由此可知，美欧对西撒问题的任何不当表态都不利于地区大国关系走向缓和，同时也给联合反恐带来额外障碍，这显然是北非国家不愿见到的。

总的来说，北非国家对美国、欧盟在反恐事务中的角色期待十分复杂，既希望它们兑现政策承诺，避免撒手不管或言不符实；更厌恶其抱着"西方视角"扭曲伊斯兰世界的恐怖主义问题或者不顾北非国家意愿，以地区领导、协调者自居，肆意妄为，并借机干涉本国内政。很显然，北非国家对美、欧反恐的角色期待从开始就未能得到满足，即便二者一厢情愿在资金、武器、军事能力建设、情报共享方面大力投入但始终无法拉近其角色扮演与北非角色期待间的实质性隔阂。

（三）难民危机下的角色期待

自 20 世纪 90 年代起，应对来自摩洛哥、阿尔及利亚、突尼斯等北非国家的难民/移民对欧盟南部成员国而言已如"家常便饭"。为了给自己适当"减负"，他们惯常采取的对策是将边境管控"外化"（externalization），意即通过口头支持设法要求北非国家"留住"难民，再以提供发展援助、武器装备、边境管控财政扶持为筹码与北非国家签署《重新接纳协定》，不断强化北非国家的"难民隔离带"和"打击非法移民的桥头堡"功能。纵使阿拉伯之春诱发的地区动荡导致北非国家内难民滋长，协助欧盟阻隔南部难

---

① Zoubir, Yahia H., "The United States and Algeria: The Cautious Road to Partnership", *The Maghreb Center Journal*, Issue 1, Spring/Summer 2010.

② Norman, Laurence, Court Annuls EU Trade Accord with Morocco, Cites Western Sahara Issue, *The Wall Street Journal*, Dec. 10, 2015.

民的能力更遭到严重削弱，欧盟为此试图推出一系列有助于两岸合力打击人蛇集团、进行海上搜救和提升北非国家边境管理能力的政策措施，但这些提法大多"换汤不换药"，未能捕捉到北非国家对解决难民问题的真实考量。

首先，勉力配合之余反感欧盟将北非从难民"过境国"变为"终端国"的企图。"配合"是因为他们幻想欧盟的"共同打击非法移民"口号能够切实缓解自身压力。为此，摩洛哥国王亲信卜夏卜（Yahdih Bouchab）表示，摩方致力于寻求妥善处理难民和移民问题的得力措施，目前国内多方运筹下入境难民数量已然大幅减少，前期边境乱局得到有效控制。不过在这个问题上，不得不指望欧盟能切实履行诺言，提供必要而充足的支持。[1] 当然，危机所带来的严重挑战与欧盟新政策和行动的因循旧路让北非国家很快认清现实，在配合欧盟"外化政策"方面达到了"瓶颈期"。他们不仅异常厌恶欧盟给北非贴上"难民终端国"标签，不愿依照欧盟指令继续阻止来自第三国（撒哈拉以南非洲国家）的难民北上，同时以可能侵犯主权为由不同程度地反对欧盟在当地建立难民、寻求庇护者接待中心，并派遣舰船在北非海岸巡逻的提议。在北非国家看来，欧盟看似合理的解决方案反而可能吸引更多难民进入该区域，一旦接受定会如欧盟所愿，减轻其边境压力，而北非国家不得不独自承受"难民终端国"所带来的无穷后患。[2]

其次，期待欧盟撕下"伪合作"的面纱，平等协商和制订行动方案。北非国家认为，目前多数"合作"方案都是由欧盟单方面提出的，即便走了"磋商"过场，但始终无法改变欧盟"一言堂"的实质，北非国家在地中海区域秩序内缺乏话语权，更多情况下别无他法，唯有被动接受。以摩洛哥为例，尽管欧盟在摩洛哥难民/移民政策形成过程中不可否认地扮演了关键角色，但这种"欧洲中心"式的指导俨然无视摩洛哥作为独立政治行为体的自主权，破坏了摩当局所信奉的"多层面地缘政治考量"信条，造成"唯有站在欧洲政策的角度审视，才能充分理解南地中海区域非法移民与难民政策"的尴尬事实。[3] 对此，北非国家迫切希望欧盟能如其

---

[1] Michalopoulos, Sarantis, Morocco Asks for EU Help in Fight Against ISIS, June 16, 2016, a-vailable at , https: //www. euractiv. com/section/global – europe/news/morocco – asks – for – eu – help – in – fight – against – isis/ ［2016 – 11 – 10］.

[2] Riaño, Sergio Castaño, "Thinking Out of the Box: Devising New European Policies to Face the Arab Spring", *Papers Presented at the NEPAS Ⅰ and Ⅱ conferences*, Lisboa, 2014, p. 12.

[3] Natter, Katharina, "The Formation of Morocco's Policy towards Irregular Migration (2000 – 2007): Political Rationale and Policy Processes", *International Migration* 52 (5), 2014, p. 16.

所言，切实以平等伙伴相待，在寻求双边或多边合作时减少颐指气使发号施令，尊重北非国家的立场和权利。

最后，反对欧盟将难民问题过度"安全化"，把政策重心置于堵截防守而非长远治理。北非国家批评欧盟单方面将难民潮作为安全难题处理，这种倾向非常危险，不仅可能由此采取过激措施，如动用武力等，触发人道主义灾难并破坏业已脆弱的欧 – 地关系，更不利于改善北非地区经济、政治局势，从根本上缓解危机。有鉴于此，阿尔及利亚在配合"打击非法移民、阻断人口贩卖"之倡议、出台国内立法的同时便要求欧盟加大对国内发展的支持，为新法迅速"落地生根"培植土壤。① 再看突尼斯，纵使布鲁塞尔方面及欧盟驻突尼斯使团官员一致表达了协助该国处理难民问题、相应提升财政和技术支持的计划，但突方政治家、政府官员乃至社会活动家都认为当前支持力度不仅不够，还差得很远。民权活动领袖米布莱克（Jawhar Ben Mbarek）批评欧盟没有认识到对突尼斯来说情势有多危急，"突尼斯是个小国，支持成本不会很高且也符合欧盟国家利益，如果突尼斯失败，那么我们的困境最终也将成为欧盟的困境"。②

显而易见，在难民危机处理过程中，欧盟通过政策调整意欲塑造的"积极、正面、平等合作"形象仅停留在自我幻想之中。他们自认为有助于北非国家重新接纳、安置难民的方案以及打击人蛇集团、完成海上搜救等举措同北非国家不愿充当挡箭牌，希望妥善维护主权和领土完整的同时借助欧盟支持、大力改善国内局势的愿景背道而驰。欧盟在与北非国家的实际交往中显然忽视了两个问题：第一，在北非国家看来，欧盟的政策意味着企图转嫁危机、口头宣扬合作实际发号施令、将难民问题高度安全化从而忽视北非国家内部需求等不当举措；第二，近年来，为了谋求更多地缘政治与经济利益，北非各国竞相同撒哈拉以南国家建立友好关系。欧盟责成北非增加对南部国家发放签证的附加条件、严格审查，限制北非难民进入欧洲并敦促其签署重新接纳协定等决策无疑使北非国家不堪重负，无奈之余加大遣返力度甚而产生反感、侵犯难民人权等倾向都会破坏非洲大陆南北间合作的进程。③

---

① Arieff, Alexis, *Algeria*: *Current Issues*, *Current Politics and Economics of Africa* 6 (1), 2013, p. 97.

② Ragnar Weilandt, "There might be another revolution", October 14, 2015, available at http://www. politico. eu/article/there – might – be – another – revolution/ [2016 – 10 – 21].

③ De Haas, Hein, Trans – Saharan migration to North Africa and the EU: historical roots and current trends. Migration Policy Institute, Migration Information Source, 2006.

从这个角度看，欧盟既不顾及北非国家对难民问题的真实想法，更不用说在角色扮演中考虑其期待。当出发点存在偏差时，再多的政策调整和完善也不过是纸上谈兵，难以在实践中达到预想效果。

（四）再析角色期待落空

诚然五国与美国、欧盟的历史关联及关系密切程度有别，革命狂潮中的遭遇、事后境况和政策愿景均不尽相同，它们在地区安全事务中的角色期待也存在特异性与波动性。不过这并不影响我们从中归纳出一些具有普遍意义和共识的角色期待，并在此基础上探寻美、欧角色扮演的差距。

从内容来看，安全问题牵涉主权、人权，颇为敏感，为此北非国家并不希望美国、欧盟忽视危机的社会根源，陷入安全泛化之迷途。理论上，应对短期危机的最终途径是着眼于根本动因和长远计划。正如比利时副首相德科洛（Alexander De Croo）所言，面对阿拉伯之春中有所激化的非传统安全问题，欧盟的确应在其中扮演重要角色，毕竟城门失火殃及池鱼，但扮演角色的最有效方式恰恰是对人权价值的继续推崇和实际尊重以及促进地区经济增长。[①] 从政策实施过程看，动荡过后无论是力避危机的摩洛哥、阿尔及利亚还是进入民主过渡期的突尼斯，又或是仍未彻底脱离困境的利比亚、埃及都希望美欧的安全政策能从各国实际需求出发，避免一言堂、一刀切等强制倾向，同时提高政策的兑现能力和真实性。

当然，美、欧在安全事务中的角色扮演难以契合北非角色期待不仅归咎于二者的政策内容和实施过程有失偏颇，更与北非五国对外表露诉求不甚清晰或力度较弱密切相关。究其原因确有两重。

主观方面，北非五国均不同程度长期接受强人集权统治，为了维持自身合法性，统治者不得不建立广阔的"庇护网络"。而国内维持庇护网络资源匮乏的情况下，西方大国提供的外部利益成为"救命稻草"。[②] 因此在同美欧交往中，复杂的利益关联致使五国不愿也不能清晰、完整、及时

---

① How Can Democracy Be Best Promoted in North Africa? 16/06/2016，http：//www.debatingeurope.eu/2016/06/16/how-can-democracy-best-promote-in-north-africa/#. WGBtjnqqqkq ［2016-11-01］．

② 阿莱克斯·汤普森：《非洲政治导论》，民主与建设出版社，2015，第485~492页。

地表达角色期待。更糟糕的是革命突然冲击下，北非五国要么采取应急措施进入警戒状态，要么陷入彻底混乱，进一步阻碍了角色期待的明确传达。[①] 另外，角色期待的存在意味着互动过程中"他者"会对"自我"施加影响，进而左右自我角色观念形成与相应角色扮演。但当"他者"相对弱小且处于从属地位时，作用于"自我"的能力也会随着减弱。也就是说鉴于综合国力欠佳、国际地位边缘化，广大南方国家向北方国家提出角色期待时，力度较弱与模糊不清近乎常态。北非五国均属于发展中国家，且无论历史还是现实中，政治发展多受外部干预、经济结构高度依赖西方的境况使其对外表达角色期待的能力始终处于低水平梯队，难以在美欧塑造自我角色观念中获得瞩目。

客观而言，有些北非国家，如实现平稳过渡的摩、阿等国，其政局和外交立场均无颠覆性改观，表露角色期待之能力未有减损；另外就特定领域，如反恐、难民等事宜，五国对美国、欧盟的角色期待亦较为鲜明。然而"客观的"模糊实际上即指西方国家的"选择性参考"。换句话说，鉴于"人微言轻"，即便及时捕捉到北非国家的诉求和呼声，美、欧刻意闭目塞听或弃之不顾，仅以自身和盟友利益为重完成角色定位的情形不在少数。基于上述主、客观原因，阿拉伯之春酝酿和发酵期中，北非五国的角色期待模糊性尽显，不利于美、欧随时把握其"思想动向"，进而导致二者角色扮演与北非角色期待间的冲突愈加明显。

三　"自我"与"他者"冲突对安全政策的影响

分析他者感知对自身角色观念及扮演的影响是角色理论讲求主体间性的集中体现。总体而言，美国、欧盟自认为就北非安全事务成功扮演了"急需国际公信力与合法性的实用主义行为体"和"务实的规范性行为体"角色，特别是在推动民主转型促进地区稳定、打击恐怖主义、治理难民危机等行动中，力促自由、民主价值观深耕广植，追缴极端势力时率先垂范、殚精竭虑，坚决打击人蛇集团并搜救、安置难民或送其回到"安全国家"等做法无不考虑北非国家需求并寻求与之合作。[②] 二者在原有政策基础上启动"修补""翻新"工程，不单希冀拿出一套近可"定分止争"、远可"扶危维

---

①　Telhami, Shibley, *The World through Arab Eyes*, New York: Basic Books, 2013.

②　Beck, Martin, "The Comeback of the EU as a 'Civilian Power' through the Arab Spring?" *GIGA Focus*, (2), 2013, p.5.

稳"的长效方案，也致力于适应革命后区域经济境况、政治气候和社会参与的微妙变化，逐步实现角色观念的适应性调整。虽然在道义和规范性方面偶有流于口头、行动缺位等不足，但相较于现实主义纯粹的追名逐利而言，它们无疑自恃为"正义之师"，扶危济困在所不辞。讽刺的是，无论地区动荡前后，北非国家普遍感知到的美国、欧盟不仅强权色彩浓郁、"殖民""干涉"意图未减，且因价值观输出和插手内政不断、物质支持兑现不足、固守西方中心视角、不惜将利己政策强加于人等做法而更为"可疑"。实际上，美欧从自身视角出发做出的种种努力多数时候仍是一厢情愿，无助于修补认知裂痕的同时还在多重安全危机打击下与北非期待渐行渐远。

理论上，角色的"他者"与"自我"部分发生背离对美欧的政策影响存在"破""立"之分，着力途径有二：一种是程序性的（pragmatically），触及政策效力、效能与弹性；另一种则是结果性的（politically），意在不干预政策制定、实施过程的前提下，扭转政策可能产生的政治影响力。[①] 下文将据此详释此类角色冲突对美欧政策的影响。

（一）破坏作用

首先，误导政策方向。革命后北非安全局势岌岌可危，显然成为埋在西方国家势力范围内的定时炸弹，随时可能导致其多项地区利益全面受损，或凭借非传统安全的超越国界特性而波及二者本土，无怪乎化解安全危机已然成为美欧处理区域事务的"第一要务"和"头号目标"。考虑到安全威胁的主要来源即民主转型不善、伊斯兰极端组织猖獗、大量人口流离失所，从迅速遏制危机蔓延的角度出发，美国、欧盟试图继续推进地区民主化、凭借经济援助和军事手段加强五国综合反恐能力，同时加紧修复其固有的"难民防火墙"职能。

但对北非国家而言，允许外部势力插手国内改革无异乎削弱阿拉伯国家神圣主权甚至民族尊严。先前一些研究纷纷证实，区域内国家普遍不愿西方插手国家防务、地区合作、中东和平进程，对其实施空袭、向政治反对派提供武器和直接介入深恶痛绝。于是乎，即便阿、埃等国家政府当局

---

① Bovens, Mark, Peter T'Hart, and B. Guy Peters, "Analysing Governance Success and Failure in Six European States", In Bovens, Mark A. P., Paul T'Hart, and B. Guy Peters, eds., *Success and Failure in Public Governance: A Comparative Analysis*, Cheltenham: Edward Elgar Publishing, 2002, p. 21.

偶有接受西方价值观影响并在其支持和推动下着手改革之举，但囿于主权意识和民众意愿，通常将改革"包装"为自发、内生行为，拒绝承认与西方有染。① 哪怕其中一些改革措施的确惠及该国，只要倡导者是美欧等西方大国，政府方面均不愿公开承认。② 与高政治领域的极力排斥构成鲜明对比的是这些国家乐于西方在经济发展、贸易、移民事务方面加大政策支持力度。③ 换言之，纵然五国政府亲西方程度有别，但在避免美国、欧盟综合利用军事打击、政治宣传、外交往来、情报共享、国际司法等手段介入安全情势时损害领土和主权完整，以及渴求经济、技术援助，促使国家迅速摆脱不安全局面的愿望如出一辙。④ 未能把握北非国家的真实感知，更不用说将其内化至角色观念生成和政策落实过程之中，导致美国、欧盟的安全政策从最开始的内容要点设定与实施手段选取环节便不尽如人意，走向失灵也不足为怪。

其次，无法构筑良性的政策实施环境。美、欧与北非国家间的角色冲突加剧了彼此偏见，从两个方面导致实践难度攀升。一是引发区域内公众舆论猛烈排斥，破坏了政策得以顺利实施的合法性基础。反美、反西方立场不仅是两方文化碰撞、对冲的侧面体现，更是美、欧政策长期忽视北非国家、民众意愿，不惜将一己之利建立在该地区的痛苦和挣扎之上的结果。受此影响，阿拉伯之春以来北非民众不禁怀疑安全政策调整背后不过是帝国主义美国借改革之机加紧垂涎、掠夺地区自然资源的巨大阴谋，或是欧盟国家意欲加紧巩固其"殖民遗产"。在"美国、欧盟究竟要对我们做什么"的质疑声中抗议风潮迭起，进而为伊斯兰极端组织借机坐大并发动针对西方的攻击提供了条件和理由。以上种种严重分散了美欧落实安全政策的精力，影响了多个项目的进展速度，总体政策趋于失灵。二是缺乏当地政府当局提供必要支持和保障。成功落实安全政策离不开北非各国政府的配合态度与必要支持，例如欧盟试图动用军舰进入利比亚领海打击人蛇集团，与阿尔及利亚、突尼斯等国协商 AFRICOM 选址问题等显

① Faath, Sigrid, ed., "Demokratisierung durch externen Druck?" *Perspektiven Politischen Wandels in Nordafrika/Nahost.* Vol. 73, Deutsches Orient – Institut, 2005.
② Lynch, Marc, "Taking Arabs Seriously", *Foreign Affairs* 82 (5), 2003, pp. 81 – 94.
③ 参见 Five Years After The Cairo Speech: How Arabs View President Obama and America, June 2014, p. 15 及 EU Neighborhood Barometer: ENPI SOUTH, Spring 2012, p. 43 两份民调报告。
④ 李景治:《从北非西亚变局看霸权主义新表现》,《新视野》2011 年第 5 期。

然触碰"主权"神经，北非政府大多严正拒绝，即便勉强应允也不会积极为其创造必要条件，实施难度可想而知。另外，一些政府试图利用民众敌视美欧的心理，鼓励本国媒体大肆抨击西方支持改革的"叵测居心"，从而打压改革派、稳定旧政权；而 2011 年后，北非多国迎来首次民选，一些阿拉伯世俗派看到政治伊斯兰势力在竞选中浮出水面而质疑西方推进民主的实质效用，还有一些政客意识到拒绝西方援助对拉拢选民和彻底抵制西方插手本国事务的双重助力，公然站到美国、欧盟的对立面。例如，摩洛哥全国报业公会的秘书长誓言只要伊拉克还处于被占领状态就拒绝西方假借大中东倡议提供的任何援助。[①] 可见忽视北非国家感知导致美欧安全政策得不到充分的地区支持和良好的推行环境，进而陷入失灵。

再次，影响政策实施效果。此类冲突使美欧的北非安全政策无论程序还是政治影响均得分不佳，严重挫伤了兑现政策承诺的积极性，加剧了"执行困境"（the dilemmas of implementation）。[②] 换言之，与"他者"认知不符不是导致政策失灵的唯一原因，先前提及的种种"自我"角色冲突已然造成了困境局面，加之外因助推，美、欧只会陷得更深。在北非国家一片反对之声中，美国的援助承诺未能如数兑现，推动民主改革左右彷徨，打击伊斯兰极端组织大业未竟。欧盟境况相仿，因担心大调政策会招致更多非议，宁可因循渐进主义路线不对革命后的地区局势变化做出鲜明的政策回应，同时考虑自保需要，加重了相关政策的实用主义色彩。[③] 早在革命爆发前两个月，富勒便呼吁欧盟"跳出思维定式，不以非黑即白的眼光评判这里（中东北非地区）的实际情况"，[④] 然而阿拉伯前后的安全政策表明，欧盟仍禁锢在原有思维藩篱中，就算政策内容和实施手段有所

---

① Malka, Haim, and Jon B. Alterman, *Arab Reform and Foreign Aid: Lessons from Morocco*, Csis, 2006, p. 20.

② Bicchi, Federica, "Democracy Assistance in the Mediterranean: an Overview", *Mediterranean politics*14 (1), 2009, pp. 61 – 78.

③ Panebianco, Stefania, "Democratic Turmoil in the MENA Area: Challenges for the EU as an External Actor of Democracy Promotion", in Stefania Panebianco and Rosa Rossi ed., *Winds of Democratic Change in the Mediterranean? Actors, Processes and Possible Outcomes*, Soveria Mannelli: Rubbettino, 2012, pp. 151 – 170.

④ Füle, Štefan, Speech on the recent events in North Africa Committee on Foreign Affairs (AFET), European Parliament Brussels, 28 February 2011.

调整，也不过是换汤不换药，政策失灵之势未见改观。[①]

（二）指导意义

上述认知差异诚然是令美国、欧盟陷入被动处境的"元凶"之一，然而若稍稍转换观察视角，便可意识到注重并缓解此类冲突所蕴含的指向意义。从理论上讲，作用有三：（1）有助于在政策制定环节注重平衡利益相关者与受众的需求；（2）有助于政策自我完善，在实施环境中吸引更多资源、权威及合法性；（3）提升政策的程序和现实可行性，降低失灵风险。[②]

着眼现实，角色冲突的存在和化解过程可能从两个方面惠及美欧。

第一，提示美国、欧盟增强政策针对性和发挥自身角色观念中理想主义成分的积极意义，避免角色"扁平化"或走向失衡。北非五国对美、欧的政策感知偏差既有共性也有个性，发现共性偏差，如对二者角色性质的认知、政策内容侧重点、实施手段只是摆脱政策困境的开始。在此基础上必须意识到继续挖掘个性偏差的必要性，例如同为产油国，阿尔及利亚与利比亚在阿拉伯革命中遭遇不同，进而对美国、欧盟的认识和期待也不同，前者基本延续了既有认知，后者则在西方武力介入内战后就维护主权—接受援助，建立民主秩序—恢复国内稳定等事宜产生了更为复杂的情愫。再如同为革命首发国，突尼斯和埃及转型境况各异，遭受三大安全威胁的程度亦不尽相同，故而突尼斯对美、欧政策的欢迎程度远高于埃及，就直接干预的容忍度也相对较高。由此可见，"他者"与"自我"角色冲突的存在能够时刻提醒美、欧关注外部环境和需求变化，并据此切实兑现角色中固有的利他成分，从而减少实施阻力。

第二，提示美国、欧盟注重政策弹性。鉴于阿拉伯之春以来，北非安全事务中危机与沉疴相互交织，危中有机、乱中求治成为"新常态"，故而二者在调整同北非的角色冲突，理顺认知关系时有必要提供短期应急和长效治理两套方案。特别应注意的是，中东北非诸国因宗教、种族、文化背景、历史记忆乃至阿拉伯之春中的遭遇相似而关联度极高，它们不单应关

---

①　Colombo, Silvia, and Nathalie Tocci, "The EU response to the Arab uprising: old wine in new bottles", Re - thinking Western Policies in Light of the Arab Uprisings, *IAI Research Papers* (4), 2012.

②　Moore, Mark Harrison, *Creating Public Value: Strategic Management in Government*, Cambridge, M. A.: Harvard University Press, 1995, p. 71.

注政策直接受体——北非五国对其角色和政策的看法，也需有选择性地将周边国家立场纳入总体考量，如此一来，注重和缓解角色冲突的过程便能够有力增强美欧安全政策的弹性，进而推动政策实施向积极有利的方向发展。

面对深刻左右北非安全政策实施效果但屡遭忽视的"他者"感知，美国和欧盟唯一能做的就是"充当真正的改革者，着力思考如何依据地区变化以一种不设边界的方式综合改革政策内容，不断从过去的失败中汲取教训并断然与旧有路径告别"。①

（三）理论价值

上文分别借助民调数据、访谈记录、社交媒体话语分析结果、当地政府要员讲话和实例勾勒出了北非五国对美欧安全政策的外部感知。综合考察外部感知同美欧角色间差距意义有以下两方面。第一，有助于全面了解美、欧的北非安全政策的实施效果。因为角色期待是"观察意图多大程度上付诸行动并发现政策盲点的指标之一"。② 第二，美、欧角色形成于自我角色扮演与他者角色期待的持续互动中，自我扮演为北非国家的角色期待提供"素材"，而角色期待也会进一步影响美欧的角色扮演。就本书来说，阿拉伯之春后，美国、欧盟依据自身角色设定而出台的政策倡议能否达到既定目标，是否合法、有效并具有延续性，至少部分取决于这些政策的受众——北非五国的印象和期待。

此外，该冲突不仅直接关乎政策实施效果进而作用于国际社会秩序，还与"自我"角色冲突间存在相互转化的可能性。③ 美欧处理北非安全事务时的实践与角色构想不符、角色扮演能力不足、组织内要素难以协调等若长期无法妥善解决，无疑可进一步离间双方认知，加速政策失灵。反之，美欧与北非在角色观念认知和期待方面持续错位亦可削弱前者对"自

① Fontana, Iole, The EU "Paradigmatic Policy Change" in Light of the Arab Spring: A Critical Exploration of the "Black Box", Maria do Céu Pinto eds, *Thinking Out of the Box: Devising New European Policies to Face the Arab Spring*, p. 14.

② Rhodes, Carolyn, "Introduction: The identity of the European Union in International Affairs", in Rhodes, Carolyn ed., *The European Union in the World Community*, London: Lynne Rienner Publishers, 1998, p. 6.

③ Harnisch, Sebastian, "Full - spectrum role - taking: A Two - level Role Theoretical Model", Paper prepared for Annual Conference of the International Studies Association 2014, Toronto, 26 - 30 March 2014, p. 27.

我"冲突部分的检视和矫正能力，两厢作用下，纵使美欧在物质和精力方面投入巨大，收效也难成正比。

最后，有必要就如何分析"他者"与"自我"对角色认知的冲突再做说明。本书选取了诸位学者借助不同经验研究方法所获得的数据和结果用以验证冲突的存在，并在此基础上挖掘角色冲突的具体内涵和影响。纵然缺乏富有针对性的第一手资料作为支撑，且所援引的二手资料在考察对象方面有失周全，每项研究都未能将五国全部包含在内，或许某种程度上会削弱结论对区域整体情况的普适性，但本书试图用两个办法降低或规避上述风险。一是坚持"交叉验证"思想。诚然无论民调、访谈还是文本分析都在样本选取、样本量多少、问卷设计、关键词设置、加权统计标准等方面存在先天缺陷与操作误差，但在考察美欧与北非的角色冲突方面却能给出一些颇有借鉴意义的直观判断，从而达到相互印证的效果。[1] 不仅加强本书论证的严谨性和说服力，且提升了结论在美欧与北非关系中的普适意义。二是充分发挥北非国家与美欧在安全领域展开互动过程中的诸多实例的解释力和支撑作用。换言之，即便依靠不同类型统计而得出的结论存在偏差，我们仍可以凭借丰富的案例资料，从阿尔及利亚、摩洛哥、突尼斯等国的所作所为中寻找依据，对角色冲突的存在和表现进行过程追踪分析。一般情况下，所选案例的细节越符合解释该案例的细节性预言，关于该案例的解释推断就越有力。[2]

---

[1] Selleslaghs, Joren, "Conflicting Role Conceptions: In Search of the European Union's Added Value for its Southern Neighbors", *Bruges Regional Integration & Global Governance* Paper 04/2014, p. 21.

[2] 斯蒂芬·范埃弗拉：《政治学研究方法指南》，陈琪译，北京大学出版社，2004，第40页。

如果 2011 年因"阿拉伯之春"而著名，那么 2012 年最振聋发聩的比喻便是"阿拉伯之冬"，毕竟当所有关于自由和民主的希望落空后，一切都偏离了正轨。

——罗伯特·斯宾塞

第六章　角色冲突与美国、欧盟安全政策失灵：以埃及、利比亚为例

当前，一条以困扰美国、欧盟的角色冲突为起因，以其安全政策失灵为传导，以北非安全局势恶化为结果的解释路径已经浮出水面。此思路固然难以全然排除片面性，却为剖析"政策失灵"成因提供了可资借鉴的模板。为了进一步验证角色冲突诱发政策失灵的假设，下文选取埃及、利比亚两个同属革命首发国之列、五年以来屡遭变革却尚未收获"转型红利"并在此过程中或多或少沦为地区安全威胁源头的北非国家为案例，考察角色冲突多大程度上破坏了美欧政策构想，又在埃及多次政权更迭和利比亚内战中产生了哪些负面作用。

一　两次革命扰动埃及

2013 年 1 月，欧洲理事会主席范龙佩访埃时称："变局爆发两年后，埃及国内政治秩序已然翻开新篇章，欧盟盼其成功转型并承诺在密切双方合作基础上不遗余力给予支持……作为国际社会重要行为体及区域内核心大国，埃及国内事态影响深远。"① 同年美国国务卿克里会晤时任埃及外长纳比勒·法赫米（Nabil Fahmy）时亦表示："美国对埃及革命之硕果翘首以待且不辞为之贡献力量。该国的政治和经济'脱困'非同小可，不仅事关地区民众，更惠及美国乃至国际社会，具有独特的示范意义。埃及既是美国的重要合作伙伴又是阿拉伯世界四分之一人口的家园，在地区政治、文化、经济各领域的领导力均毋庸置疑……我们将继续坚持协助埃及保卫边境、与军方合作、致力于反恐和防扩散并努力确保西奈

---

① Remarks by President of the European Council Herman Van Rompuy after his meeting with president of Egypt Mohamed Morsi, Cairo, 13 January 2013, EUCO 8/13, p. 2.

安全。"① 上述领导人的发言至少表明两重含义：一则埃及局势继续备受美、欧重视，为彰显埃及革命的垂范作用，美、欧有意多加支援，必要时不惜直接插手；二则埃及安全是转型成功的前提、保障与积极成果之一，美国直言它在双方各项合作中的重要地位，范龙佩的讲话中虽未明确提及，却有多份欧盟文件和领导人相关发言详述了应对埃及安全威胁的政策内容与手段。

事实上，从穆巴拉克政权倒台到穆尔西失势，政权频繁更迭背后是国内冲突对正常国内、国际秩序的倾轧，恐怖主义对现存道德与法制的蔑视以及难民危机对人权理念的拷问。安全威胁频频升级过程中，美国、欧盟的身影可谓无处不在。那么它们与埃及的接触究竟经历了哪些角色冲突，这些冲突如何导致政策失灵便是下文需要阐释的问题。

(一) 埃及革命与安全局势演进

从 2011 年至 2015 年，埃及经历了推翻集权统治、迎来政治伊斯兰总统和军方重新夺权三个阶段，其间暴力冲突频度、程度显著上升，恐怖主义寻衅滋事不断，难民中转、安置系统走向失灵，对本国、周边国家乃至美欧本土的安全利益造成巨大威胁。

1. 转型革命几经起落

(1) 穆巴拉克的最后时刻

2011 年 1 月 25 日，在突尼斯茉莉花革命感召下，埃及爆发了三十年来规模最大的示威活动，超过 20 万名民众涌上街头，痛斥物价上涨、失业率高、政府腐败等"宿疾"，要求占据总统之位三十年且谋划"权力世袭"的穆巴拉克下台。此次革命的策动者主要为"埃及变革运动""四月六日青年运动""我们都是哈利德·赛义德"等青年群体，他们一方面在由街头示威演变为军警冲突的过程中继续鼓动舆论、领导群众反抗，另一方面借助手机、Twitter、Facebook、Youtube 等新兴社会媒体大搞网络串联。② 2011 年 2 月 11 日，穆巴拉克迫于国内抗议风潮和西方国家默许"换马"的双重压力而辞职后，埃及武装部队最高委员会接管了国家权力。

---

① John Kerry, Remarks With Egyptian Foreign Minister Nabil Fahmy, November 3, 2013, available at https：//www. state. gov/secretary/remarks/2013/11/216220. htm［2016 – 10 – 21］.

② 廖百智：《埃及穆斯林兄弟会的历史与现实——把脉中东政治伊斯兰走向》，世界知识出版社，2015，第 132 页。

过渡期内，军方承诺半年后举行议会和总统选举。但因此后抗议示威不断，选举日程屡遭推迟。2011 年 3 月 20 日，由过渡政府提出的宪法修正案完成公投，77% 的选民支持率意味着新宪法中有关"总统和议会选举将向独立和反对派候选人开放，总统任期限定两任每任四年"等条款赢得公允。[①] 得益于此，长期遭到禁止和排挤的宗教政治组织——穆斯林兄弟会才能首次以组织身份加入埃及政府与反对派之间的政治对话，成立为当局认可的"自由与正义党"，并在议会大选和 2012 年 5 月 23 日"历史性"的总统选举中胜出。

（2）政治伊斯兰昙花一现

穆尔西上台的确预示着埃及民主化转型的重大跨越，然而"越至何方"却显得扑朔迷离。面对一个政局动荡、经济低迷、外交形势被动的埃及，新总统试图理顺三重关系。（1）实现军政分离。势力非凡的军方素有埃及社会"压舱石"之称。然而借修宪之机架空总统、充实自身权力等做法显然与穆兄会格格不入，它从第二轮总统选举时就试图阻碍已于议会选举占尽先机的穆兄会再度取得压倒性优势。[②] 随后穆尔西与军方两轮过招：一次发布总统令要求恢复一度遭军方禁止的下议院，把控立法权，但被世俗派掌权的最高法院判决无效；另一次则是借西奈半岛基地分子事件罢黜多位军方高层，利用群众不满和军内代际矛盾缓解来自军方的威胁。诚然此举使军方暂居下风，却为他日彻底站在穆尔西政权对立面埋下了仇恨的种子。（2）重塑政教关系。埃及社会始终存在提倡政教分离的世俗派与宣扬政教合一的宗教派对峙局面。穆尔西所代表的政治伊斯兰势力在民选中异军突起显然不可避免遭到强大的反对派势力责难，为集中行政权、夺回司法权，他启动政府机构人事调整，穆兄会势力由此占据多数要职；还试图撤换最高法院总检察官、制定新宪法、扩充总统权力等，此类举措使埃及伊斯兰化特征趋于显著，给反对派联合民众推翻统治留下口实。（3）顺应民意。"民选政府"的标签使穆尔西上任伊始便向民众许下"六十四条承诺"，誓言在民权、民生领域有所建树。然而除了最初的"民选程序"外，穆氏推进改革缺乏实质性举措，且因大量使用穆兄会本派人马、一党独大而在利用意识形态控制民众的道路上越走越远，无法通过赢得更多世

① Wing, Adrien K., and Hisham A. Kassim, "After the Last Judgment: The Future of The Egyptian Constitution", *Harvard International Law Journal Online* 52, 2011, p. 301.

② 齐云平：《博弈大中东》，社会科学文献出版社，2015，第 178 页。

俗派人事支持稳固统治。此外经济每况愈下，外贸、外汇储备严重下滑、投资环境恶化、失业率攀升。[①] 据 2013 年 4 月民调显示，由于提升民权、改善民生方面"双无能"，穆尔西的支持率从百日执政时的 78% 降至 47%，令人吃惊的是 45% 的反对者中还包括一些坚定的伊斯兰主义者，相较于世俗反对派，他们本该对穆兄会怀有天然好感，却也怨声载道。[②]

（3）军方再度掌权

穆尔西执政一周年之际，埃及再次爆发要求推翻政府当局、提前举行总统选举的示威游行，造成 20 余人死亡，1200 余人受伤。军方向穆尔西发出 48 小时通牒，要求其顺应民意。遭到拒绝后，7 月 3 日军方强制执行。埃及随之打响所谓"二次革命"，穆兄会及多个伊斯兰政党组织支持者与军方对峙，谴责"军事政变为逆民主潮流而动的不法行径"，且陷入暴力冲突。2013 年 8 月 14 日，埃及军警对穆尔西支持者实施"清场"行动，武力相向致使 12 小时内 1400 人死亡，伤者达 3700 有余，近千人被捕。[③] 7～10 月间，多次严重流血冲突看似是民众重新拿起民主武器（街头政治方式）反对自己上一次的民主选择，实际上群情激愤只是"酵素"，恰恰为军方出手彻底扳倒宗教派提供了机遇。后续事宜显而易见，军方顺理成章地将属意人选——最高法院院长曼苏尔推上临时总统之位，一方面高调声称无意长久干政，另一方面力争由修宪公投及总统选举全面清除穆兄会政治遗产。纵然新宪法高票通过，但难掩普通民众对政府三次修宪的疑虑以及穆兄会势力的坚决抵制，2014 年 1 月 24 日，穆尔西支持者继续走上街头与军警及反对者对峙，埃及主要城市再度告急。上述状况引发埃及内外一片哗然，2014 年 6 月 8 日，军事政变的直接领导、前国防部长塞西（Abdel Fattah el‐Sisi）宣誓就任总统。尽管塞西称自己赢得总统选举意味着"伟大的民众收获两场革命果实的时刻业已来临"，誓言带领该国踏上"包容"之路，鼓励各政治派别与民众以求同存异之心、友爱

---

① Gerbaudo, Paolo, "The Roots of the Coup", *Soundings* 54（54），2013，p. 107.

② Olga Khazan, Why Egyptians Are So Unhappy with Morsi, in One Chart：A "Morsi Meter" tracks dozens of unfulfilled promises, July 3, 2013, The Atlantic. Available at http：// www. theatlantic. com/international/archive/2013/07/why‐egyptians‐are‐so‐unhappy‐with‐morsi‐in‐one‐chart/277511/ ［2016‐10‐13］.

③ David D. Kirkpatrick, "Hundreds Die as Egyptian Forces Attack Islamist Protesters", *The New York Times*, Aug. 15, 2013, http：//www. nytimes. com/2013/08/15/ world/middleeast/e‐gypt. html? ref = world http：//perma. cc/4YG8‐SJ95.

合作的精神重塑埃及政治生态，为复兴铺平道路；① 但国际社会对军人政权的强势回归和宗教—世俗派再次渐行渐远深表忧虑。毕竟世俗政权虽夺回大权，但素有腐败、家族统治的"前科"，加之军方武力镇压示威者造成流血、伤亡的行径无疑自毁形象、广遭批驳。无论塞西政府以何种借口弹压穆兄会，终归底气不足。如若处置不当，军方得到民众的支持亦可转瞬即逝。②

2. 安全威胁肆虐

两次"江山易主"后埃及重回军政府统治老路，其间国内冲突、恐怖主义情势尤为突出。2010～2015 年的数据表明，尽管革命爆发前埃及的安全局势并不明朗，但受到 2013 年 6 月军事政变的刺激，冲突数量和烈度陡然上升，至今未见显著好转。③

抗议和军警冲突造成大量伤亡，据统计 2011 年 1～2 月至少 846 人在冲突中丧生。④ 2013 年军方"清场"又致 638 人死于非命，受伤人数高达 4200 人，而穆兄会提供的数据与埃及卫生部对外公布的相差较大，前者称死亡人数接近 2000 人，与此同时还存在逮捕、关押、虐待等行径，其间大大小小暴力事件不计其数，难以逐一统计。⑤ 此外，通过革命爆发以来埃及全球和平指数（Global Peace Index，GPI）排名迅速后移，能够更清晰地把握五年"民主实验"中埃及安全局势破碎不堪、一路下滑的状况。

转型中的冲突除制造混乱和恐慌外，还使得境内恐怖势力迅速壮大，趁权力真空、教俗矛盾激化之机甚嚣尘上。两次革命期间，埃及的恐怖组织无论数量还是类型都有所丰富。不仅包括基地组织与伊斯兰国的多个分支，还有一些非穆斯林革命组织如埃及战士（Ajnad Misr）、人民抵抗运动（Popular Resistance Movement）、革命惩戒（Revolutionary Punishment）等，集中在西奈半岛、尼罗河谷底和西部沙漠三地活动。⑥ 从恐怖势力发展来

---

① 《塞西就任埃及总统，宣称组建"包容性"政府》，纽约时报中文网，2014 年 6 月 9 日，http：// cn. nytimes. com/world/20140609/c09egypt/。

② 郭宪纲：《阿拉伯世界教俗之争新态势》，《国际问题研究》2013 年第 5 期。

③ "Egypt's Security：Threat and Response"，*The Tahrir Institute for Middle East Policy*，October 2014：Section 2A.

④ The Arab spring death toll，July 14th 2011，The Economist，http：//www. economist. com/ blogs/dailychart/2011/07/arab - spring - death - toll ［2016 - 10 - 11］.

⑤ Mittermaier，Amira，"Death and Martyrdom in the Arab Uprisings：An Introduction"，*Ethnos*，2015，Vol. 80，No. 5，p. 587.

⑥ Schenker，David，"Security Challenges in Egypt Two Years after Morsi"，*The Washington Institute for Near East Policy*，December 16，2015，p. 5.

看，2011 年穆巴拉克政府倒台为他们增加攻击对象、开拓势力范围、强化自我认同并靠动荡中流出的军火充实实力创造了必要条件。二次革命的爆发使境内恐怖组织活动发生了质的变化，一方面恐袭事件数量激增，2014 年西奈半岛约 150 起，2015 年则超过 400 起。① IS 西奈分支（效忠前名为耶路撒冷支持者）"横空出世"，在西奈半岛、开罗、亚历山大各地频频滋事。另一方面一改往日多以游客及以色列为主要攻击目标的"传统"，开始加大对埃及军方、警方及政府官员的打击力度。②

塞西政府坚信这与 IS 等恐怖组织的活动有关，但归根结底是由穆兄会势力等政治反对派的报复和反击造成的，于是乎采取了大肆逮捕穆兄会成员以及其他政治反对派、在国内外密切监控有关圣战的言论和行动、出台多项政策抑制极端主义及宗教驱使下扰乱政局的思想、颁布严苛的《反恐法》规定军警履行职责时使用武力一概免责、对媒体有关恐怖袭击的不实报道处以高额罚款等一系列措施。③ 当然，以上措施带有无法掩盖的"清除异己"之嫌，不仅难以拯救埃及，还很可能适得其反。

（二）美国政策受到角色冲突扰动

在美国看来，盟友埃及兼具地区反恐战略的顶梁柱、打造中东和平框架的垫脚石、遏制政治伊斯兰的急先锋、维护地区核心利益和霸权的排头兵等多项职能。即便两次革命使其转型愈加渺茫，安全局势日趋复杂升温，美国仍竭力扮演"急需国际公信力与合法性的实用主义行为体"角色，希冀达到既捍卫自身利益又赢得埃及民众和新政权信任的双重目标。从基本政策理念和表述来看，奥巴马缓解埃及安全威胁的策略仍涵盖两方面内容。

一是全面促进民主转型和良治，并尽可能维持稳定局势。主张"尊重埃及民众的普遍权利、重视他们的愿望和要求，鼓励他们通过协商迎来真

---

① Schenker, David, "Security Challenges in Egypt Two Years after Morsi", *The Washington Institute for Near East Policy*, December 16, 2015, p. 4.
② Dyer, Emily, and Oren Kessler, *Terror in the Sinai*, Londres: The Henry Jackson Society, 2014, p. 13.
③ Michele Dunne, Egypt, *Counterterrorism, and the Politics of Alienation*, August 20, 2014, available at http://carnegieendowment.org/2014/08/20/egypt – counterterrorism – and – politics – of – alienation – pub –56428 ［2016 – 11 – 12］.

正民主。并保证在埃及切实向民主过渡之时提供任何必要的支持"。① 具体措施包括"动员和协调美国力量以推广自由、公平、竞争性选举，赞赏旨在开创长久民主制度的努力，支持公民社会与私人部门发挥作用"，"在美国政策目标指引下，协调各部门合力推动转型，动用一切可能的援助工具，如美国国际开发署项目、中东伙伴计划等"，② "想方设法帮助那些为公投和民选而奔走的先驱们，并提醒所有人选举并不是民主的全部，转型的最终目标是把民主的价值和原则深深植入人们的意识当中"。③ 当然，受到"弱化单边主义行径、重视多边外交"的思想引导，美国还热衷于鼓动 G8、多维尔伙伴关系等多边机制以经济、技术为切入点引领埃及走向民主。④ 另外，对该国转型过程中出现的反复并不多谈，更多时候报以乐观和赞赏的态度，"强调民主只会给该地区注入更多稳定因素，而不是造成层出不穷的安全隐忧"，"欣见埃及在践行民主层面实现跨越式发展，过去 16 个月的成就比以往 60 年还要辉煌"，"保护、维持、事实上继续加强同埃及的战略伙伴关系，相信经历转型后，一个愈加稳定、强大的埃及符合双方利益"。⑤

二是推动反恐合作，并为埃及提供资金、武器等支援。埃及是美国地区反恐斗争中的"棋子"和"王牌"，近年来始终活跃在打击极端组织的第一线，尤其在遏制西奈半岛恐怖势力壮大方面坚定不移。埃及的关键性发声有助于美国应对多项挑战，特别是利比亚威胁。⑥ 故而无论国内政局如何、民主化是否有所进展，美国都不遗余力支持埃及反恐，明确双方分工，借助其地区大国与谙熟宗教理论等优势打击极端主义意识形态、缓解地区恐怖势力对美国及其盟友的安全威胁。当前情况下定向援助不可或

① Sanger, David E., "Obama Presses Egypt's Military on Democracy", *The New York Times*, 2011, February 11.

② U. S. Department of State, Office of The Special Coordinator For Middle East Transitions (MET), Retrieved January 15, 2013.

③ Dipnote, Travel Diary: Secretary Clinton in Egypt, U. S. Department of State Official Blog, 2011.

④ Kim Willsher and Patrick Wintour, Tunisia and Egypt promised G8 help on path to democracy, 27 May 2011, https://www.theguardian.com/world/2011/may/27/tunisia – and – egypt – promised – g8 – aid [2016 – 10 – 11].

⑤ "Is the US Choosing Stability over Democracy?" *Al Jazeera*, March 28, 2012.

⑥ Mada Masr, "Kerry commends Egypt's 'counterterrorism efforts' during FM Washington visit", March 31, 2016, http://www.madamasr.com/en/2016/03/31/news/u/kerry – commends – egypts – counterterrorism – efforts – during – fm – washington – visit – 2/ [2016 – 11 – 10].

缺。年均 13 亿美元的军事援助中一半用于反恐、防扩散和边境安全，同时提供必要的装备和技术支持，如 2014 年支援埃及十架阿帕奇直升机用于西奈半岛反恐行动。① 另外巩固美国在埃及的军事存在，定时组织提升双方实战能力的联合军演，同时鼓励埃及加入美国构筑的地区反恐多边合作机制如"反伊斯兰国国际联盟"内，使其在共享情报、线索核查、共同执法、反恐经验积累与交流方面发挥独特优势。

　　总体而言，美国在埃及推进民主化和打击恐怖主义的政策基本还原了其在北非安全事务中试图扮演的"急需国际公信力与合法性的实用主义行为体"角色，推进民主化过程中相对低调、谨慎，相机而动的态度和随机应变的策略彰显了提升自身形象的需求。而对扰动地区稳定的恐怖主义则表示坚决打击，唯一不同之处在于尽量避免"打头阵"，鼓励盟友埃及积极应对境内恐怖组织，自己则以援助为主、军事支持为辅，调度多边合作机制等方式侧面帮扶，试图以最少的投入维系自身领导地位。美国坚信，自己总是在埃及民众面临紧要关头或急需支援时尽可能出手相助，是指引该国走向民主、稳定的合格"领路人"。

　　然而回看现实，便可发现美国的安全政策不仅未能帮助埃及走向民主、稳定反而历经乱局后重回军人集权统治的旧有模式。在西方势力默许中上台的"强人"塞西及其种种举措无一不是对美国宣称"民主大幕即将在埃及拉开"的莫大讽刺。与此同时，美国的政策"努力"也无法博得埃及民众的好感，他们坚信一个事实：若无外部势力干涉，阿拉伯国家或许不会遭此厄运。② 可以说，埃及革命成为美国在整个北非地区遭遇角色冲突进而陷入安全政策失灵之窘态的缩影和经典例证，不仅在阿拉伯之春的发展进程中具有指向性意义，还恰到好处地回应了本书观点和整体分析框架，值得进一步给予关注。

1. 角色扮演同角色观念不符

　　美国在对埃政策中宣扬的民主、人权、自决理念和誓言恪守的公平、

---

① "US to deliver Apache helicopters to Egypt", Al – Jazeera, April 23, 2014, http: // www. aljazeera. com/news/middleeast/2014/04/us – deliver – apache – helicopters – egypt – 201442342717528713. html [2016 – 11 – 13].

② Thomas Michael McDonnell, The Egyptian Coup, the United States, and a Call to Strengthen the Rule of Law and Diplomacy Rather Than Military Counter – Terrorism, 41 N. C. J. Int' l L. 325, 2016, http: //digitalcommons. pace. edu/lawfaculty/1020/ [20161 – 12 – 13].

公正原则大多流于言辞，角色扮演长期有违角色观念的结果便是以观念为指导的安全政策遭到架空，走向失灵。具体表现有以下两个方面。

（1）1·25 革命的幕后推手

塔林广场暴动无论从表现还是西方媒体的报道来看都是民众自发性行为，与外力毫无干系。然而从 2005 年埃及上一次大选之时起，美国年均投资近 2000 万美元，以"选择能够在未来承担意见领袖职责的活动分子加以培训，协助活动分子网络组建及运作，促使线上政治宣传与线下街头运动相结合"三步走的方式先后培训了超过一万名网络活动分子，为有朝一日可能爆发的"变革"安插人手。早先仅着眼于埃及本土，一方面由国会向 USAID 拨款，以民主援助的方式在当地鼓动公民社会活动，培育反政府意识并培养政治竞争。埃及事态恶化前后，美国的"民主经费"上涨三倍，其中三分之一投入各类青年培训项目之中。另一方面指派"全国民主研究所""国家民主基金会"等民主促进机构以监督大选为由在开罗设立分部，联合当地民间组织培训了 5500 多位"大选观察员"，教会他们使用加密手机短信举报政府当局可能的舞弊行为。① 此外开设"青年领袖学校"，安排"民主教练"传授当地青年"组织政治运动、利用社交网络等新媒体工具开展政治宣传、鼓吹反政府言论、调动民众积极性"的系统性方法。据不完全统计，参加过 USAID 出资支持、28 个美国与当地NGO 举办的培训活动的埃及人口数量早已过万，这批受训者大都成长为阿拉伯之春以来数次群众抗议活动的发动者和骨干。阿卜杜拉·哈尔米是埃及反政府政党——改革和发展党的创始人之一，他承认接受过完整全面的"民主理念""非暴力战争方式""网络动员与政治宣传"课程培训，累积学时数百。② 反对派人士布拉尔·狄亚卜亦称"这些特殊的学习经历帮助我们把看似一盘散沙的民众组织起来，进而成功发动了此次埃及革命"。③

这套"政府背后指挥—基金会出资出力—境内外 NGO 实际操作"的

---

① Denécé, Eric, La face cachée des révolutions arabes, Paris：Ellipses, 2012, p. 343.

② Charles J. Hanley, "US training quietly nurtured young Arab democrats", *Washington Post*, March 13, 2011, http：//www. washingtonpost. com/wp – dyn/content/article/2011/03/12/AR2011031202234. html. ［2016 – 11 – 10］.

③ Justin Raimondo, "The 'Cairo 19' Got What They Deserve", February 10, 2012, available at http：//original. antiwar. com/justin/2012/02/09/the – cairo – 19 – got – what – they – deserve/ ［2016 – 11 – 01］.

颠覆手法在美国看来驾轻就熟，2003 年格鲁吉亚、2004 年乌克兰爆发的颜色革命，2009 年伊朗的绿色革命中多有呈现。尽管埃政府对美国的惯用伎俩高度警惕，1981 年生效的《紧急状态法》即明确规定"限制境外 NGO 以及有境外势力直接或间接支持 NGO 活动"，① 由此加大审批和监管力度。但上述团体并未就此作罢，而是改以非政治性的发展议题，如"减贫""提高教育水平"为工作切入点，加紧意识形态渗透；② 同时另辟蹊径，将培训地点移至海湾或东欧国家，组织埃及骨干参与海外项目，从中择优选派人员到美国本土受训。2009 年，17 名埃及"青年领袖"由"自由之家"资助赴美参加了旨在"由内而外推动中东北非政治变革"的"新一代倡导者项目"，习得"如何与青年对话、分析和归纳问题、宣传不同政见主张、网络动员"等技巧。此外该项目邀请美国政界、媒体人士担任导师，有针对性地向青年灌输"美国力挺埃及走向民主，但追求成功还需自我实践"等思想。美高层对这批埃及青年重视有加，希拉里亲自接见时特别勉力称"追求民主和人权符合埃及人民普遍利益，一旦起事美方定当鼎力相助"。③

　　1·25 革命中发挥强大动员力量的"4 月 6 日运动"及其中关键性民间组织 Kefaya（埃及变革运动）是五角大楼"非暴力战争"思想的坚决贯彻者。兰德公司曾从"本土力量推动政权更迭"角度对该组织进行了全方位调研，并向防长提交报告称"考虑到美国目前在中东地区的负面形象，美国对这些变革力量的支持最好通过非政府组织和非营利机构展开"。④ 于是乎，国家民主基金会等充当了以上组织从壮大到起事的幕后"金主"与"谋事"，借助他们的所作所为贯彻白宫与五角大楼的长期性政治议题和政策导向。穆巴拉克身陷囹圄导致《紧急状态法》暂时失效，为 NGO 重新插手政治议题、培训青年运动领袖、培育反政府理念创造了时机。自由之家等组织由此重启政治性项目，将更多精力投放至调度公民

① Arts, Karin, and Anna K. Dickson, *EU Development Cooperation from Model to Symbol*, Manchester: Manchester University Press, 2004.

② Mohamed Elagati, *Foreign Funding in Egypt after the Revolution*, FRIDE and Hivos, 2013, p. 6.

③ Jenny O'Connor, "NGO": The Guise Of Innocence, The Illusion Of Innocent Philanthropic Activity, available at http://www.wrongkindofgreen.org/tag/national - democratic - institute - ndi/ [2016 - 11 - 11].

④ Oweidat, Nadia, et al., *The Kefaya Movement: A Case Study of A Grassroots Reform Initiative*, Rand Corporation, 2008, p. 48.

社会组织之上。①

过渡期内美国插手埃及内政意图有三：一是继续输出民主理念，巩固现有成果；二是影响民选进程和结果，扶植亲美世俗势力上台，进而干预其决策；三是借助当地媒体与社交平台操纵公众舆论和未来政治走向。美国深知依照埃及当前的人文素养、社会体制、经济水平及公民社会发育情况难以迅速长成"民主之花"，但出于排除异己，将广大中东北非地区彻底"收编麾下"的利益需要，不惜通过支持反动派、培育社会运动骨干分子、发起网络串联等制造公民社会"虚假繁荣"，缺乏根基和养分的革命显然无法顺利到达民主彼岸，只能在"不稳定"的道路上渐行渐远。

（2）政变中的假"民选"与真"美选"

埃及革命中，美国政策看似因时移世易波动较大，实则始终坚持"为了维持两国的安全合作而支持任何执政者"这一实用主义原则与"伺机偏袒一贯亲美的世俗派势力"的潜规则。2013 年 9 月奥巴马在联合国大会上亲口诠释了上述宗旨，他表示"念及戴维营协议、地区安全、反恐等核心利益，埃及的过渡政府仍会是我们乐于交往的对象。哪怕当下或即将上任的政府不足以达到国际社会的最高期望，只要诚心在我们的重大关切上寻求合作，那么就没有理由遭到拒绝"。② 有鉴于此，美国先是在群情激愤中认清继续支持老友穆巴拉克绝非明智之举，无法给双方增添任何益处，故而抛弃依靠穆式改革实现平稳过渡的最初设想，迅速倒向民众一边。奥巴马言辞强硬地指责穆巴拉克目前所做的让步微不足道，转型必须在有意义的、和平的状态下立刻开展。③ 美国副总统拜登与埃及副总统苏莱曼通话时甚至以颇具压迫感的口吻要求埃及"迅速、马上、现在"就实施有序过渡。④

随后，美国与跻身埃及大选的多个政治派别广泛接触，多面下注，尤

---

① Khalbuss, Sarah, *Grassroots Transnationalism*：*Regional Human Rights Organizing During the Egyptian Revolution*, Doctoral dissertation, University of Pittsburgh, p. 32.

② The White House, Office of the Press Secretary, Remarks by President Obama in Address to the UnitedNations General Assembly, September 24, 2013.

③ Anthony Shadid, Obama Urges Faster Shift of Power in Egypt, *The New York Times*, February 1, 2011, http：//www. nytimes. com/2011/02/02/world/middleeast/02egypt. html? pagewanted = all&_ r=0 ［2016－11－13］.

④ 齐云平：《博弈大中东》，社会科学文献出版社，2015，第 174 页。

其注重同民众呼声最高的政治伊斯兰势力——穆兄会改善关系。美方一改往日对伊斯兰政党的厌恶和抵制，称"期待与穆尔西一道建立战略伙伴关系，对埃及援助不会出现减损，支持埃及完成各项改革，发挥地区示范效应的雄心亦未动摇"。美时任防长帕内塔甚至高度赞扬穆尔西"自有主张，是埃及民众爱戴的总统，真正致力于民主改革"。[1] 期待穆兄会能作为温和的伊斯兰政治势力迅速融入主流政坛，为哈马斯、真主党等做出表率。即便后期穆尔西踏上"赢者通吃、任人唯亲"的扩充权力之路，与民主背道而驰，美国仍选择性忽视、避免批评。7·3军事政变、穆尔西倒台确乎是军方坐镇、反对派挑动、普通民众参与共同作用的结果，亦为埃及国内政治、经济、社会多重矛盾及教俗冲突的瞬间爆发。然而美高层借助主流媒体表达"中立"，恰恰传递了"默许""支持"等言外之意。众所周知，美国素有"世界警察"称号，对他国政变不置可否的前提只有两个：不作表态有利可图或盲目站队可能伤及自身，此次亦不例外。就穆尔西在民选中脱颖而出一事，美国表面欢迎，实则心有不甘，毕竟在培植军方所代表的世俗派势力方面可谓"全情投入"，高昂的军事援助、大量武器输送暂且不提，每年安排超过500名军官接受美方军校特训亦反映出二者关系非同一般。[2] 加上穆尔西不仅执政不利，且无视美国一再提出的重组内阁、减少穆兄会在政府中势力的要求，由此陷入丧失民心与背离美国意愿的"双输格局"，故而华府默许军方政变可谓顺水推舟。

或许坊间关于美国串通埃及军方策动政变的传言真假难辨，但至少有两点十分确定且能够折射出美国"意志"作用于埃及政权变更。

一是预先了解政变计划，但不予反对。事发前数月国务卿克里到访开罗期间再次警告穆尔西尽快改组内阁，否则等待他的是下一场政变。[3] 7月3日，穆尔西接到了某个自称华盛顿密使的阿拉伯国家外交部长的电话，询问是否接受美方指派一名新总理及其内阁，并交出所有立法权等条件，从而结束军队高级将领与之对立的局面。穆尔西断然拒绝后，其高级外交政策埃萨姆·哈达德

① Elisabeth Bumiller, "In Cairo, Panetta Declares Support for Egypt's New President", *The New York Times*, July 31, 2012, http://www.nytimes.com/2012/08/01/world/middleeast/in-egypt-panetta-declares-support-for-morsi.html [2016-11-12].

② Lilli, Eugenio, "The Arab Awakening and US counterterrorism in the Greater Middle East: A missed opportunity", *Journal of Terrorism Research* 6 (2), 2015.

③ Kirkpatrick, David D., Peter Baker, and Michael R. Gordon, "How American Hopes for a Deal in Egypt Were Undercut", *The New York Times*, Aug. 17, 2013.

（Essam elHaddad）与美国国家安全顾问赖斯通电，得到了"军方即将开始接管"的噩耗。① 另有消息称国务卿克里欲提名 1·25 事件反动派领袖巴拉迪（Mohamed ElBaradei）为新任总理，而此人已向克里保证囚禁穆尔西后迅速逮捕穆兄会其他成员、掌控局面，政变绝对"干净利落"，不影响埃及稳定。②

　　二是有意避开对埃及事态的定性问题。2013 年 400 余份解密的美国外交档案中，"民主"一词仅出现一次，几乎找不到任何有关埃及缺乏民主或民主观念不足的字句。③ 克里称赞以塞西为首的军队"义薄云天，重拾民主"，传递了华盛顿方面对军队发动二次革命的溢美之词。奥巴马则拒绝用"军事政变"定性埃及军队接管状态，因为出资支持任何通过发动军事政变而上台的政府有违美国的《对外援助法案》和《对外行动拨款法案》。④ 唯有"绕过"定性问题，才能确保对埃援助不至切断，美埃安全合作免受剧烈震颤。当军事政变演化为"屠杀式清场"，继续偏袒恐遭不测时，奥巴马还是通过下令取消即将举行的联合军演并叫停部分援助来亮明态度。⑤ 不过国务院旋即极力"安慰"盟友，称此举不过是暂时的，无损于美埃长期安全合作，如反恐方面以及军事训练与培训、边境安全管控和西奈半岛安全的援助不会受到影响。⑥ 此外，考虑到国家安全利益，参议院于 2013 年底通过了《埃及援助改革法案》，给予总统豁免权以继续履行对埃及的援助。⑦ 有评论嘲讽道，美国与其说是惩罚埃及抛弃民主，还不如说是变相重申了美埃安全合作的重要性。⑧

---

① Kirkpatrick, David, and Mayy El Sheikh, "Morsi Spurned Deals, Seeing Military as Tamed", *The New York Times* 6 (7), July 6, 2013.

② 周世瑀：《美国如何制造埃及的"二次革命"》，《台湾立报》2013 年 7 月 11 日。

③ Tauber, Lilian, "American Values vs. Foreign Policy Interests in Egypt", *Sweet Briar College Honors Summer Research*, 2013, p. 22.

④ Congress, U. S., "Foreign Assistance Act of 1961", Title Ⅻ authorities of the Foreign Assistance Act of, Section 508 Pub. L. No. 87 – 195, 75 Stat. 424.

⑤ The White House, Office of the Press Secretary, "Remarks by the President on the Situation in Egypt", available at http：//www. whitehouse. gov/the – press – office/2013/08/15/remarks – president – situation – egypt ［2017 – 01 – 16］.

⑥ U. S. State Department Press Statement, "U. S. Assistance to Egypt", October 9, 2013, http：//www. state. gov/r/pa/prs/ps/2013/10/215258. htm ［2016 – 11 – 12］.

⑦ 贺帅、葛腾飞：《埃及"7·3"事件后美国对埃援助政策研究》，《阿拉伯世界研究》2014 年第 5 期。

⑧ Gordon, Michael R., and Mark Landler, "In Crackdown Response, US Temporarily Freezes Some Military Aid to Egypt", *The New York Times*, October 10, 2013.

　　上述证据通通指向一个真相，即受实用主义原则和恢复名誉需求的同时左右，美国尽量避免把插手埃及革命及选举一事"公开化"，却从未停止干预他国内政，全然同角色观念和政策中亮明的"尊重埃及民众意愿"分道扬镳。穆尔西的部下恰到好处地指出："任何一个熟悉埃及的人都不会相信在没有美国亮出绿灯的情况下，军事政变能够畅通无阻。"[①] 阿拉伯"中东在线"尖锐抨击美国是两次革命的幕后推手，其立场的迅速转换反映出"假民主，真利益"的实质。[②]

　　角色观念中充满理想主义情怀的部分在实际角色扮演中荡然无存并不只出现在对埃及民主转型及内乱的反馈中。美国介入埃及反恐事务时从本国利益出发执行双重标准，亦属此类角色冲突的表现。反恐多年来，美国始终具有依据是否威胁自身利益断定恐怖组织身份的"特权"，若答案肯定那么必是无疑，反之则不一定是。随后自主决定是否向被贴上恐怖主义标签的组织或国家采取措施，甚至动用武力。埃及戈姆赫提亚阿娜安全研究中心主任塔拉特-穆萨拉姆由此称，标准不一是美国对埃及众多政策的共性。[③] 可见美国表面宣称秉承"民主理念"，想百姓之所想，急百姓之所急，实际操作中完全抛开"民众选择"，无论埃及由谁执政还是哪些恐怖组织威胁国家安全，美国的选择都是不容挑战的。

2. 美国角色与埃及感知间冲突

　　即便美国在埃及的自我角色观念设定功利、实用倾向突出，但阿拉伯之春爆发以来，考虑到自保和形象美化工程有助于降低其维护地区霸权的成本，给战略转移预留空间，美国还是竭尽所能做出了姿态调整，希望能够从中东北非国家获取更多公信力与合法性，支撑以硬实力为基础、软实力为先导的统治体系。此举显然收效甚微，民调显示多数埃及人仍视美国为"恶的化身"。蓄谋已久推翻穆巴拉克政权，支持世俗派强人塞西尽管他以稳定和安全的民意逐渐蚕食着埃及公民社会的自由，干预、破坏埃及的统一和发展等都使埃及成为世界上最

---

① Kirkpatrick, David, and Mayy El Sheikh, "Morsi Spurned Deals, Seeing Military as Tamed", *The New York Times* 6 (7), July 6, 2013.

② 姚匡乙：《美国中东政策的调整和困境》，《国际问题研究》2014 年第 1 期。

③ 车玲：《美国反恐战略的失当与失策》，新华社，2016 年 9 月 11 日。http://news.xinhuanet.com/2016-09/11/c_1119546524.htm［2016-12-1］。

反美的国家之一。^① 皮尤研究中心 2014 年调查表明，85% 的受访者表达了反美情绪。2009 年奥巴马第一任期时，这项指标仅为 70%。与该地区其他一些以穆斯林为主体的国家相比，革命过后埃及的反对率不降反升。^② 受访者普遍同意"美国至多算是有条件地推动民主"。仅极少数人（8%）相信"无论政府当局是否符合美国心意，美国都无条件地站在民主一边"，而大多数人（42%）则坚定地认为美国支持本国民主的前提是"政府愿意配合实现美国的核心利益"，另外还有 37% 的人干脆称美国反对穆斯林国家实现民主。^③

　　触及对埃及转型与冲突的态度或反恐政策时，埃及的期待显然与美国的所作所为不在"同一频道"。首先，美国自认为借助基金会和非政府组织传播西方意识形态和反政府思想等是非常聪明的办法，既可借其非营利、非政府特性掩盖政治谋划，又能够帮助埃及在渐进式改革中走向民主。但事实上，埃及方面非常仇视这些组织，视之为"西方势力的走狗和伺机颠覆国家的机构"，代表政府发声的纸媒这一立场尤为突出，常常发表文章要求各界高度警惕暗藏于国内的"不轨计划"。还有声音认为，那些源自西方的 NGO 分支，或直接/间接接受海外资金的本土 NGO 都有"特洛伊木马"之嫌，可能已经或即将沦为美国肢解并操控埃及的工具，如若不然，至少也在制造混乱使美国从中渔利的不轨企图。^④ 其中具有华府背景的国际组织则是埃及重点抨击的对象，被当地人戏称为"翻版中情局"。^⑤ 即便是美国推行多年的"中东民主计划"在埃及乃至中东最有影响力的报纸《金字塔报》（*al - Ahram al - Arabi*）的报道中也是美国将民主和动荡强加于埃及的工具，特别是当美国驻开罗大使帕特森（Anne

---

① Terence Cullen, Egypt, Jordan, Turkey top list of countries that dislike the U. S. the most: survey, *New York Daily News*, July 15, 2014, available at http：//www. nydailynews. com/news/politics/egypt - jordan - turkey - top - list - countries - dislike - u - s - survey - article - 1. 1868199 ［2016 - 11 - 11］.

② Stokes, Bruce, Do Muslims Around the world really hate the United States, Foreign Policy December 15, 2015.

③ Kull, Steven, et al., "Public opinion in the Islamic world on terrorism, al Qaeda, and US policies", WorldPublicOpinin. org, World Public Opinion, February 25, 2009, p. 13.

④ Ruffner, Todd, "Under Threat: Egypt's Systematic Campaign against NGOs", *Project on Middle East Democracy*, p. 13.

⑤ Ruffner, Todd, "Under Threat: Egypt's Systematic Campaign against NGOs", *Project on Middle East Democracy*, p. 13.

W. Patterson）公开承认了美国对当地公民社会组织的多方支持后，该报称其为"来自地狱的大使"。① 据时任埃及国际合作部长那加（Fayza Aboul Naga）称，为了回应政府和民众对 NGO 不明资产的质疑，2011 年政府方面组织了突然彻查，关闭或勒令多家有插手内政行为的 NGO 停止营业。② 由此可知，埃及政府和民众均对美国指示 NGO 或其他国际组织插手埃及内政，挑动派系矛盾，服务自身利益深恶痛绝，他们希望美国做的就是不要对别国内务指手画脚。即便是说三道四也不欢迎，外长舒凯里明确表示"只有埃及的人民和机构有权利评论本国事务"。③

　　另外，反恐理念难以调和。美国坚持从全球视野出发开展打击暴力极端势力的活动，埃及则习惯用相对狭隘的、本土化的视角看待境内和周边的恐怖主义问题，希望美国为其提供有针对性的帮助。美国国务院反恐事务代理协调员斯贝瑞尔（Justin Siberell）由此指出"华盛顿和开罗在对打击极端主义方面的认知分歧不断加深"，不仅无益于美国协助埃及打击西奈半岛恐怖势力，更在双方伙伴关系中制造裂痕。④

　　确切来说，美国在以下两个方面与埃及的反恐理念存在出入。其一，埃及认为国内恐怖主义的根源在于某些组织和个人对伊斯兰教义的扭曲与恶意传播。"极端主义与激进主义思想是当今恐怖主义的来源，而这些邪恶思想与还在负隅顽抗、企图东山再起的穆兄会密不可分。根除恐怖主义，无论是伊斯兰国、基地组织还是其他暴力极端势力，最关键的是要从思想上进行清算和纠偏。"⑤ 美国方面则仅将打击极端思想传播作为对埃

---

① Ruffner, Todd, "Under Threat: Egypt's Systematic Campaign against NGOs", *Project on Middle East Democracy*, p. 14.

② Maher, Hatem, "Justice Minister to form fact - finding committee over NGO funding in Egypt", Ahram Online. http: //english. ahram. org. eg/NewsContentP/1/16254/Egypt/Justice - minister - to - form - factfinding - committee - ove. aspx ［2017 - 01 - 14］.

③ "Egypt Criticizes 'Foreign' Comments on the State of NGOs in the Country", *Ahram Online*, Mar. 24, 2016, available at http: //english. ahram. org. eg/NewsContent/1/64/197832/Egypt/Politics - /Egypt - criticises - foreign - comments - on - the - state - of -. aspx ［2016 - 11 - 12］.

④ Spector, J. Brooks, Egypt: A Dangerous Habit, Spreading of Democracy, Daily Maverick, Mar. 13, 2017, https: //www. dailymaverick. co. za/article/2012 - 02 - 08 - egypt - a - dangerous - habit - spreading - of - democracy/#. WMYAZHqqqko ［2017 - 01 - 20］.

⑤ Ahmed Tareq, Response to Washington Post Article "Is the Muslim Brotherhood a terrorist organization or a firewall against violent extremism? Mar. 13, 2016, https: //mfaegypt. org/2016/03/13/response - to - washington - post - article - is - the - muslim - brotherhood - a - terrorist - organization - or - a - firewall - against - violent - extremism/ ［2016 - 11 - 12］.

整体反恐战略中极小一部分。此分歧削弱了美埃反恐合作的默契和适配性，纵然短期内二者仍以"最密切的反恐盟友"相称，但长期来看必定不利于美国的反恐政策顺利推进，或从埃及方面获得步调一致的配合与响应。其二，对打击恐怖主义的行动范畴分歧明显。尽管承认反恐是"综合性国际战略"，但埃方强调眼下当务之急是解决国内问题，而非"掺和"境外反恐的"烂摊子"，进而否认全球性反恐的可行性，即便有强大盟友美国一道亦不现实。美国恰恰相反，相信埃及"安内"的前提是"攘外"，加入以美国为首的反恐多边组织，对周边恐怖势力进行普遍打击同时遏制其人员招募才是正确步骤。例如2014年9月，埃及同意加入由美国牵头组成的国际反伊斯兰国联盟，但明确提出其打击对象和开展行动的范围仅局限于国境之内。埃及外长舒凯里（Sameh Shoukry）指出："对于埃及军方来说，最重要的事情莫过于保卫边境和国内稳定，除此之外无意向美方提供任何直接军事支持以打击伊斯兰国。"① 姑且不论两种看法孰对孰错，单从美国的反恐部署本质上与埃及的需要和期待无法吻合一事来看，若欲顺利推进政策、达成目标可谓难上加难。

　　总之，出于捍卫在埃及的诸多核心利益之需要，美国的角色扮演严重背离了先前的角色观念设定，集中表现为以"推广民主化"为幌子操纵埃及政局、左右选举甚至默许军事政变，同时采取双重标准判定恐怖组织身份和打击力度，不仅给恐怖势力留有可乘之机，也不利于埃及走出革命后的过渡期，恢复正常的生产、生活秩序。卡罗瑟斯一针见血地指出，美国如果属意协助埃及转型，就不应该对世俗派或宗教派有所偏袒，要么向所有合法注册的非暴力政党提供资金支援和开放培训，要么撤销对任何党派的援助。如果想让民主植根于埃及的社会政治生活之中，美国政府首先要建立自身的信誉。从开放和包容等民主原则而不是政治祖护和铲除异己出发，将会是一个好的开端。② 此外，美国对自身角色的认知与北非国家的感知出入较大，至少在利用NGO输出民主和打响反恐战争两项事宜中，北非国家给出的差评与美国角色观念中的道德优越感和扶危济困论调构成

① Gold, Zack, Elissa Miller, "Egypt's Theory of Terrorism", *Foreign Affairs*, June 16, 2016. available at https：//www. foreignaffairs. com/articles/egypt/2016 – 06 – 16/egypts – theory – terrorism［2016 – 11 – 12］.

② Carothers, Thomas, "How not to Promote Democracy in Egypt", *Washington Post*, February 24, 2011.

鲜明反差，而他们厌恶美国利用 NGO 输出民主、关注西奈半岛恐怖主义的国内根源且抗拒被捆绑陷入全球反恐深渊的心声并未得到美国决策层应有的重视和考虑。诸如此类角色冲突导致美国的对埃安全政策呈现出空心化、盲目化的倾向，很难在现实中如期发挥作用。①

（三）欧盟政策遭遇角色冲突掣肘

作为欧洲睦邻政策框架内人口最多的国家同时也是北非、中东关键地区的领导力量，埃及与欧盟在寻求地区稳定及安全合作的道路上业已携手十余载，是后者在地中海南岸的重要合作伙伴之一。受到 2004 年生效的"欧盟－埃及联合协定"引导与阿拉伯之春以来的北非局势影响，欧盟特地就转型、反恐和难民等重大安全威胁做出了不同程度的政策调整或完善，② 旨在通过协助埃及完成民主化转型、加强边境管控抵制武器走私和人口贩卖偷运、为难民安置提供资金援助、增强境内简易爆炸装置探测技术、提升公民社会及媒体打击恐怖主义与警惕极端主义的能力等，为埃及走出动荡、重现稳定做出"规范性"指引。

2011 年穆巴拉克倒台后，致力于推进 ENP 的四位欧盟核心决策者阿仕顿（欧委会高级代表）、巴罗佐（欧委会主席）、富勒（欧盟委员会负责欧盟扩大和睦邻事务专员）以及范龙佩（欧洲理事会主席）纷纷就埃及和北非的局势做出表态。范龙佩谈到了 ENP 之于埃及革命的适用性，富勒强调欧埃在原有 ENP 框架内的合作机制和助力民主改革、良治与人权的紧迫性，巴罗佐与阿仕顿则建议就北非事态做出发展"深度民主"、继续促进经济发展、更新人员密切交流三重回应，促进"可持续稳定"的实现。这些提法融入修改后的新版睦邻政策中，成为欧盟此间对埃安全政策的基本思想和操作指南。有鉴于此，除将埃及拉入旨在促进地区平稳转型的诸多项目与计划之外，民主推进工作从三个层次跨越政府当局与公民社会组织三个层次。

第一，发挥引导作用。一直以来，欧盟在埃及的民主推进工作从未间

---

① Michele Dunne, U. S. Policy Struggles with an Egypt in Turmoil, May 22, 2014, *Carnegie Endowment for International Peace*, available at http://carnegieendowment. org/2014/05/ 22/u. s. - policy - struggles - with - egypt - in - turmoil - pub -55672 ［2016 -11 -12］.

② Potyrała, Anna, "Beata Przybylska - Maszner, Sebastian Wojciechowski", *Relations between the European Union and Egypt after 2011: Determinants, Areas of Co - operation and Prospects*, Logos Verlag Berlin GmbH, 2015, p. 161.

断。早在革命爆发前，欧盟便借助各类培训项目、交流活动、非政府组织运作传播西方价值观及意识形态，灌输"建立新的法制与社会秩序未尝不可"的思想，进而加强欧盟多重外部政策在埃及的影响力。阿登纳、罗莎·卢森堡、海因里希·伯尔基金会一度因变相插手埃及内政而遭到查封、禁止甚至驱逐，但它们继续在埃及周边国家设点，远程引导当地群众运动。① 可以说，埃及革命中欧盟成员国"前期铺垫"意义非同小可。② 当埃及接连陷入"形式民主"的旋涡时，欧盟协助确保选举公平，派出了由全部 27 个成员国代表组成的 150 人选情监督团，身影遍布全埃及 600 个投票站。③首次民选落幕后，高级代表阿什顿与欧盟南地中海专员里昂（Bernardino Leon）积极与新政府"走动"，促成穆尔西上任后首次出访西方国家的布鲁塞尔之旅。即便 7·3 政变使埃及回到军事强人集权统治，欧盟仍就恢复对埃援助、协助加快改革进程、促进地区安全稳定与当局保持频繁接触。④

　　第二，加强援助，搭建消除安全威胁的社会基础。仅 2011～2013 年便资助埃及政府 4.49 亿欧元，触及民主改革、人权和正义，经济生产力与竞争力、教育发展、公共卫生与自然资源等方方面面。⑤ 考虑到政府在保护人权、促进转型方面屡屡失败的先例，新睦邻政策提出应直接资助非政府组织，密切同北非国家公民社会的联系。故而投向埃及公民社会的援助金额已从 2010 年的 190 万欧元上升至年均 330 万欧元，钱款经由欧洲睦邻政策工具之外的"欧洲民主人权机制""公民社会工具与发展合作机制"输入埃及，绕过欧委会与埃方政府载入财政协议等官方流程。⑥ 此外，欧盟使团还掌握着价值共计 2670 万欧元的 56 个补助金项目，其中 23

①　Eligati, Mahamed, "Foreign Funding in Egypt after the Revolution", *FRIDE and Hivos*, 2013, p. 7, https：//www. files. ethz. ch/isn/162759/WP_ EGYPT. pdf ［2016 - 12 - 2］

②　Potyrała, Anna, Beata Przybylska - Maszner, "Sebastian Wojciechowski", *Relations between the European Union and Egypt after 2011：Determinants, Areas of Co - operation and Prospects*, Logos Verlag Berlin GmbH, 2015, p. 38.

③　Arab Republic Of Egypt, Final Report, Presidential Election, 26/27 May 2014, http：// www. eods. eu/library/eueom - egypt2014 - final - report_ en. pdf ［2016 - 11 - 13］.

④　余国庆：《欧盟在中东变局中的政策调整》，《当代世界》2015 年第 10 期。

⑤　European Neighborhood and Partnership Instrument Arab Republic of Egypt National Indicative Programme 2011 - 2013, p. 30, available at http：//www. enpi - info. eu/library/content/egypt - national - indicative - programme - 2011 - 2013 ［2017 - 01 - 19］.

⑥　*DEVCO country fiche*, available at http：//ec. europa. eu/europeaid/countries/egypt _ en ［2016 - 11 - 12］.

项受援者为人权保护相关的非政府组织。①

第三，建立欧盟—埃及工作组（EU – Egypt Task Force），被誉为"欧埃之间前所未有的最大规模合作"。目标即调度欧盟一切资源同埃及的公共与私人部门展开广泛合作，释放埃及民众与公民社会潜力、回归民主轨道、实现经济复苏。为此欧盟、欧洲投资银行和欧洲重建与发展银行计划联合发放约合50亿欧元的补助款及贷款。据欧委会统计2011～2013年已经至少向埃及兑现了4.49亿欧元。②

鉴于埃及西奈半岛与尼罗河谷底的恐怖主义威胁趋于恶化。欧盟旋即提高了与埃及共同反恐的合作级别，在2005年巴塞罗那峰会公布的《反恐行动计划》及欧盟 – 埃及行动计划基础上完善恐怖组织活动信息与情报共享、反恐技术培训、防范经验交流机制。另外，邀请埃及出席由欧盟反恐协调官主持的关于阻断恐怖组织招募外籍战斗员的实践研讨会，并借协调官2015年12月访埃之机就阻断恐怖组织招募渠道、打击极端主义、反言语宣传等事项充分交换了意见。同时，欧盟还希望在反恐过程中加强同埃及的司法合作，提出在当地设立 Eurojust 联络处等倡议。③

埃及作为撒哈拉以南非洲及叙利亚难民取道"中线"进入欧洲的过境国之一，如何恢复并进一步发挥其在边境管控和难民流转、安置方面的积极作用成为欧盟缓解地区安全威胁亟待解答的难题。数据显示，2014年从埃及进入欧洲地区的难民数量显著上升，仅1～8月，就有3026人抵达意大利，其中半数以上为无人陪同的未成年人，这种现象与埃及国内局势暂未脱困、接纳难民能力与动力不足以及避难条件较差等因素均有关联。④欧盟于是有的放矢地提出了两项政策建议。其一，提供资金、人员、技术助力国内改革。毕竟安全部门改革、减少腐败和滥用职权是避免难民权利

---

① European Court of Auditors（ECA）2013，p. 35.

② European Union，Eu – Egypt Task Force Fact Sheet，14 November 2012，available at http：//www. consilium. europa. eu/uedocs/cms_ Data/docs/pressdata/EN/foraff/133513. pdf［2016 – 11 – 11］.

③ Implementation of the European Neighborhood Policy in Egypt Progress in 2014 and recommendations for actions，Joint Staff Working Document，Brussels，25. 3. 2015，SWD（2015）65 final，p. 12.

④ Implementation of the European Neighborhood Policy in Egypt Progress in 2014 and recommendations for actions，Joint Staff Working Document，Brussels，25. 3. 2015，SWD（2015）65 final，p. 12.

遭受践踏并获得良好避难环境的前提条件。① 况且推动埃及局势"恢复常态"进而形成更加包容的政治环境有利于防止难民滋生，中长期内维持内外稳定。其二，促成与埃及的"流动性伙伴"关系，以"签证便利化协议"等利好为提升边境综合管理能力的激励机制，要求埃及严格履行欧盟抵制非法移民的流动性安全政策，尤其是要同欧盟签订重新接纳协定，与欧盟边防局一同确定工作安排，配合完成地中海巡逻、监视行动。②

然而实践中欧盟利用积极或消极的条件性助力北非国家实现深度民主的政策目标频频落空，反恐和难民危机领域的合作亦因联盟内部分歧不断而趋于"流产"，扮演角色能力不足、角色内要素冲突以及与埃及的认知偏差导致政策失灵的现象愈加突出。

1. 角色扮演能力不足

欧盟在埃及安全事务领域的软弱和低能体现在诸多方面。

首先，缺乏应变与整合能力。本着以"民主"促"稳定"的理念，欧盟纵然第一时间配合北非多国相继革命与政府更迭修改了 ENP，似乎为扭转埃及局势注入了新的可能，实则并未触动基本合作框架——欧埃联合协定（2004）及行动计划（2007）。政策实质不加变通恰恰折射出原有合作方针模糊、笼统的缺陷，因此无论外部环境如何变迁都无须改变，当然也毫无建树和成效可言。同时，上述两项政策框架内有关人权保护和推进法治的要点繁复庞杂、欠缺整合，恰如欧洲审计院所言"尚未出台一个确定操作方案及优先目标的完整政策体系"。③

其次，政治条件性形同虚设。尽管维护人权、推进民主是欧盟援助埃及的首要前提，但穆巴拉克、穆尔西、塞西三任总统违背民主、僭越人权的行为却统统没能激活"消极的条件性"，欧盟持续通过预算支持的方式向埃及政府提供财政援助。就算新睦邻政策标榜"深度民主""奖勤罚懒"，条件性的判定标准和操作规程语焉不详使之从未真正被付诸实践。较为有趣的例证是欧埃工作组联合主席声明称"欧盟借此向埃及发出支持

---

① Stefano M. Torelli, *The Return of Egypt*: *Internal Challenges and Regional Game*, Edizioni Epoké, 2015, p. 108.

② Carrera, Sergio, L. Den Hertog, and J. Parkin, "The 'Arab Spring' and EU's Immigration Policy: A Critical Sociology on the Global Approach to Migration and Mobility", 2013.

③ "The action plan contained as many as 39 priority actions in the field of human rights and democracy. This represented an overly ambitious agenda which was not based on clearly spelled out priorities on the part of the Commission", ECA 2013, par. 24.

其民主改革进程的强劲信号，坚决站在民主和埃及人民一方"。① 一周后，穆尔西颁布了旨在将个人和党派权力凌驾于公民之上的"新宪法草案"，毫不忌惮欧盟可能启动负面政治条件性的风险，可见政治条件性本应具有的激励，特别是威慑功能不过是一纸空文。

最后，集中力量落实政策能力不足。为长远打造南地中海地区稳定局面，阿仕顿提出的"3M"计划，即区域内国家民主化程度与欧盟在资金（Money）、开放市场（Market）、流动性（Mobility）方面的支持力度成正比。但恰如 EEAS 专门负责马什里克地区事务的官员所言，3M 无一在埃及兑现。② 资金上，欧盟的安全援助及对埃及军队建设的支持不可与海湾国家及美国等量齐观，加之革命后专注于扶持公民社会，欧盟利用援助杠杆影响政府当局行为的能力更加微弱。事实上，同政府当局开展广泛的政治对话，协助其恢复正常的生产、生活秩序是培育公民社会的前提条件，欧盟所作所为无异乎本末倒置。③ 流动性计划立足于两项"互惠"条款，一方面欧盟给埃及赴欧求学、经商者提供特殊签证便利，另一方面埃及配合签署"重新接纳条款"，协助打击非法移民并分流难民压力。很显然，碍于欧盟推行不利且埃及仅对前者抱有兴趣，流动性合作阻碍重重。再看市场方面，2012 年欧盟的确准备好同埃及签署深入、综合的自由贸易协定，试图延续功能主义路径，以经济繁荣带动安全合作，但未考虑到埃及目前既无意愿也无能力达到欧盟所要求的改革标准及条款。可见欧盟"宏大"计划与在埃及安全事务中兑现政策时的软弱和考虑不周形成鲜明落差。归根结底，尽管布鲁塞尔反复强调"人权、民主、法治是欧盟在地区内外无条件推进和捍卫的核心价值"，面对埃及两度陷入革命，最终重陷集权，与民主、自由、繁荣、安全失之交臂的现实，欧盟的回应过于软弱、迟缓，某种程度上堪称碌碌无为。

2. 角色内要素间冲突

阿拉伯世界风云变幻凸显各成员国在如何表态这一问题上的"同床异

① EU – Egypt Task Force – Co – chairs conclusions, available at http: //www. consilium. europa. eu/uedocs/cms_ data/docs/pressdata/EN/foraff/133511. pdf ［2016 – 11 – 12］.
② Balfour Rosa, "EU Conditionality after the Arab Spring", PapersIEMed/EuroMeSCo, IEMed, Barcelona, 2012, p. 7.
③ Monica Liberati, former Team Leader – Head of Sector for Egypt, Lebanon, Syria. DG DEV-CO, Unit F2. Personal interview, July 2014.

梦""各怀鬼胎"。据马什里克/马格里布共组小组成员博若维奇（Maya Bozovic）回忆，埃及1·25革命爆发之后各国在声援穆巴拉克政府抑或抗议群众间踌躇不决、难以定夺。[①] 尽管受到急迫局势催逼，欧盟不得不迅速结束分歧、统一立场，但接下来的军事政变和穆尔西下台无疑充分暴露了联盟内的各自为政。

一则代表政府间主义的欧盟理事会和体现超国家外交职能的对外行动署之间态度不同。对外行动署对政治伊斯兰势力重拾"独裁"的回应令人唏嘘，高级代表先是未置一词，两周后才简单表示"注意到示威者之间爆发冲突""要求埃及各方保持平静和克制""争取开展包容性对话"。进而重申"尊重社会正义、社会经济发展、法治、人权、良治"等放诸四海而皆准的大道理，兼论欧埃密切的战略伙伴关系和欧盟支持埃及在转型之路上继续前进等"空话""套话"。[②] 没有表明立场、不提示威者冲突的原因，对外行动署的表态仿佛政变不过是政府与反对派间一次常规较量。然而这种似是而非、缺乏实质性内容的回应若同欧盟理事会的视而不见相比却显得态度坚定、立场鲜明，毕竟欧盟理事会在"沉默外交"的标签下从未发声，可见成员国暂且观望、不愿置评且推卸责任的心理始终作祟。

二则成员国之间难以统一。以瑞典为首的"北方集团"认为7·3事件和塞西上台事态严重，是名副其实的"军事政变"与"民主的倒退"，欧盟应该严肃处置、坚决表明反对立场。[③] 与之对峙的是由希腊、塞浦路斯等组成的"南部集团"，他们看好埃及目前的政权变化，否认欧盟采取强硬态度的必要性。欧盟总体角色既定的情况下，内部成员国莫衷一是反映了他们在对外事务方面从欧盟收回更多授权的愿望，反对EEAS及高级代表利用成员国深陷争执、缺乏战略之机自主充当"发言人"代替各国表达统一立场的行径。不无夸张地说，阿拉伯之春暴露并加速了欧盟一体化的"倒退"。

反恐政策的制定和实践中，成员国分歧及对欧盟总体角色的"割裂"愈加突出。鉴于欧盟"务实的规范性行为体"角色设定及相应理念引导，

---

① Virgili, Tommaso, The "Arab Spring" and the EU's "Democracy Promotion" in Egypt: A Missed Appointment?, *Perspectives on Federalism* 6 (3), 2014, p. 54.

② European Union, Statement by EU High Representative Catherine Ashton on the situation in E-gypt, 5 December, 2012, available at http://www.consilium.europa.eu/uedocs/cms_ Data/docs/pressdata/EN/foraff/134065.pdf［2016 – 11 – 14］.

③ Virgili, Tommaso, The "Arab Spring" and the EU's "Democracy Promotion" in Egypt: A Missed Appointment? Perspectives on Federalism6 (3), 2014, 2014, p. 58.

如欧盟安全利益受损的罪魁祸首来自埃及"治理不善、不安全、贫穷和冲突"的外溢；综合采用"外交、发展、经济、人文等各项政策工具才是根除恐怖主义威胁的有效方案"，[①] 欧盟在反恐中力求彰显规范特性，倾向于"民事"而非"军事"路径，坚信若欲抑制西奈半岛情势就必须率先应对那些"孕育"恐怖主义且为其"供养"的挑战。然而成员国立场明显与欧盟存在出入，法国支持欧盟在埃及乃至中东北非地区反恐行动中塑造独立、有特色的联盟安全认同，称此举有助于欧盟成为关键的全球安全行为体。与此同时，着眼于消除恐怖威胁根基的民事手段与倡导多边主义的意图频频出现于法国的文件及表态中。[②] 故而它一方面向埃及提供武器装备，支持前线反恐，另一方面重视其转型与经济发展。脱欧前的英国则截然不同。在美国和欧陆国家间纵横捭阖、左右逢源的行径某种程度上成为它认同欧盟共同安全身份与反恐战略的障碍，况且英国虽不反对欧盟的民事反恐策略，却拒不放松武力手段；[③] 接受多边主义理念却热心维护双边反恐合作。[④] 可见欧盟难以在埃及反恐事务中成功扮演既定角色、形成统一战略的主要障碍在于各成员国利益取向和反恐安全文化的差异。只有当各成员国就如何协助埃及反恐达成共识，甚至在此过程中强化共同理念、规范与身份，欧盟层面的反恐政策才能实现从无到有、从简到繁、从虚到实的跨越。[⑤]

3. 欧盟角色与埃及感知间冲突

依据欧洲晴雨表 2012 年的调查，涉及欧盟介入本国事务程度得当、欧盟是本国重要伙伴、本国与欧盟充分享有共同价值观且在此基础上寻求合作、欧盟为本国发展做出诸多贡献、欧盟为本国和周边地区带来安全与稳定、阿拉伯之春中欧盟支持本国民众等六个判断时，9 个南部邻国中埃

---

① Quille, Gerrard, "The European Security Strategy: a framework for EU security interests?" *International Peacekeeping* 11 (3), 2004, p. 424.

② French White Paper Commission, The French White Paper on Defence and National Security, Paris: Odile Jacob, 2008, p. 143.

③ Firat G. A Common Counter - Terrorism Strategy in the European Union? How Member States' Ideas, Norms and Identities Matter, 2010, p. 35.

④ Brown, G. P., and J. Smith, "Pursue, prevent, protect, prepare: The United Kingdom's strategy for countering international terrorism", Norwich: The Stationery Office, 24 March, p. 130.

⑤ Bicchi, Federica, and Mary Martin, "Talking tough or talking together? European security discourses towards the Mediterranean", *Mediterranean Politics* 11 (2), pp. 189 - 207.

及平均赞成率最低。显而易见，欧盟的角色观念在埃及民众的视野中"扭曲度"较高，阿拉伯之春以来为地区安全和稳定做出的政策、手段调整乃至具体实践难以如期获得认可。①

尽管埃及的转型难言成功，国内教俗矛盾、派系斗争、恐怖威胁、难民危机等相互交织，颇为棘手，但它对欧盟介入方式和程度的期待十分明确。

其一，希望欧盟避免对国内现状不负责任的批评与指手画脚。埃及爆发革命以来，欧盟一方面重申协助埃及转型、恢复国内稳定的责任和意愿，另一方面也就该国新一轮修宪选举、暴力丛生、公民自由"受限"等情形频频发难。2014 年 2 月欧盟外交事务委员会指摘埃及存在"选择性正义"问题，并讨论通过了针对该国局势的 15 点意向。其内容一经公布便招来埃及外交部的厉声反对，称"欧盟国家外长们的结论要么说明他们全然不解实情，要么就是蓄意贬低"。② 鉴于欧盟驻埃及使团及成员国使领馆消息源充足，确保时时掌握当地局势的最新变动和发展趋势，所以"信息不对称说"显然难以成立，唯一的可能就是欧盟的视角和判断标准与埃方政府发生错位，虽然做出回应前详细考察和分析了局势，表态尽可能审慎且以支持埃政府当局为前提，埃外交部发言人巴德尔·阿卜德拉蒂（Badr Abde-latty）仍称"外长们的指摘不单意味着双方处理人权、民主等事宜的方式不同，更传递出一种危险信号，即欧盟对埃及怀有特殊政治取向及偏狭立场"。③ 德沃金（Anthony Dworkin）指出，批评可能起到短期施压作用，迫使埃及在压制记者自由等具体事项上有所改变，但长远来看，欧盟最该做的就是换位思考、消除误解和淡化分歧，客观评价埃及发展进程，澄清其立场在哪些方面有利于埃及实现真正的民主、稳定与经济发展。

其二，难民危机处理方面，埃及希望欧盟尊重其意愿，并给予适当支持。以签署"流动性伙伴"协议为例，2011 年埃及拒绝了欧盟启动双边流动性、移民与安全对话进而早日促成双方流动性伙伴关系的倡议，导致

---

① EU Neighbourhood Barometer ENPI SOUTH, Spring 2012, p.42.

② Joel Gulhane, EU comments prompt angry Egypt response, February 11, 2014, Egypt Daily News, available at http://www.dailynewsegypt.com/2014/02/11/eu-comments-prompt-angry-egypt-response/ [2016-11-13].

③ Joel Gulhane, EU comments prompt angry Egypt response, February 11, 2014, Egypt Daily News, available at http://www.dailynewsegypt.com/2014/02/11/eu-comments-prompt-angry-egypt-response/ [2016-11-13].

欧盟借助埃及管控、缓解边境和成员国压力的愿望惨遭落空。[①] 时至今日，双方有关难民问题的合作毫无进展可言，其基础仍为 2007 年生效的欧埃睦邻政策行动计划，个中原因有以下三个方面。一来埃及方面表示国内局势趋于明朗、平稳之前不愿同欧盟就如何妥善处理过境难民或启动重新接纳协议展开谈判。二来依据以往经验，埃及认为所谓流动性"伙伴"不过是单方面要求埃及"加强对难民的不安全与强力控制预设，放行有限数量、精挑细选的难民或短暂性移民，做好欧洲南部边界的守卫工作"，至于进入欧盟国家签证自由化等回馈性许诺则极少落实，因此很难引起埃及的兴趣。[②] 三来欧盟 – 土耳其达成解决难民危机的九点协议带来两项后果，一是土方截至 2018 年预计获得 60 亿欧元资助资金；二是"巴尔干路径"关闭势必将接纳北上难民的压力转嫁至埃及，以上事实均令埃及颇为"恼火"。埃外交部副部长希沙姆·巴德（Hisham Badr）指出，埃及是除利比亚外北非难民经由海路进入欧洲国家的第二大"中转站"，2016 年仅数月间便有效制止了五千余难民涌入欧盟。即便"功不可没"，且目前境内尚有 50 万叙利亚难民的安置压力，而每天新申请避难人数达 800 人之多，欧盟的难民资助政策仍与埃及"无缘"。[③] 可以说，欧盟紧急推出的难民危机解决方案某种程度上强化了埃及对欧盟政策有失公正的认知，失望感有增无减。

由此可知，对遭到国内冲突、恐怖主义、难民危机等多重威胁侵袭的埃及，欧盟开出的政策"药方"纵然看似完备，却无法克服欧洲中心主义的视角，将埃及的实际需求和期待考虑在内，同时由于政策整合不足、资源投入不够、眼高手低削弱了角色扮演能力；加之成员国分歧严重破坏了欧盟在埃及安全事务中的角色整体感，欧盟角色设定和扮演缺陷与成员国意见不合共同导致其政策实施效果不佳。[④]

二　长期内乱撕裂利比亚

中东北非国家政局动荡中，利比亚情况较为特殊，不仅由大众街头示

①　EU – Commission 2014. Memo concerning ENP Country Progress Report 2013 – Egypt. Brussels：European Commission，MEMO/14/223.

②　Carrera，Sergio，L. Den Hertog，and J. Parkin，"The'Arab Spring'and EU's Immigration Policy：A Critical Sociology on the Global Approach to Migration and Mobility"，2013.

③　Nielsen，Nikolaj，Egypt blames EU – Turkey deal for refugee spike，31. Aug 2016.

④　Virgili，Tommaso，The "Arab Spring" and the EU's "Democracy Promotion"，*Egypt：A Missed Appointment？Perspectives on Federalism* 6（3），2014，p. 59.

威运动走向内战"深渊"且是唯一由安理会通过"武力强制行动"制裁决议，由西方势力直接发动军事干预而开启政权更迭的国家。美欧诸国先是动用空中力量支持利比亚反对派与卡扎菲政府军作战，迫使其下台；进而发起了针对卡扎菲本人及其家人的"斩首行动"，将其势力彻底铲除。从国内危机爆发到卡扎菲命丧黄泉，短短半年多的时间，中东地区一个长期与西方分庭抗礼、不服"管教"的政权倏然垮台一度被誉为"西方外交上的巨大胜利""是奥巴马有限介入战略的成功实践"。英国《金融时报》更指出："击毙卡扎菲有助于奥巴马立威和为民主党政绩加分。"①

然而随后五年间，利比亚在军阀混战、恐怖势力泛滥、难民遍野的困境中苦苦挣扎，况且境内安全威胁迅速波及周边邻国并危害美欧本土安全及在该地区的多项核心利益。为了妥善应对危机、平息乱局，美欧纷纷调整对利安全政策，试图在恢复民主－稳定平衡、清缴伊斯兰国据点、遏制地中海中线难民危机等领域有所推进。考察现实可知，它们在利比亚安全事务舞台上的始终没能正视和妥善处理种种角色冲突，导致多数政策既未缓解燃眉之急，亦难根治安全"痼疾"，陷入无所适从的失灵状态。

（一）利比亚内战与五年危机

2011年2月，出于对卡扎菲统治的长期不满，且受到邻国革命风潮影响和西方势力助推，利比亚亦出现大规模街头抗议。反对派武装欲趁势推翻掌权40余年的卡扎菲政权，抗议活动由此升级为以政府军为一方、反对派为另一方的暴力流血冲突，甚而大规模内战。反对派在西方势力协助下"倒卡"成功后，利比亚并没有迎来全新的政治生态与和平、民主、繁荣的社会气候，而是陷入数轮政权争夺与武装袭击。2011年11月22日，"国家过渡委员会"宣布成立过渡政府，阿卜杜拉海姆·凯卜出任总理。次年7月完成国民大会选举并与"过渡委"和平交接权力，10月阿里·扎伊丹当选总理，新政府宣誓就职。其间利比亚安全状况虽无改善但贵在政治形势较为平稳，大选、组阁如期完成，石油产量逐步恢复到战前水平。

然而进入2013年，利比亚的政治与安全形势急速恶化，暴恐事件如同家常便饭，严重危害民众安危及周边地区稳定。国家政权层面，卡扎菲

---

① 余国庆：《大国中东战略的比较研究》，中国社会科学出版社，2013，第163页。

余部频频通过武装袭击、自杀性爆炸等给现行政府统治设障。而一度在倒卡行动中团结一致的反对派也因政见不合分道扬镳，以多个民兵武装的形式雄踞一方，为执掌国家政权混战不休。加上本就扎根于当地社会的教俗矛盾与部落冲突催化，利比亚俨然陷入武器泛滥、暴力肆虐、极端势力气焰嚣张的"安全危局"。[①] 2014年，扎伊丹因东部军阀走私石油问题黯然下台，议会内斗更是进入白热化状态。穆兄会等政治伊斯兰势力所支持的总理人选——马蒂格同世俗阵营代表——萨尼争夺"新总理"之位，利政坛罕见出现了议长与第二副议长力挺前者而第一副议长推举后者，两个总理、两个内阁东西对峙、教俗分野鲜明的状态。[②] 与此同时，军阀哈夫塔尔发起"尊严运动"，号召抵制伊斯兰政府（的黎波里）并力挺世俗政府（托布鲁克）、打击伊斯兰分子、防止利比亚沦为恐怖主义策源地，致使境内武装势力出现新的分化组合。

即便2015年底在联合国斡旋下两个议会代表团签署了《利比亚政治协议》，正式组建民族团结政府由此提上日程，有望结束派系分立、政治、经济与安全不稳定状态。但鉴于当前各派仍固守自身利益诉求，互不让步，全面和解长路漫漫。自身力量不足以解决国内纷争、动乱而以美欧为代表的外力支援又难以切中要害，其国内安全形势依然十分严峻。

革命在推翻卡扎菲统治的同时也打开了"任意施暴"的"潘多拉魔盒"。一方面，国内庞大武器库在战争期间遭到多股武装势力瓜分、抢劫，大量武器流散于各地，对周边国家乃至整个地区的安全构成严重威胁。[③] 俄罗斯外长拉夫罗夫认为利比亚先前的轻武器业已扩散至12个国家，成为阿拉伯之春后西亚北非重要的武器来源地。联合国利比亚问题专家小组报告显示，1973号决议导致原政府的军火出现在阿尔及利亚、乍得、埃及、马里、尼日尔、突尼斯、叙利亚等国，助长地区冲突的同时也为长期活跃于此的恐怖组织配备了精良武装。[④] 例如，AQIM本为名不见经传的

---

① 王金岩：《利比亚乱局对非洲安全的影响》，《阿拉伯世界研究》2015年第3期。
② 秦天：《利比亚新一波政治危机探析》，《国际研究参考》2014年第6期。
③ 刘中民、朱威烈主编《中东地区发展报告：转型与动荡的二元变奏（2013）》，时事出版社，2014，第43页。
④ United Nations, Final Report of The Panel of Experts Established Pursuant to Resolution 1973 (2011), para 201.

地方性极端组织，获得来自利比亚的武器后，作战和破坏力跃居基地组织各部首位。[①]

另一方面，冲突频度和烈度持续上升。经历战后短暂恢复期后，2012 年 8 月起，利比亚安全局势全面恶化，各类暴力事件持续升级，2014～2016 年月均爆发冲突 60 余起，平均死亡人数不低于 200 人。即便从 2015 年开始，政治势力间媾和成果有所显现，安全风险仍处于较高水平。[②]

武装分子不仅打破了"倒卡"时期达成的"不破坏油气设施、影响油气生产"这项共识，转而通过捣毁石油港口、天然气田等泄愤并攻击对手。[③] 同时绑架暗杀政府官员、袭击外国驻利比亚使馆及其工作人员、残害外籍工作人士的事件时有发生，其中美欧籍人首当其冲，造成重大人员伤亡或财产损失。例如，2012 年 9 月武装分子一手制造美国驻班加西使馆袭击事件，大使遇害一度使美利关系陷入僵局，停滞不前。

此外，国家权力持续缺位使利比亚沦为恐怖分子的"温床"和难民/非法移民滋生与流转之地。2014 年 IS 控制了苏尔特、萨布拉塔、德尔纳等地，建起集中控、招募、培训于一体的北非"大本营"。例如，突尼斯苏塞枪击案凶手雷兹古伊（Seifeddine Rezgui）及制造巴多博物馆枪击案的两名枪手均曾在利比亚受训。[④] 英国皇家联合研究所副主任查莫斯统计，IS 在利比亚的成员人数为两三千人，其中 1500 人盘踞于此，目标无外乎两个：一是把控石油储量占利比亚全境 80% 的重镇苏尔特，从中获取作战的筹码与资本；二是利用非法移民与走私品泛滥的"南部走廊"，与图阿雷格等本土圣战分子里应外合，推动暴恐势力集结成网，加剧沙漠地区部落间紧张趋势，彻底发挥利比亚作为"震荡弧"上关键节点的"外溢"作用。借助欧盟－地中海安全共同体耦合性高、内聚性差的先天劣势与美

---

① Basar, Eray, "Report Update: Unsecured Libyan Weapons - Regional Impact and Possible Threats", Civil - Military Fusion Centre, November 2012, p. 2.

② Daw, Mohamed A., Abdallah El - Bouzedi, and Aghnaya A. Dau, "Libyan armed Conflict 2011: Mortality, Injury and Population Displacement", *African Journal of Emergency Medicine* 5 (3), 2015, p. 104.

③ 薛力：《利比亚不会成为下一个索马里》，《世界知识》2014 年第 23 期。

④ Stephen, Chris, "Tunisia Gunman Trained in Libya at Same Time as Bardo Museum Attackers", *The Guardian*, 30 June 2015.

欧联动等特点，向北扰乱西方阵脚，向南威胁北非全境、萨赫勒地带甚至南部非洲。

总体而言，利比亚战争后北非地区暴恐事件数量激增、方式多样、波及范围甚广。利比亚境内及周边国家自不必提，美国、欧盟亦难以幸免。有"独狼"之称的个人恐怖主义成为主流，而出于造势需要，多地同时爆发恐怖袭击的"群狼"战术日渐升温。此外，恐怖组织充分利用互联网散布恐吓信息，如 IS 头面人物不止一次扬言"要选取关键时间点和人员密集场所对美欧本土发动袭击"；同时对美欧青年实施"渗透"，说服、劝诱其认同、推广甚而践行极端思想并利用所在国公民身份不动声色酝酿行动。美国联邦调查局曾对 900 名本土极端主义者进行开放式调查，发现他们大多受到伊斯兰国蛊惑并有计划实施恐怖袭击。[①] 以上种种无不表明，政治失序俨然成为利比亚恐怖实力泛滥和外溢的"养分"，使安全进一步沦为"稀缺"资源。

从某种程度上讲，难民问题是一种次生性威胁，既与国内冲突、恐怖主义一道侵蚀着地区的安全和稳定，又是上述两种事态难以平息的必然结局。卡扎菲时代利比亚原本是北非地区最大的移民/难民接纳国，但革命爆发以来其作为欧盟南部"门户"的职能已经基本丧失，且成为难民来源国。2011~2012 年间，约 230 万难民从利比亚逃往邻国突尼斯、埃及、阿尔及利亚以及欧洲南部的意大利、马耳他。[②] 据国际移民组织统计，2015年，15 万余难民/移民抵达意大利南部，他们大多从利比亚出发沿地中海中线行进，其中 2900 人不幸溺亡。2016 年 1 月至 5 月间，利比亚继续向意大利输出近 5 万难民，与 2015 年同期基本持平。尽管欧盟加大对"特里同行动"的投入，仍有 2061 人在海上逃亡中丧生或失踪，死亡率同比增长 15%。[③] 鉴于利比亚迟迟无法建立统一、合法的中央政府，边境管控极为虚弱，人蛇集团抓住机会在地中海中线大发"难民财"。英国外交部称，利比亚政坛对难民问题重视程度不足，相当比例的当地人甚至认为难

① Morell, Michael, "Former CIA Director: ISIS Will Strike America", *TIME*, Nov. 16, 2015.

② Mainwaring, Cetta, "In the Face of Revolution: The Libyan Civil War and Migration Politics in Southern Europe", Calleya S, Lutterbeck D, Wohlfeld M, Grech O eds. , *The EU and Political Change in Neighbouring Regions: Lessons for EU's Interaction with the Southern Mediterranean*, Malta: Mata University Press, 2012.

③ DTM Niger, Flow Monitoring Analysis. *Quarterly Report*, Reporting period Feb – Apr. 2016, p. 3.

民危机本身就是西方国家的错，注定由他们负责，故而短期内很难有效解决。①

不无夸张地说，利比亚安全问题积重难返、日趋恶化意味着美欧安全政策在北非遭遇最大"滑铁卢"。故而接下来很有必要对美欧在利比亚的安全政策与措施进行简单梳理，从中检视多重角色困境造成的负面影响。

（二）美国政策反馈及角色冲突之困

冷战结束以来，世界各国对美国高调引领西方开展国际干预甚至单边插手别国事务的行为已然见怪不怪，在此次利比亚内战及后续冲突中，奥巴马的表态和基本政策主张仍延续了先前路径，强调以推动民主、保护平民、捍卫人权为由，回应国际社会普遍要求，并在安理会合法授权下实施干预。奥巴马先是就卡扎菲出动军队"平乱"公开声明"利比亚的苦难和大流血毫无节制，违背国际规范和惯例的各项标准，应该积极考虑干涉"。2011 年 3 月 18 日奥巴马发表了回应利比亚局势的重要讲话，次日授权美军采取军事行动，同年 9 月在联合国高级别会议上为利比亚"高唱凯歌"。几次能够折射美国该时期对利安全政策与态度的讲话要旨为以下三个方面。

第一，历数卡扎菲暴行，突出干涉合法性。称"虽然未经核实，但我们有充分的理由相信卡扎菲将对民众施暴。数以千计的民众将在死亡线边缘挣扎，人道主义危机一触即发。由此危机波及整个地区盟友和伙伴，未来局势不堪设想。利比亚民众毫无疑问会求助于我们，而奉为圭臬的民主价值遭到践踏及国际社会反应的空洞无力也使美国主导干预成为必然"。

第二，表明干涉方式。充当领导是美国对外角色中较为稳定的成分，然而此次奥巴马特别指出"美国已经准备好参与到国际联合行动当中。地区领导力固然重要，但不意味着孤军奋战或只身冲锋在前，而是要在为国际社会集体行动提供必要条件方面起到带头作用"。换言之，无论利比亚局势如何变化，美国誓要坚持两项原则，一是绝不派出地面部队且动用武

---

① House of Commons Foreign Affairs Committee, *Libya*: *Examination of Intervention and Collapse and the UK's future Policy Options*, Third Report of Session 2016 – 17, 14 September 2016, p. 31.

力的程度必须同目标相符，严格防止滥用；二是尽量以人道主义和经济援助方式帮助利比亚民众以和平方式实现变革目标。

第三，重申干涉目标。美国对利比亚的所作所为目标极为明确，即保护无辜百姓、问责卡扎菲政府、支持民众变革。至于最后一条，奥巴马意味深长地强调变革的推动者绝不能是美国或其他外部势力，唯有利比亚民众有权决定自己国家的命运。①

归纳起来，美国对利安全政策呈现出把控领导权和借助多边机制、地区性安排、盟友力量自我减负的矛盾心理，以及管控而非彻底解除危机的"战略收缩"趋势。加上认为该国是欧盟国家传统"地盘"，"倒卡"结束后美国对其安全事务的关注程度较为有限，政策和措施基本落在给予必要的转型/安全援助和反恐两个区间。鉴于冲突和内战是外力助推下推翻原有政权的必然结果，为稳定利比亚局势，美国迅速将援助重心从人道主义转换至"民主化"与"安全部门"。2011~2014 年美国国际开发署通过转型倡议办公室、地区账户、重建基金投入超过两千五百万美元，用于促进公民社会组织活动和向尚处起步阶段的民选提供技术支持。美国致力于培训利比亚安全部门领导者、增强特种部队作战实力、维护边境安全，进而全面提升该国独立应对内外威胁的能力。2014 年 1 月 22 日美国政府向国会提出启动"对利政府资助军事培训项目"，地点设在保加利亚。同时建立一支由 6000~8000 名利比亚军事人员组成的陆军普通部队（General Purpose Force，GPF）。国会随即批准为此项目提供价值 6 亿美元的对外军售。② 尽管 2012 年班加西事件一度阻断了美国的转型与安全援助项目，但 2013 年末部分援助重新启动。2014 年美国出于安全考虑撤出驻利比亚外交人员预示着后卡扎菲时代以"直接介入"为特征的时期告一段落，不过借助联络项目在境外密切跟进利比亚重大事务的努力并未由此停止。③《2016 年度综合拨款法案》称"该年度用于恢复利比亚政治秩序、支持公民社会、促进民主化与稳定、满足民众人道主义需求的援助应继续不少于

---

① Remarks by the President on the Situation in Libya, March 18, 2011, available at https: //www. whitehouse. gov/the – press – office/2011/03/18/remarks – president – situation – libya, [2016 – 11 – 12].

② Blanchard, Christopher M., "Libya: Transition and US Policy", CRS Report, No. RL33142 September 8, 2014, p. 11.

③ Assistant Secretary Chollet, Testimony before the House Foreign Affairs Subcommittee on the Middle East and North Africa, June 25, 204.

两千万美元"。①

五年来，利比亚境内恐怖势力猖獗与迟迟未见起色的国家安全机制构成强烈反差，对美国及其盟友危害不浅，为此美国的政策措施试图同时囊括决定性军事行动与灵活的政治进程，旨在一举应对上述两项挑战。② 军事反恐上美方策略有以下三个方面。一是采用"无人机定点清除"战术。2015 年，美军在利比亚东部成功击毙 IS 高级头目阿布·纳比勒（Abu Nabil），2016 年又报出于利比亚西部重镇萨布拉塔发动空袭，清缴数名疑似恐怖分子的消息。2016 年初，美国防部官员进一步透露一小队美军已被秘密派往米苏拉塔、班加西附近，任务是收集地面情报，方便空军与地面建立密切联系，了解实际状况。③ 二是向利比亚部分军事派别提供培训，强化本土反恐能力。例如，2012 年便在利比亚启动了由国防部拨款百万美元、由美国特战队负责选拔和培训利比亚突击队员的秘密项目，一方面避免重蹈如阿富汗、伊拉克等长期地面作战的覆辙，另一方面激活利比亚本土反恐作战的能量和意愿，发挥盟友、伙伴的先锋作用，帮助美国在面临紧缩预算的巨大压力时仍能保持战略优势和灵活性，取得阶段性成果。④ 三是构筑多边协同反恐机制。2014 年 9 月，奥巴马抛出反恐新战略，牵头成立"反伊斯兰国联盟"，2016 年 2 月联盟成员发表共同声明表示"将继续密切监控伊斯兰国在利比亚的一举一动，并时刻准备与民族团结政府一道为里边民众共筑和平、稳定的新环境"。⑤

政治上美国认同安理会旨在推动利比亚东西统一、建立民族统一政府的 2259、2278 号决议，相信具备统一的国内政治领导是利比亚独立自主管控边境、打击 IS 与境内其他极端组织的开端；当然新政府以国家名义正式要求美国介入本国反恐或其他安全事务能够为外部军事介入提供必要的政治合法性亦为美国所愿。⑥ 一位美国高层军事官员指出"如果建立团

---

① FY2016 Consolidated Appropriations Act, P. L. 114 - 113, Division K., Section 7041 [f].

② Blanchard, Christopher M., "Libya: Transition and US Policy", CRS Report, No. RL33142 September 8, 2014, p. 15.

③ Department of Defense Press Briefing by Pentagon Press Secretary Peter Cook, January 27, 2016

④ Schmitt, Eric, "US Training Elite Antiterror Troops in Four African Nations", *New York Times*, May 26, 2014.

⑤ Statement by the Ministers of Foreign Affairs of the Small Group of the Global Coalition to Counter ISIL, February 2, 2016.

⑥ Blanchard, Christopher M., "Libya: Transition and US policy", CRS Report, No. RL33142, May 13, 2016, p. 14.

结政府的外交努力得以成功，华盛顿方面早已做好准备与利比亚合法安全部门全面开启援助及合作的进程"。① AFRICOM 也表示一旦利比亚国内条件成熟，定将迅速联合伙伴国加大力度遏制利比亚境内不安全因素外溢，阻止恐怖分子趁势作乱、武器非法扩散、暴恐势力集结成网等恶性事态。②

总之，为了在利比亚安全事务舞台上扮演好"急需国际公信力与合法性的实用主义行为体"角色，美国决策层的政策部署紧扣"自决""人道""有限""守（国际）法"等原则，强调利用巧实力动员国家社会集体行动意愿，在更广阔的层面发挥地区领导作用。③ 当然，战略收缩和幕后领导方针不等于放弃在中东北非地区的军事优势以及打击极端主义、维持核威慑、确保国土安全、组织和挫败任何潜在敌人入侵等传统使命，就平息利比亚国内冲突和反恐这样迫在眉睫的安全威胁而言，美国更是责无旁贷。国防部高级官员表示遏制利比亚不稳定局势是 AFRICOM 未来五年内所设定的五条工作主线之一，他们制定了包括短期应急策略、中期维稳战略与长期安全合作路径在内的完备政策体系，力争尽快将利比亚带离失败国家和安全隐患的不良境地。④

很显然，看似符合角色观念基本设定且目的纯良的安全政策在现实中却因陷入多重角色冲突而难以有效实施，政策杠杆和调节作用大打折扣，下文将进一步举例说明美国应对利比亚安全局势时出现的角色观念与扮演不符、角色扮演能力不足、难以满足来自利比亚的角色期待三类问题。

1. 角色观念–扮演冲突：道义与无情的反差

事实上，美国的角色观念与扮演的悖论对 2011 年起利比亚国内的混乱局势负有不可推卸的责任。

首先，在缺乏证据与谨慎核实的情况下，蓄意制造或传播卡扎菲屠杀

---

① Testimony of U. S. Air Force General Paul Selva before the Senate Armed Services Committee, July 14, 2015.

② Gen. David Rodriguez, United States Africa Command 2015 Posture Statement, March 2015. Gen. Rodriguez's posture statement further says that "As conditions improve in Libya, we will be ready to support the development of Libyan defense institutions and forces".

③ Dimitrova, Anna, "Obama's Foreign Policy: Between Pragmatic Realism and Smart Diplomacy", Participant paper of the ICD Academy for Cultural Diplomacy, 2011, p. 6.

④ Blanchard, Christopher M., "Libya: Transition and US policy", CRS Report, No. RL33142, May 13, 2016, p. 14.

民众的消息，为颠覆原有政权、支持反对派势力甚至西方武力干涉做足铺垫，与其政策原则中强调的"尊重自决"背道而驰。可以确定的是，卡扎菲出兵镇压反对派时的确有过人身威胁言论，但从未将其转化为屠杀民众之举。[1] 夺回反动派占领的部分城市后，政府军放弃报复性反击，血刃百姓只是"子虚乌有"。不仅如此，卡扎菲试图以和平手段平乱，并曾直接喊话反对派规劝之放下武器，承诺不会加以迫害。然而在美国的暗中支持和资助下反对派媒体与西方媒体对此给予了煽动性失实报道。据大赦国际调查报告显示，多数西方媒体的消息披露呈现"一边倒"趋势，将造反力量塑造为和平象征，且反复重申政府军对手无寸铁、毫无安全威胁的抗议者实施惨无人道的屠杀。[2] 反对派媒体（包括两个广播电台、一个电台和一份报纸）则全部遵守"四不"原则：（1）不出现支持卡扎菲的报道和评论；（2）不提内战，只报道广大民众普遍联合推翻压迫民众者；（3）不提部落或部落主义；（4）不指涉基地组织或伊斯兰极端主义。换言之，反对派避免客观呈现利比亚派系斗争、部族冲突、极端势力横行等复杂局势，将矛盾的焦点对准卡扎菲本人及其独裁统治，也把一切伤亡归咎于卡扎菲的"野蛮行径"，即便多数罪名是"莫须有"的。[3]

时至今日，美国对反对派的政治承认、经济资助、军事武装甚至出面保护早已人尽皆知，[4] 但在那时，恰恰是这些有违真相甚至是密谋已久的宣传和报道，给以美国为首的北约公然支持反对派推翻卡扎菲，促使联合国出台旨在允许多国部队武力介入利比亚局势的 1973 号决议提供了口实。不过反对派呼声是否能在广泛的层面代表"民意"呢？威廉·布鲁姆否认道："鉴于卡扎菲时代利比亚是非洲大陆 GDP、平均寿命、联合国人类发展指数最高的国家，民众对其支持率还是相当高的。内战前数月，利比亚人民还举行了数场拥护领袖的大型集会。"[5] 哈佛大学杜波伊丝研究所的陈谷

---

① "Hillary Clinton's 'WMD moment：US intelligence saw false narrative in Libya'", *The Washington Times*, 29 January 2015.

② Cockburn, Patrick, "Amnesty Questions Claim That Gaddafi Ordered Rape as Weapon of War", *The Independent*, 23 June 2011.

③ 威廉·布鲁姆：《民主：美国最致命的输出——美国外交政策及其他真相》，徐秀军、王利铭译，中国社会科学出版社，2016，第 136 页。

④ Mark Hosenball, Exclusive：Obama Authorizes Secret Help for Libya Rebels, *Reuters*, Mar. 31, 2011.

⑤ 威廉·布鲁姆：《民主：美国最致命的输出——美国外交政策及其他真相》，徐秀军、王利铭译，中国社会科学出版社，2016，第 136 页。

教授（Garikai Chengu）的研究亦与上述观点相符。纵然谁是谁非有待考证，至少有一点毋庸置疑，即革命的全部起因并非民众的愤怒与孤注一掷推翻政府的自主意愿，而是美国在中东北非推行"新干涉主义"的又一杰作。[①]

其次，对安理会 1973 号决议的违规操作违背了"人道""有限""守法"的政策要义。一方面，纵然美国在对利军事行动中始终让欧盟主导，但美军仅在对利比亚空袭第一天就发射了 110 枚巡航导弹，花费超过了 1 亿美元[②]，且动用"战斧"巡航导弹、"企业"号核动力航空母舰等高精尖武器。后期把领导权移交北约后，军事干预行动更是擅自扩大了安理会决议中建立禁飞区并授权多国部队使用武力的目的，从保护平民到对卡扎菲政权开展长时间、高强度的打击，包括轰炸利比亚政府军与追杀卡扎菲及其家人等，即便利外交部长业已宣布停火接受禁飞决议仍不予理睬，无心调查其是否真正信守诺言而继续猛烈空袭。此举使禁飞区不仅有保护功能，更具有烈度极强的攻击性，显然僭越了安理会的授权目标和"正义战争"理念中的"手段相称"原则。

令人唏嘘的是北约武力干预之前，利比亚内战业已濒于结束，死亡人数不过千人上下，然而北约的干预致使此项指标增长了十倍。[③] 用前总统里根特别助理道格·班多（Doug Bandow）的话来说："卡扎菲政权蛮横集权不假，不过在美欧'拯救'利比亚人民的战争爆发前的确未曾屠杀。此次战争恰如发生于第三世界国家的其他内战一般，经历战斗本身才造成大多数杀戮。尽管各方提供的死亡总数多少不一、差距甚远，但西方干涉人为延长冲突时限、增强烈度无疑导致更大伤亡，当北约在卡扎菲政权崩溃后继续轰炸其余部时，人道主义的最后伪装化为乌有。"[④]

另一方面，1973 号决议呼吁参与其中的各成员国严格执行武器禁运，[⑤] 但希拉里称"1973 号决议授权多国部队采取一切必要手段保护平民在法理上构成了对先前严格武器禁运要求的重释，意味着只要利比亚同意，武器输送亦可算作必要手段之一而开展"。此种诠释扭曲了安理会决

---

① 张蕴岭：《西方新国际干预的理论与现实》，社会科学文献出版社，2012，第 244 页。
② 程星原：《安理会在利比亚设立禁飞区的背景及作用》，《国际资料信息》2011 年第 5 期。
③ Kuperman, Alan J., "Obama's Libya Debacle: How a Well - Meaning Intervention Ended in Failure", *Foreign Affairs* 94, 2015, p. 66.
④ 张蕴岭：《西方新国际干预的理论与现实》，社会科学文献出版社，2012，第 12 页。
⑤ United Nations, Security Council Resolution 1973.

议的一般性内涵，为美国大肆武装反对派、推翻卡扎菲并培育亲美势力铺平道路。[①]

总之从美国的实际行动来看，角色观念与政策文本中的道义成分统统遭到弱化，仅以实用主义者的思路应对利比亚乱局。即便适当"退出"，不过是从高调活跃于前台变为幕后操纵盟友，将自身利益置于利比亚民众生死与国家存亡之上才是美国对利安全政策亘古不变的内核，亦即角色扮演往往背离角色观念的根源。

2. 角色扮演能力不足：美国的犹豫与徒劳

就利比亚实践而言，美国的角色扮演能力缺陷大大超出了角色观念设定所预留的弹性区间。多个场合下，奥巴马的反馈显得优柔寡断，处变能力捉襟见肘。有以下两个例证。

其一，当反对派与卡扎菲胶着对抗时，美国的反馈性表态较为迟缓。考虑到尚未从阿富汗、伊拉克两大战争泥淖中顺利脱身，精力和实际力量都不足以支撑其卷入第三个"战场"，美国不得不从自保的角度思考三点：（1）利比亚政治变革对美国的地区利益影响的不确定性；（2）支持反对派意味着必须切断与卡扎菲政权一切联系，然而如若后者成功镇压反叛，丧失既有获利渠道的代价高昂；（3）置身于他国潜在政治变革事态中心隐藏着巨大风险，面对期待美国更多插手的反对派和反感美国介入的政府势力与民众，插手的结果可能是"费力不讨好"，"里外不是人"。[②] 由此可见，美国扮演地区领导、民主推动者、安全供给者的实际能力有限，故而试图多打"多边主义"牌，披着"安理会授权""阿拉伯联盟支撑"这两层"名正言顺的合法外衣"，充分吸取伊拉克战争中单边推动政权更迭的教训，通过调度盟友（欧洲大国及部分阿拉伯国家）展开集体行动的方式共担责任。以上趋势短期来看有助于美国保持对利干预的灵活性和有效性，但长此以往无疑会加剧其政策在表述和实践中的差距，无法扭转行动偏差的同时削弱政策有效性。

其二，尽管反恐一贯是对利安全政策的重中之重，但实践中的方向性错误暴露了其角色扮演能力不足。为了增强本土力量自行对抗恐怖势力的能力，美国计划打造一支利比亚反恐精英部队，训练并培养更多政府军。

---

① Watt, Nicholas, "US Paves Way to Arm Libyan Rebels", *The Guardian*, 29 March 2011.

② Carothers, Thomas, Democracy Policy Under Obama: Revitalization or Retreat? Carnegie Endowment for International Peace, 2012, p. 34.

单论政策本身固然无可厚非，但在利比亚政治版图四分武力、缺乏统一中央领导的特殊局面下，美国的反恐援助对象——整个空军和特种部队几乎全部来自西部山区部落，难以代表国内各地区或多种政治利益，只是诸多争夺领导权的武装派别之一。① 随着他们投靠哈夫塔尔将军，被美国从思想到武器全副武装后的军事团队不仅未能助力反恐，反倒孕育两种恶果：一是依仗美国支持的哈夫塔尔势力加剧了内战，乱局之下为恐怖势力自我修复和进一步壮大创造了便利；二是美国疑似扶植代理人的做法受到其他部落及派系的仇视和攻击，2013 年反恐精英训练项目营地遭袭，造成大量美军物资外泄，项目不得不终止。曾供职于中情局的女记者苏珊·林道尔由此置评称"我们在利比亚的所作所为不过是雷声大雨点小，反恐政策大多纸上谈兵。少数落在实处的反恐行动既缺乏前瞻性又无助于问题解决。实际上，美国的政策促使利比亚安全局势进一步恶化"。② 无独有偶，曾任国防部副助理部长的谢伟森（David Sedney）于《时代杂志》撰文称"美国在利比亚等地的反恐政策一败涂地。当前'减少足迹'的反恐策略集无人机精确打击、特种部队雷达扫描、培训本土小型精锐作战团队于一体，的确能够通过杀伤头面人物而致使组织暂时瘫痪，但关键是应急政策背后全无完备的反恐战略支撑，军政两届都不明确在利比亚乃至中东北非全境的反恐大业何去何从。这种拙略对策无异于饮鸩止渴，不能从根本上去除安全威胁，反而将利比亚及美国自身置于更为危险的境地"。③

3. 有违"他者"认知：美国误入歧途的反思

草创中的民族团结政府因施政基础不足和民意拥护不够而有名无实，无力切实扭转利比亚的政治生态。缺乏统一的合法政府使得利比亚难以通过正常的外交、政治渠道发声，故而对美国的角色期待表述有待明晰。不过依据少量民调和民族团结政府的只言片语，比照奥巴马对利比亚局势的反思，至少能确定一点，即美国忽略了从利比亚角度出发思考自身政策失败的原因。

2011 年以来，多份民调结果显示，利比亚民众对美国"怀有异常复

---

① Sarah Chayes, Frederic Wehrey, "Obama's Dangerous New Terror War", *Politico Magazine*, June 18, 2014.

② Obama's Counterterrorism is Backfiring, 29 Jun., 2011, available at https：//www.rt.com/usa/libya – lindaure – obama – making/［2016 – 12 –11］.

③ David Sedney, "America's Counterterrorism Policy Is Failing", *TIME*, Jan. 21, 2015.

杂的心理"，半数以上（56%）受访者认为保持利美常规安全合作十分有益，同时54%的人表示美国对利比亚或阿拉伯世界最应做的事情就是"学会不插手"，相比之下仅11%的受访者支持其推进民主化。[①] 可见美国插手内战从一开始便偏离了正确路径。再看美国方面，奥巴马即将卸任时曾就"不愿继伊拉克、阿富汗重建之后过多考虑利比亚的后续发展问题，没有妥善承担'重建的责任'，[②] 从而人为延长了利比亚战后动荡期"。[③]做出深刻反思，表示作为领导者不应该在干预后快速抽身，没能在利比亚危机中"全力以赴"是八年总统生涯中最大的错误。

　　由此可见，美国对利比亚困局的"再认识"延续了"西方中心主义"的思考路径，无视利比亚民众意愿或国家的真正需求。事实上，就利比亚政府军初期镇压反叛者而言，外部军事干预极易因助长暴力冲突、国家失败和恐怖主义而适得其反。同时也使反对派意识到进一步激怒政府、讹传政府屠杀，吸引外界注意是颠覆行动走向成功的"捷径"，不利于迅速化解国内矛盾、和平解决争端。从利比亚需求和民众意愿出发，美国最应做出的反思就是减少过度插手、避免滥用武力，从旁提供必要支援，鼓励冲突双方达成共识，恢复社会安定团结。正如波尔达克所言，利比亚消除安全威胁过程中的确需要我们的建议、援助、培训和有限的武器装备，但必须意识到能力和愿望都不是问题的关键，最重要的是我们必须想方设法了解利比亚民众真正希望外界以什么方式为其提供何种帮助。[④]

　　综上所述，试图彰显美国角色观念的对利安全政策因实践中方向偏离、能力不足，特别是没能将构成互动关系的重要他者——利比亚的感知考虑在内而无法成功达成"保护平民""推动民主化""打击恐怖主义"等目标。确切地说，当遭遇利比亚安全危机冲击与考验时，美国角色观念中的天平便自动偏向实用主义信条一方，放松了"人道""有限""国际法"等准绳，造成角色失衡，以此为前提的后续行动难免陷入角色冲突，从而导致多项政策以失灵而告终。

---

① Ali, Fathi, Michael Robbins, "Searching for Stability: The Arab Barometer Surveys a Divided Libya", *Arab Barometer*, p. 11.

② 保护的责任，内容上包括预防、反应和重建三部分。

③ Lilli, Eugenio, "The Arab Awakening and US Counterterrorism in The Greater Middle East: A Missed Opportunity", *Journal of Terrorism Research* 6 (2), 2015, p. 23.

④ Trofimov, Yaroslav, "Libya Will Need American Help to Defeat Islamic State, General Says", *Wall Street Journal*, February 29, 2016.

（三） 欧盟应急部署与角色冲突之忧

利比亚内战是《里斯本条约》生效后欧盟遭遇的第一场外部政策考验，因爆发于核心利益区且囊括多重安全挑战而为深入考察 "欧盟介入" 提供了 "教科书式的案例"。① 分析欧盟在利比亚的政策和作为差距，一来有助于切实感知角色冲突的存在；二来充分诠释了多种角色冲突对安全政策顺利实施的冲击。

1. **欧盟的对利安全政策与手段**

依据《里斯本条约》文本，欧盟对利比亚危局的政策反馈至少应符合如下三点。（1）更为积极、一致、高效。凸显欧盟 "单一法人" 地位，推动对利决策的整体性与协调性，就内战和后续重建发出统一声音，并提供已在联盟机构及成员国之间充分达成共识的安全政策。（2）体现 EEAS 与高级代表在危机管控中的核心领导力。《里斯本条约》第 43 条第 2 款赋予高级代表在危机管理行动中协调使用民事或军事手段的特别职能，因此就利比亚事态而言，高级代表发声传递出欧盟的基本政策意向。② （3）内容上恪守欧盟价值观与利益。对利安全政策的核心要义即推动该国恢复和平、安全、可持续发展，支持民主、人权、法治，严格遵守联合国宪章及有关国际法要求。③

脱离条约中欧盟对利安全政策的应然层面，我们同样能够在欧盟机构就利比亚内战的表态和欧盟对转型与难民问题的政策回应中找到欧盟扮演总体角色时发挥 "民事力量" 的清晰 "脚本"。④ 2011 年 2 月 20 日，阿仕顿的讲话首次传达了欧盟对利比亚局势的强烈关切、剖白反对暴力和践踏人权行为的基本立场，并敦促卡扎菲政权尊重民众渴望自由与民主的诉求，停止向反对派动武以免造成大规模伤亡。⑤ 23 日，阿仕顿第二次发言

① Biscop, Sven, "Mayhem in the Mediterranean: three strategic lessons for Europe", Brussels: Egmont Royal Institute for International Relations, *Security Policy Brief*, No. 19, April 2011, p. 19.

② Hynek, Nik, "EU Crisis Management after the Lisbon Treaty: Civil – military Coordination and the Future of the EU OHQ", *European Security* 20 (1), 2011, p. 81.

③ Blockmans, Steven, and Marja – Liisa Laatsit, "The European External Action Service: Enhancing Coherence in EU External Action?" In *EU External Relations Law and Policy in the Post – Lisbon Era*, The Hague: Asser Press, 2012, p. 135.

④ Brattberg, Erik, "Opportunities Lost, Opportunities Seized: the Libya Crisis as Europe's Perfect Storm", *Policy Brief*, June 2011.

⑤ Declaration by the High Representative, Catherine Ashton, on Behalf of the European Union on Events in Libya, Brussels, 20 February 2011, No. 6795/1/11 REV 1.

立场更为明确，重申"大规模侵犯人权的暴行不可容忍"，追加表示"欧盟坚定地站在利比亚民众一边"，"乐于在安理会和阿拉伯联盟支持下提供必要的人道主义援助"。① 同年 3 月欧盟理事会特别会议讨论在利比亚设立禁飞区可能性时，阿仕顿从欧盟总体立场和行为体特性出发提醒各成员国谨慎决策，且保持同安理会及阿盟的紧密沟通与合作，毕竟此举可能导致平民死亡率上升且不确定是否真正有助于利比亚缓解局势。② 当 1973 号决议付诸实践后，欧盟发表共同声明宣布如果联合国需要时刻准备利用军事和民防力量保障难民安全的流动、撤离，支援人道救援组织活动。2011 年 8 月，欧委会称"欧盟已在的黎波里成立人道主义救援办公室，派出多个部门专家组成救援小组，解决随时出现的新问题"。③

"倒卡"成功后，为了响应联合国召开利比亚问题高级别会议时提出的协助过渡与战后重建倡议，欧盟理事会发布了《关于利比亚的理事会决议》并在的黎波里定点办公，力争在民主化、法治、制度建设、安全部门改革、警察培训、边境管控等多个领域提供支持。2014 年当利比亚国内派系斗争日趋尖锐、安全局势再度恶化时，莫盖里尼指出"欧盟仍相信对话、谈判等政治手段才是化解危机的有效方法，呼吁利比亚境内冲突各方停止所有军事行动，保持克制，避免做出进一步分裂国家之举。欧盟继续致力于支持利比亚民众找到妥善化解危机的政治途径，把实现统一、提升治理能力、加强制度建设摆在突出位置，为即将到来的和平与稳定做好准备"。④

此外，欧盟针对严重波及内部安全的恐怖主义和难民危机进行了政策"翻新"。反恐方面通过了包含反恐政策的"危机解决政治框架"（Political Framework for a Crisis Approach），加大同利比亚的接触。⑤ 一旦时机成熟

---

① Declaration by the High Representative, Catherine Ashton, On Behalf of The European Union on Libya, Brussels, 011, February 23.

② "Main remarks by High Representative Catherine Ashton upon Arrival at The Extraordinary Foreign Affairs Council Meeting on Libya and Southern Neighborhood", Brussels, 10 March 2011, No. A 097/11.

③ 张蕴岭：《西方新国际干预的理论与现实》，社会科学文献出版社，2012，第 199 页。

④ Statement by EU High Representative Federica Mogherini on Libya, 06/11/2014, https://ee-as. europa. eu/headquarters/headquarters - homepage/6831_ en ［2017 - 01 - 16］.

⑤ Follow - up to the statement of the Members of the European Council of 12 February 2015 on counter - terrorism: Report on implementation of measures, Brussels, 2 June 2015, No. 9422/15, p. 20.

便会发展为内容丰富、可操作性强的反恐战略，包括促进利比亚安全部门改革、联合情报－监视－侦查、共同打击恐怖势力等步骤。① 不过莫盖里尼特别强调，所谓时机一是欧盟制度、物质准备成熟与成员国间达成共识，二是利比亚建立合法政府并向欧盟发出求助，"只有当有权代表利比亚的唯一政府能为本国安全负责并向欧盟发出正式请求时，欧盟才会干预兵连祸结的利比亚，携手打击伊斯兰国圣战分子"。②

事实上，鉴于既往经验、行为体特点与受波及程度，欧盟就如何应对困扰倍增的难民危机制定了多重政策和实施方案。③ 因利比亚尚无强有力的中央政府，欧盟的难民政策缺乏相应支撑，但试图遵循三项原则：（1）尽可能多地了解当地民众和活跃其间的国际行为体之意愿，共同协商而非仅凭欧盟决策得出合理的解决方案；（2）向利比亚难民来源国提供援助并制定安全合法的流动机制，从而减少他们由此进入欧洲的可能性；（3）修订补充边境管理政策同时提升打击人蛇集团的调查、监控能力，在此基础上启动恰当的搜救、安置、遣返项目，减轻边境国家接待压力。④ 目前除涉及利比亚的波塞冬、特里同两大边境管理与救援行动之外，继续执行欧盟地中海海上力量索菲亚行动（EUNAVFOR Med operation SO-PHIA），⑤ 在国际海域威慑并破坏以利比亚为据点的人蛇集团的运作链，且计划今后随行动等级升高而将犯罪行为拦截至利比亚领海甚至国内。⑥ 欧盟还试图培训利比亚海岸护卫队及海军，助其翻开维护和控制本国海域的"新篇章"。⑦

---

① Daveed Gartenstein - Ross et al. , *The Crisis in North Africa*: *Implications for Europe and Options for EU Policymakers*, Clingendael Report, April 2015, p. 69.

② EU wont intervene against IS in Libya unless asked: Mogherini, 21 February 2016, available at http: //www. eubusiness. com/news - eu/libya - conflict. 16ke/ [2016 - 11 - 12].

③ Bérangère Rouppert, The European strategy for the Sahel, p. 6, availabe at http: //www. culturaldiplomacy. org/academy/content/pdf/participant - papers/2012 - 01 - eaac/The_ European_ strategy_ for_ the_ Sahel - _ Berangere_ Rouppert. pdf [2016 - 11 - 12].

④ Toaldo, Mattia, *Migrations Through and From Libya*: *A Mediterranean Challenge*, Instituto Affari Internazionali, 2015, p. 13.

⑤ 索菲亚行分四个执行等级，由低至高为1、2A、2B、3，分别对应活动范围为欧盟国家领海、高海、利比亚领海、从利比亚海岸线登陆。

⑥ Operation Commander Op SOPHIA（EEAS）, *EUNAVFOR MED - Operation SOPHIA Six Monthly Report*: *June*, *22nd to December*, *31st 2015*, January 29th, 2016.

⑦ EU Operations in the Mediterranean Sea, available at https: //eeas. europa. eu/sites/eeas/files/5_ euoperationsinmed_ 2pg. pdf [2016 - 12 - 13].

当然，援助向来是欧盟兑现以上政策的必要手段。2011 年以来欧盟先后向利比亚投入 8050 万欧元进行人道主义援助，拨款 1.3 亿欧元用于技术支持安全部门改革、民主转型、公民社会与教育等。例如，斥资 310 万欧元在"欧盟公民倡议：利比亚"项目框架内建起班加西、的黎波里、米苏拉塔、萨布哈培训中心，希望于地方治理机制中培育起具有包容性、可持续性的公民社会，促进利比亚长治久安，2014 年项目运行进入第二阶段，再度获得 240 万欧元资助。① 2013 年起，欧盟还向利比亚派遣百位民事援助专员就边境管理标准与水平提供培训、指导且承诺每年拨款三千万欧元加强海陆空边境安全，与利比亚一道打击非法偷运人口行径。② 2016 年莫盖里尼表示"一旦民族团结政府开始正常运作，欧盟还会提供 1.1 亿欧元援助"。③

综上所述，欧盟层面安全政策内容上侧重于"民主化"，特别是构成首要威胁的难民问题。延续"规范性"的同时，出现些许务实调整。第一，政策中保留了重"民事"轻"军事"的一贯特点。恰如梅农（Anand Menon）所言"军事力量不是欧盟安全政策的要义"。④ 五年来，欧盟多次发表声明提出解决方案、完善相关政策、表达实践意愿，重申政治、经济等民事手段是引导利比亚脱离险境的最终出路，"动武"字眼少之又少。第二，寻求有效的多边主义解决途径。一方面通过与联合国安理会、人道事务协调署、阿拉伯联盟合作，获得行动合法性；另一方面赞成地中海联盟高级官员邀请利比亚参与到地中海联盟会议中的决定，希冀借助多边合作框架消除利比亚安全隐患、帮助其恢复正常的政治、社会秩序。第三，重视从中获取现实的经济和安全利益，强调"互惠和责任"，尽量全面提供短期应急、中期重建、长期维稳的阶段性政策方案，逐步弱化利比亚不安全状况带给欧盟的经济、社会、安全恶果。欧洲议会主席舒尔茨（Martin Schulz）一语中的，"一个稳定、安全的利比亚符合马格里布地区乃至

---

① Kostanyan，Hrant，and Steven Blockmans，"Saving Libya from Itself：What the EU Should Do Now"，*CEPS Commentary*，Issue 110，2014，p. 2.

② 参见欧洲睦邻政策网站有关利比亚的国别报告。https：//ec. europa. eu/neighbourhood – enlargement/neighbourhood/countries/libya_ en ［2016 – 12 – 10］。

③ Libya and the EU，European Union External Action，12/05/2016，available at https：// eeas. europa. eu/headquarters/headquarters – homepage/1447/libya – and – eu_ en ［2016 – 11 – 12］.

④ Menon，Anand，"European Defence Policy from Lisbon to Libya"，*Survival* 53（3），2011，p. 87.

欧洲全境的利益"。①

2. 导致安全政策失灵的角色冲突

尽管务实趋势渐露，但若单看欧盟层面，规范主义毫无疑问仍是扮演对利角色的关键。然而应对危机过程中成员国矛盾尖锐、缺乏共识以及EEAS、高级代表遭到"边缘化"等情形促使总体角色内含的"务实"与"规范"倾向张力加剧，法、德、英等大国立场取代里斯本条约"对外行动一致"的构想，一方面凸显自身角色观念转化为实践时的各项冲突，另一方面与利比亚的外部感知和期待渐行渐远。

（1）角色内要素冲突：欧盟内部力量失衡

利比亚危机中欧盟的总体角色在成员国分歧下遭到弱化甚至架空，这一点在初期协商对该国政权的下一步行动时已耳目昭彰。② 首先欧盟成员国就是否实施制裁自动分成支持与反对两大阵营。以瑞典为代表的北欧国家与欧盟态度最为相近，称"任何有关军事干预的讨论都应属联合国、北约或阿盟分内之事，绝不是欧盟的立场"。③ 东欧国家一贯对地中海南岸邻国事务缺乏热忱，希望欧盟投放更多精力于其近邻——乌克兰、格鲁吉亚，而不是利比亚等看似与切身利益无关的国家。④ 其中波兰与几个东欧国家一道宣布发生在利比亚的抗议和镇压目前还只是"内政"，插手不妥。⑤ 捷克则立场鲜明地警告欧盟最好不要深度卷入，称"站在道德制高点上干预他国的确可以彰显我们的重要性，不过如果卡扎菲倒台，后果不堪设想"。⑥ 与利比亚有"唇亡齿寒"关系的地中海沿岸南欧国家担心制裁不慎会引火烧身，例如与卡扎菲政权长期保持密切经济往来并签署多

---

① EU, N Africa Both stand to Gain from stable Libya：Schulz, 08 February 2016, available at http：//www. eubusiness. com/news – eu/tunisia – diplomacy. 169x/ ［2016 – 10 – 11］.

② Hanelt, Christian – Peter, Michael Bauer, "The Arab World Poised between the Revolution and Repression", *Bertelsmann Stiftung*, *Spotlight Europe*, No. 2011/03, 2011, p. 4.

③ 金玲：《欧盟对外政策转型：务实应对挑战》，世界知识出版社，2015，第106页。

④ Dohmen, Frank et al., Europe's Favorite Dictators：The EU has Failed the Arab World, Der Spiegel, 28 February 2011, available at http：//www. spiegel. de/international/world/europe – s – favorite – dictators – the – eu – has – failed – the – arab – world – a – 748074. html ［2016 – 11 – 13］.

⑤ Nicolas, Leila, EU – Arab Relations After Arab Uprisings, Paper Presented to the Swedish Institute ofInternational Affairs, Stockholm, July 2011.

⑥ Philipps, L., Italy and Czech Republic back Gaddafi despite bloodbath. EU Observer. 21. FEB 2011. Available at：http：//euobserver. com/news/31842 ［2016 – 11 – 20］.

份打击非法移民双边协议的意大利视利比亚"变天"为"灾难"，故而先是表示"不希望欧盟扰乱卡扎菲自主平乱的节奏"随后主张采取"谨慎的立场"。[①] 类似的，马耳他也坚决反对干涉，恐会触发难民潮，伤及自身。可以说，地中海沿岸国家期待利比亚最快速度结束战乱，恢复境内稳定和石油生产，避免动乱向北蔓延。

支持制裁的国家代表无外乎英、法、德三国，然而当最初于欧盟层面积极推动制裁告一段落，英法企图主导对利比亚的武装干涉时，德国坚决走向对立面，虽然赞同 1973 号决议保护平民的立场本身，但因反对设立禁飞区等涉及武力的手段而在表决中与"金砖四国"即中国、俄罗斯、印度和巴西一起投了弃权票。[②] 德国常驻联合国大使维蒂西解释说："经济制裁顺理成章，但动用武力尚不可为，因为暗含大规模丧生的巨大风险，德国绝不会轻易投入这样一场军事行动。"[③] 随后，为了进一步亮明态度，避免一切形式的卷入，德国甚至从利比亚海岸撤回了原本执行海上封锁任务的军舰并召回供职于北约侦察机的本国人员。[④] 如此一来，在制裁和推动实施禁飞区问题上，英法成为当之无愧的主导者。两国动议之所以能取代欧盟总体政策，对外代表欧洲国家的最终选择是因为它们深知 27 国就动武一事很难达成共识，一旦"领导力"形成，欧盟很容易陷入沉默的顺从。照此路径，两国先是在欧盟外部寻求他国附议，尽管大部分成员国反感动武，但欧盟层面如期未发出反对声音。接着两国还主导了利比亚问题政治解决进程，在北约接管军事行动指挥权后成立"利比亚问题联络小组"，欧盟在其中只是普通成员之一，除了表示参与和支持，全无立场可言。[⑤] 毫无疑问，此时此刻欧盟层面的对利安全政策已经走上形同虚设之路，不过成为英法实施武力干涉时借以求得合法性的"踏板"而已。

当然，对利政策不谋而合、互相借力的英法实则各怀鬼胎，利益冲突

① Faris, Stephan, "Italy's Bad Romance: How Berlusconi Went Gaga for Gaddafi", *TIME*, 23 February 2011.

② 郑春荣：《利比亚危机以来德国安全政策的新动向》，《德国研究》2013 年第 2 期。

③ Wittig, Peter, Explanation of Vote by Ambassador Wittig on the Security Council Resolution on Libya, 17 March 2011.

④ Isaac, Sally Khalifa, Europe and the Arab Revolutions – From a Weak to a Proactive Response to a Changing Neighborhood. No. p0039. Free University Berlin, 2012, p. 9.

⑤ 金玲：《欧盟对外政策转型：务实应对挑战》，世界知识出版社，2015，第 107 页。

"暗流涌动",表现为以下三个方面。

第一,竞相争夺利比亚丰富的油气资源。对于英国来说,剿灭卡扎菲政权顺带在可能上台的反对派政府中扶持亲英势力不仅能够弥补北海油田减产的风险,还可以继续为英国石油公司开辟新的攫利之所。[①] 法国近年来对利比亚的油气资源需求量和依赖程度显著上涨,近十分之一的原油从该国进口。何况利比亚过渡委在战争尚未结束时便放出"会根据各国支持力度不同论功行赏的口风",[②] 考虑到他国趁乱垂涎利比亚资源或卡扎菲成功镇压反动派都将导致"油气"发生不利于法国的"重新分配",萨科齐别无他法,唯有深化早已同反动派确立的"唇齿相依"关系,把看似肇始于人民意愿的利比亚革命进行到底。尽管短期内英法各自攫取油气资源,暂未爆发冲突,但以此为目的的联合显然潜藏危机。

第二,暗中瞄准欧盟领导权。依据英国惯用的"离岸平衡"策略,利比亚战争为其提供了进一步削弱德国、离间法德关系、密切英法联盟的千载难逢之机。尽管"疑欧"态度丝毫未减,但塑造其在欧盟决策中的领导者地位、改变尾随美国的国际形象等动机使英国在"倒卡"和主导利比亚政治进程中异常积极。从这个层面看,法英是竞争对手而非亲密伙伴。因为萨科齐调用利比亚这枚棋子的关键意图也包括彰显法国在欧陆外交和军事事务中的"领头羊"地位,贯彻惠及本国"地中海联盟"倡议,在诸大国争夺欧盟领导权的较量中拔得头筹。借利比亚舞台强化成形于2010年11月的英法军事联盟与其说拉拢英国,不如说是借助英国之手压制德国在欧盟中的经济、政治影响力。

第三,利比亚乱局中互相推诿。尽管英法挑头插手利比亚事务,但论及承担领导干涉之名则退避三舍。依照西方一贯扶持代理人的做法,他们深知推翻利比亚政权的战争必须由具备广泛社会基础、革命精神、亲西方立场,最重要的是土生土长的利比亚人领导才称得上形式正当、合法。由于符合上述条件的人选暂时缺位,英法都希望扮演"利比亚反对派支持者"而不是"有失身份"的"颠覆别国政权领导者"。防止被贴上"殖民国家"的标签,招致阿拉伯世界的仇恨,法国将"领导"之名推给英国

---

① France, U. K. Have Differing Motives for Intervening in Libya, March 29, 2011, *Forbes*, available at http://www.forbes.com/sites/energysource/2011/03/29/france – u – k – have – differing – motives – for – intervening – in – libya/#c0843fe28161 [2016 – 11 – 12].

② 刘云:《利比亚重建进程中的石油问题》,《西亚非洲》2012年第6期。

的意图昭然若揭；英国也拒绝"接球"，在诸多场合剖白自身为"继法国之后第二个推动安理会在利比亚设立禁飞区决议的国家"。时任英国外交大臣黑格（William Hague）指出："萨科齐总统及其团队从最一开始就笃定实施倒卡计划，英国政策随后顺应了法国旨意。"①

事实上，争执不过是成员国分歧破坏欧盟对利安全事务总体角色的冰山一隅。尽管欧盟层面就角色设定和实践鲜有公开分歧，但绝对称不上齐心协力。拥有代表欧盟对外政策统一立场之责的阿什顿坚持应将主要精力投放于传统民事领域——人道主义援助和制裁，欧盟联合军事参谋部不断试探欧盟动用武力的"硬边界"，欧洲议会强烈建议欧盟在利比亚事务中发挥积极的综合性角色，不排除动用武力的可能性。② 比思考普戏谑道："前期争议后，安理会出台决议、阿盟空前支持、美国退居二线，所有利于欧盟发挥角色性的前提条件都已备齐，唯独少了最关键的要素——欧盟赖以存在的团结一致。"③

利比亚危机暴露并加剧了联盟内部的意向分歧。一种批评声音认为：历来主张发挥经济整合与软实力的欧盟一反往日对规范性的推崇和在动用武力方面追随美国的常态，摇身变为军事干预的主要发起者，且不顾军力条件所限，执意促成目标实现，这体现出欧盟从民事力量向传统"霸权"特性的回潮。④ 这种判断看似贴切实则"失焦"，通过上述分析可知，欧盟层面的政策设定并未放弃对规范的诉求，但关键问题是其在危机情势中受制于多元化的成员国利益和一致同意的决策程序，进而沦为大国意志的附庸。"大国黩武、欧盟扛旗"的利比亚模式不仅激化了欧盟角色观念的内在矛盾和自我失衡，促使角色扮演"断裂"，且严重违背国际社会对欧盟的基本预期，最终促使联盟层面的对利安全政策沦为一纸空文。按照法布里尼的说法："利比亚的确测试了里斯本条约后欧盟处理对外安全事务的能力，但成绩堪忧。政策文本中浮现出的集体行为体趋向化为泡影，欧

---

① "House of Commons Foreign Affairs Committee", *Libya*: *Examination of intervention and collapse and the UK's future policy options*, Third Report of Session 2016 – 17, 14 September 2016, p. 11.

② Koenig, Nicole, "Between Conflict Management and Role Conflict: the EU in the Libyan Crisis", *European Security* 23（3）, 2014, p. 261.

③ Biscop, Sven, "Mayhem in the Mediterranean: Three Strategic Lessons for Europe", *Security Policy Brief* 19, 2011, p. 1.

④ 吴弦:《欧盟国家利比亚军事干预解析》,《欧洲研究》2012 年第 2 期。

盟分裂、虚弱如常。"①

（2）"自我"与"他者"角色认知不符：欧盟角色与利比亚期待相向而行

危机中，由于中央政权失势，与欧盟往来密切的反对派成为传达该时期利比亚对欧盟角色观念与期待的代表。为在同卡扎菲的角逐中赢得最终胜利，反对派对欧盟的强势介入满怀期待。2011 年 3 月 8 日，欧洲议会接待了两名反对派代表，请求欧盟承认过渡政府、加速设立禁飞区并尽可能提供除派遣地面部队之外的军事援助和全面支持。② 前两项要求正合英法联盟之意，得到了快速回应。然而 2011 年 4 月 1 日，欧洲理事会以深化1970、1973 号决议及开展人道主义援助为名提出了"欧盟部队为了利比亚"（EUFOR Libya）地面军事行动，此举显然不符合利方期待。即便该行动因联合国方面从未提出要求而没能付诸实践，却暴露了欧盟从自身立场而非利比亚需求出发的决策模式。一名欧盟官员事后回忆称，班加西方面没有人愿意看到外部势力踏上本国领土，这一点相当明确。EUFOR Libya 说白了只是联盟内部政治博弈的产物，与利比亚局势与实际需要无关。③

卡扎菲垮台后，欧盟政策重心转向协助利比亚完成民主化转型。在睦邻政策修订版提出的"深度民主"思想引领下，欧盟试图落实包括选举监督、专项援助、安全部门改革技术支持、公民社会发展引导在内的全方位政策安排，但若深入民间考察，便可意识到两个问题。

其一，欧盟倡导的民主与利比亚民众认知中的民主难以契合。近年来，常见一些研究援引民调数据，如 69%（2014 年数据）的利比亚受访者信奉民主，为西方推动利比亚民主化的行为背书。对此，美国驻利比亚前大使马克（David Mack）的认识极为精准，他表示西方在利比亚推进民主的一大误区即不了解当地民众对民主"非同寻常"的期待。利比亚视域中的民主意味着住房、食物、就业及健康。推行民主近乎等同于承诺给予

---

①　Fabbrini, Sergio, "The Dilemmas of an Intergovernmental Foreign Policy: Learning from the European Union's Answer to the Libyan Crisis", *International Politics* 51 (1), 2014.

②　Rettman, Andrew, Libyan Revolutionary Calls for EU Recognition, Military Assistance. EU Observer, 10 March, 2011.

③　Koenig, Nicole, "Between Conflict Management and Role Conflict: the EU in the Libyan Crisis", *European Security* 23 (3), 2014, p. 259.

有尊严、有保障的生活。而欧盟语境下的民主，即一般意义上的"政治民主"，换言之就是将以选举、法治、自由为核心的统治形式移植或在利比亚本土培育出来。① 鉴于基本认知错位，利比亚民众半数以上支持民主的调查结果似乎也不能直接推导出他们对欧盟推进民主政策的欣然接受。②

其二，利比亚民众对"民主"期待不足。一方面许多人担心与民主伴生的问题可能给利比亚带来伤害。因此40%的人坚信民主化转型不是本国当务之急。36%的人强调民主不利于维稳。同时，未参与2011年大规模街头游行者认同上述两项观点的人数比参与者高9%。另一方面62%的受访者认为国内尚未做好"迎接"民主的准备，其中大多数为受教育程度高者与曾参与2011年示威活动的革命精英，他们尤为担心民主制度异化或失控导致的灾难。③

由此可知，利比亚方面尚未打消对欧盟积极推进民主化从动机到效果的疑虑，并做好发展民主政治的心理、物质准备。相较于形式民主那些与本国"水土"未见得匹配的条条框框而言，他们更希望在欧盟的帮助下直接享受"民主红利"，或者说从根本上提升经济发展水平与生活状况，彻底走出"不安全"境地。而欧盟"民主推进者"的角色扮演建立在两项认识之上：一是利比亚民众了解西方民主的基本内涵；二是去除卡扎菲这一障碍后，该国愿意尽快迈向民主。相较之下，双方对欧盟角色的认识和期待差距明显，从一个侧面揭示了相关政策在利比亚推行困难的原因。

类似的，在联合利比亚应对难民危机过程中，欧盟自认为坚持恪守人道主义原则，恰到好处地体现了规范特性，为打击人蛇集团、提高利比亚边境管控能力、减少难民死难和安置不善，进而从根本上缓解难民问题所带来的安全威胁努力颇多。然而若适当切换视角，便会发现利比亚方面就此给出了不同"解读"。例如，欧盟认为在其发挥领导力并同地中海南岸邻国平等协商基础上，充当"南部门户"，替欧盟把好"过境关"，严格

---

① Young, Frank W., "Do Some Authoritarian Governments Foster Physical Quality of Life?" *Social Indicators Research* 22 (4), pp. 367 - 384.

② Prashad, Vijay, *Arab Spring*, *Libyan Winter*, AK Press Publishing & Distribution, 2012, pp. 243 - 244.

③ Ali, Fathi, Michael Robbins, "Searching for Stability: The Arab Barometer Surveys a Divided Libya", *Arab Barometer*, 2014, pp. 7 - 8.

审核甚至代为接纳部分难民是利比亚认可的回应方式。① 事实上，当匈牙利方案提出在北非国家（实则指向利比亚）设立接纳难民的"过渡区"时，遭到断然拒绝，欧盟国家不得不转向埃及、突尼斯商讨落实方案的可能性。利比亚外长表示"我国尚未彻底走出危机，接受这项提议毫不现实，接纳成百上千寻求避难者不是一个仍饱受内战困扰的国家所能承担的"。② 换言之，利比亚对欧盟这种以自身地缘政治利益为重、强人所难、推卸责任之举备感困扰。

再如意大利推动、莫盖里尼支持下，欧盟提出"动用武力在高海以及利比亚领海抓捕偷运人口的走私船只，并允许欧盟军队在利比亚境内追捕人贩"的行动方案。利比亚驻联合国代表达巴西（Ibrahim Dabbashi）愤慨之余强烈反对，认为该提法疑点颇多、居心险恶。一则欧盟未透露参与高海"联合军事打击行动"的计划派出海军人数，二则没有就甄别走私船只的标准做具体说明，利比亚担心本国渔民和渔船会遭受意外伤害，诱发更为严重的人道主义危机。达巴西进而补充道："当前否决不意味着利比亚政府未来全无需要欧盟海上派军的可能性，但如果有必要我们会直接向安理会寻求合法有效的支持。"依据利比亚看待欧盟的一贯视角，欧洲国家无论如何都不会放过内战这样一个出兵利比亚的绝佳机会，宣称严厉打击人口贩卖、加强边境管控与海上搜救不过是为在利比亚领土、领海范围内开展进攻性军事行动"找借口"，侵略之心昭然若揭。

恰如前文所言，出于应对地区危机需要，欧盟五年来在利比亚安全事务中的角色设定业已暗含了规范主义基底同现实主义即时诉求的内在矛盾，顺利扮演总体角色的要义就是要在内部团结一致的基础上维持两相平衡。然而抛开政策构筑的理想化方案不谈，欧盟内部成员国分歧日益凸显、力量平衡随之改变使得"务实的规范性主义者"这一复合型角色彻底倒向"务实"一方，推动利比亚实现民主、缓解地中海地区难民危机等政策沦为欧盟掩藏现实主义内核的"外衣"，遭到严重架空；③ 加之自我认

① Pace, Michelle, "Paradoxes and Contradictions in EU Democracy Promotion in the Mediterranean: the Limits of EU Normative Power", Democratization 16 (1), 2009, p. 42.

② Wirtschafter, Jacob, Proposal to Settle African Refugees in Egypt, November 22, 2016, available at http://www.themedialine.org/news/proposal – settle – african – refugees – egypt/ [2016 – 11 – 12].

③ Pace, Michelle, "The Construction of EU Normative Power", JCMS: Journal of Common Market Studies 45 (5), 2007, pp. 1041 – 1064.

知与利比亚的外部感知相去甚远，加剧了利比亚对相应政策的排异反应。在以上角色冲突的共同作用下，相关安全政策实难奏效。

三　从埃及到利比亚：安全政策失败的逻辑

阿拉伯之春爆发后，北非多国从令西方满怀期待的转型革命陷入全面动荡，诱发多重安全威胁外溢。美欧决策层经历了短暂的举棋不定后纷纷表达了支持地区民众、协助恢复安全稳定的基本立场。鉴于埃及向来是美国、欧盟的北非安全政策之重要着力点，卡扎菲执政后期向西方示好后双方在能源供应、难民/移民事务、打击恐怖主义"接触"颇多，故而当两国几乎同时遭遇大规模反政府运动且走向"变天"时，美欧的态度反馈和具体角色扮演纵然不尽相同，却包含了惊人的相似的内在逻辑。

革命前，美国、欧盟均同穆巴拉克、卡扎菲政权保持了十分"微妙"的关系。一方面受到油气资源、地缘政治、安全等利益驱动对两国统治者有违民主，甚而无视人权的治国方式不予置评，默许背后则是复杂的权钱交换与利益承诺。另一方面美欧在元角色中"例外论"与"规范性"的牵引下，坚信民主体制缔造互信，非民主社会导致黩武与安全威胁。安全政策得以奏效的关键即必须在中东北非，特别是触及美欧海外与本土利益的国家传播民主精神、培植民间势力，最终实现"和平演变"的目标，而埃及、利比亚毫无疑问是美欧私下里推动政权更迭的"靶心"。不过前文也多次强调，美欧充分了解外力推动政治转型意味着"民主－稳定"平衡遭到人为破坏，势必增加国内冲突甚而内战风险，[①] 因此希望从旁推动两国以"自下而上"的渐进式变革方式实现目标。于是乎当两国喋血纷争不断时，美欧前期安全政策已然"告吹"，且把调整后的政策实践引入歧途。

革命爆发以来，囿于北非地区安全局势每况愈下，美欧决策层纷纷亮明对革命者的支持态度，同时着手重释地区安全政策。从有关利比亚、埃及两国局势的话语和相应政策表述中，既能够窥探到二者角色观念设定中普遍存在的"理想主义"与"现实诉求"纠葛，也可以从纷繁的政策调整中把握一点，即美欧角色尚处在"量变"阶段，与阿拉伯之春前的角色观念与扮演对比，并未显现出质的飞跃。角色扮演环节，也就是借助政策

---

① Peic, Goran, and Dan Reiter, "Foreign-imposed Regime Change, State Power and Civil War Onset, 1920-2004", *British Journal of Political Science* 41 (3), 2011, p. 453.

实际处理利、埃两国所面临的国内冲突、恐怖主义、难民危机时，美欧均陷入了"角色冲突"的类似包围圈。一则将角色观念中处于突出地位的民主当作不择手段谋求现实利益的"雾化剂"与"包装纸"，满口民主、自由、人权与实践中的践踏民主、强行插手两国内政等包藏祸心之举构成鲜明对比。二则眼高手低，用于推进埃及、利比亚转型，打击基地组织分支与伊斯兰国极端势力和缓解地中海中、东线两端国家难民压力的"宏伟"政策蓝图常因美欧实际精力有限，运筹调配资源、制订实施方案能力不足而高开低走，甚而"烂尾"。三则欧盟成员国特别是英、法、德同利、埃两国利益牵绊复杂，对其安全事务的处理各有主张，严重干扰了欧盟总体角色发挥作用。四则利比亚、埃及民间"反西方倾向"长期存在，革命以来美欧"自我"角色冲突的负面效应进一步坐实了两国对美欧推行"新干涉主义"的怀疑，加上就内乱、反恐、难民等与自身利益息息相关的安全议题诉求强烈、期待鲜明，却未能被在角色自我塑造过程中考量在内，故而激化了美欧角色同利、埃两国感知之间的冲突。

多重角色冲突蓄积和冲击之下，美欧旨在缓解利比亚、埃及不安全状态的各项政策在实践中面临着"被改写"、被弃之不顾、在执行中大打折扣或者遭到受众——利、埃两国的质疑和诟病等困境，姑且不论美欧安全政策在实质理性方面是否到位，但从程序理性遭到破坏这一层面而言，政策失灵便是无法避免的。美欧在利比亚、埃及的安全政策走向失败看似缺乏关联，实际均遵循了"自我设定角色观念—陷入多重角色冲突—阻碍政策发挥效力"的逻辑。相关政策经历五年"试验期"后，若无逐一检视和尝试缓解角色冲突的意识和勇气，那么在总体战略或具体政策文本上做再多修改似乎也难见奇效。

阿拉伯世界的风暴远未缓息，那里的前景扑朔迷离，但是完全可以肯定，当前那里的大乱局已经并将继续产生非常重要和颇为深远的国际影响。阿拉伯世界从大处说，很可能永不会再像以前那样了。

——时殷弘

结 论

一 角色与角色冲突：政策失灵成因再审视

阿拉伯之春以来，纵然北非五国遭遇革命及转型的程度不尽相同，但却为本书讨论美欧角色及其政策部署提供了一个相对完整且共性突出的安全环境。

首先，安全局势极尽脆弱。各国昔日政权结构和统治秩序普遍遭遇冲击，受到世俗派政府长久压制的部族主义、教派主义重新抬头，非结构性暴力事件此起彼伏，地区性安全秩序全面失控。五国范围内业已维持30余年的"全局稳定、局部摩擦"状态被"矛盾冲突一触即发、整体震荡不安"的新格局取代。

其次，主要安全威胁次序变化。变革波及全境之前，北非五国相较于南部、东部邻国而言治安良好，西撒哈拉主权归属不明使摩洛哥与阿尔及利亚之间时有小规模武装冲突构成地区首要威胁。纵然宗教、部落、政治派系间斗争以及盘踞于阿尔及利亚、西奈半岛的恐怖分子活动形成小股"乱流"，却因规模、地域有限，烈度可控，尚未达到扰动总体局势的地步。2011年后，尽管传统安全范畴的国家间领土争端悬而未决，但与甚嚣尘上、侵扰一方安宁同时损害美欧核心利益的三大非传统安全相比则不值一提。

再次，安全威胁"外溢"过程复杂化。国内冲突（内战）、恐怖主义、难民危机的威胁等级极速上升，造成了威胁扩散过程日趋复杂的新局面，变化有以下三个方面：一是非传统安全问题激化使介入各方不得不考虑采取军事手段，无论是混战中的军阀、与当地及西方反恐势力周旋的恐怖分子还是实施非法偷运的人蛇集团，在活动中都不同程度动用武力，致使威胁扩散过程中，传统意义上的"软""硬"安全界限显得更为模糊；二是Web2.0思想与技术及由此而生的新媒体平台为安全威胁情势迅速恶化并借助虚拟空间实现扩散创造了条件；三是主要安全威胁在烈度上升和外溢过程中相互裹挟、难以全然分离。国内冲突纷乱不断与中央权力真空成为该地区革命发酵期的普遍现象，恐怖组织趁势作乱，一面壮大自身力量，一面对外输出暴力，而派遣组织成员假借难民身份混入欧洲国家无疑是他们实施报复、危害公共安全、制造社会恐慌的理想途径，成本低廉、容易得手且破坏力强。区域内冲突和恐怖分子活动严重破坏了北非国家接纳、安置难民的能力，导致大量难民涌入欧洲。由此可见，三大安全威胁在扩散中俨然形成了"恶性怪圈"。

面对动荡中日益棘手的北非安全局势，特别是上述威胁的侵扰，美国和欧盟决策层纷纷做出了回应和表态。就美国而言，无论阿拉伯之春后的北非安全环境如何诡谲莫测，领导权、使命感、例外论共同铸造的"元角色观念"都是美国"自处"与"入世"的恒定准绳。此外，依照宪法和对外决策生成机制，总统无疑会将个人色彩，包括对美国角色的认知、对国际环境的判断乃至临危处变之道融入基本角色观念之中。"奥巴马主义"堪称国际社会对奥巴马执政风格与理念的高度概括，在"不做蠢事，多用杠杆"背后，暗含两项准则。第一，承认美国的能力边界，对外行动须权衡利弊成本，避免好大喜功。具体来说就是要收缩硬实力，谨慎动武，拒绝卷入人道主义干预。与此同时强调"管控"而非"消除"危机，采取政治、经济、外交等多重手段防止危机失控、升级、外溢，依据自身利益和能力适度开展危机管理。第二，扬长避短，分清轻重缓急，实现资源合理配置。意即发挥软实力优势，灵活倚重多边主义，通过把美国关注的外交议题设置为国际社会共同关注的议题、将盟友推向前台、选择性参与多边合作框架等做法实现"少责任""低成本""幕后"领导的宗旨。另外，避免包打天下，明确各项对外事务的优先级排序，进而集中优势资源着力解决主要矛盾。可以说，元角色观念和总统政策风格共同构成了美国在北非安全事务中角色观念的"骨架"。

在此基础上，本书分析了总统及其核心圈2011年前后涉及北非安全局势的多份发言稿、会议记录和政策文件，进而将美国的角色观念归纳为由"利用巧实力的幕后领导者""地区安全稳定锚""民主的谦逊支持者""工具性多边主义者"四项角色元素复合而成的"急需国际公信力与合法性的实用主义行为体"。该角色观念反映出美国对自己如何在北非安全事务中发挥作用的基本认知，即秉承不放弃地区领导地位，谨慎使用武力，在推进民主、依靠本土力量和盟友支持中应对安全威胁的立场，同时尽量"放轻脚步",避免承担过多责任和指摘。作为角色观念的直接体现,美国的北非安全政策不仅涵盖了军事、经济、政治等各层面内容,避免因单一化而破坏灵活性、有效性,同时尽可能制定有助于低调实现目标的政策方案和实施办法,在捍卫核心利益、缓解安全威胁的同时最大限度恢复美国的国际声誉。

再看欧盟,它完成"特定情境角色观念"塑造的起点是一以贯之的"规范性力量特性",即以提供和传播规范性价值并由此建立伙伴关系、维持周边安全为目标,尽量通过"合理介入、说服、合作"等非军事、非强制手段推进共有价值观和行为标准的移植与内嵌,进而构建规范化的周边环境与世界秩序。与此同时,受内外交困所迫,欧盟行事风格发生了鲜明的现实主义偏转:首先,规范性目标遭到弱化,规范和塑造全球秩序、维护世界和平等颇为理想化的目标日益被地缘政治、经济等传统权力体所看重的现实利益目标取代;其次,实施手段更为直接、强硬,从偏重于使用柔性政策工具到时而念及动用武力;最后,内部分裂对规范性的负面影响更加突出。危机四伏之际,一体化进程大有逆转之势,联盟层面的权力和政策制定遭到成员国不同程度的削弱和阻碍。有鉴于此,依据北非安全情境下欧盟决策层的表态与相关文件内容,可知其自我定位是一个"务实的规范性行为体",由因势利导的领导者、坚定的民主推进者、高效的危机管理员、功利的多边协调者四项角色元素有机组合而成。与北非五国的地缘亲近、历史关联深厚、现实利益交织使欧盟时有"唇亡齿寒"之忧,再加上美国战略转向后有意让出"旗手"位置,隐退幕后进行指导,欧盟于是发挥了更为旗帜鲜明的领导作用,在民主化进程、危机管理、加强地区多边合作等事关安全与稳定的事务领域趋于变通、务实。

在以上角色观念的引导下,为了妥善应对北非安全危机,欧盟一方面继续强调民主、自由、人权等价值的核心作用,另一方面根据危机情势需要调整原有伙伴关系和 ENP 中的部分准则或实施办法,强调对于身处动荡且情况各异的北非五国一是应酌情处置,从一揽子政策变为"量体裁衣";二是贯彻"深度民主",并寻求反恐、难民安置领域的全面合作;三是"奖勤罚懒",特别注重激活政治条件性中负面条件性的"大棒"作用,对那些在民主化、难民安置等领域表现不佳的北非国家给予适当惩罚。①

---

① Völkel, Jan Claudius, "More for More, Less for Less - More or Less: A Critique of the EU's Arab Spring Response à la Cinderella", *European Foreign Affairs Review* 19 (2), 2014, p. 263.

　　确定美欧角色和对北非总体安全政策是本书立论之起点，以此为基础进一步考察二者在推进民主化、打击恐怖势力以及欧盟应对难民危机过程中的实际策略和做法，足以证实多重角色冲突的存在，及其激化角色观念内在矛盾、阻碍政策目标顺利达成的消极作用。清晰起见，表 7-1 全面呈现了角色冲突与政策失灵的对应关系。

表 7-1　角色冲突与政策失灵

	分类	表现	对政策实践的影响	案例
角色内冲突	角色观念与扮演不符	对原有政策的路径依赖 政策导向与实际行动背离 口头意愿缺乏落实 采取双重标准	"空心化"	美欧口是心非无助于北非国家缓解转型冲突
	角色扮演能力不足	制定宏观战略能力不足 提出应急策略能力有限 应对危机风险胆识较弱 协调各方职能意识不足 构筑互信合作能力不足	"低能化"	美欧能力不足，反恐政策效用走低
	角色内部要素分歧	责任如何分摊 标准如何统一 何种手段得当	"碎片化"	欧盟成员分歧使难民危机"久治不愈"
角色间冲突	角色观念自我与他者部分错位	角色观念自我认知优于他者认知	"盲目化"	北非眼中的美欧角色带有强权和干涉特性，缺乏真实性，且常常自相矛盾，角色观念中的"理想主义"成分并未在实践中切实发挥作用
	角色扮演与他者角色期待错位	角色扮演内容偏离期待 角色扮演方式有违期待 角色扮演力度低于期待		北非期待美欧加大物质支持力度、减少价值观输出和插手内政、改变西方中心视角平等相待。与美欧物质支持兑现不足、将符合自身利益的政策强行推至北非的做法大相径庭

2011～2015 年既是北非政治风暴逐渐平息而安全局势滑入"未知水域"的五年，也是美国、欧盟进行对外战略转型、逐步调整地区政策的五年。自身角色定位与外部政策环境同时陷入波动并走向复杂化使得角色冲突在美欧实践过程中分外突出。

"自我"角色冲突折射出美、欧自我定位过程中面临的内在矛盾。(1) 观念与扮演不符集中表现为二者角色中的理想主义诉求被现实牟利全然"冲淡"，实际扮演未能谨遵角色观念设定使得安全政策实践趋于"空心化"。(2) 角色扮演能力不足，意味着即便诸如反恐等实践中，二者试图还原角色观念、最大限度兑现政策，但力不从心的状况时有发生，政策实践流于"低能"，无法达到预期目标。(3) 角色内部要素分歧理论上可能出现于任何行为体所扮演的总体角色之中，可以是决策层之间意见不合、决策层与大众缺乏共识，还可以是组织内基本构成单元间相互摩擦。鉴于本研究无意深入国内社会，故而仅以欧盟内部成员国立场分歧为例。就如何妥善应对西亚北非危机而言，南部与北部欧洲、"新""老"欧洲、核心大国英、法、德①之间均不同程度存在矛盾。建立在欧盟总体意志之上的角色观念处于弱势，成员国各取所需或依据利益取向聚合为意愿联盟的现象时有发生，导致政策实践缺乏统一性、连贯性，陷入"碎片化"的境地。

"自我"与"他者"不符导致的角色冲突则反映了美国、欧盟与北非国家互动中的偏差。当普遍面临相似安全威胁时，五国对深度介入的美、欧无论在角色观念认知还是角色期待上均有相似之处：一方面不认可其自我标榜的"良善"、"道义"与"使命"，怀疑其政策动机和目标，反感其过度插手国内事务和强制施行价值输出；另一方面期待获得平等，并借助它们的资金与技术援助促进经济复苏、改善民生，从根本上稳定政治秩序，缓解安全危机。由此可知，美、欧现有角色观念没能成功地将北非的外部感知囊括其中，在此基础上的政策实践显得片面、盲目，无法获得北非国家的认可与支持。

总而言之，全文通过梳理和考察安全政策、确认美国与欧盟的角色、剖析各类角色冲突旨在得到如下两项结论。

第一，就角色内涵而言，"急需国际公信力与合法性的实用主义行为

---

① 在对 1973 号决议投反对票后，德国对北非地区的硬安全事务采取不插手态度，这里主要是指其在难民危机中发挥的主导作用。

体"与"务实的规范性行为体"本质上均暗含了"追逐现实利好"与
"实现理想主义诉求"这两个对立面。作为美国的"半官方哲学",实用
主义主张贴近政治和社会现实,撇开虚妄的意识形态和伦理原则,以眼前
利益和切实需要为导向,灵活处理政治事务。[①] 但面对革命后局势动荡不
堪的北非,美国恰恰矫正了急功近利的一贯作风,转而启动"形象美化工
程",既试图抵御和管理安全危机,也希望"重拾"区域内国家和国际社
会的普遍认可。对比欧盟,虽然多年自我标榜不与传统强权为伍,依靠价
值观念、生活方式和社会制度的吸引力和感召力来同化而非压迫他者,但
"后院失火"令欧盟不得不采取更加务实的应急策略,以求将损失降至最
低。毫无疑问,角色中暗含矛盾特性意味着若想成功扮演角色、顺利达成
政策目标,美、欧必须警惕现实与理想间张力,并时刻维持角色的自我平
衡。然而事实上,在危机情势催逼之下,二者明显向实用和务实的一端侧
倾,引发角色天然失衡,政策连贯性和有效性由此遭到破坏。

第二,从角色扮演过程来看,美国、欧盟举措失当,陷入多重角色冲
突交困的尴尬局面。角色观念与角色扮演间隔阂加深、角色扮演能力不
足、角色内要素分歧以及角色自我认知与他者感知难以匹配在美欧实际应
对北非安全危局过程中频频出现,同时作用于政策实践。阻碍政策目标顺
利实现的同时还对美欧角色中的内在张力发挥了"放大镜"作用,相应政
策不仅内容有失偏颇且在贯彻落实中出现"空心化""低能化""碎片化"
"盲目化"倾向,最终走向失灵。

正如柯尼西所言,多主体协同治理框架内,"一致性"(coherence)
是极为宝贵的优点,有助于降低政策的冗余、低效支出甚至失灵等风险。[②]
回到本项研究,无论美、欧的角色观念内涵还是实践中遭遇的种种角色冲
突,均从不同侧面反映出"一致性"的缺失,不仅不利于二者提出同时符
合自身利益与北非国家需求、满足理想主义目标与现实利益的安全政策,
更无法为既有政策顺利实施提供必要的支持和保障。

二　"阋墙"与"失势":遗患长远的角色冲突

从角色特别是角色冲突角度解释政策失灵的思想贯穿本书始终,这种

---

① 佟德志:《美国政治中的实用主义》,《人民论坛》2014 年第 23 期。

② Koenig, Nicole, "The EU and the Libyan Crisis – in Quest of Coherence?" *The International Spectator* 46 (4), 2011, p. 16.

关联方式恰恰探讨了角色冲突的直接后果，然而正如第二章提供的分析框架所示，国际行为体互动过程中产生的角色冲突倘使未能及时化解，短期可直接导致政策失灵、地区动荡乃至大规模国际冲突，长此以往则足以诱发不同程度的角色改变，最终造成既有地区秩序或国际体系的彻底重构。就本书而言，美国、欧盟在北非安全事务中陷入多重角色冲突目前看来成为阻碍政策有效实施的罪魁祸首之一，若将视线远投，则可预见到两种局面：一来本已松动的跨大西洋关系变得愈加疏离，龃龉摩擦从地区安全事务向其他领域外溢，进而破坏欧盟-地中海超级安全复合体的内聚性；二来随着中、俄等新兴大国强势介入地区事务，美欧的主导能力和既有优势可能进一步"缩水"，以此为开端，由西方发达国家构筑起来的现行国际秩序难免陷入长度不可预知的剧烈震荡期。

（一）跨大西洋关系裂痕加深

众所周知，跨大西洋关系从来不是"铁板一块"。冷战期间，苏伊士运河危机、来自戴高乐主义的挑战、对越南战争的谴责等均导致美欧之间出现小规模争端，不同的是双方决策者都坚决否认上述摩擦破坏盟友关系的可能性，况且东西方阵营对峙使美欧除了合作别无选择，故而由军事领域起步，逐渐构筑了涵盖政治、经济等若干要素的无坚不摧的盟友关系。然而苏东剧变后，作为"关系黏合剂"的"意识形态指针"与"共有敌人苏联"一道进入历史的"故纸堆"，美欧亲密无间的基础不复存在。[1]虽然仍有诸如恐怖主义、大规模杀伤性武器、移民/难民问题与失败国家等新安全威胁应运而生，迫使二者重新思考合作的必要性并尝试共同设置议程，但在如何运用权力、权力的道德伦理等多个重大问题上缺乏共识。[2]特别是"9·11"事件和伊拉克战争爆发后，"跨大西洋分歧"进一步被坐实，甚至有学者悲观地认为情势严重到不存在修复余地。2003年卡根率先用火星和金星的比喻论证二者之间的"水火不容"。而负责欧洲事务的美国前副助理国务卿阿斯姆斯（Ronald D. Asmus）则宣称"9·11"事件后双方就诸多事务矛盾尖锐，跨大西洋联盟终于走向瓦解。[3] 另有部分

---

① Walt, Stephen, "The Ties that Fray", *The National Interest* (Winter 1998 – 1999), p. 4.

② Kagan, Robert, "The Healer", *The Guardian* March 2003. Available at https: //www.theguardian. com/books/2003/mar/03/foreignpolicy. usa ［2016 – 12 – 15］.

③ Asmus, Ronald D, "Rebuilding the Atlantic Alliance", *Foreign Affairs* 82 (1), 2003, p. 20.

学者并未极端至此，但也同意美欧不单就北非事务，而是在对国际问题总体认识和态度上差距不断拉大，[①] 从环境政策（京都议定书及随后讨论）到传统安全领域（如两伊冲突）再到自由主义价值观的实质性讨论（如死刑问题）等都揭示了二者对彼此总体政策的误解和短期难以弥合的裂痕。上述关系在北非地区同样得到体现，即便革命爆发前，针对大中东地区的跨大西洋战略亦未真正出现，[②] 那种以"促进该地区民主和人类发展"为基础，追求最大限度破除信任壁垒并构筑地中海地区安全环境的跨大西洋战略伙伴关系始终仅存在于人们的想象之中。[③]

　　有鉴于此，尽管本研究通篇论述的前提之一是依照约定俗成视美欧为"西方世界"的典型代表，同时将其置于"主角"位置，不以挖掘二者分歧为主要目标，但回到现实，特别是革命爆发和安全威胁外溢影响中，美欧各自所面临的角色冲突和政策困局自然而然的对二者关系投下阴影，可以说北非局势从两个方面放大了角色冲突的负面影响。其一，阿拉伯之春事发突然，所造成的安全威胁突出且复杂，迫使深度卷入其中的美欧快速做出回应。通常而言，情急之下行为体会因一时手足无措、无力快速逆转而陷入暂时性"角色模糊"，[④] 各自所处角色冲突加剧使得跨大西洋关系危机系数随之陡增。其二，美欧根据需要调整地区策略，虽然美国的角色设定意味着尽量避免走伊拉克、阿富汗战争老路，而准备将自己幕后指导、欧洲盟友冲锋在前的模式贯彻到底。加之战略重心转向亚太，暗示欧盟必须扭转对美国的既有依赖和追随，在跨大西洋关系中承担更多责任。但触及能源、安全等核心利益时，美国绝不会退让，就事关自身的反恐议题仍积极有加。换言之，相较于原先美国对北非地区的选择性忽略而言，至少在本书关注的安全领域美欧政策密度有所增加，同时美国提高了对欧盟的"要求"和"期待"，政策和利益的重叠潜在提升了二者间相互龃龉的可能性。具体而言，角色冲突作用于跨大西洋裂痕的方式有以下三种。

① Neuhold, Hanspeter, "Transatlantic Turbulences: Rift or Ripples", *European Foreign Affairs Review*8 (4), 2003, pp. 458 – 468.

② Everts, Steven, "Difficult but Necessary: A Transatlantic Strategy for the Greater Middle East", GMF conference, Washington D. C. , Vol. 25. 2003.

③ Asmus, Ronald, "Democracy and Human Development in the Broader Middle East: A Transatlantic Strategy for Partnership", Istanbul. paper 1. pp. 3 – 7.

④ Hudson, Valerie M, "Cultural Expectations of One's Own and Other Nations' Foreign Policy Action Templates", *Political Psychology* 20 (4), 1999, p. 771.

第一，在角色冲突作用下美、欧自我角色扮演处于"失常"状态，不利于二者正确看待和妥善处理本就暗藏于各自角色观念中的差异，认知分歧或将主导二者关系走向。比如，对地区安全事务要点设定不同。欧盟认为亟待解决的首要威胁是难民危机，而美国则以政治或军事威胁为优先处理事项。[①] 再如对动用武力的看法不一。此差别并非泾渭分明的存在于美国、欧盟之间，而是于跨大西洋体系内形成了三种立场。一是恐怖主义、大规模杀伤性武器等新型"非对称威胁"直指美欧各国软肋，因而不必事事以判断动机为先，偶尔的"先发制人"无可厚非，毕竟实力越强遭受攻击的可能性越大。据此，联合国宪章当中某些条款与现实威胁相比略显过时，应酌情重释，这一派体现了美国的主流看法。二是法国较为推崇的观点，认为"意图"的重要性并未褪去，地区安全局势复杂程度上升意味着要用更为谨慎的态度评估战争意图，尤其是那些远非单凭军事行动便可根除的新型威胁，须综合运用和评估"软""硬"政策工具效能，感化劝服与强制并举。另外，强调联合国在安全治理中平衡权力与合法性的重要功能。三是以德国为代表的部分国家坚决抵制强制外交（coercive diploma-cy），甚至反感国际关系中一切强制手段，包括动武。[②]

第二，当各自所处角色冲突得不到及时解决时，很可能以二者认知差异为突破口，转化为美、欧之间的嫌隙和分歧，从而拉大角色扮演与彼此赋予的角色期待之间的差距。就华府而言，它希望欧盟在其"传统势力范围"内发挥比先前更有力、鲜明的先锋作用，为进一步推广"美国出钱出枪，盟国出人出地"的"利比亚模式"和美国选择性介入该地区事务、降低领导成本、维持廉价实惠的安全合作创造良好条件。[③] 然而事实上，欧盟的表现有目共睹。囿于多重危机，成员国倾向于将当前国家利益置于欧盟总体、长远战略目标之上，"务实"的角色设定没能转化为行动力和影响力，反倒使欧盟层面的北非安全政策无论内部一致性还是对外有效性都遭到削弱。再看欧盟，鉴于内部分裂，对美国的期待存在两种看法：一派不愿看到美国过快"收手"，担心欧盟难以承受陡然增加的安全投入、军事整编与政治决策压力；另一派则代表了欧洲民众的呼声，认为就地中

---

① Simoni, Serena, *Understanding Transatlantic Relations*: *Whither the West*? Routledge, 2013, p. 87.

② Herd, Graeme P., and Anne Aldis, *Soft Security Threats & Europe*, Routledge, 2014, p. 9.

③ 牛新春：《选择性介入：美国中东政策调整》，《外交评论》2012 年第 2 期。

海南部邻国事务而言美国应逐步减少插手，欧盟独立裁断或加强与内部各成员国协作都比依赖美国更有利于发挥地区政策效用。① 尽管欧盟国家对美国的期待不甚统一，但美国在北非安全实践中根据情势决定介入程度的实用主义做法明显与之不甚符合。

　　第三，从角色的特性来看，角色冲突的存在给美国、欧盟之间通过彼此角色理解外交政策或行为意图，甚而做出适当预测和准备设置了障碍。如果全然遵循角色观念，那么美欧之间共性颇多：除面临相似困境外，二者都希望尽快帮助五国缓解安全危局，避免在该地区的安全和能源利益受损；均相信推进民主有助于地区和自身安全的维护，致力于依照西方模式推动北非国家的政治和社会转型；② 都认为单边行动和直接动武不是解决问题的最佳途径，需要适当借助多边主义合作并采取政治、经济、外交等综合性手段；③ 甚至连角色扮演中遭遇的角色冲突和政策失灵困境都十分类似。然而在角色冲突的作用下，如今美、欧若继续凭借角色设定判断对方外交政策与行为，显然失之准确。信息不对称带来的恐惧和战略互疑使美欧之间走向冲突的风险大大增加，跨大西洋关系中的裂痕与日俱增亦非空口无凭。

　　席默妮（Serena Simoni）认为阿拉伯之春本应该成为美国与欧盟通力协作、联合出台"跨大西洋议程"的契机，遗憾的是二者没能牢牢把握住。④ 事实上恰如本书所言，西亚北非乱局过后，美欧关系的变化远非错失合作良机那么简单。各自陷入角色冲突，地区安全政策难以顺利实施使它们"同床异梦"的状态暴露无遗，短期内虽不至全然分道扬镳，甚至还在经济援助、推动变革、动用武力方面开展必要的合作，但建立在利益、认同、价值观同质性基础上的"亲密盟友"关系显然将被"功能性伙伴关系"取代。也就是说，未来无论就本书关注的北非地区还是广义上的全球事务而言，再难视"西方"为一个同质化的整体。美欧各自拥有独立的

---

① Transatlantic Trends, Key findings 2014, The German Marshall Fund of the United States, p. 43, available at http：//trends. gmfus. org/files/2012/09/Trends _ 2014 _ complete. pdf, ［2017－01－11］.

② Powel, Brieg Tomos, "The Stability Syndrome：US and EU Democracy Promotion in Tunisia", *The Journal of North African Studies* 14（1）, 2009, p. 57.

③ Dalia Dassa Kaye：Bound to cooperate? Transatlantic Policy in the Middle East The Washington Quarterly, 2010. 7. 1, p. 2.

④ Simoni, Serena, *Understanding Transatlantic Relations：Whither the West?* Routledge, 2013, p. 95.

利益诉求、身份认同以及相应的政策目标、实现手段和行动模式，依据不同时机、地点和问题领域而选择竞合关系或将成为二者互动的"新常态"。① 莱塞（Ian O. Lesser）指出，地中海合作堪称对美欧关系的重大考验。② 那么反观五年情况可知，在角色冲突的助推下，原本"成绩不佳"的美欧如今更是"名落孙山"。

（二）美国、欧盟地区主导能力下降：中俄力量相对上升

除离间跨大西洋关系外，角色冲突的长期后果还包括削弱美国、欧盟在北非五国乃至整个大中东地区所具有的物质性与非物质性权力优势。事实上，角色冲突让美国、欧盟的北非安全政策持续处于失灵状态，角色观念和政策承诺无法全然兑现。致使区域内国家和国际社会普遍失望感倍增，对二者的怀疑、反对之声层层泛起。一方面削弱了它们的实际主导能力，也等于变相给中、俄等国顺势崛起，增强与北非国家的合作，拓展自身影响力和利益份额腾挪出空间。

1. 俄罗斯：趁势"再续前缘"

普京上台以来，中东北非在俄罗斯对外政策天平上的"分量"陡然上升，成为其施展政治抱负、攫取经济利好和与西方国家对峙的"重镇"。③ 虽然尚未推出完整的战略部署，暂且也谈不上取代美欧巩固数年的领导地位，但俄方深知该地区安全形势事关重大，故而基本确定了"促进地区稳定、与区域内国家加强交往、维护既得利益"的路线方针。西亚北非剧变以来，因 2011 年 12 月俄爆发史上最大规模集会，2.5 万人集体抗议杜马选举舞弊，多方评论由此认为阿拉伯之春或将触发"俄罗斯之冬"。④ 加之联想到先前东欧、中亚"颜色革命"造成的政治冲击，克里姆林宫不得不对北非局势高度关注，时刻准备采取防范措施。更重要的是该时期内美

① Tocci, Nathalie, and Riccardo Alcaro, "Three Scenarios for the Future of the Transatlantic Relationship", The Transatlantic Relationship and the Future Global Governance, working paper 04, September 2012.

② Lesser, Ian O., "The US, the Mediterranean and Transatlantic Strategies", ARI 141/2009, p. 1.

③ Schumacher, Tobias, and Cristian Nitoiu, "Russia's Foreign Policy Towards North Africa in the Wake of the Arab Spring", Mediterranean Politics 20 (1), 2015, p. 97.

④ Klein, Margarete, "Russia and the Arab Spring", Stiftung Wissenschaft und Politik (SWP) Comments 3, February 2012, p. 7.

国的战略收缩与行事不利以及欧盟传递出的软弱无力感给俄罗斯提供了重返中东、施展政策手腕的绝佳机会，故而在务实外交的指导方针下，迅速着手部署"北非棋局"，政策方针俨然有别于美欧。

首先，对处于政局激变的北非国家保持中立立场。与美欧公开表态支持抗议群众，但实践中多有违背之做法不同，俄罗斯从一开始便不选边站队，反应相当克制。茉莉花革命后，俄方主张考虑突尼斯全境民众之利益，尽快恢复国家稳定，以宪法框架内民主对话等和平方式化解争端。随后持续同突政府就地区局势保持畅通的磋商渠道，并就维持主权独立避免外来干涉达成共识。埃及两次革命中，俄罗斯同样主张以非暴力方式平息危机，同时对冲突各方不偏不倚，无论是埃及武装力量最高委员会、反对派势力、穆兄会还是后续上台的塞西政府都乐于接触。利比亚情况较为特殊，俄方先是认为卡扎菲政府本就在阿拉伯世界声誉不佳，加之不属本国核心利益区而未过多置评，直至安理会就 1973 号决议组织投票才亮明反对多国部队武力干涉的态度。换言之，俄方反感外部势力介入他国内政，但对利比亚国内各方仍以"平衡"为重，追求本国在各派系间的回旋余地，极力塑造"友善调解国"的国际形象，同时尽量减少利益损失。此举尽管从维护自身经济利益和政治地位角度看收效甚微，但确乎发挥了遏制美欧的作用。

其次，修复和拓展与区域内国家的关系，借机重振中东大国地位。俄罗斯与埃及、阿尔及利亚和摩洛哥一向接触较多。[①] 革命后俄埃关系迅速升温，"便宜行事的伙伴关系"（partnership of convenience）已初见雏形，且就地区安全事宜频繁磋商、密切协作。2013 年在奥巴马叫停对埃及高达 13 亿美元的军事援助款项后，俄罗斯见缝插针弥补资金缺口实施"拉拢"计划。[②] 2013 年末，军事政变余波未平，埃及国家政治力量正在经历重新洗牌之际，双方举行了两次防长和外长 2 + 2 对话会，就反恐和军事合作进行会谈。2014 年 2 月，仍处国防部长之位的塞西便借访俄之机定下两国优先发展军事合作的基调。[③] 8 月出任总统后更将俄罗斯选为阿拉伯世界

---

① Fidan, Hakan, and Bülent Aras, "The Return of Russia – Africa relations", *Journal des*, 2010, p. 59.

② "Russian Ministers Visit Egypt in Talks on Defense Cooperation", FP Mideast Daily, Nov. 14, 2013, https: //foreignpolicy. com/2013/11/14/russian – ministers – visit – egypt – in – talks – on – defense – cooperation/.

③ 顾志红：《中东动荡局势：俄罗斯的利益权衡与政策选择》，《西亚非洲》2015 年第 2 期。

之外的首个出访对象国，俄方承诺无条件支持塞西政府，两国就共同打击
伊斯兰恐怖武装、联合军事演习、俄方军事学院向埃及军官提供培训、抗
击海盗等事宜达成广泛共识，甚至憧憬把亲密度恢复到 20 世纪五六十年
代的状态。①

摩洛哥本就在反对干涉和主张自决方面与俄共同语言颇多，加之俄方
从未表露支持西撒拉威的立场，双方深化往来可谓一拍即合，2014 年 9 月
召开会议共商开辟新合作领域等事宜，外交部长及军事高层高级会议业已
启动，俄摩峰会亦呼之欲出，可以说俄罗斯一改往日的旁观者角色，进一
步博得了摩洛哥的信任与好感。革命过后，俄罗斯与阿尔及利亚建立在常
年军火贸易基础上的友好关系得以巩固，2013 年俄阿高层会面时特别明
确了继续举行各级别政治对话、加强对外政策协商、拓展军事技术、人文
科技领域的双边合作等多项纲领。② 此外鉴于俄罗斯亟须寻找替代贸易伙
伴以减小西方制裁造成的不良影响，恰好突尼斯方面也视与俄增进往来为
自身发展经济的当务之急，共有需求驱动下二国一拍即合，双边关系定位
由此实现新突破。③ 当然，俄罗斯在与区域内新老政权缓和关系、增进现
实利益导向下的友好往来之余不忘与逐步崛起的温和伊斯兰势力保持接
触，以俄罗斯穆斯林与之世界观相近为契合点，在北非社会广泛培植亲俄
情愫。另外借助阿盟等本土多边合作机制间接达到与北非国家拓展关系、
扩大政治影响力、赚取经济实惠等目标也是俄罗斯的北非棋局上不可忽略
的重要步骤。④

最后，军品出口是俄罗斯夯实与北非国家关系、争夺经济利润与政治
筹码、执行国家安全和外交政策的重要工具。中东北非国家一直是俄罗斯
军火的主要进口方，交易额约占俄武器出口总额的 14%。⑤ 阿拉伯之春推
翻大量独裁政权，致使部分武器协议难以兑现，俄军工企业和军火销售行

① Schumacher, Tobias, and Cristian Nitoiu, "Russia's Foreign Policy towards North Africa in the Wake of the Arab Spring", *Mediterranean Politics* 20 (1), 2015, p. 101.

② Korybko, Andrew, North Africa: The Tripartite's Big Barter in The "Eurasian Balkans", available at http://katehon.com/article/north – africa – tripartites – big – barter – eurasian – balkans [2016 – 12 – 21].

③ Schumacher, Tobias, and Cristian Nitoiu, "Russia's Foreign Policy towards North Africa in the Wake of the Arab Spring", *Mediterranean Politics* 20 (1), 2015, p. 102.

④ 顾关福：《普京外交风格及对俄罗斯未来影响》，《国际观察》2012 年第 3 期。

⑤ 顾志红：《中东动荡局势：俄罗斯的利益权衡与政策选择》，《西亚非洲》2015 年第 2 期。

业由此蒙受损失，随后俄方注意到北非国家怀有利用外部势力间矛盾的企图，希望通过购买俄方军火刺激美欧打消顾虑，重新增加对该地区的投入。于是乎莫斯科顺势而为，以常规武器出口、武器维修与技术更新换代等方式，全面扩大与北非国家的军火交易。纵然埃及的武器市场长期被美国垄断，但随着革命后俄埃关系逐步升级，俄罗斯承诺向埃方提供 MIG - 29 战斗机、Ka - 25、Mi - 28 武装直升机、俄制科内特反坦克导弹系统。俄军工企业与阿尔及利亚在保持原有贸易额基础上再创新高，使后者成为全球购买俄罗斯军火的第三大客户。另外还力图开发摩洛哥市场，在打破其对美欧武器进口的依赖方面展现出非凡潜力。多方证据表明，阿拉伯之春以来，俄罗斯利用北非国家"分散投资、避险增值、渔利大国"的心理，力求通过军品贸易收获经济、政治利好的同时与美欧抗衡，进一步加强"存在感"。[1]

　　总而言之，美国、欧盟纷纷陷入角色冲突泥淖，安全政策长期失灵，无法赢得北非国家好感的情势，无疑给俄罗斯提供了展现自身政策魅力、建立信任基础，同时在西方大国构筑的传统政策框架外开展政治博弈、扮演活跃角色的机会。目前看来，集中立场、双边 - 多边合作、开展军火贸易于一体的俄式政策纵然尚未上升至地区战略高度，却无疑给北非国家提供了新的选择。即便短期内不足以取代美欧的主导地位，但定会起到分散资源、动摇美欧在北非的社会基础，进而削弱其地区主导力的作用。[2]

　　2. 中国：潜移默化的政治影响

　　虽然目前看来，中国在北非地区的话语权和政治影响力相对有限，与五国的互动集中于自然资源开发、基础设施建设、经济可持续发展等议题，安全合作进展相对缓慢。但在美国、欧盟没能妥善处理角色冲突致使地区安全政策难以达到预期目标，既无法维护自身利益，更难以迎合地区内国家需要的特殊时期，中国作为"负责任大国"，本着"不干涉内政"的一贯原则和"坚持正确义利观"的坚定信念对地区危

---

[1] Schumacher, Tobias, and Cristian Nitoiu, "Russia's Foreign Policy towards North Africa in the Wake of the Arab Spring", *Mediterranean Politics* 20 (1), 2015, p. 104.

[2] Elizabeth Hosier, More Questions Than Answers: Russia's Role in the Middle East and North Africa Region, available at http://www.futureforeignpolicy.com/more - questions - than - answers - russias - role - in - the - middle - east - and - north - africa - region/ [2016 - 12 - 21].

局及后续情况做出了一系列反馈，堪称大国对北非安全政策中的"一股清流"。

阿拉伯之春以来，中国加强在北非地区的各项政策的动因有二点。第一，应对地区危局和维护本国利益需要。主要包括：保护区域内华人、华侨、华商的安全与发展以及中资企业、设施的完好；避免地区安全情势和革命风潮扰动国内安定团结；为中国派出军事或非军事人员参与国际安全合作积累经验；继续扮演好"和平的建设者、发展的推动者、文明的对话者"等角色，构建有中国特色的北非安全政策，为全面拓展国际生存空间奠定基础。① 第二，寻求在北非扩大影响力和树立良好形象具有多项比较优势。（1）不存在导致诸多强国形象不堪的历史负面遗产。② （2）与北非国家共享"发展中国家"身份，有着追求社会稳定、经济发展和满足人民提高生活水平要求的相似目标，以及加强彼此合作、互利共赢的美好愿景。（3）即便北非多国政治气候突变，但中国与地区内新老政权以及当地民众的基本利益大体一致，如反对殖民主义、强权干涉，捍卫国家主权与领土完整，促进自身发展繁荣，进而推动更为公平合理的国际政治、经济新秩序建立。有鉴于此，2011 年以来中国立足于同北非的传统友谊，依据五国动荡现实，于经贸联系之外力争就非传统安全问题，如人口贩卖、食品与水安全、疾病控制、能源安全，特别是抑制恐怖势力蔓延展开多方合作，力图谱写双方合作"新篇章"。

中国的具体主张可归纳为如下四项策略。

首先，斡旋调解、不偏不倚。北非多国出现革命征兆后，中国第一时间派出高级特使访问突尼斯、阿尔及利亚、埃及三国，了解当前局势，劝和促谈。翟隽副外长访突时称"中国尊重突尼斯人民的选择，希望与新政府共同努力、深化两国传统友谊"。③ 与阿尔及利亚总统布特弗利卡会谈之际，翟隽剖白了中方寻求与阿方密切政治往来、拓宽合作渠道、在国际与地区事务上加强协调等"心迹"，得到对方热烈回应，称中国是阿尔及

① 柳莉：《习主席首访西亚北非展现大国担当与智慧》，中国日报网，2016 年 1 月 21 日。http：//world. chinadaily. com. cn/2016 -01/21/content_ 23178103. htm。
② 张宏明：《面向 21 世纪的中非政治合作》，《中国外交》2001 年第 3 期。
③ 参见中国驻突尼斯共和国大使馆网站《翟隽副外长会见突尼斯民族团结政府总理艾塞卜西》，2011 年 3 月 7 日，http：//www. fmprc. gov. cn/ce/cetn/chn/ztgxs/sbdt1/t804309. htm［2017 -01 -17］。

利亚值得信赖的伙伴、两国关系为"南南合作"起到示范作用。[①] 与埃及副总理贾马尔及外长的会面同样强调无论形势如何变化,中方与埃及发展战略合作伙伴的立场不会动摇,埃方高度赞赏中国就地区局势表现出的责任、担当与自信,称埃及视对华关系为既定政策,不会随内政变动而更张,同时乐于借鉴来自中国的发展经验,与中方一道推动两国关系取得新进展。[②] 由此可见,中国迅速就地区冲突给予表态,并以实际行动将"不加干涉、支持当地国家和民众自主选择、寻求双边关系稳定和发展、借助多边平台推进中阿友谊"等理念付诸实践的做法,不仅赢得北非国家的好感和倚重,更向世界证明了中国外交的弹性和成功。除力求与五国保持正常外交关系之外,中国的不偏不倚还体现为避免卷入地区内宗教、族群纠纷,拒绝在埃及、利比亚等国内部派系斗争中选边站队,同时通过公开发言[③]、联合国投票等范式抵制西方大国的干涉行径。此举与美欧直接或间接输出价值观、插手别国内政、支持反对派势力推翻政府当局等行径形成鲜明对比,成为中国脱颖而出的加分项。

其次,双边结网、多边支柱。最初的乱局过后,中国延续了应对危机的基本策略,与北非国家深入构建双、多边机制,开发安全合作新空间。中国对埃及和阿尔及利亚在安全领域的互动和援助由来已久。[④] 即便国内局势尚不稳定,阿尔及利亚"变法图强"、埃及两易其主,2014 年两国同中国的双边关系仍取得了重大突破,升级为全面战略伙伴关系。同时就彼此关心的安全领域达成多项共识,如深化军事合作,开辟从高层到军事院校间的全面交流,建立军工、反恐常态化互动机制等。[⑤] 中埃双方还特别

① Zambelis, Chris, "China's Inroads into North Africa: An Assessment of Sino - Algerian Relations", *China Brief*, Vol. 10 Issue 1.

② 参见中华人民共和国中央人民政府网站《埃及副总理、外交部长等分别会见中国副外长翟隽》,2011 年 3 月 11 日,http://www.gov.cn/jrzg/2011 - 03/11/content_ 1822289. htm [2017 - 01 - 17]。

③ "China inks $55bn Middle East deals", *The National*, January 21, 2016, available at http://www. thenational. ae/world/east - asia/china - inks - 55bn - middle - east - deals [2016 - 12 - 25].

④ Shinn, David H., "Military and Security Relations: China, Africa, and the Rest of the World", in Rotberg, Robert ed. *China into Africa: Trade, Aid, and Influence*, Cambridge: Brookings, 2008, p. 161.

⑤ 《中华人民共和国和阿尔及利亚民主人民共和国关于建立全面战略伙伴关系的联合公报》,2014 年 2 月 24 日,http://wcm. fmprc. gov. cn/pub/chn/pds/ziliao/1179/t1132335. htm;《中华人民共和国和阿拉伯埃及共和国关于建立全面战略伙伴关系的联合声明》,2014 年 12 月 23 日,http://www.gov.cn/xinwen/2014 - 12/23/content_ 2795621. htm [2017 - 01 - 13]。

重申了"中埃防务合作委员会"对两国实现高水平防务磋商的积极效用，为中国同其他北非国家建立相应机制提供了范本。2016 年 5 月以摩洛哥国王穆罕默德六世访华为契机，中摩达成了建立战略伙伴关系的共识，承诺推进磋商交流、联合训练、军舰互访等双边军事协作，特别是在中东和平进程、打击跨国有组织犯罪等事务中加强协调与配合。① 即便与突尼斯就安全事务交涉不多，但当该国面临政局动荡时中方明示尊重民众选择并提供不附带任何条件的道义、物质援助令突方印象深刻，两国建交 50 周年之际突方表达了与中国尽快建立战略伙伴关系的强烈意愿。除与地区内国家共促双边关系升级外，中国还注重与非盟、阿盟等地区性组织保持沟通、交换意见、寻求共识，共同在"中阿合作论坛"框架下举办涵盖政治、经济、安全多个领域的对话与合作活动。可以说，五年来，北非国家的政权更迭和暂时混乱不仅没能阻挡中国为该地区热点问题的解决积极奔走，反而为中国开诚布公地宣传自身价值观与政治立场，挫败某些西方国家通过话语和议题设置诋毁中国中东政策和国际形象的阴谋提供了机会。

再次，狠抓反恐、要点突出。鉴于北非国家世俗政权不同程度遭到削弱甚至被彻底推翻，或多或少显露权力真空迹象，导致地区恐怖势力趁机兴风作浪，严重危害该地区乃至国际社会的普遍安定，特别是以阿尔及利亚为据点的 AQIM 与新疆境内暴恐势力有所勾结，以人文交流与互联网传播等"虚实结合"的方式扰动中国边疆稳定，北京方面犹如芒刺在背，故而十分重视与该区域内外势力联手打击伊斯兰极端组织。埃及是中国在北非和其他地区反恐的重要伙伴，为了帮助埃及抗击活跃于西奈半岛的极端武装组织，同时避免伊斯兰国扰乱"一带一路"倡议，伤及中国的海外利益及本土安全，② 中埃之间全面打通了情报共享、证据收集、追缉遣返嫌犯、切断恐怖组织资金来源的合作交流渠道。③ 两国还不时进行反恐经验交流，分享有关提升国家反恐能力、加强公民反恐意识、保护年轻人不被

---

① 《中华人民共和国和摩洛哥王国关于建立两国战略伙伴关系的联合声明》，2016 年 5 月 11 日，http：//news. xinhuanet. com/politics/2016 - 05/11/c_ 1118849465. htm ［2017 - 01 - 13］。

② Ofir Winter, Assaf Orion, and Galia Lavi, "Egypt and China following Xi's Visit", INSS Insight, No. 795, February 11, 2016, http：//www. inss. org. il/index. aspx? id = 4538&articleid = 11434 ［2017 - 01 - 23］.

③ Xinhua, "China, Egypt oppose linking terrorism with specific nations, religions", January 22, 2016, http：//news. xinhuanet. com/english/2016 - 01/22/c_ 135033234. htm ［2017 - 01 - 23］.

蛊惑和伤害的多重经验。[①] 2015 年，本着迅速落实合作倡议和计划的理念，中国海军 152 舰艇编队访问开罗，与埃及海军就打击海盗、海上反恐任务特点和战法战术进行切磋，增进了双方在反恐方面的互信和共识。[②] 同年，中国向突尼斯军队提供了包括机枪、多规格弹药、头盔、防弹服等在内的反恐军事装备。据突防长哈尔沙尼介绍，中国近年来持续以反恐援助的方式切实协助提升反恐能力，突尼斯部队受益良多。[③] 2016 年外交部部长助理李惠来与阿尔及利亚分管反恐事务的外交部高官梅萨赫勒共同主持了中阿首次反恐安全磋商，一方面分析了当前地区与国际反恐的严峻形势，另一方面就两国联合反恐的实施办法，在阿中方人员、机构和项目的安保措施，磋商机制的常态化交换意见，旨在提升合作水平，共促安全稳定。[④]

在密切协同和援助北非国家基础上，中国倡导与作为地区反恐中坚的美欧形成合力。2014 年 10 月，李克强总理与欧盟就联手打击中东、北非、萨赫勒地区极端组织达成协议。[⑤] 另外考虑到国内"东伊运""东突"恐怖势力与活跃于中东北非地区的 IS 联动效应明显，前者或通过网络传播后者主张，或以偷渡方式直接投奔后者，潜在壮大了其声势。鉴于打击 IS 亦为美国目前在中东北非的要务之一，中美遂于 2014 年、2015 年召开了两次副外长级反恐磋商，探讨美方从"理解和支持"到"大力支持配合"中方打击东突势力，共同遏制伊斯兰国流毒扩散的可能性与可行性。[⑥]

总体观之，2011 年以来中国与北非国家的联合反恐动议及行动进展顺利、有声有色，基本形成了确定利益契合点—设置合作方案—分享经验教训的良性互动关系。同时中国坚持将地区反恐置于全球大背景下，与介

---

① 《专访埃及驻华参赞：内斗不针对第三国，力挺中国反恐》，大公网，2014 年 5 月 29日，http://news.takungpao.com/world/exclusive/2014 - 05/2504691_ 3. html［2016 -12 - 24］。

② 于杰飞：《中国海军 152 舰艇编队访埃》，《光明日报》2015 年 9 月 8 日，第 12 版。

③ 英媒：《中国向突尼斯援助军备，加强军队反恐能力》，2015 年 4 月 30 日，http://news. 163. com/15/0430/11/AOERPTKV00014AEE. html［2016 - 12 - 27］。

④ 《外交部部长助理李惠来赴阿尔及利亚举行中阿首次反恐安全磋商》，2016 年 12 月 5 日，http://www. china - arab. com/2016/1205/6777. shtml［2016 - 12 - 27］。

⑤ Anthony, Ross, Harrie Esterhuyse, Meryl Burgess, Shifting Security Challenges in the China -Africa Relationship, Policy Insights 23, September, 2015, p. 4.

⑥ 《首次中美副外长级反恐磋商在华盛顿举行》，新华网，2014 年 7 月 16 日，http://news. xinhuanet. com/world/2014 -07/16/c_ 1111644141. htm；《中美反恐磋商达成多项共识双方应建立真诚深度反恐合作》，人民网，2015 年 8 月 5 日，http://world. people. com. cn/n/2015/0805/c157278 -27416945. html［2016 - 12 - 27］。

入其中的其他国家及国际组织寻求共识、通力合作。虽然有些人批评中国介入海外反恐少有建树，但与美欧反恐中经常出现的能力不足、实施双重标准、难以打消北非国家对其反恐动机和承诺的怀疑相比，中国对北非的反恐政策反馈甚佳、进展顺利，有望成为其展现大国担当、赢得国际声誉的又一突破口。

最后，手段多元、综合治理。当前北非地区的安全问题固然是热点也是焦点，但中方认为最好的治本之道不是"头疼医头，脚疼医脚"，就安全而论安全，而是"全面促进社会经济发展，由此构筑力主包容、寻求和解的社会氛围，鼓励不同文明、民族、宗教之间展开平等对话"。在中国看来，外部势力介入北非安全事务过程中除根据当地国家要求提供应急协助和援助外，更应以促进经济发展和生产生活的全面恢复，为区域内国家自主走上和解之路奠定基础为重。据此，突尼斯革命一年后，中国迅速与新政府签署了三个发展项目，数额与美国的1.9亿美元过渡援助相当，更重要的是秉承"不附带任何条件"的准则，令突方大加赞赏。同时积极参与埃及推出的"新首都工程、新苏伊士运河"等以工代赈基建工程，培育双方在人力、技术、资金等方面的共同利益增长点。① 此外，利比亚乱局尚未终止之际，中国已经开始与利比亚新政府商讨中方为该国战后重建投资以及加大从该国的石油进口等事宜，假以时日无疑有助于利方加快重建脚步，消除的黎波里与中国的隔阂。②

放眼长远，五年来中方逐步形成在中东北非践行综合治理的构想。2014年习近平主席提出"以能源合作为主轴，以基础设施建设、贸易和投资便利化为两翼，以核能、航天卫星、新能源三大高新领域为新的突破口"的"1+2+3"中阿友好合作格局，由此"一带一路"倡议落实到位。同年李克强总理提出"461"中非合作框架，主张在平等相待、团结湖心、包容发展、创新合作四原则规范下，推进产业、金融、减贫、生态环保、人文交流、和平安全六项合作工程，并继续打造中非合作论坛这一惠及双方国家的多边磋商平台，由此打造"中非命运共同体"、共创美好

① Egypt, China to Sign Six Electricity Infrastructure Deals, 20th January 2016, available at http://www.egyptoil-gas.com/news/egypt-china-to-sign-six-electricity-infrastructure-deals/ [2016-12-01].
② Nikolas Gvosde, "The Realist Prism: Don't Count China Out in Middle East", *World Politics Review*, March 2, 2012.

未来。① 2016 年中国发布首份《对阿拉伯国家政策文件》，回首双方关系发展经验、阐释指导原则，进而在政治、经济、安全、文化等多个领域全面规划了未来合作图。重申对阿拉伯世界和谐稳定的全力支持以及促进中阿关系更上一层楼的意愿。② 正如前文所述，北非五国既是阿拉伯世界的重要组成部分，亦为非洲大陆北部"门户"，地缘意义十分特殊。故而中国在处理北非安全事务时必将从对非、对阿关系准则及总体规划上同时汲取养分和寻求支撑，凭借非功利立场与综合性视角，逐步形成异于西方的、"釜底抽薪"式的对北非安全政策。

总而言之，"有中国特色"的北非安全政策一则照顾到自身安全利益需要，同时坚持恰到好处地拓展与北非国家的深厚友谊与合作基础；二则维护《联合国宪章》的宗旨和原则、积极参与联合国就地区安全事务展开的各项工作，同时恪守本国外交理念和宗旨，坚决抵制西方大国以人权、民主、良治等口号干涉他国内政之举；三则凭借广泛的经贸往来与"一带一路"倡议夯实互信互利、共同繁荣的共识，推动双方合作从经济向安全领域全面扩展，并以双方共同关注的反恐事宜为突破口逐步确立更为具体的实践计划。

尽管中国一贯切实考虑北非国家安危，各项政策均无与美欧争夺主导权和影响力之意，③ 但随着美欧角色扮演不利，多重角色冲突愈加突出，无助于北非安全局势回转的同时还出现了激化矛盾、恶化事态的负面作用。中国有条不紊、坚守本国外交与国际法原则底线，以事情本身的是非曲直而非自身利益、盟友亲疏选择立场的态度和做法在北非深得人心。埃及驻华参赞胡达·扎德拉赞誉中国与地区内国家试图建立一种纯粹的友好关系，如果非要贴标签也不该是西方给出的"新殖民主义"而是"非利用主义"。阿盟秘书长阿拉比看法类似，称中国是唯一一个不干涉他国内政、诚心实意帮助阿拉伯世界解决根本问题、处理突发危机的大国。从当前趋势推断，即便短期内，北非安全事务中"西强我弱"的局面不会发生性质突变，但从长远来看美欧的政策不利的确给本就与北非保持传统友谊且软硬实力日渐强盛的中国在地区事务中"增加分量"预留了空间，潜在削弱了自身主导权。

---

① 刘贵今：《理性认识对中非关系的若干质疑》，《西亚非洲》2015 年第 1 期。

② 参见中国外交部网站《中国对阿拉伯国家政策文件》，2016 年 1 月 13 日，http://www.fmprc.gov.cn/mfa_ eng/zxxx_ 662805/t1331683. shtml［2017 - 01 - 14］。

③ 《王毅谈西亚北非现象五周年》，人民网，2016 年 5 月 15 日，http://world. people. com. cn/n1/2016/0515/c1002 - 28351071. html［2016 - 12 - 27］。

三　有关缓解政策失灵的思考

虽然因篇幅所限，本书仅从决策层话语反向提炼美欧角色观念起步，但事实上，二者角色观念形成的影响因素既有理念的，如历史记忆、文化传承、国内舆论、决策者个性与政治需求，也有物质的，如国土特性、综合国力、国际体系结构及随之形成的国际环境等；① 既有国家特性，如自我定位、主观政治意愿和观念，亦包含了他者要求，如国际社会和特定互动对象提出的意愿、期望、推动和评价。② 故而一般情况下，美国与欧盟若想在北非实现彻底的角色改变并非一朝一夕可以达成，而提出缓解角色冲突或矫正政策失灵的建议亦远远超出笔者能力范畴和撰文目的。但依据角色理论的逻辑脉络与角色冲突的分析框架，破解角色冲突与政策失灵间因果怪圈的方式无怪乎两种：一是从成因入手，避免角色生效的各个环境出现不匹配、能力不足、内部分歧之欠缺；二是着眼于政策本身，警惕政策内涵、实施措施与生效环境发生偏差，完善考评绩效机制，确保角色从抽象层面转化为具体政策时因循正确轨道。

本书通过厘清美国、欧盟所遭遇的角色冲突类型与内涵同时继续套用理论分析框架，对其未来调整角色扮演方式、逐步扭转角色偏差进行了展望式说明。虽然二者的角色和实际扮演情况不甚相同，但面临相似角色冲突的情况下，它们务必在平衡角色内涵的理想主义愿景与现实利益诉求基础上避免言行不一，提升维护地区安全的意愿、能力与实际投放，统合内部分歧、达成一致的安全政策目标及实践，更重要的是充分了解并考虑北非五国的角色要求。

具体而言，仅据理论框架内的逻辑推演，政策失灵可从以下几个方面尝试缓解。

首先，安全政策的制定和创新方面，美国、欧盟一是要对现有政策进行全面的梳理整合，尽量遵循既有角色观念，避免因偏狭、笼统、模糊、

① Breuning, Marijke, "Role Theory Research in International Relations: State of The Art and Blind Spots", in Sebastian Harnisch, Cornelia Frank, and Hanns W. Maulled, *Role Theory in International Relations: Contemporary Approaches and Analysis*, London: Routledge, 2011, p. 26.
② Holsti, Kalevi J., "National Role Conceptions in the Study of Foreign Policy", In Walker, Stephen G. eds., *Role Theory and Foreign Policy Analysis*, Durham: Duke University Press, 1987, p. 11.

重叠、冗余等缺陷而阻碍政策的顺利实施,人为制造角色冲突的产生环境。二是要切忌言过其实,许诺"空头支票",使宏观的安全战略切实转化成管理和弱化地区安全威胁的具体实施方案。例如,协助北非国家启动安全部门改革(SSR),从根本上扭转国家安全凌驾于个人安全之上的窘境,为当地政府推行部门结构改革、通过培训加强安全力量对国家大政方针和基本国情的把握、健全公民社会监督和牵制机制、对公民开展适度安全教育和培训、与公民社会代表适度沟通等细节供必要的财力、人力、技术或经验支持等。当然在此过程中务必随时关注北非国家的动向及需求变化,将其反馈作为制定和调整政策的必要参量,从而使两国的北非安全政策达到表里如一、因地制宜的效果,减少政策实践空心化、盲目化的可能性。

其次,安全政策落实过程中,一方面要将安全对话和援助同经济合作有机结合。对北非国家而言一切问题最终都可归结为"发展"问题,即便是以民主、自由为诉求的阿拉伯之春在爆发之初也少不了受到经济颓势的侧面驱动。先前的政策制定和实施过程中,美、欧显然同样意识到了这一点,但它们的一贯处理方式是平时在经济手段中"植入"政治标尺,危时转而采取强制甚或武力措施力求迅速平息事端,这种做法实际上并未将经济发展对安全局势的改善功能恰到好处地激发出来,反而容易因政治条件难以企及而为该国经济恢复及自主发展设障。因此,正确的做法是与北非国家真正成为彼此平等、相互独立、良性互动的经济伙伴,不以政治立场和价值观标准决定提供经济支持的态度和力度。另一方面应提高"自我约束"意识。换言之,二者不仅需要兑现角色观念和政策承诺,以自我定位辖制相应行为,同时还要通过参与地区性和国际性机制将自身置于机制和规范的约束中,使自身角色和政策实践区域机制化、合法化。

再次,对欧盟来说,消除角色冲突的头等要务就是在北非地区多重危机背景下,重拾欧盟内部的团结一致,坚定推进一体化进程,快速度过内部力量重组、利益分化、互信下降和竞争态势上升的波动阶段,把业已趋于离散的对外政策领导核心重新汇聚至欧盟层面,与此同时切实发挥对外政策高级代表和对外行动署对北非安全政策和相关行动的总体决策与调度能力。一个立场统一的欧盟不仅有助于其继续充当"规范性力量",从价值层面为北非安全问题的解决提供能量,更能够避免因分裂而导致的角色内要素冲突和随之而生的角色扮演能力低下。

最后，从欧盟—地中海安全复合体的角度看，美国与欧盟及其成员国之间理应尽快消除旧有分歧、确立共同战略而非应对急迫威胁的狭隘目标、选择更有协调感的合作方式，在北非多国安全形势尚不明朗的今天，该需求比先前任何时候都显得更为急迫。当然，考虑到设置新合作机制周期较长且成效未知，缓解美欧间角色冲突的最佳方式或许就是美国协助欧盟重新激活现有的多边合作框架，例如目前机制化程度较低的地中海"5+5"对话机制，并以适当方式加入其中，将其打造为交流安全关切、共享信息和情报、拓展联合行动战略、普遍惠及地中海区域内诸多行为体安全利益的重要工具。此外，有关召开地中海安全与合作大会的构想也不失为一种选择，有助于弱化跨大西洋关系中的分歧，并将北非地区安全局势的需要和变化设置为多边协商的核心基点之一。

诚然，本书把有关角色冲突对美国、欧盟安全政策不良影响的讨论限定在2011~2015年期间。不过随着2016年英国启动"脱欧"程序、特朗普成功当选美国总统等"黑天鹅事件"的发生以及美欧诸国内部日益高涨的民族主义、民粹主义浪潮扰动，角色及角色冲突对北非安全政策的负面效应只能随二者在国际事务中日益务实、内顾、战略收缩而更加凸显，加之左右美国对外政策的国内因素，诸如两党极化、军事机构与情报部门摩擦在新总统的"学习曲线"中无以快速改善，以及影响欧盟政策制定和实践的机构间矛盾、多个成员国2017年面临大选等都会不同程度地扰动美欧在北非事务中的角色扮演。尽管本研究的分析层次始终保持在国家层面，但从美、欧政策实践与现实情势来看，角色冲突一则搭建了理解行为体内外政策和实践的桥梁，二则能够解释政策失灵且长期为学界所忽略的路径之一，三则也是二者未来进行"政策纠偏"最具可操作性的部分，故而无论就本书选取时段还是今后的发展来看，有关美国与欧盟角色的讨论和对角色冲突的关注都是十分有益且必要的。

参考文献

一 中文文献

(一) 学术著作

〔英〕阿莱克斯·汤普森：《非洲政治导论》，周之渊、马正义译，民主与建设出版社，2015。

〔英〕巴里·布赞：《人、国家与恐惧：后冷战时代的国际安全研究议程》，闫健、李创译，中央编译局出版社，2009。

〔英〕巴里·布赞、琳娜·汉森：《国际安全研究的演化》，余潇枫译，浙江大学出版，2011。

北京编译社：《美国对非洲的外交政策》，世界知识出版社，1960。

陈志敏、古斯塔夫·盖拉茨：《欧洲联盟对外政策一体化》，时事出版社，2003。

崔洪建：《欧洲难民危机的困境与出路》，《国际问题纵论文集 2015/2016》，世界知识出版社，2016。

顾正龙：《打击"伊斯兰国"，让美国回到"反恐战争"的起点》，刘宝莱主编《破解中东乱象》，世界知识出版社，2015。

黄平、倪峰主编《美国问题研究报告（2012）》，社会科学文献出版社，2012。

金玲：《欧盟对外政策转型：务实应对挑战》，世界知识出版社，2015。

〔美〕凯瑟琳·E. 霍夫曼：《马格里布的柏柏尔人与他者：超越部落和国家》，黄慧译，民主与建设出版社，2015。

李格琴：《欧盟安全机制——一种社会学视角的分析》，湖北人民出版社，2008。

李少军：《国际关系学研究方法》，中国社会科学出版社，2016。

廖百智：《埃及穆斯林兄弟会的历史与现实——把脉中东政治伊斯兰

走向》，世界知识出版社，2015。

刘中民、朱威烈主编《中东地区发展报告：转型与动荡的二元变奏（2013）》，时事出版社，2014。

陆晓红：《外交决策的科学理性探析》，世界知识出版社，2012。

莫翔：《当代非洲安全机制》，浙江人民出版社，2013。

齐云平：《博弈大中东》，社会科学文献出版社，2015。

〔美〕斯蒂芬·范埃弗拉：《政治学研究方法指南》，陈琪译，北京大学出版社，2004。

田文林：《困顿与突围：变化世界中的中东政治》，社会科学文献出版社，2016。

王磊：《欧盟对外行动署的制度研究》，上海人民出版社，2015。

〔美〕威廉·布鲁姆：《民主：美国最致命的输出——美国外交政策及其他真相》，徐秀军、王利铭译，中国社会科学出版社，2016。

徐正源：《中国负责任大国角色的建构——角色理论视角下的实证分析》，中国人民大学出版社，2015。

许嘉、陈志瑞主编《取舍：美国战略调整与霸权护持》，社会科学文献出版社，2014。

余国庆：《大国中东战略的比较研究》，中国社会科学出版社，2013。

张历历等：《现代国际关系学》，重庆出版社，1989。

张蕴岭：《西方新国际干预的理论与现实》，社会科学文献出版社，2012。

郑启荣：《全球视野下的欧盟共同外交和安全政策》，世界知识出版社出版，2008。

（二）学术论文

安高乐：《"阿拉伯之冬"的原因及对美国中东政策的挑战——基于埃及的思考》，《印度洋经济体研究》2014年第4期。

陈劲：《人权理念在欧盟对外关系中之角色》，《全球政治评论（创刊号）》2001年8月。

陈玉聃：《〈伯罗奔尼撒战争史〉与现实主义理论》，《国际政治科学》2007年第1期。

程星原：《安理会在利比亚设立禁飞区的背景及作用》，《国际资料信息》2011 年第 5 期。

崔宏伟：《规范性强权欧盟与中欧关系的和谐发展》，《社会科学》2007 年第 11 期。

刁大明：《决策核心圈与奥巴马外交》，《现代国际关系》2015 年第 5 期。

丁隆：《美国与政治伊斯兰关系探析》，《国际政治研究》2013 年第 3 期。

房乐宪：《北非中东政局对欧盟的挑战及欧盟的政策应对》，《当代世界》2011 年第 4 期。

甘逸骅：《里斯本条约架构下的欧盟安全政策合作之尝试》，《东吴政治学报》2016 年第 2 期。

甘逸骅：《欧洲安全合作的规范性权力与角色的建构》，《问题与研究》第 45 卷第 5 期。

高祖贵：《美国在"动荡弧"的战略利益分析》，《美国研究》2005 年第 3 期。

顾关福：《普京外交风格及对俄罗斯未来影响》，《国际观察》2012 年第 3 期。

顾志红：《中东动荡局势：俄罗斯的利益权衡与政策选择》，《西亚非洲》2015 年第 2 期。

郭纪：《美国为什么热衷于向世界输出民主?》，《求是》2013 年第 1 期。

郭宪纲：《阿拉伯世界教俗之争新态势》，《国际问题研究》2013 年第 5 期。

贺帅、葛腾飞：《埃及"7·3"事件后美国对埃援助政策研究》，《阿拉伯世界研究》2014 年第 5 期。

贺文萍：《中东变局后北非国家民主转型的困境——基于马克思主义民主理论的分析视角》，《西亚非洲》2015 年第 4 期。

洪邮生：《"规范性力量欧洲"与欧盟对华外交》，《世界经济与政治》2010 年第 1 期。

季澄：《美国 2011 年全球恐怖主义形式报告浅析》，《国际资料信息》2012 年第 9 期。

李翠亭：《阿拉伯之春的历史后果——兼论美国对阿拉伯世界的输

出》，《武汉大学学报》（人文科学版）2014 年第 1 期。

李国富：《美国"改造"中东的双重标准》，《人民论坛》2011 年第
17 期。

李海东：《美国对阿拉伯之春运动政策探析》，《当代世界》2013 年第
3 期。

李景治：《从北非西亚变局看霸权主义新表现》，《新视野》2011 年第
5 期。

李欧窥：《"一体化"视角与国际关系角色理论的演进》，《国际政治
科学》2014 年第 1 期。

李明明：《变动中的欧盟国际角色：从传统国家力量到后民族身份》，
《上海交通大学学报》（哲学社会科学版）2009 年第 4 期。

凌胜利：《国家利益、体系角色与美国对外结盟政策》，《国际关系学
院学报》2012 年第 2 期。

刘贵今：《理性认识对中非关系的若干质疑》，《西亚非洲》2015 年第
1 期。

刘宁扬、王晓榕：《透视阿拉伯世界政局动荡中的美国因素》，《唯
实》2011 年第 12 期。

刘云：《利比亚重建进程中的石油问题》，《西亚非洲》2012 年第
6 期。

卢凌宇：《民主的悖论：公共舆论与美国外交决策》，《武汉科技大学
学报》（社会科学版）2014 年第 6 期。

卢凌宇、林敏娟：《对外政策分析与国际关系学范式革命》，《世界经
济与政治》2015 年第 3 期。

倪海宁：《欧盟的中东北非战略调整刍议》，《欧盟战略专题研究》
2011 年第 5 期。

牛新春：《选择性介入：美国中东政策调整》，《外交评论》2012 年第
2 期。

牛新春：《中东北非动荡凸显美国对中东政策的内在矛盾》，《现代国
际关系》2011 年第 3 期。

庞珣：《国际角色的定义和变化——一种动态分析框架的建立》，《国
际政治研究》2006 年第 1 期。

秦天：《利比亚新一波政治危机探析》，《国际研究参考》2014 年第

6 期。

申义怀：《浅析欧盟对外"多边主义"战略》，《现代国际关系》2008年第 5 期。

沈丁立：《美国"新干涉主义"动向观察》，《人民论坛》2012 年第 4 期。

宋黎磊：《欧盟特性研究：作为一种规范性力量的欧盟》，《国际论坛》2008 年第 2 期。

孙德刚：《美国应对中东剧变的"奥巴马主义"探析》，《阿拉伯世界研究》2012 年第 4 期。

孙德刚：《美国在马格里布地区的军事存在》，《阿拉伯世界研究》2013 年第 6 期。

唐世平：《国家安全环境的系统理论》，《世界经济与政治》2001 年第 8 期。

田马爽：《角色观念与军控合作——基于国家角色观念理论对中国参与国际军控合作的再审视》，《河南社会科学》2012 年第 5 期。

佟德志：《美国政治中的实用主义》，《人民论坛》2014 年第 8 期。

王缉思：《美国霸权的逻辑》，《美国研究》2003 年第 3 期。

王金岩：《利比亚乱局对非洲安全的影响》，《阿拉伯世界研究》2015 年第 3 期。

翁明贤：《国家安全战略研究典范的转移——建构淡江战略学派之刍议》，《台湾国际研究季刊》第 6 卷第 3 期。

吴弦：《欧盟国家利比亚军事干预解析》，《欧洲研究》2012 年第 2 期。

伍慧萍：《难民危机背景下的欧洲避难体系：政策框架、现实困境与发展前景》，《德国研究》2015 年第 4 期。

伍贻康：《欧盟软力量探析——欧盟治理模式的效应评价》，《世界经济与政治》2008 年第 7 期。

肖柯、孙友晋：《欧盟是怎样一支力量：学术研讨会综述》，《欧洲研究》2008 年第 1 期。

熊炜：《洲民事强权概念、决定性因素及其发展》，《欧洲研究》2007 年第 2 期。

薛力：《利比亚不会成为下一个索马里》，《世界知识》2014 年第

23 期。

　　严帅：《美欧反恐面临新危险关口》，《瞭望》2016 年第 30 期。

　　阎静、张旺：《国际政治的道德追求：基于国际关系规范理论的述评》，《外交评论》2010 年第 6 期。

　　姚匡乙：《美国中东政策的调整和困境》，《国际问题研究》2014 年第 1 期。

　　余国庆：《欧盟在中东变局中的政策调整》，《当代世界》2015 年第 10 期。

　　余潇枫：《安全哲学新理念"优态共存"》，《浙江大学学报》（人文社会科学版）2005 年第 2 期。

　　袁莎：《巴黎学派与批判安全研究的实践转向》，《外交评论（外交学院学报)》2015 第 5 期。

　　袁伟华：《对外政策分析中的角色理论：概念解释机制与中国－东盟关系的案例》，《当代亚太》2013 年第 1 期。

　　张茗：《"规范性力量欧洲"：理论、现实或"欧托邦"》，《欧洲研究》2008 年第 5 期。

　　张清敏：《外交政策分析的三个流派》，《世界经济与政治》2001 年第 9 期。

　　张清敏：《中国的国家特性、国家角色和外交政策思考》，《太平洋学报》2004 年第 2 期。

　　赵心树：《部分原因与因果关系的分类》，《济南大学学报》（社会科学版）2002 年第 3 期。

　　郑春荣：《利比亚危机以来德国安全政策的新动向》，《德国研究》2013 年第 2 期。

　　郑先武：《安全复合体理论与东亚安全区域主义》，《现代国际关系》2005 年第 2 期。

　　郑先武：《全球化背景下的"安全"：一种概念重构》，《国际论坛》2006 年第 1 期。

　　朱锋：《巴里·布赞的国际安全理论对安全研究"中国化"的启示》，《国际政治研究》2012 年第 1 期。

　　朱和海：《中东的由来、性质、使用和内涵等问题考》，《西亚非洲》2014 年第 3 期。

朱立群：《欧盟是个什么样的力量》，《世界经济与政治》2008 年第
4 期。

（三）学位论文：

方晓：《欧盟规范性外交对中东的影响》，上海外国语大学博士学位论
文，2009。

王文奇：《美国安全战略与对外援助政策研究（1989—2008）》，吉林
大学博士学位论文，2010。

严骁骁：《反思"规范性力量欧洲"：理论与实践》，南京大学博士学
位论文，2016。

姚惠娜：《欧盟对阿拉伯政策研究》，中国社会科学院研究生院博士学
位论文，2008。

张茂明：《欧洲联盟国际行为能力研究：一种建构主义视角》，中共中
央党校博士学位论文，2002。

二　英文文献

（一）学术著作

Adler, Emanuel, Beverly Crawford, Federica Bicci, and Raffaella Del
Sarto, *The Convergence of Civilizations? Constructing a Mediterranean Region*, To-
ronto: University of Toronto Press, 2006.

Aggarwal, V. K. and E. A. Fogerty, *EU Trade Strategies: Between Regional-
ism and Globalism*, Basingstoke, Palgrave Macmillan, 2004.

Alexander, Christopher, *Tunisia: From Stability to Revolution in the Magh-
reb*, Routledge, 2016.

Amstrong, David, *Revolution and world order: The revolutionary state in inter-
national society*, Oxford University Press, 1994.

Arts, Karin and Anna K. Dickson, *EU Development Cooperation from Model
to Symbol*. Manchester: Manchester University Press, 2004.

Bensahel, Nora, and Daniel Byman, *The future security environment in the Mid-
dle East: Conflict, stability, and political change*, Rand Corporation, 2004.

Biddle , Bruce J., *Role Theory: Expectation , Identities , and Behaviors*,

NY: Academic Press, 1979.

Boateng, E. A., *A Political Geography of Africa*, CUP Archive, 1978.

Boening, Astrid B., *The Arab Spring: Re - Balancing the Greater Euro - Mediterranean?* Switzerland: Springer International Publishing, 2014.

Bonner, Michael, Megan Reif, and Mark Tessler, *Islam, Democracy and the State in Algeria: Lessons for the Western Mediterranean and Beyond*, London: Routledge, 2005.

Booth, Ken, *Theory of World Security*, Cambridge University Press, 2007

Bossong, R., *The Evolution of EU Counter - terrorism: European Security Policy after 9/11*, Abingdon: Routledge, 2013.

Bovens M., T'Hart P. and Peters B. G., *Success and failure in public governance: A comparative analysis*, Cheltenham: Edward Elgar, 2001.

Bures, Oldrich, *EU Counterterrorism: A Paper Tiger?* London: Ashgate, 2011.

Buzan, Barry, Ole Waever, and Jaap de Wilde, *Security: A new framework for analysis*, England: Rienner, 1998.

Buzan, Barry, *People, State and Fear: An Agenda for International Security Studies in the Post - cold War Era*, 2nd ed. Brighton: Harvester Wheatsheaf, 1991.

Buzan, Barry, *People, States, and Fear: The National Security Problem in International Relations*, New York: Harvester Wheatsheaf, 1983.

Buzan, Barry, *The Logic of Regional Security in the Post - Cold War World*, in The New Regionalism and the Future of Security and Development, London: Macmillan Press, 2000.

Cardwell, Paul James, *EU External Relations Law and Policy in the Post - Lisbon era*, The Hague: Asser Press, 2012.

Checkel, Jeffrey T. and Peter Katzenstein, *European Identity*, Cambridge: Cambridge University Press, 2009.

Dahl, Robert Alan, *Democracy and Its Critics*, CT: Yale University Press, 1989.

Della Posta, Pompeo, Milica Uvalic, and Amy Verdun, *Globalization, Development and Integration.* Palgrave Macmillan, 2009.

Dionysis Markakis, *US Democracy Promotion in the Middle East The Pursuit of*

Hegemony, NY: Routledge, 2016.

Dunne, Tim, Milja Kurki, and Steve Smith, *International Relations Theories: Discipline and Diversity* (2nd ed), Oxford: Oxford University Press, 2010.

Eamonn Gearon, *Encyclopedia of African History*, Routledge, 2004.

Eduardo Araral, Scott Fritzen, Michael Howlett, M Ramesh, Xun Wu, *Routledge Handbook of Public Policy*, Oxon: Routledge, 2012.

Elagati, Mohamed, *Foreign Funding in Egypt after the Revolution*, FRIDE and Hivos, 2013.

Elgström, Ole, Michael Smith, *The European Union's Roles in International Politics: Concepts and Analysis*, Routledge, 2006.

Emanuel Adler, *The Convergence of Civilizations: Constructing a Mediterranean Region*, University of Toronto Press, 2006.

Eric Denécé, *La face cachée des révolutions arabes*, Paris: Ellipses, 2012.

Falkowski, Lawrence S. , *Psychological Models in International Politics*, CO: Westview Press, 1979.

Ferguson, N. , *Colossus: The Rise and Fall of the American Empire*, London: Penguin, 2004.

Frosini, Justin, Francesco Biagi, *Political and Constitutional Transitions in North Africa: Actors and Factors*, Routledge, 2014.

Gaddis, J. L. , *Strategies of Containment: A Critical Appraisal of American National Security Policy during the Cold War*, Oxford: Oxford University Press, 2005.

Gardner Lindzey and Elliot Aronson, *Handbook of Social Psychology*, 3rd ed. , New York: Random House, 1985.

Hafez, M. M. , *Why Muslims Rebel—Repression and Resistance in the Islamic World*, Boulder, CO: Lynne Rienner, 2003.

Harnisch, Sebastian, Cornelia Frank, and Hanns W. Maull, *Role Theory in International Relations: Contemporary Approaches and Analysis*, London: Routledge, 2011.

Harnisch, Sebastian, Sebastian Bersick, and Jörn – Carsten Gottwald, *China's International Roles: Challenging or Supporting International Order?* Routledge, 2015.

Herd, Graeme P. , *Soft Security Threats & Europe*, Routledge, 2014.

Hill, Christopher and Michael Smith, *International Relations and the European Union*, Oxford: Oxford University Press, 2011.

Hodgson, Godfrey, *The Myth of American Exceptionalism*, Michigan: Yale University Press, 2010.

Holsti, K. , National Role Conceptions in the Study of Foreign Policy. In S. Walker (ed.), *Role Theory and Foreign Policy Analysis*, Durham: Duke University Press, 1987.

Huber, Daniela, *Democracy Promotion and Foreign Policy*: *Identity and Interests in US*, *EU and Non - Western Democracies*, N. Y. : Palgrave Macmillan, 2015.

Ibrahim, Saad Eddin, *Egypt*, *Islam and Democracy*, Cairo: American University in Cairo Press, 1996.

Jönsson, Christer, *Cognitive Dynamics and International Politics*, New York: St. Martin's Pr. 1982.

Kagan, Robert, *Of Paradise and power*: *America and Europe in the New World Order*, New York: Alfred A. Knopf, 2003.

Kahn, Robert L. et al. , *Organizational Stress*: *Studies in Role Conflict and Ambiguity*, England: John Wiley, 1964.

Kohnstamn, M. , and Wolfgang Hager, *A Nation Writ Large? Foreign - Policy Problems before the European Community*, London: Macmillan, 1973.

Laremont, Ricardo, *Revolution*, *Revolt and Reform in North Africa*: *The Arab Spring and Beyond*, Routledge, 2013.

Le Prestre, P. , *Role Quests in the Post - Cold War Era*: *Foreign Policies in Transition*, Montreal: McGill - Queen's University Press, 1997.

Lindberg, Tod, *Beyond Paradise and Power*: *Europeans*, *Americans and the Future of a Troubled Partnership*, London: Routledge, 2004.

Lucarelli, Sonia and Ian Manners, *Values and Principles in European Union Foreign Policy*, London: Routledge, 2006.

Lucarelli, Sonia, and Lorenzo Fioramonti, *External perceptions of the European Union as a global actor*, Abingdon and New York: Routledge, 2010.

Lynch, Marc, *The Arab Uprising*: *The Unfinished Revolutions of the New*

Middle East, New York: Public Affairs, 2013.

MacKenzie, Alex, Christian Kaunert & Sarah Léonard, *EU Counterterrorism and the SouthernAlexandria Stafford*, *Rising Terror Groups In The Middle East And North Africa*, NY: Nova Science Publishers, 2015.

Magen, Amichai, Thomas Risse, and Michael McFaul, *Promoting Democracy and the Rule of Law: American and European Strategies*, New York: Palgrave Macmillan, 2009.

Malici, Akan, and Stephen G. Walker, *Role Theory and Role Conflict in US – Iran Relations: Enemies of Our Own Making*, Routledge, 2016.

Marcovitz, Hal, *The Arab Spring Uprisings*, CA: Reference Point Press, 2014.

Markakis, Dionysis, US Democracy Promotion in the Middle East The pursuit of hegemony, NY: Routledge, 2016.

McConnell, A., *Understanding Policy Success: Rethinking Public Policy*, Basingstoke: Palgrave Macmillan, 2010.

Mead, G. H., *Mind*, *Self*, *and Society: From the Standpoint of a Social Behaviorist*, Chicago: University of Chicago Press, 1973.

Moore M. H., *Creating Public Value: Strategic management in government*, Cambridge, MA: Harvard University Press, 1995.

Naylor, Phillip C., *North Africa*, *Revised Edition: A History from Antiquity to the Present*, University of Texas Press, 2015.

Osgood, Robert, *Ideals and Self – Interest in America's Foreign Relations*, Chicago: University of Chicago press, 1953.

Parker, Richard, *North Africa: Regional Tensions and Strategic Concerns*, Praeger, 1987.

Pipes, Daniel, *Militant Islam Reaches America*, New York: W. W. Norton & Company, 2002.

Rotberg, Robert, *China into Africa: Trade*, *Aid*, *and Influence*, Cambridge: Brookings, 2008.

Simoni, Serena, *Understanding Transatlantic Relations: Whither the West?* Routledge, 2013.

Telhami, Shibley, *The World through Arab Eyes*, New York: Basic

Books，2013.

Tewes, Henning, *Germany，Civilian Power and the New Europe：Enlarging NATO and the European Union*, Basingstoke：Palgrave，2002.

Turner, R. H, *Handbook of Sociological Theory*, New York：Springer，2006.

van Hüllen, Vera, *EU Democracy Promotion and the Arab Spring International Cooperation and Authoritarianism*, N. Y. ：Palgrave Macmillan，2015.

Walker, S. G. , *Role Theory and Foreign Policy Analysis*, NC：Duke University Press，1987.

Walker, S. G. , *Role Theory and the Cognitive Architecture of British Appeasement Decisions：Symbolic and Strategic Interaction in World Politics*, Routledge，2013.

Weber ，K. ，M. E. Smith and M. Baun, *Governing Europe's Neighborhood. Partners or Periphery?* Manchester：Manchester University Press，2007.

Wendt, Alexander, *Social Theory of International Politics*, Cambridge：Cambridge University Press，1999.

Winter, Charlie, *The virtual "caliphate"：understanding Islamic State's propaganda strategy*, London：Quilliam，2015.

Wolff, Sarah, Nicole Wichmann, Gregory Mounier, *The External Dimension of Justice and Home Affairs：A Different Security Agenda for the European Union?* Routledge，2013.

Xenakis, Dimitris, Dimitris N. Chryssochoou, *The Emerging Euro – Mediterranean System*, Manchester University Press，2001.

Zartman, I. William, *Political Elites in Arab North Africa：Morocco，Algeria，Tunisia，Libya，and Egypt*, London：Longman，1982.

（二）学术论文：

Allen, D. , Smith, M. , "Western Europe's Presence in the Contemporary International Arena", *Review of International Studies*16，1990.

Asseburg, Muriel, "The Arab Spring and the European Response", *The International Spectator* 48. 2，2013.

Baldwin, David A. , "Security studies and the end of the Cold War", *World politics* 48. 1，1995.

Baldwin, David A. , "Success and failure in foreign policy", *Annual Re-*

view of Political Science 3. 1, 2000.

Baldwin, David A., "The Concept of Security, Review of International Studies", 1997.

Barnett, Michael, "Institutions, roles, and disorder: The case of the Arab states system", *International Studies Quarterly* 37. 3, 1993.

Bauer, Patricia, "European – Mediterranean Security and the Arab Spring: Changes and Challenges", *Democracy and security* 9. 1 – 2, 2013.

Bauer, Patricia, "The Transition of Egypt in 2011: A New Springtime for the European Neighborhood Policy?" *Perspectives on European Politics and Society* 12. 4, 2011.

Beck, Martin, "The Comeback of the EU as a" Civilian Power "through the Arab Spring?" *GIGA Focus International Edition English* 02, 2013.

Bejjit, Karim, "Moroccan foreign policy under Mohammed VI, 1999 – 2014", 2016.

Bengtsson, Rikard, and Ole Elgström, "Conflicting role conceptions? The European Union in global politics", *Foreign Policy Analysis* 8. 1, 2012.

Bicchi, Federica, and Mary Martin, "Talking tough or talking together? European security discourses towards the Mediterranean", *Mediterranean Politics* 11. 2, 2006.

Bicchi, Federica, "Democracy Assistance in the Mediterranean: An overview", *Mediterranean Politics* 14. 1, 2009.

Bicchi, Federica, " 'Our size fits all': Normative Power Europe and the Mediterranean", *Journal of European Public Policy* 13. 2, 2006.

Biddle, Bruce J., "Recent developments in role theory", *Annual review of sociology* 12. 1, 1986.

Biscop, Sven, "Mayhem in the Mediterranean: three strategic lessons for Europe. *Egmont Security Policy Brief* No. 19, April 2011", 2011.

Bollfrass, Alex, Andrew Shaver, and Yang – Yang Zhou, "Don't Fear Refugees: Why They Pose Little Threat to National Security", *Foreign Affairs*, December 9, 2015.

Boserup, Rasmus Alenius, and Fabrizio Tassinari, "The Return of Arab Politics and Europe's Chance to Engage Anew", *Mediterranean Politics*

17. 1, 2012.

Boukhars, Anouar, "Algerian foreign policy in the context of the Arab Spring", *CTC Sentinel* 6. 1, 2013.

Brattberg, Erik, "Opportunities lost, opportunities seized: the Libya crisis as Europe's perfect storm", *Policy Brief*, June, 2011.

Browning, Christopher S., and Matt McDonald, "The future of Critical Security Studies: Ethics and the Politics of Security", *European Journal of International Relations* 19. 2, 2013.

Bull, Hedley, "Civilian Power Europe: A Contradiction in Terms?" *JCMS: Journal of Common Market Studies* 21. 2, 1982.

Buzan, Barry, and Ole Wæver, "Macro – Securitisation and Security Constellations: Reconsidering Scale in Securitisation Theory", *Review of international studies* 35. 2, 2009.

Börzel, Tanja A., and Vera Van Hüllen, "One Voice, One Message, but Conflicting Goals: Cohesiveness and Consistency in the European Neighbourhood Policy", *Journal of European Public Policy* 21. 7, 2014.

Calleya, Stephen C., "The Union for the Mediterranean: An Exercise in Region Building", *Mediterranean Quarterly* 20. 4, 2009.

Caporaso, James A., "The Comparative Study of Foreign Policy: Perspectives on the Future", *International Studies Notes* 13. 2, 1987.

Catalinac, Amy L., "Identity theory and foreign policy: explaining Japan's responses to the 1991 Gulf War and the 2003 US war in Iraq", *Politics & Policy* 35. 1, 2007.

Chaban, Natalia, Ole Elgstrom, and Martin Holland, "European Union as Others See It, The". *Eur. Foreign Aff. Rev.* 11, 2006.

Chafetz, Glenn, Hillel Abramson, and Suzette Grillot, "Role theory and foreign policy: Belarussian and Ukrainian compliance with the nuclear non-proliferation regime", *Political Psychology* 17. 4, 1996.

Chelotti, Nicola, "A 'Diplomatic Republic of Europe'? Explaining role conceptions in EU foreign policy", *Cooperation and conflict* 50. 2, 2015.

Christie, Ryerson, "Critical Voices and Human Security: To Endure, to Engage or to Critique?" *Security Dialogue* 41. 2, 2010.

Cox, Robert, "Social forces, states and world orders", *Global Govern-ance: Critical Concepts in Political Science* 11, 2004.

Dandashly, Assem, "The EU response to regime change in the wake of the Arab revolt: differential Implementation", *Journal of European Integration* 37. 1, 2015.

Daw, Mohamed A. , Abdallah El – Bouzedi, and Aghnaya A. Dau, "Libyan armed conflict 2011: mortality, injury and population displacement", *African Journal of Emergency Medicine* 5. 3, 2015.

De Haas, Hein, and Nando Sigona, "Migration and revolution", *Forced Migration Review* 39, 2012.

Dennison, Susi, "The EU and North Africa after the Revolutions: A New Start or 'plus ça change'?" *Mediterranean Politics* 18. 1, 2013.

Elman, Colin, "Horses for courses: Why nor neorealist theories of for-eign policy?" *Security Studies* 6. 1, 1996.

Engel, Andrew, "The islamic State's expansion in Libya", *The Washing-ton Institute for Near East Policy*, 2015.

Etzioni, Amitai, "Talking to the Muslim World: How, and with Whom?" *International Affairs* 92. 6, 2016.

Fearon, James D. , "Domestic politics, foreign policy, and theories of international relations", *Annual Review of Political Science* 1. 1, 1998.

Fidan, Hakan, and Buelent Aras, "The return of Russia – Africa rela-tions", *Journal des* 52, 2010.

Firat, Gamze, "A Common Counter – Terrorism Strategy in the European Union? How Member States' Ideas, Norms and Identities Matter", Lund Uni-versity master's degree thesis, 2010.

Galtung, Johan, "Violence, Peace, and Peace Research", *Journal of peace research* 6. 3, 1969.

Ghose, Gauvav, and Patrick James, "Third – party Intervention in Ethno – religious conflict: Role theory, Pakistan, and war in Kashmir, 1965", *Terrorism and Political Violence* 17. 3, 2005.

Goldmann, Kjell, "Im Westen nichts Neues: seven International Rela-tions journals in 1972 and 1992", *European Journal of International Relations*

1. 2, 1995.

Groenleer, Martijn L. P. , and Louise G. Van Schaik, "United we stand? The European Union's international actorness in the cases of the International Criminal Court and the Kyoto Protocol", *JCMS*: *Journal of Common Market Studies* 45. 5, 2007.

Grossman, Michael, "Role Theory and Foreign Policy Change: the Trans Formation of Russian Foreign Policy in the 1990s", *International Politics* 42. 3, 2005.

Hanau Santini, Ruth, and Oz Hassan, "Transatlantic Democracy Promotion and the Arab Spring", *The International Spectator* 47. 3, 2012.

Harnisch, Sebastian, "Conceptualizing in the minefield: role theory and foreign policy learning", *Foreign Policy Analysis* 8. 1, 2012.

Hemmer, Christopher, "US policy towards North Africa: Three Overarching Themes", *Middle East Policy* 14. 4, 2007.

Hermanns, Heike, "National Role Conceptions in the 'Global Korea' foreign Policy Strategy", *The Korean Journal of International Studies* 11. 1, 2013.

Herrero Cangas, Alisa, and Anna Knoll, "The EU Trust Fund for Africa: A New EU Instrument to Accelerate Peace and Prosperity", *GREAT Insights Magazine* 5. 1, 2016.

Hill, Christopher, "The Capability – expectations Gap, or Conceptualizing Europe's International Role", *JCMS*: *Journal of Common Market Studies* 31. 3, 1993.

Holsti, Kalevi J. , "National Role Conceptions in the Study of Foreign Policy", *International Studies Quarterly* 14. 3, 1970.

Huber, Daniela, Susi Dennison, and James D. Le Sueur, "Algeria Three Years after the Arab Spring", *IAI – GMF Mediterranean Papers* 24, 2014.

Huber, Daniela, "A pragmatic actor—the US response to the Arab uprisings", *Journal of European Integration* 37. 1, 2015.

Huber, Daniela, "Democracy Assistance in the Middle East and North Africa: a Comparison of US and EU Policies", *Mediterranean Politics* 13. 1, 2008.

Hudson, Valerie M. , "Cultural expectations of one's own and other nations' foreign policy action templates", *Political Psychology* 20. 4, 1999.

Hyde – Price, Adrian " 'Normative' power Europe: a realist critique", *Journal of European Public Policy* 13. 2, 2006.

Hynek, Nik, "EU Crisis Management after the Lisbon Treaty: civil – military Coordination and the Future of the EU OHQ", *European Security* 20. 1, 2011.

Ikenberry, G. J. , "The Logic of Order: Westphalia, Liberalism and the Evolution of International Order in the Modern Era", John G. Ikenberry ed. , *Power, Order and Change in World Politics*, New York: Cambridge University Press, 2014.

Jamal, Amaney A. , et al. , "Anti – Americanism and Anti – interventionism in Arabic Twitter Discourses", *Perspectives on Politics* 13. 1, 2015.

Joffé, George, "The European Union, Democracy and Counter – terrorism in the Maghreb", *JCMS: Journal of Common Market Studies* 46. 1, 2008.

Kaunert, Christian, and Sarah Leonard, "EU Counterterrorism and the European Neighbourhood Policy: an Appraisal of the Southern Dimension", *Terrorism and Political Violence* 23. 2, 2011.

Kaunert, Christian, "The area of Freedom, Security and Justice: the Construction of a 'European Public Order' ", *European Security* 14. 4, 2005.

Kaye, Dalia Dassa, "Bound to Cooperate? Transatlantic Policy in the Middle East", *Washington Quarterly* 27. 1, 2003.

Keenan, Jeremy, "Military Bases, Construction Contracts & Hydrocarbons in North Africa", *Review of African Political Economy* 33. 109, 2006.

Keenan, Jeremy, "Terror in the Sahara: the Implications of US Imperialism for North & West Africa ", *Review of African Political Economy* 31. 101, 2004.

Keohane, Daniel, "The Absent Friend: EU Foreign Policy and Counter – Terrorism", *JCMS: Journal of Common Market Studies* 46. 1, 2008.

Keohane, Robert O. , "Ironies of sovereignty: the European Union and the United States", *JCMS: Journal of Common Market Studies* 40. 4, 2002.

Khondker, Habibul Haque, "Role of the New Media in the Arab Spring", *Globalizations* 8. 5, 2011.

Kirste, Knut, and Hanns W. Maull, "Zivilmacht und Rollentheorie", *Zeitschrift für Internationale Beziehungen*, 1996.

Koenig, Nicole, "Between Conflict Management and Role Conflict: the EU in the Libyan Crisis", *European Security* 23. 3, 2014.

Kostanyan, Hrant, and Steven Blockmans, "Saving Libya from Itself: What the EU should do now", *CEPS Commentary*, 2014.

Kuperman, Alan J., "Obama's Libya Debacle: How a Well - Meaning Intervention Ended in Failure", *Foreign Affairs*, March/April 2015 Issue.

Kuzma, Lynn M., "The Crusade to Resurrect the National Role Concept", *International Studies Review* 42. 1, 1998.

Kydd, Andrew, "Sheep in Sheep's clothing: Why Security Seekers do not fight Each other", *Security Studies* 7. 1, 1997.

Lamy, Pascal, and Zaki Laïdi, "A European approach to global governance", *Progressive Politics*1. 1, 2002.

Larsen, Henrik, "The EU as a Normative Power and the Research on External Perceptions: The Missing Link", *JCMS: Journal of Common Market Studies* 52. 4, 2014.

Lilli, Eugenio, "The Arab Awakening and US counterterrorism in the Greater Middle East: A Missed Opportunity", *Journal of Terrorism Research* 6. 2, 2015.

MacKenzie, Alex Christian Kaunert, Sarah Léonard, "EU Counterterrorism and the Southern Mediterranean Countries after the Arab Spring: New Potential for Cooperation?" *Democracy and Security* 9. 1 - 2, 2013.

Manners, Ian, "Normative Power Europe Reconsidered: Beyond the Crossroads", *Civilian or Military Power - European Foreign Policy in Perspective*, 2007.

Manners, Ian, "Normative Power Europe: a Contradiction in Terms?" *JCMS: Journal of Common Market Studies* 40. 2, 2002.

Manners, Ian, "The European Union as a Normative Power: a Response to Thomas Diez", *Millennium* 35. 1, 2006.

Manners, Ian. "The Symbolic Manifestation of the EU's Normative Role in World Politics", O. Elgström, M. Smith, eds, *The European Union's Roles in International Politics*, London: Routledge, 2006.

Martin, Marie, "The Global Approach to Migration and Mobility: The state of play", *Statewatch* 22. 2, 2012.

Martins, Bruno Oliveira, and Laura C. Ferreira – Pereira, "Stepping Inside? CSDP Missions and EU Counter – Terrorism", *European Security* 21. 4, 2012.

McConnell, Allan, "Policy success, policy Failure and Grey Areas in – between", *Journal of Public Policy* 30. 3, 2010.

Mekouar, Merouan, "No Political Agents, No Diffusion: Evidence from North Africa", *International Studies Review* 16. 2, 2014.

Menon, Anand, "European Defence Policy from Lisbon to Libya", *Survival* 53. 3, 2011.

Merton, Robert K. , "The Role – set: Problems in Sociological Theory", *The British Journal of Sociology* 8. 2, 1957.

Mittermaier, Amira, "Death and Martyrdom in the Arab Uprisings: An Introduction", Ethnos 80. 5, 2015.

Mullin, Corinna, and Ian Patel, "Governing Revolt: EU – North African Relations after the 'Arab Spring' Uprisings", *Journal of Intervention and Statebuilding* 9. 2, 2015.

Natter, Katharina, "The Formation of Morocco's Policy towards Irregular Migration (2000 – 2007): Political Rationale and Policy Processes", *International Migration* 52. 5, 2014.

Neuhold, Hanspeter, "Transatlantic Turbulences: Rift or Ripples", *Eur. Foreign Aff. Rev.* 8, 2003.

Nicolaïdis, Kalypso, and Robert Howse, "'This is my EUtopia...': Narrative as Power", *JCMS: Journal of Common Market Studies* 40. 4, 2002.

Noutcheva, Gergana, "Institutional governance of European neighbourhood policy in the wake of the Arab Spring", *Journal of European Integration* 37. 1, 2015.

Nye, Joseph S. , and Sean M. Lynn – Jones, "International security studies: a report of a conference on the state of the field", *International Security* 12. 4, 1988.

Oppermann, Kai, "National role conceptions, domestic constraints and the new 'normalcy' in German foreign policy: the Eurozone crisis, Libya and beyond", *German Politics* 21. 4, 2012.

Pace, Michelle, "Norm Shifting from EMP to ENP: The EU as a Norm

Entrepreneur in the South?" *Cambridge Review of International Affairs* 20. 4, 2007.

Pace, Michelle, "Paradoxes and Contradictions in EU Democracy Promotion in the Mediterranean: the Limits of EU Normative Power", *Democratization* 16. 1, 2009.

Pace, Michelle, "The Construction of EU Normative Power", *JCMS: Journal of Common Market Studies* 45. 5, 2007.

Pace, Michelle, "The European Union, Security and the Southern Dimension", *European security*19. 3, 2010.

Pierce, A. R. , "U. S. 'Partnership' with the Egyptian Muslim Brotherhood and its Effect on Civil Society and Human Rights", *Global Society* 51, 2014.

Quille, Gerrard, "The European Security Strategy: a Framework for EU security Interests?" *International Peacekeeping* 11. 3, 2004.

Schlumberger, Oliver, "The Ties that do not Bind: the Union for the Mediterranean and the Future of Euro-Arab relations", *Mediterranean Politics* 16. 1, 2011.

Sekhri, Sofiane, "The Role Approach as a Theoretical Framework for the analysis of Foreign Policy in Third World Countries", *African Journal of Political Science and International Relations* 3. 10, 2009.

Selleslaghs, Joren, "Conflicting Role Conceptions: In Search of the European Union's Added Value for its Southern Neighbors. Bruges Regional Integration & Global Governance Paper 04/2014", 2014.

Shahshahani, Azadeh, and Corinna Mullin, "The legacy of US Intervention and the Tunisian Revolution: Promises and Challenges one Year on", *Interface* 4. 1, 2012.

Shinn, David H. , "China – Africa Relations: A Bibliography Addendum", *African Research & Documentation* 115, 2011.

Sinkkonen, Teemu, "Counterterrorism in external action: The EU's toolbox for responding to terrorism abroad", *FIIA Briefing Paper* 129, 2013.

Sjursen, Helene, "What Kind of Power? European Foreign Policy in Perspective (special issue)", *Journal of European Public Policy* 13. 2, 2006.

Sloan, Stephen, "Meeting the terrorist threat: The localization of counter terrorism intelligence", *Police Practice and Research* 3. 4, 2002.

Tömmel, Ingeborg, "The New Neighborhood Policy of the EU: an Appropriate Response to the Arab Spring?" *Democracy and Security* 9. 1 – 2, 2013.

Volpi, Frédéric, "Algeria versus the Arab spring", *Journal of Democracy* 24. 3, 2013.

Walsh, James I., "Policy Failure and Policy Change: British Security Policy after the Cold War", *Comparative Political Studies* 39. 4, 2006.

Williams, Paul R., "President Obama's Approach to the Middle East and North Africa: Strategic Absence", *Case Western Resene Journal of International Law* 48 1, 2016.

Young, Frank W., "Do some authoritarian governments foster physical quality of life?" *Social Indicators Research* 22. 4, 1990.

(三) 发言稿与文件

A Secure Europe in a Better World, European Security Strategy, Brussels, 12 December 2003.

Clinton, Hillary Rodham (2010): Remarks on Internet Freedom.

Clinton: U. S. "would welcome" dialogue with Muslim Brotherhood, July 1, 2011.

Commission of the European Communities, A Strong European Neighborhood Policy, Communication from the Commission, COM (2007) 774 final (Brussels, December 5, 2007).

Commission of the European Communities. Report on the Implementation of Measures Intended to Promote the Observance of Human Rights and Democratic Principles 1996 – 1999. Brussels: European Commission, 2000.

CoR President in Morocco: "Regionalization crucial for democratic opening and sustainable growth", 2012. 06. 11.

European Commission, A Partnership for Democracy and Shared Prosperity with the Southern Mediterranean, Brussels: COM (2011).

European Commission, European Neighborhood Policy: Working towards a Stronger Partnership. Brussels: JOIN (2013) 4 final.

European Commission, Joint Staff Working Paper – A Medium Term Program for a renewed European Neighborhood Policy (2011 – 2014), COM2011.

European Council, (2011) . Conclusions (EUCO 23/1/11 REV 1 CO EUR 14 CONCL 4), Brussels, June 23/24, 2011.

European Parliament (2013) European Parliament Resolution of 23 October 2013 on the European Neighborhood Policy, Towards a Strengthening of the Partnership Position of the European Parliament on the 2012 reports [2013/2621 (RSP)] .

European Union External Action Service Strategy for Security and Development in the Sahel, 2011.

European Union Foreign Affairs Council conclusions on counter – terrorism, Council Ref: CL15 – 019EN, 9 February 2015.

European Union, Statement by EU High Representative Catherine Ashton on the situation in Egypt, Brussels, 14 August 2013, A 418/13.

Five Years after the Cairo Speech, How Arabs View President Obama and America, June 2014.

Follow – up to the statement of the Members of the European Council of 12 February 2015 on counter – terrorism: Report on implementation of measures, Brussels, 2 June 2015, No. 9422/15.

French White Paper Commission (2008) The French White Paper on Defence and National Security, Paris: Odile Jacob.

Füle, Štefan, Speech on the recent events in North Africa Committee on Foreign Affairs (AFET), European Parliament Brussels, 28 February 2011.

Joint Communication To The European Parliament, The Council, The European Economic And Social Committee And The Committee Of The Regions, Review of the European Neighborhood Policy, 18/11/2015.

Joint Foreign and Home Affairs Council: Ten point action plan on migration, IP/15/481, Luxembourg, 20 April 2015.

Operation Commander Op SOPHIA (EEAS), EUNAVFOR MED – Operation SOPHIA Six Monthly Report: June, 22nd to December, 31st 2015, January 29th, 2016.

Remarks by High Representative/Vice – President Federica Mogherini at the press conference after the Foreign Affairs Council.

Remarks by President Obama and President Essebsi of Tunisia after Bilateral Meeting, May 21, 2015.

Remarks by President Obama in Address to the United Nations General Assembly, September 24, 2013.

Remarks by President of the European Council Herman Van Rompuy after his meeting with president of Egypt Mohamed Morsi, Cairo, 13 January 2013, EUCO 8/13.

Remarks by the President at Cairo University, June 4, 2009.

Remarks by the President on the Middle East and North Africa, May19, 2011.

Remarks by the President on the Situation in Libya, March 18, 2011.

Remarks by the President to the UN General Assembly, September 25, 2012.

Report on the Implementation of the European Security Strategy - providing Security in a Changing World, Brussels, 11 December 2008, S407/08.

图书在版编目（CIP）数据

美国与欧盟的北非安全政策研究：一种角色理论的
视角／王聪悦著．--北京：社会科学文献出版社，
2019.4
（非洲国际关系论丛／刘青建主编）
ISBN 978 - 7 - 5097 - 9660 - 3

Ⅰ.①美… Ⅱ.①王… Ⅲ.①美国对外政策 - 研究 -
北非 ②欧洲联盟 - 对外政策 - 研究 - 北非 Ⅳ.
①D871.20 ②D814.1

中国版本图书馆 CIP 数据核字（2018）第 280504 号

·非洲国际关系论丛·

美国与欧盟的北非安全政策研究
—— 一种角色理论的视角

著　　者／王聪悦

出 版 人／谢寿光
责任编辑／赵怀英　王玉敏

出　　版／社会科学文献出版社·联合出版中心（010）59366446
　　　　　　地址：北京市北三环中路甲29号院华龙大厦　邮编：100029
　　　　　　网址：www. ssap. com. cn
发　　行／市场营销中心（010）59367081　59367083
印　　装／三河市龙林印务有限公司

规　　格／开本：787mm × 1092mm　1/16
　　　　　　印张：22.5　字数：376千字
版　　次／2019年4月第1版　2019年4月第1次印刷
书　　号／ISBN 978 - 7 - 5097 - 9660 - 3
定　　价／149.00元